比 较 译 丛 46

比 较 出 思 想

MONEY
AND
GOVERNMENT

A CHALLENGE TO
MAINSTREAM ECONOMICS

货币与政府

对主流经济学的挑战

Robert Skidelsky
［英］罗伯特·斯基德尔斯基◎著
郭金兴◎译

中信出版集团｜北京

图书在版编目（CIP）数据

货币与政府 /（英）罗伯特·斯基德尔斯基著；郭金兴译. -- 北京：中信出版社, 2025.4. -- ISBN 978-7-5217-7047-6

Ⅰ. F091

中国国家版本馆 CIP 数据核字第 2024126DB0 号

For the Work entitled MONEY AND GOVERNMENT
Copyright © Robert Skidelsky 2018
Translation copyright © 2025, by CITIC PRESS CORPORATION
ALL RIGHTS RESERVED
本书仅限中国大陆地区发行销售

货币与政府

著者：[英]罗伯特·斯基德尔斯基
译者：郭金兴
出版发行：中信出版集团股份有限公司
（北京市朝阳区东三环北路 27 号嘉铭中心　邮编 100020）
承印者：北京联兴盛业印刷股份有限公司

开本：787mm×1092mm　1/16　　印张：32.75　　字数：438 千字
版次：2025 年 4 月第 1 版　　　　印次：2025 年 4 月第 1 次印刷
书号：ISBN 978-7-5217-7047-6　　京权图字：01-2020-4460
定价：118.00 元

版权所有·侵权必究
如有印刷、装订问题，本公司负责调换。
服务热线：400-600-8099
投稿邮箱：author@citicpub.com

献给过去和现在学习政治经济学的学生

目录

"比较译丛"序 …………………………………………… VII
前　言 …………………………………………………… IX

导　论 …………………………………………………… 1
悬而未决的问题 ………………………………………… 1
罪魁祸首 ………………………………………………… 4
本书的框架 ……………………………………………… 9

第一篇
经济思想史

第1章　货币的奥秘：简短的历史回顾 …………… 24
古典二分法 ……………………………………………… 24
货币的起源 ……………………………………………… 26
货币的价值 ……………………………………………… 29
债权人和债务人 ………………………………………… 32
货币数量论的起源 ……………………………………… 37
货币需求 ………………………………………………… 40

货币：一种障眼法 ·· 41
小结 ··· 44

第 2 章　金本位之争 ·· 45
金本位的前奏：17 世纪 90 年代英国有关货币重铸的争论 ······ 45
关于 19 世纪货币之争的综述 ································ 49
金块论与真实票据论 ······································· 50
通货学派与银行学派 ······································· 55
金银复本位 ·· 56
金本位究竟是如何运转的？ ································ 58

第 3 章　货币数量论：从历史到科学 ··························· 66
货币数量论：两个分支 ····································· 66
费雪的圣诞老人寓言 ······································· 68
维克塞尔信用货币版本的货币数量论 ························ 73
维克塞尔是货币数量论者吗？ ······························ 76
小结 ··· 77

第 4 章　国家的作用：扶持之手还是掠夺之手 ················ 79
引言 ··· 79
重商主义者关于国家"扶持之手"的理论 ···················· 84
政治经济学家关于国家"掠夺之手"的理论 ················· 88
维多利亚时期的财政立宪 ··································· 92
坚韧不拔的重商主义 ······································· 95
小结 ··· 100

第二篇
凯恩斯的兴起、辉煌与衰落

第5章 凯恩斯干预·············106
- 货币的麻烦·············106
- 财政政策的问题·············114
- 麦克米伦委员会·············122
- 《就业、利息和货币通论》·············126
- 政策含义·············133
- 小结·············138

第6章 凯恩斯主义的崛起·············147
- 凯恩斯主义的兴起·············147
- 充分就业的凯恩斯主义：1945—1960年·············152
- 增长的凯恩斯主义：1960—1970年·············159
- 经济繁荣势头强劲的原因·············165
- 陷于滞胀的凯恩斯主义：1970—1976年·············174
- 英国：凯恩斯主义道路的终结·············180

第7章 货币主义的理论与实践·············184
- 凯恩斯和古典学派·············185
- 新古典综合·············186
- 反正统理论的兴起·············188
- 货币主义·············190
- 货币主义实验：1976—1985年·············199

货币主义的财政政策遗产 ·················· 206
从弗里德曼到新共识：1985—2008 年 ·············· 209
小结 ························· 217

第三篇
危机时期和危机之后的宏观经济学：2007 年及以后

第 8 章　财政政策失灵 ·················· 238
国家的财政危机 ···················· 238
英国的辩论 ····················· 243
基于比较的视角对紧缩政策的评估 ·············· 261
小结 ························· 264

第 9 章　新货币主义 ···················· 267
危机之前的正统货币理论 ·················· 268
为何采取量化宽松政策？ ·················· 273
量化宽松计划：2008—2016 年 ··············· 275
量化宽松应该如何运作？ ·················· 278
评价 ·························· 283
小结 ························· 299

第 10 章　宏观经济视角下的分配问题 ············ 312
主流理论对不平等问题的漠视 ················ 312
分配的微观经济学 ···················· 314
分配与宏观经济 ····················· 317

现代消费不足论的故事 ·················· 324
小结 ······························ 331

第11章　银行出了什么问题？ ············ 333
危机之前的正统理论 ···················· 334
理论 ······························ 336
理解银行业：一些基本术语 ··············· 343
放松监管 ··························· 345
金融创新 ··························· 349
小结 ······························ 355

第12章　全球失衡 ······················ 359
引言 ······························ 359
危机之前的状况概览 ···················· 362
一些基本理论 ······················· 364
经常账户失衡是经济崩溃的原因吗？ ·········· 365
储蓄过剩与资金过剩 ···················· 367
银行业失衡 ························· 371
小结 ······························ 372

第四篇
一部新的宏观经济学

第13章　重建政治经济学 ················ 377
引言 ······························ 377
政府应该做什么？原因何在？ ··············· 379

新宏观经济学宪则	382
通胀问题	389
确保银行业的安全	393
不平等问题	400
超级全球化及其不满	404
改造经济学	418

注　释	427

参考文献	466

译后记	501

"比较译丛"序

2002年,我为中信出版社刚刚成立的《比较》编辑室推荐了当时在国际经济学界产生了广泛影响的几本著作,其中包括《枪炮、病菌与钢铁》、《从资本家手中拯救资本主义》、《再造市场》(有一版中文书名为《市场演进的故事》)。其时,通过20世纪90年代的改革,中国经济的改革开放取得了阶段性成果,突出标志是初步建立了市场经济体制的基本框架和加入世贸组织。当时我推荐这些著作的一个目的是,通过比较分析世界上不同国家的经济体制转型和经济发展经验,启发我们在新的阶段,多角度、全方位地思考中国的体制转型和经济发展机制。由此便开启了"比较译丛"的翻译和出版。从那时起至今,"比较译丛"引介了数十种译著,内容涵盖经济学前沿理论、转轨经济、比较制度分析、经济史、经济增长和发展等诸多方面。

时至2015年,中国已经成为世界第二大经济体,跻身中等收入国家行列,并开始向高收入国家转型。中国经济的增速虽有所放缓,但依然保持在中高速的水平上。与此同时,曾经引领世界经济发展的欧美等发达经济体,却陷入了由次贷危机引爆的全球金融危机,至今仍未走出衰退的阴影。这种对比自然地引发出有关制度比较和发展模式比较的讨论。在这种形势下,我认为更有必要以开放的心态,更多、更深入地学习各国的发展经验和教训,从中汲取智慧,这对思考中国的深层次问题极具价值。正如美国著名政治学家和社会学家李普塞特（Seymour Martin Lipset）说过的一句名言："只懂得一个国家的人，他实际上什么国家都不懂。"（Those who only know one country know no country.）这是因为只有越过自己的国家，才能知道什么是真正的共同规律，什么是真正的特殊情况。如果没有比较分析的视野，既不利于深刻地认识中国，也不利于明智地认识世界。

相比于人们眼中的既得利益，人的思想观念更应受到重视。就像技术创新可以放宽资源约束一样，思想观念的创新可以放宽政策选择面临的政治约束。无论是我们国家在20世纪八九十年代的改革，还是过去和当下世界其他国家的一些重大变革，都表明"重要的改变并不是权力和利益结构的变化，而是当权者将新的思想观念付诸实施。改革不是发生在既得利益者受挫的时候，而是发生在他们运用不同策略追求利益的时候，或者他们的利益被重新界定的时候"*。可以说，利益和思想观念是改革的一体两面。囿于利益而不敢在思想观念上有所突破，改革就不可能破冰前行。正是在这个意义上，当今中国仍然处于一个需要思想创新、观念突破的时代。而比较分析可以激发好奇心、开拓新视野、启发独立思考、加深对世界的理解，因此是催生思想观念创新的重要机制。衷心希望"比较译丛"能够成为这个过程中的一部分。

2015年7月5日

---

* Dani Rodrik, "When Ideas Trump Interests: Preferences, Worldviews, and Policy Innovations," NBER Working Paper 19631, 2003.

前　言

我们现在正处于宏观经济政策的转折点，一切都悬而未决。我们原本以为，大衰退之前这段长达15年的西方经济异常稳定的"大缓和"时期，使所有问题都已经得到圆满的解决，但是，2008—2009年经济大规模崩溃以及之后步履蹒跚的复苏，证明这只是一种空想。这场危机对主流经济学说构成了巨大的挑战。政策将会改变，甚至已经在改变；教科书也必须进行修订。未来的经济学需要更多地思考它源自何处，以及需要做出哪些改变。

本书旨在为经济学延揽一批新读者，同时也要激发职业经济学家的兴趣。为此，本书尝试兼取众长，既能像这场危机激发的那些畅销书一样吸引非经济学专业的读者，也能提供经济学家对危机的专业分析。

本书最初来自我为华威大学经济学三年级本科生准备的一系列讲座，经济学系允许我将自己有关如何教授经济学的想法付诸实践，对此我谨表谢意。本书试图将技术问题纳入也许可以被称为"政治经济学"（现在还没有一个更好的术语来代替它）的领域。我感兴趣的是经济思想与它们在其中兴起、繁荣和衰落的环境之间的相互影响。我对2008—2009年出现的各种问题的描述，是基于有关经济政策的历史争论。我从政策争论的历史和这场大衰退中吸取了教训，并在最后一章提出了建立经济政策新框架的建议。

在我进行辩护与控诉时，英国一直是我召唤的"首席证人"。这反映了我自身知识的局限性，但是这并不是我关注英国的全部原因。在这段时期的大部分时间里，以及在本书引述的许多事件中，英国都是全球经济的领跑者和规则制定者，对于一个人口仅占世界1%的国家而言，这是一项惊人的成就，尽管在19世纪50年代，英国占世界人口的比例曾短暂升至2%。大卫·休谟、亚当·斯密、大卫·李嘉图、约翰·斯图亚特·穆勒、阿尔弗雷德·马歇尔和约翰·梅纳德·凯恩斯，都是他们那个时代的经济学巨擘；英国是第一个采用现代金本位的国家、第一个商业社会、第一个工业化国家。伦敦金融城主导着国际金融界；维多利亚时期的财政立宪（fiscal constitution）提供了一个良治政府的普遍模式；英国拥有足够的硬实力来实施自由主义国际贸易秩序的规则。19世纪欧洲大陆伟大的异议者卡尔·马克思和弗里德里希·李斯特都试图从"曼彻斯特体系"中吸取教训；多年之后，卡尔·波兰尼以英国为例，研究了市场经济产生的令人痛苦不堪的后果。

我在本书中讨论的是主流经济学传统，即古典经济学和新古典经济学。19世纪的经济实践一直比主流学说更为多元化。尽管斯密—李嘉图这一学派有许多反对者，但是在凯恩斯之前，它在理论方面并没有遇到真正的挑战。

在20世纪上半叶，伴随着世界大战、大萧条和英国霸权衰落引发的动荡，经济学变得更加多元化。凯恩斯是经济学界最后一位来自英国的领军人物。二战后，西方经济学的重心毅然决然地转向了美国这位新的政治霸主，尽管来自马克思主义和保护主义的不同声音继续在发展中国家占据主导地位，而共产主义世界在创建了一种不同于西方的经济制度的同时，也完全摒弃了西方的经济理论。到20世纪90年代，随着社会主义国家的转型，经济学几乎由美国人掌控，并为全球化摇旗呐喊。如今，随着美国霸权的衰落以及2008—2009年的大衰退，地缘政治以及知识界的潮流再次发生转变。

我并不打算写一部经济学通史，本书当然会介绍很多伟大的思想家和重要的学派，但是内容仅限于对理解2008—2009年经济崩溃至关重要的部分，因此，我关注的是有关货币和政府的"未解之谜"。就分析方法而言，我深受凯恩斯的影响，并曾经写过凯恩斯的传记。然而，在写作本书的过程中，卡尔·波兰尼的洞见对我产生了越来越强的吸引力，他坚持认为，市场秩序必须"嵌入"规则、政策和制度的框架之中才能行之有效。这一观点在某种程度上被英美主流经济学派忽视了。

我要感谢很多人，特别是斯宾塞·博克瑟（Spencer Boxer）、戈登·布朗（Gordon Brown）、奥利弗·布什（Oliver Bush）、安德烈埃·卡利法诺（Andrea Califano）、蒂姆·康登（Tim Congdon）、保罗·戴维森（Paul Davidson）、迈克尔·戴维斯（Michael Davies）、梅格纳德·德赛（Meghnad Desai）、托马索·加贝利尼（Tommaso Gabellini）、杰米·加尔布雷思（Jamie Galbraith）、西蒙娜·加斯佩林（Simone Gasperin）、安迪·霍尔丹（Andy Haldane）、杰弗里·哈考特（Geoffrey Harcourt）、迈克尔·肯尼迪（Michael Kennedy）、戴维·莱德勒（David Laidler）、劳里·莱伯恩·兰顿（Laurie Laybourn Langton）、托比·刘易斯（Toby Lewis）、费利克斯·马丁（Felix Martin）、弗拉迪米尔·马施（Vladimir Masch）、马库斯·米勒（Marcus Miller）、乔治·佩登（George Peden）、阿多诺斯·佩卡罗夫（Atanos Pekanov）、菲利普·皮尔金顿（Philip Pilkington）、爱德华·斯基德尔斯基

（Edward Skidelsky）、利安娜·斯特克兰（Leanne Stickland）、戴维·斯特罗克（David Sturrock）、托马斯·托泽（Thomas Tozer）、克里斯托弗·图根达特（Christopher Tugenhat）、保罗·韦斯特布鲁克（Paul Westbrook）和克里斯琴·韦斯特林德·维格斯特伦（Christian Westerlind Wigstrom）。他们提供的帮助是无价的，但是本书采用的分析方法是我自己独有的。

导　论

悬而未决的问题

　　宏观经济学涉及货币、政府以及它们之间的关系。宏观经济政策中悬而未决的问题源于有关货币和政府在经济生活中扮演何种角色的争论。250年以来，经济学界的主流观点一直是，除非在"失控"时，否则货币并不重要，而政府干预市场通常会让事情变得更糟，正如撒切尔夫人的那句名言，"你不能逆市场而行"。有学者声称，竞争性市场经济可以自动趋向于实现充分就业。政府经常以命令的形式进行干预，这会扰乱就业市场，创造或促进垄断，阻碍价格调整，更严重的是，政府"胡乱操纵"货币供给，诱使人们以错误的价格进行交易。起初，人们认为应该基于金本位来控制货币供给；在金本位瓦解以后，就应由独立的中央银行来控制货币供给。政府的职能应仅限于为有效率的市场交换提供必要条件。宏观政策的唯一任务是控制货币供给。

　　凯恩斯主义革命成功地挑战了这种政策观点。这场革命起源于20世纪30年代兴起的一种新理论，并在70年代之前主导了宏观经济政策。凯恩斯主义者否认货币经济（货币经济是指用货币而非商品签订合约的经济）有自动实现充分就业的倾向。这是因为人们可以选择持有货币而不是将其花掉，他们之所以这样做可能是因为无处不在的不确定性；用凯恩斯的话来讲，拥有金钱"能缓解我们的焦虑"。由于货币拥有"价值储藏"的职能，宏观经济本质上是不稳定的，并容易处于"非充分就业均衡"状态。因此，政府的任务是维持可以实现充分就业的供求平衡，这意味着对货币的管理是政府经济管理的一部分。但是，必须保持有序状态的并不是货币，而是市场体系本身。如果放任市场不受管理和监管，它将破坏社会和政治稳定。在凯恩斯主义盛行的时代，即从二战结束到20世纪70年代，世界自由经济体系经历了唯一一段稳定和增长的时期。

然而，在20世纪70年代，由于受挫于"滞胀"，即通胀和失业率同时上升，凯恩斯主义管理宏观经济的方法被抛弃了。取而代之的新古典经济政策的核心思想是，应该授权央行来控制通胀，让失业率维持在"自然失业率"的水平。自然失业率被认为不受宏观经济政策的影响。失业者应该外出找工作。[1]

用经济学家熟悉的术语来表述，货币和政府之间的关系问题就是货币政策和财政政策之间的关系问题。凯恩斯主义的创新之处在于，政府应该通过财政政策来影响总支出，并使货币政策与财政政策的目标相适应。相比之下，在新古典经济学中，货币政策的目标在于为经济提供适量的货币，而这就是宏观经济政策的全部内容，因为财政政策不能影响总支出的水平，只能影响总支出的结构。这正是2008年"占据主流的"经济学说。

2008年经济崩溃及其余波是对两种宏观经济政策理论的一次检验。这次检验不是在实验室中进行的，而是现实生活中的一场实验，我们每个人都有亲身体验。根据当时的主流观点，崩盘本不应该发生，而且即使发生了，也会迅速复苏。但是，按照凯恩斯主义的假设，发生这种事情的可能性始终存在，而且从来不可能实现迅速或者全面的复苏。然而，利用财政政策使经济达到充分就业状态的旧凯恩斯主义药方已经受挫于滞胀，其名誉尚未得到恢复，因此，未来的政策取向仍然悬而未决。

2008年经济崩溃的直接原因是私人债务的积累，这主要源自贷款人的欺诈和借款人的短视。银行、企业和家庭的全球巨额债务呈倒金字塔状，置于狭小的底层资产之上，也就是美国的房地产。当地基摇晃时，金字塔就轰然倒塌。美国次级抵押贷款市场的崩溃引发了金融资产价格的暴跌。2007—2008年银行净资产的下跌引发了一场全球金融危机。通过银行信贷紧缩以及消费者和企业的需求下降，这种影响传导至实体经济。在这场危机中，消费者和企业的财富与信心一同烟消云散。

这一切都以惊人的速度发展。2008年9月15日，雷曼兄弟破产，促使股市在10月份崩盘。一旦银行开始倒闭，股市开始下跌，"实体"经济就开始下滑。银行停止放贷，债权人取消债务人抵押品的赎回权，企业解雇工人，总支出萎缩。这使得全球经济在2008年第四季度普遍陷入衰退，不禁让人想起1929年的华尔街大崩盘。

一年之后，暴风雨最猛烈的时刻过去了。与1929年不同的是，为防止灾难的发生，政府进行了干预。各国政府和中央银行都积极向其紧缩的经济体系注入货币。但是，在一些欧洲国家，由于银行体系的过度扩张，政府实际上已经破产。国家财政收入的暴跌使公共债务达到了和平时期史无前例的水平，这使得最顽固的正统经济学说死灰复燃，即政府是产生问题的原因而不是解决问题的方法。随着经济稳定下来，政府采取了紧缩政策，将自己重新关进财政约束的牢笼之中，尽管严重的危机曾使它暂时摆脱了这一束缚。如今，货币扩张的步伐放缓了，因为人们认识到货币政策已经尽其所能，与此同时，财政紧缩政策也在放松，因为人们认识到仅靠货币政策是不够的。未来，财政—货币政策的"组合拳"如何使用，仍是一个悬而未决的问题。

对于这场危机起源的标准解释是，首先金融部门受到了一次冲击，尽管并不清楚这一冲击是如何出现的，然后这一冲击通过信贷冻结传导至非金融部门。然而，问题的根源有可能在非金融部门。尽管人们对21世纪初之前的"大缓和"时代有着美好的回忆，但是，于2008年崩溃的西方经济体已与之前大不相同。这时的失业率大约是凯恩斯主义时代的两倍。家庭和企业积累了巨额债务，平均而言，发达经济体私人部门债务占GDP的比例从1950年的50%上升到2008年的170%，这一迹象表明在危机之前的经济中，很多部门已经无力偿债。这在一定程度上是不平等明显加剧的结果。实际工资增长停滞或下降，投资从历史高位回落，生产率的增长也随之下降。金融部门比整体经济增长得更快，而金融家也比其他任何人都富裕得多。危机发生之后，不难察觉存在"长期停滞"的迹象。需要特别指出的是，实际收入的停滞是这次危机的深层原因，其影响通过不可持续的债务积累传导至金融部门。"大缓和"主要以低通胀和周期稳定而闻名。现在看来，这更像是暴风雨来临之前的短暂平静。危机使得发达的资本主义经济前途未卜。在撰写本书时，复苏中的金融体系和缓慢恢复的实体经济可能在不久的将来再次崩溃。

罪魁祸首

"为何没有人预见金融危机的发生？"2008年10月，英国女王伊丽莎白二世在伦敦经济学院向一群经济学家提出了这个问题。[2]

本书试图回答这个问题，并就今后如何避免出现类似的情况提出建议。这并非易事。仅仅增强金融体系在面对冲击时的"韧性"是不够的，还需要增强整个经济在面对冲击时的韧性。

从金融机构说起是很自然的，这些机构的过度借贷达到令人震惊的地步，并且充斥着各种欺诈行为。这些机构普遍洋溢着傲慢情绪，即将触礁却视而不见。眼前利益的诱惑使它们忘却了对未来损失的恐惧。

但是，止于银行将是一个错误。各国政府和监管机构对金融体系抱持一种仁慈的态度，放松对银行业的监管，允许银行业做任何事情。从本质上讲，金融被视为一种中介，将有意愿买卖商品和服务的人撮合在一起。按照当时的说法，金融市场是一个"有效率"的市场，与任何其他市场相比，它不需要进行更多的监管。金融特别容易产生投机和欺诈行为的特点被忽视了。

这种对金融的仁慈态度延续至20世纪90年代的金融创新。证券化这一将不可售资产转变为可售资产的过程，导致负债链条不断延长。这种经济的"金融化"，即纯金融业务赚取的利润占比越来越高，被认为"提高了资本配置的效率"，从而实现了更快的经济增长，因此备受赞誉，或者至少被认为是合理的。商学院的教授自己成立对冲基金，以检验他们的理论。

但是，试图追问事情原委的人可能会问，为什么会有这么多政府秉持这种事后看来明显荒唐的观点呢？他必然会被导向这些信念的源头，即"学术氛围"、时代精神、思想和情感的潮流，这些因素使金融市场摆脱了政府的控制。这位追问者将会发现，当今主流宏观经济学的核心是这样一种信念：不受干预的市场竞争会使福利最大化，而创造货币并通过市场配置货币的金融机构并不会对经济的实际均衡产生独立的影响，它们只是代表消息灵通的消费者在行动，消费者才拥有主权。他还会发现，财政部和中央银行的预测模型中缺少金融部门。尽管历史上的金融狂热和恐慌屡见不鲜，但如果假定未来的价格将与当前的预期一致，就无须采取任何预防措施以阻止金融崩溃。为了最大限度地减少政府干预，主流经济学忽略了金融这匹"伺机而动的饿狼"。

事实上，监管设计的原始缺陷正是源于经济思想的世界。政府对经济体系的某些信念是不真实的，或者至少不够真实。依据这种信念，金融被允许在不受控制的情况下运转，而金融体系的瓦解引发了一场全球性大衰退。

实践工作者通常对舞文弄墨的学者所产生的影响不屑一顾。众所周知，英国人认为自己不受知识分子的影响。实际上，学术思想与政策之间的联系在过去并不紧密。但是在今天，经济思想更加深入地渗透到经济政策中，因为经济政策的制定在很大程度上掌握在职业经济学家的手中。他们中的大多数人不在大学里工作，而是在财政部和中央银行、商业银行、企业和报社、政党、智库工作，或者充当商业顾问和说客。英格兰银行行长曾经用这样的话来欢迎该行第一批学术经济学家中的某个人："你来这里不是要告诉我们该做什么，而是要解释我们为什么会这样做。"[3] 这样的日子早已一去不返。现在，经济学家确实可以告诉决策者该做什么。

这本来可以使政策制定更为专业化，减少党派纷争的干扰。然而，经济学绝不像很多从事这个行当的人宣称的那样，是科学的堡垒。经济学一方面坚持公认的科学方法准则，另一方面也默默地展现一种意识形态倾向。自20世纪80年代以来，新古典理论在经济学中占据了主导地位，与此同时，新自由主义在政治领域也独领风骚。两者同时出现并非偶然。新古典经济学为新自由主义政策提供了经济理论方面的依据，新自由主义意识形态塑造了经济学家为经济"建模"的方式。两个学派都同意罗纳德·里根对两百年来传统智慧的提炼："政府不是解决问题的方法，而是产生问题的原因。"[4]

然而，认为经济学本质上是一种意识形态，并不能从根本上解释2008年危机的问题所在。为什么是这种意识形态，而不是另外一种呢？

意识形态深受权力结构的影响，同时也有助于形成一种对其有利的权力结构。马克思认为任何一个时代的统治思想始终都不过是统治阶级的思想，此言不虚。2008年的崩溃揭示的正是金融利益集团的权力。

危机之前的情形有一点令人深感困惑，这就是在面对金融的结构性权力时，民主政府表现得软弱无力。正统政治学告诉我们，在民主社会，民众会对政府问责。但是，如果没有认识到决定政府获得资金的具体条款和条件的绝不是"民众"，而是金融界，就无法理解这场危机的关键所在。货币与权力结合在一起，既通过影响选举筹款和媒体报道间接发挥作用，也通过为政府提供借款直接发挥作用。在现实中，"资本的有效配置"指的是金融部门的有效配置。在过去的二三十年中，西方政府的主要经济功能一直是为金融体系提供一个友好的环境，以便其实现利润最大化。这包括当银行过度承担风险以致无力偿还债务时，政府随时准备救助它们；政府削减社会福利方面的支出，以保持债券市场的信心。在金融危机之后，金融业把政客关于必须改革的豪言壮语变成了基本上没有实质内容的空话。

马克思主义者认为，大企业控制了政治，这是基于如下观点，即商业阶层是一个庞大的整体，且没有与之抗衡的力量对其进行有效的制约。实际上，不受制约的商业权力只是偶然的情形，并非常态。一方面，商业权力本身是分化的，特别是在出口商和进口商、债权人和债务人、小企业和大企业、金融业和实业之间；另一方面，商业权力受到各种各样的大众权力的制约。对于经济的运行方式，各种力量越均衡，就越不可能形成单一的观点。

本书的核心观点是，从20世纪20年代至70年代，资本与劳动之间存在某种力量平衡，这导致受既得利益集团束缚相对较少的凯恩斯主义政府的出现。正是在这一时期，政府作为公共利益的仁慈守护者的理念开始流行。但是，在过去40年间，力量平衡已经决定性地由劳动一方倒向了资本一方；由工人阶层倒向了商业阶层；由旧的商业精英倒向了新的金融精英，一部分甚至是犯罪精英。这一切是如何发生的，则值得深入探究，接下来的内容只能给出一些提示。可以断言的是，主流经济学对权力的效忠主要表现为权力在经济学分析中消失了。

最后，理论和政策是由时代塑造的。这就产生了约翰·希克斯（John Hicks）所说的"注意力集中"的现象[5]，这是指经济学家选择研究什么问题。是什么导致了注意力的转移？在两次世界大战间隔期，持续的大规模失业是问题所在；在20世纪70年代，问题是通胀。世事变迁影响了经济学家关注的焦点，也决定了观众能看到什么。对于思想、权力和环境之间关系的进一步讨论，请参见导论的附录。

接下来的内容将关注宏观经济学说在2007年之前的发展，以及这场全球金融危机及其余波如何检验这些理论，并找到其不足之处。本书是一部政治经济学文献，它始终关注不同经济学说兴起和衰落的背景。正如希克斯指出的，了解经济学家过去的想法，了解他们如何思考以及为什么会有这样的想法，是"密切关注"

这门学科的重要内容。与自然科学不同,当你密切关注政治经济学时,你会发现它可能没有任何明确的知识进步。对我来说,采用政治经济学方法或许是很自然的,因为我最初接受的是历史学的训练,没有哪位历史学家会对历史的力量视而不见,而正是这些力量产生的各种叙事决定了我们对经济事件的理解。

本书的框架

本书分为四篇。第一篇引导读者回顾一战之前关于货币政策和财政政策的历史争论。这段历史对于理解危机之前的正统观点至关重要。第二篇探究凯恩斯主义革命的兴衰,展示这段历史如何以部分恢复维多利亚时代的货币政策和财政政策而告终。第三篇展示了2008—2009年经济崩溃及其余波如何考验这种得以恢复的政策,之前被认为已经解决的问题再次浮现。第四篇是结论,我进行了总体性的反思,并提出了一种新的宏观经济学框架。

第一篇的三章介绍了货币理论和货币政策的历史。第1章考察了关于货币起源、货币性质、货币价值的决定因素以及货币价值紊乱有何后果的争论。第2章介绍了19世纪关于如何维持货币秩序的三次重大争论,这些争论始于金本位时代,并在20世纪初期"科学的"货币数量论兴起时达到高潮,这也是第3章的主题。这一章以欧文·费雪和克努特·维克塞尔分别提出的货币数量论为代表,指出了有关货币理论的分歧。

第4章考察了19世纪的财政政策理论。特别值得强调的一点是,财政规则和货币规则被认为是互补的。它们的共同目的是防止政府发行过多的货币。在英国的引领下,到1900年,所有"文明"国家都将本国货币与黄金挂钩,政府在尽可能低的税收和支出水平上平衡预算。但是,"最小政府"的理念在英国之外从未被完全接受。在经济学成为一门"科学"之前,重商主义理论始终认为,政府在一国经济发展中扮演了不可或缺的角色。特别是,自由贸易虽然得到经济学家的大力鼓吹,但是从未在欧洲大陆被广泛接受,甚至在美国也是如此。到19世纪八九十年代,自由放任的理念开始受到民主制度崛起、当时的经济衰退以及福利国家兴起的挑战。1888年,"失业"一词出现在《牛津英语词典》中,这标志着一个"问题"的到来,而这个"问题"将主导未来80年的经济理论和政策。

第二篇追溯了凯恩斯主义革命的兴起、辉煌和衰落,这段时期从1936年凯恩斯的《就业、利息和货币通论》(以下简称《通论》)出版一直到20世纪70年代。第5章展示了凯恩斯主义经济理论和政策如何应对20世纪30年代的大萧条。在二战之后的30年间,充分就业和稳定增长似乎证明了这一理论和政策是行之有效的,这也是第6章的主题。凯恩斯主义体系在20世纪70年代的滞胀中陷入了困境,并被货币主义取代,而货币主义实际上是回归到凯恩斯主义之前有关货币和政府的正统观点。第7章以介绍"新共识"(New Consensus)作为结束,"新共识"是新古典经济学和新凯恩斯主义经济学的混合体,而2008年的经济崩溃又使"新共识"轰然倒塌。

在经济学经历了一连串理论上的曲折回转之后,每个人都会惊讶地发现经济理论始终坚守一个核心观点,即不受干预的市场体系往往趋向于实现充分就业均衡,除非受到"故意捣乱"行为的阻碍,而这通常是政府所为。这首先来自亚当·斯密关于"看不见的手"的比喻,这一见解在1874年莱昂·瓦尔拉斯的一般均衡理论中得到了正式表述。很久之后,直到我们生活的这个时代,基于瓦尔拉斯微观经济学的新古典宏观经济学才发展出来。在与实际情形不符时，故事主线经过了大量修改和限定，但总是以大体不变的形式重新出现。由此得出的结论是经济学从未经历过如自然科学曾偶然经历过的那种真正的"范式"转变。我所说的范式转变是指以根本不同的方式看待研究对象。凯恩斯主义革命最接近这种范式转变。在大多数情况下，经济学始终如一，没有进步可言。这种持续性可以由如下事实来解释，即作为一门科学的经济学的兴起与资本主义的兴起是同时发生的，就像我们知道的那样，经济学的逻辑与支持资本主义的观点是分不开的。

本书第三篇是对2008年经济衰退的理论和政策回应。这一篇将这些回应与第一篇和第二篇涉及的历史争论联系起来，并展示了过往的经历对理论和政策回应产生了何种影响。第8章和第9章说明了财政政策和货币政策如何应对或者未能应对经济低迷的挑战。这里要讨论的主题是，随着财政政策因为政府债务膨胀而迅速失去效力，稳定经济生活的重任落到了非常规货币政策的肩上。第8章探讨了财政整顿的理论和实践，即政府为消除赤字和减少国家债务以恢复"信心"付出的努力。第9章考察了量化宽松的基本原理及其取得的有限成功，所谓量化宽松就是央行试图通过向金融体系注入大量资金来抵消财政整顿的通缩效应。我得出的大致结论是，危机后的货币—财政政策的组合拳成功地防止了2008—2009年的崩溃演变成另一场大萧条，但是未能成功恢复持久的经济繁荣。实际上，这些措施挽救了因金融危机爆发之前那些年金融业的恣意妄为而受损的经济，但是也为下一次金融危机埋下了伏笔。我们的经济仍然依赖那些支持其运行的体系，这些体系的崩塌将会带来巨大的挑战。

第10—12章考察了金融不稳定的结构性原因。第10章分析了愈加严重的收入和财富不平等对宏观经济的影响。第 11 章聚焦于金融创新，这在某种程度上是信贷需求爆炸式增长的结果。第 12 章探讨经常账户失衡对危机之前经济体系的不稳定造成的影响。

接下来是最后一篇的主题：该怎么做？当代政治经济学的核心问题与以前的每个时代都是一样的，即政府需要做些什么，才能确保一个使用货币且主要由私人所有的分散化经济相对平稳地运行，而且在社会方面和道德方面均尚能被容忍？

技术性的内容我尽量放在各章的附录中，以免打断读者的思路。

附录 0.1　思想观念、既得利益与周期循环

思想观念与既得利益

凯恩斯在《通论》的结尾处有一句名言："但是，或早或晚，无论其好坏，危险的都是思想，而非既得利益。"[6] 任何参与思想生产的人都必定相信这一点，除非他是被人收买而提出某些思想。在当今世界，思想主要来自学术界。纯粹的研究长期以来被认为是一种独立的知识追求，其标志性特征是公正无私，其目的在于探究真理。学者的世俗利益并不直接影响他们的研究方向或研究结论。

与此同时，还有约瑟夫·熊彼特所谓的"成功的社会学"。简而言之，为什么有些观念会被接受，而有些观念则受到了排斥或被边缘化？在自然科学中，这个问题相对容易回答，因为新观念比旧观念使我们更贴近现实。因此，量子物理学取代了经典物理学。现实是始终不变的，只有理论会随着我们对现实的理解而改变。预测能力是一个科学假说是真是伪的终极检验。

在社会科学领域，这种说法就不那么正确了。自然界并不干涉人们对它的观察，但人类社会并非如此。社会科学与自然科学的区别就在于研究对象的可变性。社会现实在不断变化，在某个时刻至关重要的问题在另一时刻可能变得无关紧要。因此，社会科学中的命题并不满足"普遍性标准"，它们受到时间和地点的限制。正如阿米尔·库马尔·达斯古普塔（Amir Kumar Dasgupta）指出的[7]，经济学理论是相互独立的，它们不会相互取代。社会科学中的理论无法被成功地证实或证伪，只能暂时做到这一点。经济学的进步在于更精确地表述思想，而不是思想本身具有更强的解释力；而这种精确可能会以牺牲解释力为代价。与物理学相比，经济学领域的研究议程和权力结构受该领域之外的权力结构的影响要大得多。经济研究计划具有意识形态的特点。当然，这正是马克思和恩格斯的论点，他们写道："思想的历史除了证明精神生产随着物质生产的改造而改造，还证明了什么呢？"[8]

思想观念、环境和权力之间的关系是社会科学中最复杂的问题之一。思想观念并不直接受环境的支配。产生理论的学科在其概念、技术和术语方面表现出了长期的稳定性。这就是范式转变很少发生的原因。诚然，学科会转向新的议题。但是，没有必要把所有的新议题都与世界的变化联系起来。理论家可能只是对这些老议题感到厌倦，觉得有关它们的争论已经走进了死胡同。议题的变化也与学科内部的代际更迭有关。

更贴近本书主题的说法是，当世界的重大事实发生改变时，思想观念就会发生变化。达斯古普塔谈到了"经济理论的时代"。他写道："一套经济理论体系会发生演变，以回应经济中一组特定环境发生变化而引发的问题。随着环境变化，或者人们对它们的态度发生变化，问题会被修改，新的理论体系随之产生。"[9]达斯古普塔正确地区分了环境变化和人们对这些变化的态度发生的改变。一个巨大的冲击可以颠覆现有观念,以及基于这些观念的政策。但是,这些观念和政策朝着哪个方向进行调整,这是不确定的。一战之后的大萧条使得与自由主义相竞争的各种主张受益匪浅,包括共产主义、法西斯主义和凯恩斯式社会民主主义等不同形式的主张。2008 年以来,世界经济经历的阵痛导致左翼和右翼的民粹主义同时爆发,意识形态和政治将会走向何方仍有待观察。

因此,思想和问题之间没有直接的联系。对事实可以有不同的解释。谁掌握了解释的权力,谁就掌握了话语权。这就引出了权力的问题。

借用史蒂文·卢克斯(Steven Lukes)的话,我们可以把思想视为某种形式的"软实力",它提供了我们就现实展开辩论的结构。[10] 或者一种更全面的说法是思想塑造了我们的意识,也就是我们解读世界的方式。

因此,思想是一种独立的权威来源。政治家、商人、公务员等实务工作者是思想的消费者,而不是生产者。与消费者相比,思想生产者拥有相当大的自由度。既得利益集团纵使能够也没有资格决定为其实践进行辩护的思想的确切形式。因此,经济学家对自由市场的辩护相比商业阶层的辩护更具普遍性,同时也更有针对性。比如,经济学家几乎总是反对保护主义和垄断,而企业则普遍持支持态度。因此,思想能够使自利显得更开明。

思想是由非营利机构创造的,这一事实并不能解决软实力背后的硬实力问题。谁为培养当代商业精英 MBA 的商学院提供资金?谁资助了媒体和智库的思想传播?即使在一个可以自由讨论的社会中,思想的生产者、传播者和普及者面临的激励是什么?简而言之,他们的商业议程是什么?

我们必须避免过于简单化。把哲学、艺术和文学的创作与权力结构联系起来，这要困难得多，而且我认为也是徒劳的。尽管文化精英通过许多微妙和不那么微妙的社会和经济机制融入商业体系，但对现状，他们既可能持批评的态度，也可能表示赞赏。[11] 更重要的是，对资本主义的文化批判虽然持续存在而且通常很深刻，但对经济学和经济政策的影响微乎其微。政府也不只是或者不总是资产阶级的代理人。至少在理论上，它代表的是公共利益。"公共知识分子"在公私混合经济中发挥的作用要比在由企业发号施令的经济中发挥的作用更大。

主张思想的独立性是对原始马克思主义的必要修正，而且，我敢说马克思本人也会接受这种修正。然而，在马克思主义者看来，就像国家一样，知识分子阶层也只能获得"相对自主权"，而且无论他们如何改头换面地表述自利的概念，思想几乎不会颠覆人们对自身利益的认知和追求。务实的人最喜欢用科学的语言来掩饰他们的偏见。最终，占统治地位的思想必须服务于统治阶层的利益。自20世纪80年代以来，占统治地位的就是金融阶层。

周期循环

受物理学启发，经济学将经济视为一个均衡体系。扰动被认为是短暂的，并且可以自我校正。但是，与历史学家一样，经济学家一直对经济生活的规律、创新和破坏的浪潮、政治经济体系的兴衰十分感兴趣。最著名的经济周期理论是康德拉季耶夫周期，这是一种长达40年或50年的长波，它始于一系列新技术，当这些新技术被用完时就会进入衰败期。熊彼特在描述资本主义创造与破坏的循环时就引用了这一观点。长周期中有时间较短的繁荣和萧条周期，持续时间为8~10年。尽管经济周期缺乏恰当的科学解释，保罗·萨缪尔森甚至将周期理论称为"科幻小说",但是经济周期仍然对宏观经济政策产生了重要影响。典型的宏观经济概念,比如"周期性调整的预算赤字",明显是指持续一定时间的短周期,它围绕某种"正常"或"长期"状况震荡。

历史周期是指某种道德或者社会的扰动,而不是某种技术性均衡。也就是说,它们将技术创新嵌入更宏大的政治和社会变革框架中。据说,社会就像钟摆一样,在活力与衰败、进步与反动、奢侈浪费与极度节俭之间交替往复。每一次扩张都会产生过剩的危机,从而导致反方向的变化。均衡很难实现,而且均衡总是不稳定的。

在《美国历史上的周期》(1986)一书中,小阿瑟·施莱辛格(Arthur Schlesinger Jr.)将政治经济周期定义为"国家干预在公共目的和私人利益之间的不断变化"。他认为,时代在"自由主义"和"保守主义"之间来回摇摆,我们可以将前者称为社会民主主义。两者的核心概念都是"危机"。自由主义时期受制于权力腐败,理想主义者不得不随波逐流,保守派反对寻租的论点赢得了胜利。但是,保守主义时期却屈服于金钱腐败,金融家利用放松监管获得的自由来欺骗公众。市场监管不足的危机预示着向社会民主主义时代的回归。

这种观点与美国的历史叙事相当契合,在全球范围内也讲得通。保守主义经济学的时代始于亚当·斯密1776年出版的《国富论》。然而,尽管学术界很早就拥护自由贸易,但是在一场重大危机发生以后,即19世纪40年代早期的爱尔兰大饥荒(俗称"马铃薯饥荒"),政策才发生了实质性改变,1846年英国废除了《谷物法》,标志着自由贸易时代的到来。

在19世纪70年代,钟摆开始摆回到历史学家戴西(A. V.

Dicey)所说的"集体主义时代"。触发这一转变的重大危机是第一次全球大萧条,这是由食品价格暴跌导致的。这次冲击如此严重,以至于政治经济领域发生了重大转变。这个重大转变分为两波。第一波,除了英国,所有主要国家都提高了关税,以保护农业部门和工业部门的就业。英国依靠大规模对外移民消除了农村失业。第二波,除了美国,所有工业化国家都开始实施社会保险计划,以帮助其公民防范生活中的风险。1929—1932年的大萧条催生了第二波集体主义浪潮,这与使用财政政策和货币政策来维持充分就业的"凯恩斯主义"联系在一起。大多数资本主义国家都将关键产业国有化。美国的罗斯福"新政"对银行业和电力行业进行监管,最终走上了社会保障之路。国际资本流动在世界各地都受到严格的管制。

这样的钟摆运动并不总是朝着一个方向,否则西方将最终走向共产主义,而这正是全球很大一部分地区的命运。甚至在20世纪70年代的集体主义危机之前,随着贸易在1945年后逐步摆脱关税的束缚,资本流动也更加自由,钟摆已经开始回摆。当时的规则是对外实行自由贸易,对内实行社会民主。

在凯恩斯的帮助下,布雷顿森林体系于1944年建立,这是自由主义或社会民主主义政治经济在国际上的表现。这一体系的目标是在20世纪30年代的贸易冰冻期之后,通过提供一个抑制经济民族主义动机的环境,实现自由的对外贸易,其核心是固定汇率制度。汇率的调整需要各方同意,以免出现竞争性的货币贬值。

20世纪70年代,自由主义或者社会民主主义因滞胀和政府无能而瓦解。它大体上契合施莱辛格提出的"权力腐败"概念。凯恩斯主义或者社会民主主义的政策制定者狂妄自大,认为自己掌握了自上而下管理和控制经济社会的知识和工具,这是"知识腐败"。哈耶克在其经典著作《通往奴役之路》(1944)中猛烈抨击了这种弊病。20世纪70年代,通过控制工资和价格来抑制通胀的尝试直接导致了一场"治理危机",因为工会,尤其是英国的工会,拒绝接受这些措施。政府为公共和私人生产者集团提供了大量补贴,助长了新右派认定的典型的腐败行为,即寻租、道德风险和搭便车。政府失灵的明显证据抹去了对市场失灵的早期记忆。新一代经济学家抛弃了凯恩斯,借助复杂深奥的数学,重新发明了市场可以自我修正的古典经济学。由于受到20世纪70年代危机的重创,各国政府屈服于自由市场力量的"必然性"。随着1989—1990年苏联共产主义阵营的瓦解,钟摆回摆已成全球趋势。

潮流逆转有一个明显的牺牲品,那就是布雷顿森林体系。20世纪70年代,该体系由于美国拒绝限制国内支出而土崩瓦解。货币自由浮动,对国际资本流动的管制逐步放开。这预示着向全球化的全面转变。作为一种理念,全球化并非没有吸引力。因为当时的观念是,民族国家对如此多有组织的暴力和浪费性开支负有责任,它正在走向没落,并将被全球市场取代。2004年,加拿大哲学家约翰·拉尔斯顿·索尔(John Ralston Saul)概括了全球化的前景:

> 在未来,决定人类发展进程的将是经济而不是政治或军事力量。自由市场将迅速建立自然的国际平衡,不受原来繁荣与萧条周期的影响。由于贸易壁垒减少,国际贸易的增长将会掀起一股经济社会浪潮,它会使所有人受益,无论是西方国家的穷人还是所有发展中国家的民众。繁荣的市场会将独裁国家转变为民主社会。[12]

今天，我们正在经历一场保守主义经济学的危机。2008年银行业崩溃使人们对金钱腐败的不满日益加剧。新保守主义曾试图为金融富豪阶层获得巨额收益，而普通人的收入却停滞不前甚至下降的现象辩护。在效率的掩护下，全球化促进了数百万工作岗位外包，削弱了国家凝聚力，破坏了自然环境。这样的体系需要非常成功才能赢得民众的拥护。在接下来的几年里，我们将会看到，经济崩溃之后对经济结构的修复是否足以阻止钟摆重新摆向已经抬头的集体主义和民族主义。

第一篇

经济思想史

1844年，约翰·斯图亚特·穆勒出版了《论政治经济学的若干未定问题》一书。在他看来，著名的萨伊定律，即供给创造了自己的需求，是宏观经济学的核心命题，许多经济学家至今仍然同意这一观点。所有生产出来的东西都必然会被消费掉，否则生产这些东西就没有任何意义。困扰第一代"科学"经济学家的问题是资源尤其是食物供应面临的人口压力。在这种以稀缺为特征的世界中，穆勒所谓的商品"普遍过剩"似乎不可能存在[1]，问题在于人口的普遍过剩。然而，经济生活呈现繁荣与萧条相互交替的周期。在经济萧条时期，大量商品被生产出来，却找不到可以出售的市场。

穆勒问道，现实世界的这种现象如何能与一种认为不可能出现商品普遍过剩的学说协调起来呢？

穆勒的解释如下所述。萨伊定律依赖于"以物易物的假设"。在物物交换中，买卖是"同时发生"的。但是，货币使推迟购买成为可能。人们可能想把货币囤积起来，而不是将其花掉。这种推迟购买可能源自"普遍焦虑"。因此，所有为了消费而生产的东西并不一定会被买走。然而，如果货币像黄金一样是一种商品，对货币的过度需求将导致资源转向黄金生产。因此，萨伊定律作为一个普遍原则是成立的，即"生产的任何增加，如果在各种产品之间按照由私人利益决定的比例毫无差错地进行分配，都会创造自己的需求，或者更准确地说，等于自己的需求"。借由这种含糊其辞的说法，穆勒摆脱了自己提出的困境。[2]

然而，穆勒的著作提出了最根本的宏观经济学问题，即货币与实物生产体系之间的关系。紧随其后的第二个问题，即如何阻止货币"失控"，也是由穆勒提出的，而且是宏观经济政策的核心问题。这两个问题是相互关联的，因为两者都涉及在何种条件下，货币才可以服务于生产，而不是起到扰乱作用。自从开始使用货币以来，人们一直对这两个问题争论不休，从这个角度来讲，它们仍然悬而未决。为了理解这些争论，我们需要回顾货币的起源。人们为什么使用货币？它是与生产密不可分，还是仅附着在生产上的某种东西？它在社会生活中居于何种地位？

第1章
货币的奥秘：简短的历史回顾

> 货币有四种职能：交易媒介、价值尺度、计价标准、储藏手段。
>
> ——19世纪打油诗
>
> 货币只有在出现问题时，才会展现自己特有的独立影响。
>
> ——约翰·斯图亚特·穆勒（1848）[1]

古典二分法

故事要从古典二分法说起，也就是说，将经济学划分为价值理论和货币理论。经济学的首要问题是：商品为何如此定价？第一代"科学"经济学家认为，商品的价格是由生产某一数量的商品所需的劳动时间决定的。下一代经济学家得出的结论是，商品的价格取决于它们对消费者的价值。劳动成本会根据购买者的偏好自行调整。价值就是市场价格。这就是今天的理论。请注意，就我们的目的而言，这两种对价值的解释都不涉及货币。用商品衡量商品的价值，因为它们以实物形式相互交换。根据古典理论，货币对"物物交换"时的价格决定不会产生任何作用，也就是说，人们不需要货币。

货币理论关注的是其他问题：是什么决定了货币的价值或价格，或者反过来说，是什么决定了一般价格水平或平均价格水平？入门教材给出的答案是，这取决于货币的数量。货币数量越多，商品的总体价格就越高；货币数量越少，总体价格就越低。这种货币理论的一个重要观点就是，货币数量对商品和服务的相对价格没有影响。货币数量只能解释所有商品的平均价格，并不能影响任何"实际"变量。

那么，货币在这个故事中扮演了什么角色呢？答案是它是"贸易车轮的润滑剂"。与没有货币时相比，有货币就能促成更多的贸易。但是，这对贸易条件没有影响。用亚里士多德的话讲，货币是"不结果实的"，它既不会创造也不会毁灭任何东西。当代的货币金融教科书只不过是在附和亚里士多德的观点。银行只是买家和卖家之间的"中介"。这一隐晦的表述起到了保护作用，目的是掩盖金融以及金融家实际拥有的经济权力。

从哲学上讲，古典二分法的基本思想可以追溯至著名的笛卡儿对表象和实在的区分，以及他否认归纳法是一种发现真理的方法。在中世纪，人们普遍认为事物的呈现方式就是它们的本来面目，即我们在自然界中察觉上帝的存在。这正是笛卡儿反对的。观察只能揭示事物的表象，而现实隐藏在表象的背后。科学的任务是探究"事物表象之下"的实在。按照这一观点，"科学的"经济学赋予了自己一项任务，即超越我们观察到的货币价值，进入更为根本的真实价值的世界。用长期以来惯用的经济学术语表述，货币只是一层"面纱"，它遮盖了经济变量之间的真实关系。经济学必须揭开货币的面纱；或者更准确地说，让这层面纱变得透明，这样我们就不会混淆表象和实在。[2] 从大卫·休谟到米尔顿·弗里德曼，始终坚持这种笛卡儿式的二分法，这也奠定了主流经济学公理结构的基础。

在 20 世纪 30 年代，经济学家约翰·梅纳德·凯恩斯用他所谓的"生产的货币理论"向古典二分法发起了挑战。1933 年，他写道：

> 按照古典经济学家的观点，货币……不应影响实物之间……交易的本质，或改变交易各方的动机和决策。也就是说，人们使用货币，但在某种意义上将货币视为中性……
>
> 与之相反，我想要提出的理论将分析这样一个经济，其中货币自身将发挥作用，并影响人们的动机和决策，简而言之，在这种情况下，货币是一个关键因素，因此，如果我们不了解货币在初始状态和最终状态之间的运行情况，就无法预测事件的走向。这就是我们在谈到货币经济时应该表达的意思。[3]

换句话说，我们不能把价值理论和货币理论分割开来。货币是交易的"动机"之一。衡量商品价值的是货币，而不是商品。因此，我们必须注意交易过程中的"货币运行"。如果货币中性指的是货币的价值对人们想要交易的商品的价格没有任何影响，那么，货币不可能是"中性的"，因为人们知道的只有货币价格。出于同样的原因，也不存在物物交换均衡的概念，即在没有货币的情况下，有多少商品被用于交换。有的只是货币均衡。

那么，是什么影响了货币运行呢？这应该是研究货币经济运行规律的关键。货币为什么会存在？它又服务于何种目的？

货币的起源

没有人确切知道货币起源于何处，如何起源以及人们为何开始使用货币，所以人们可以天马行空地编造各种故事。人们编造这些故事的主要目的是通过提出一个假想的过往经历，阐明他们那个时代的货币的性质。在有关货币的文献中，主要流传着两个故事。亚当·斯密在18世纪讲述的故事试图解释货币为什么由黄金和白银构成。货币国定论（chartalist theory）则可以追溯至19世纪末，这一理论试图解释货币为什么主要由信用构成。我们可以将上述两种说法分别称为货币金属论和货币信用论。

亚当·斯密的故事可以追溯至亚里士多德，至今仍是教科书中最喜欢使用的版本。这确实是最容易理解的货币起源故事，也因此备受欢迎。这一故事声称，在货币出现之前存在着物物交换，即直接用货物交换货物。但是，物物交换要求需求的"双向一致性"。交易双方需要同时想要获得对方拥有的东西。因此，发明货币是为了使一方能够用某种东西来向另一方付款，而另一方则可以用这种东西来购买其他的东西。亚当·斯密推测，能够成为"交换媒介"的"某种东西"一定是"某种商品"……在用于交换本行业生产的产品时，很少有人会拒绝这种商品。[4]虽然牛、盐、贝壳以及其他类似的商品都曾充当过货币，但是金属，尤其是黄金和白银等贵金属，因其可分割性而受到青睐，耐久性和稀缺性则使其更受欢迎。正是这些属性使之适用于衡量易腐烂物品的价值。

起初，铁、铜、金和银做成条块形状就够用了，因为相对而言，它们的价值更为稳定。为了避免每次交易都要对一块金属称重，人们习惯于在一定数量的金属上加盖公章，以证明其重量和成色。"于是就出现了铸币和被称为铸币厂的公共机构。"这则故事的本质在于，尽管用货币来签订合同很方便，但是在合同的背后，是实际的物品以其实际价格，也就是以实物表示的价格相互交换。

关于物物交换的理论在很大程度上借鉴了亚当·斯密时代的古典人类学，该理论的核心是"经济人"，他追求的是自身利益而非社会利益。这也是新古典经济学的心理学基础，保罗·萨缪尔森的经典教科书清楚地表明了这一点，他写道："我们都应该感谢最初的两个猿人，他们突然意识到，放弃一定数量的某种商品来换取一定数量的另一种商品，可以让两个人都受益。"[5] 大多数经济学家都喜欢这个原始人物物交换的故事，因为这个故事中没有社会和政府。

相比之下，起源于 19 世纪末的信用学说，认为货币源于某种债务合同，即今天购买了某种东西，但是承诺在未来付款。承诺是否可信取决于对债务人的信任。但是，陌生人无法获得信任，因此，需要存在某种社会联系，货币才能发挥作用。使用货币就是在承诺"我说话算数"。正如阿尔弗雷德·英尼斯（Alfred Innes）所言："购买商品使我们成了债务人，而出售商品则让我们成了债权人。"[6] 如果这种理论假定信用只是货币形式的预付，而这笔货币预付本身又是某种商品形式的预付，那么货币信用论并不会自动地否定古典二分法。但是，在解释这种"真实"交易时，这一理论强调预期的重要性，因而极大地削弱了古典二分法。

这场关于货币起源的争论看似深奥，实际上反映了有关货币用途的深刻分歧。货币主要应该被视为促成在时间上完全分开的两笔交易的一种手段，还是应该明确地被视为现在和未来之间的一种联系？前者可以引出如下观点，即对货币唯一重要的需求是将它作为一种"支付手段"，后者则意味着货币重要的经济作用在于"价值储藏"。这种持有货币的动机与对商品的需求无关，这是一种对流动性的偏好，令凯恩斯感兴趣的正是这一点。他的推论是,"对流动性的迷恋"可能只有一个原因,即未来存在不确定性。如果每个人都确切地知道明天会发生什么,就没有合理的理由囤积那些金属或纸片了,实际上,他根本就不需要货币。所以,从本质上讲,关于货币起源的争论是一个认识论问题,即未来在多大程度上是可以预测的?

货币的价值

正如人们可能认为的那样,对于"货币的价值源自何处"这个问题,货币金属论和货币信用论会给出不同的答案。

根据货币金属论,货币的价值来自构成货币的那种物质所具有的价值,也就是金属的价值。金银的"基本"价值是由其固有的属性决定的,比如它们的吸引力、稀缺性和耐久性。根据货币信用论,货币只是所做承诺的象征,其价值取决于货币发行人所做承诺的可信程度。

货币信用论认为可能存在三类货币发行人。迄今为止,最重要的货币发行人来自货币国定论。该理论认为,货币的主要发行人是国家。根据格奥尔格·弗里德里希·克纳普(Georg Friedrich Knapp, 1905)和英尼斯(1913)的观点,国家为它征用的货物发行借据,这是债务的标志。上面印有统治者头像的铸币是国家债务的象征。这些借据作为货币流通,因为国家有能力确保只能用它自己发行的货币来缴税,这使得国家的"支付承诺"具有独一无二的可靠性。亚当·斯密注意到:

> 如果一位君主颁布法令,规定一定比例的税款必须用某种形式的纸币来支付,那么他也许就赋予了这种纸币一定的

价值，即使它最终取消和赎回的条件都取决于君主的意愿。

同样，英尼斯认为"通过税收来偿还政府债务，是政府发行铸币和任何形式的'货币'的基本法则"。[7]

货币国定论的故事表明，人类有记载的最早的经济体，例如比基督诞生还要早几千年的埃及和美索不达米亚地区的帝国，都是朝贡经济，在这些经济体中，商品和服务的流动主要发生在统治者和被统治者之间。臣民应向统治者进贡，作为回报，统治者则为臣民提供服务。例如在埃及，一定比例的农产品被运到寺庙的粮仓，并从那里向受雇于建造金字塔和寺庙等公共工程的工人支付"工资"。货币最早的用途之一就是使得"向恺撒进贡（缴税）"更为方便（Matthew 22：17-21）。相互之间的义务可以借助于代表购买力的某种象征而不是通过实物商品的实际转让来履行，这些象征代表了实际义务通常的价值。如果认同这就是最早的经济模式，那么货币的起源主要与公共财政的运作有关，而与市场则并无关联。这种承诺在铸币出现以前就存在了，铸币只是承诺的象征。

秉持"现代货币理论"的新货币国定论者，比如沃伦·莫斯勒和兰德尔·雷，进一步提出，国家不需要为了花钱而征税，而是需要为了征税而花钱。新货币国定论者用这样的问题来迷惑你：如果政府还没有花钱，你拿什么来缴税？一个国家的债务就是其收入的来源：它花得越多，就能获得越多的收入。这就是在经济衰退时实施赤字财政的最简单理由，即政府债务创造税收，政府再以税收偿还自己的债务。[8]奇怪的是，他们对如下观点视而不见：如果人们不赞同征税的目的，就有可能选择拒绝向国家缴纳税款。

国家并非唯一可能的债务发行人。只要债务人的承诺足够可信,任何债务都可以充当支付手段。私人创造的债务总是与公共债务一起流通。其中,银行债务要比其他债务远为重要。银行可以以其存款作为支持,以本票形式向借款人发放贷款,并承诺这些本票随时可以兑付现金。银行本票可以作为货币流通。然而,银行的债务永远无法像国家债务那样安全,因为一旦银行被认为负债过多,就有挤兑的危险。简而言之,本票的价值取决于人们对银行偿付能力的信任。

费利克斯·马丁(Felix Martin)等信用理论的支持者否认只有国家或者银行才能决定货币的价值。他们认为,货币的价值是由债权人和债务人协商决定的,并取决于两者之间的力量平衡。[9]如果债权人有能力强制债务人偿还欠他们的全部债务,他们就可以维持货币的价值;债务人则可以通过逃避还债来降低货币的价值。

货币金属论或者货币本质论不应轻易被否定。货币可能是信任的象征,但是并非所有的货币都同样值得信任。黄金的优越性就在于它不会变质。它是货币价值的终极担保者。自从黄金不再作为货币之后,货币多多少少有些不可靠。

甚至当国家货币变成纸币从而毫无内在价值时,人们仍然相信,政府发行的纸币也就是对持票人的支付承诺实际上是由黄金作为担保的债务凭证。直到1971年,人们普遍认为美元的价值依赖于它是否可以兑换为黄金,似乎黄金的价值为美元纸币的价值提供了担保。1971年以后,中央银行发行的高能货币被认为"如同黄金"。货币史充满了这样的虚构故事,但所有的虚构故事都有其历史经验和人类心理学的基础。

债权人和债务人

一方面,固定不变的价值尺度可以带来便利,另一方面,债权人和债务人都希望拥有一种符合其自身利益的货币,这两者之间一直存在着冲突。这就是货币的阶级斗争理论。在工业时代,资本家和工人之间的冲突与债权人和债务人之间的冲突有所重叠,但是从未取而代之。

对于像大卫·格雷伯这样的历史社会学家而言,世界历史的大部分内容都可以用债权人和债务人之间的斗争来解释。不管贷款或工资合同规定了什么,在一个充满不确定性的世界里,合同中的承诺总是存在贬值或重估的风险,因此,为控制承诺的价值而展开的斗争十分激烈。[10]

国家保障货币价值的激励是有限的。原因在于它总是能够通过降低金属货币的成色或者通过印制更多的纸币创造出足够多的货币,以满足自己的开支。因此,纵观整个人类历史,统治者一直在操纵货币数量。他们一边声称要维护币值,一边又降低了金币和银币的重量和成色,或者发行了过多的纸币。通过征收"通胀税",他们可以在不公开增税的情况下掌控额外的实际资源。"当一个政府走投无路时,它可以靠这种手段求生,"凯恩斯写道,"这种形式的税收是公众最难逃避的,即使无力征收其他形式税收的最软弱的政府也能使用这一手段。"[11]

纵观历史,改革者也一直致力于阻止国家让货币贬值,用李嘉图的话来说,通胀"牺牲了勤劳节俭的债权人的利益,却让懒惰而又挥霍无度的债务人受益"。[12]货币本质论的主要目的就是阻止国家使铸币贬值。这就是为什么它坚持认为货币的价值取决于铸币中金属的价值。

这种观点有一个很好的例证，17世纪的重商主义者威廉·配第主张，降低铸币中白银的含量注定会弄巧成拙。这会减少人们为了获得一定数量的货币而愿意放弃的商品数量，除了那些"只看货币的面值而不看其重量和成色的傻瓜"。[13]配第错了。皇家铸币厂发行的贬值了的铸币继续按照面值流通。这些铸币被接受的关键原因在于，它们是唯一的法定货币。在配第之前四个世纪，阿奎那就认识到货币是"衡量一切事物的标准……这不是因为它本性如此，而是因为人们将它作为一种价值尺度"。[14]使用国家发行的货币作为清偿货款和债务的支付手段，其便利性超过了债权人因货币贬值而遭受的实际或潜在损失，除非贬值达到国家的货币不再被用于任何目的的极端程度。

至19世纪初，人们意识到有必要采取更强有力的措施来阻止货币的"过度发行"。根据一国的金块数量来限制一国的货币数量，并严格限制国家本身的经营活动，可以实现这一目的，前者正是第2章的主题。如果国家的行动能够被限制在狭小的范围之内，那么它扩大货币供给的动机就会相应地受到限制。这正是维多利亚时代财政立宪的主要目标，我们将在第4章介绍有关内容。国家每年的支出应当与税收相等，并保持在尽可能低的水平，设计这一规则就是为了限制政府"使铸币贬值"的能力。

对货币价值的另一个主要威胁来自债务人阶层强烈呼吁减轻其债务负担。

在《哈姆雷特》中，莎士比亚让波洛尼厄斯嘱咐他的儿子雷欧提斯：

别借债，莫放债；
放债会让人金钱和朋友两失，

借债会让人挥霍无度。

波洛尼厄斯的建议最近引起了安格拉·默克尔的共鸣。如果仅就单个司法辖区而言，他的建议不过是无稽之谈。尽管举债有可能危害个人品行，但是创办企业或经营企业的首要方式是举债。如果考虑跨越国境的情况，波洛尼厄斯的教导就更合情合理了，因为跨境贷款的安全问题要严重得多。

很久以来，货币政策就面临一个问题：它应该保护谁的利益？是贷款人还是借款人，是债权人还是债务人？债权人对货币最主要的要求是，在由一项交易转向另一项交易的过程中，货币的价值要保持稳定。但是债务人只是希望有足够的货币来维持他们的生意，并期望国家、银行或贷款人能够创造这些货币。这些要求很难协调一致。债权人天生就是货币本质论者，他们希望债务人能以足斤足两的铸币来偿还本金和利息。债务人天生就是货币名目论者，只要有可能，他们就希望尽量少还一些。

由于承诺对稳定预期非常重要，它需要借助于惩罚和宽恕。

债权人主张，自己在道义上有权获得与其出借金额等值的货币，而债务人在道义上有义务不惜一切代价偿还债务。credit 的词根是拉丁语 credo，意思是"我相信"。贷款人相信借款人会以等值的货币偿还借款。[15] 贷款人声称，如果没有这种信任，贷款将会停止，贸易将会萎缩。为了确保能有必要的信任，债权人总是在政府或惯例允许的范围内为违约设置尽可能多的障碍。为了抵御违约风险，他们将利率保持在尽可能高的水平。他们监禁或奴役违约的债务人，或掠走其财产。他们入侵或者拒绝贷款给那些拒不偿还债务的国家。经济学家谈论让债务人过得太过轻松会有"道德风险"。更为愤世嫉俗的人则认为，向身无分文的债务人提供贷款是在剥夺其资产，这是依靠军队攫取土地和资源的一种替代形式。

然而，债务人的立场并非没有道义上的支持。所有宗教都支持"债务减免"，憎恶"债务奴役"。新上台的统治者宣布赦免债务是一种惯例，《圣经》中记载的巴比伦人的禧年法（Jubilee law）就是如此。立法者梭伦（约公元前 638—前 558 年）以取消雅典农民的债务而闻名。纵观历史，农民一直是最主要的债务人阶层，因为他们的生计具有季节性特点且收成不稳定。《主祷文》中有这样一句话，"宽恕我们的罪，就像我们会宽恕那些亏欠我们的人"，稍加变化就可以改为"免除我们的债务，就像我们会免除他人欠我们的债务"。[16] 最近对破产银行的救助就是债务减免的例子。

莎士比亚生动地演绎了对债权人的道义谴责，这位债权人因债务人未能偿还贷款而索要"一磅肉"。在《威尼斯商人》中，放债人夏洛克半开玩笑地提出，一旦违约，借款的商人安东尼奥必须用自己身上的一磅肉来偿还，"割下你身上我喜欢的部位"。后来，这个玩笑闹大了。安东尼奥运输货物的船只失事了，他无法在约定的日期偿还借款，夏洛克要求安东尼奥赔偿自己的损失。夏洛克最终身败名裂，失去了所有的钱财，这表达了对放债人的普遍态度，在中世纪的欧洲，放债人通常是犹太人。反犹太主义是债务人对食利者阶层普遍抱有敌意的表现之一，这个阶层以利息和租金为生。

由于基督教禁止高利贷或者对贷款收取利息，债务人的地位得以进一步增强。反高利贷的法律从最古老的时代一直延续到 19 世纪，英国在 1835 年才予以废除，而在伊斯兰国家至今仍然存在。中世纪的人相信放高利贷者会被提前送入地狱，或者他们的钱会化为乌有。在但丁的《神曲》中，他们处于地狱的第七层。

反高利贷的法律背后有两个道德方面的考虑。第一个考虑基于债务合约是一种不公平交易的观点。由于贷款人几乎总是处于比借款人更有利的地位，人们认为需要保护借款人免遭贷款人的强取豪夺。简单来讲，一个颗粒无收的农民或者一个损失了货物的商人，为了生活下去可能不得不借钱，不管他必须为贷款支付多高的利息；贷方没有必须放贷的义务，如果不受法律约束，他为贷款索取多高的利息都可以。因此，国家和习俗都试图把贷款的利息保持在尽可能低的水平。

然而，还有第二个考虑，长期以来，人们对"以钱生钱"抱有道德方面的敌意。这可以追溯至亚里士多德的观点，他认为货币本质上是"不结果实的"，因此货币的利息并非任何生产性活动的回报。

科学的经济学摒弃了获取利息的道德禁忌和法律限制。它将利息视为对储蓄成本和投资风险的合理回报。储蓄成本是指克制自己当前的消费。如果取消或者限制利息，储蓄的动力就会减弱，这不利于放贷，从而导致投资减少，财富增长放缓。

现代经济的发展缓和了债权人和债务人之间长久以来的斗争。股票市场和有限责任为筹集资本提供了银行贷款以外的其他途径，对违约的惩罚也逐渐变得宽松。我们不再要求违约的债务人提供劳役，也不再把他们送进监狱。债务奴役现象已经完全消失了。

随着现代税收制度的兴起，国家发行债务以为其支出融资的需求有所降低。因此，国家使铸币贬值的动机也随之减弱。由于政府不再像以前那样依赖于从民众那里获得的贷款，人们更愿意持有政府债券。19世纪是政府债券持有者的黄金时代，国家用足值的货币来偿还自己的债务。这个安逸的世界被20世纪的两次世界大战和民主的胜利彻底摧毁了。自拿破仑战争以来，国家首次成为大规模的净债务人,新的选民来自债务人阶层,而不是债权人阶层。二战以后,货币贬值或者通胀几乎持续不断。但是,在20世纪80年代,情况出现了逆转。随着债权人阶层在某种程度上重新获得以往的优势地位,通胀得到了控制。随着失业率上升和工资停滞,以高利率提供"发薪日贷款"的高利贷者大量出现。在2010—2012年的欧元债务危机中,债权人"三巨头"回到了19世纪的模式,要求以"一磅肉",也就是希腊的岛屿、天然气开采权和博物馆作为贷款的担保,而他们知道这些贷款永远无法偿还。

事实是,任何货币政策总会产生赢家和输家,这取决于获得信贷的条件。现在的答案是将货币政策置于"独立"的中央银行手中,但这并不能实现货币"中性",因为货币政策一定会产生分配效应。

货币数量论的起源

货币数量论更准确的说法应该是关于通胀的货币数量理论,因为提出这一理论的目的是解释通胀,很久以后它才成为抑制通胀的政策基础。虽然通胀和通缩都是货币数量不合适的结果,但是货币数量论的具体目标从来不是解释通缩,通缩被认为是上一次通胀的必然结果。因此,如果你能防止通胀,你自然而然就能防止由于通胀的泡沫被戳破而导致的通缩。在我们这个时代,这种观点来自弗里德里希·哈耶克。

16世纪的法国哲学家让·博丹(Jean Bodin)将人们对通胀的普遍理解,即"太多的货币追逐太少的商品",变成了一种类似理论的东西,以解释从16世纪中期开始的长达一个世纪的价格上涨,这一时期,在南美洲新发现并开采出来的白银进入了欧洲。从1550年开始,南美洲白银的涌入导致近代第一次出现货币大动荡,从1550年至1600年,西班牙的价格水平翻了一番。[17] 这动摇了中世纪世界所有的传统关系,推动了知识探索,也激发了金融投机。

让·博丹在 1568 年的《对马莱斯特罗特悖论的答复》(*Réponse aux paradoxes du M. de Malestroict*)中写道:"价格上涨的主要原因和几乎唯一的原因就是充足的金银,在法国,如今的金银比 400 年前多得多。"[18] 这个猜想被认为是货币数量论的开端。[19] 然而,早在公元前 4 世纪中叶,中国可能出现了更早期版本的货币数量论。[20]

让·博丹的猜想似乎非常合理。如果突然有更多货币用于购买数量固定的商品,很明显,对这些商品的竞争将使其价格上涨;反之将导致价格下降。

自此以后,这一条件一直是货币数量论的基础。尽管在前工业社会,经济几乎没有增长,但是粮食供应会随着收成变化而变化。因而即使没有任何货币冲击,食品价格也会上下波动。诚然,支付更高的价格需要更多的货币。但是,正是在这一点上,货币作为信用发挥的作用进入了整幅图景之中,比如"赊账购物"。在这里,货币只是一种记账手段,不需要任何实物货币。中世纪的经济通过扩大"记账货币"(tick money)的供给来应对铸币短缺问题。当价格下跌时,这些记账货币将以现金偿还。[21]

中世纪晚期,意大利北部银行业的发明是货币供给变得更具"弹性"的关键因素,尤其是对那些开支增加、收入下降的统治者而言,尽管这种发明实际上只是重新发现而已。银行业始于 1300 年左右的佛罗伦萨,也就是但丁所处的时代。这种金融创新很快引发了银行业危机,1345 年,巴尔迪银行和佩鲁齐家族银行倒闭。

希克斯解释说："早期的银行非常不健全，太急于接受存款，还没有弄清楚只有在何种情况下，才能稳妥地将这些存款用于有利可图的目的。"[22] 是什么发生了改变？

尼古拉斯·卡尔多（Nicholas Kaldor）描述了现代银行业的成长之路：

> 最初，金匠拥有坚固的房间来存放黄金和其他贵重物品，他们开发了黄金保管服务并向所有者发行存入凭证。后者发现用这些凭证来付款很方便，能够节省时间，也不用辛辛苦苦将金币从保险库里取出来，然后收款人还得把它们重新存进去，因为收款人很可能同样想把贵重物品存放在安全的地方。向信用货币体系演进的下一步，就是金匠发现这样向外借钱很方便，接受贵金属的存入并予以安全保管也是如此。为了出借，他们必须发行自己的本票，并根据要求向持票人（而非指定的存款人）支付现金；随着后一种情况的发展，金匠变成了银行家，也就是贷款人和借款人之间的金融中介。[23]

银行业的术语，即吸收存款然后将它们贷放出去，反映了银行最初作为保险库和中介的功能。但是，如今大多数存款都是银行自己在发放贷款时创造的。这些贷款通常是无担保的，也就是基于对借款人还款承诺的信任。这些贷款一旦花掉，就会产生新的存款，进而产生新的贷款。与货币数量论不同，货币信用论讲述的是贷款需求的故事，而货币数量论讲述的是货币供给的故事。货币数量随着贷款需求和借款人的信誉而波动，而且这两者都会随着经济形势的变化而变化。

对于什么构成了货币供给，从来没有形成完全的共识。今天，大多数货币都是信用货币，没有实物形态，它是通过存款之间的电子转账创造的。在一国的支付体系中，国家发行的纸币或者说现金只占很小的一部分。货币经济学家将货币区分为两种：一种是藏在床底下、存在活期账户中或者银行用作准备金的现金；另一种是银行贷款给客户的货币，存在储蓄账户中。他们称第一种货币为高能货币或狭义货币，称第二种货币为广义货币，并通过有些令人困惑和相互矛盾的首字母缩写来区分它们，即 M0、M1、M2、M3、M4。[24] 为了维持商业银行无法凭空创造货币的假象，正统理论假定狭义货币和广义货币之间存在某种数量关系，这就是所谓的货币乘数。主流经济学界至今仍保留着这种假象，尽管中央银行从未过多关注过这一点。[25]

因此，货币由经济体系之外的因素决定还是在交易过程中创造和毁灭的，这个问题仍悬而未决。用经济学的术语来讲，前者意味着货币是外生的，后者意味着货币是内生的。看待这个问题的一种合理方法是将内生货币视为常规情形，而外生货币则是"意外之财"，比如南美洲的白银对欧洲产生的影响。

货币需求

货币数量论忽略了人们想要囤积货币的可能性。经济学家认为不存在货币需求这种事，只有对消费品的需求。经济学家通常把货币的需求曲线看作商品和服务的需求曲线。曲线向下倾斜，因为据说一个人拥有的东西越多，他对这种东西的需求就会越少。储蓄被解释为一种需求，不是对货币而是对未来商品的需求，利率衡量的是未来预期效用流的贴现值。

但是在哲学家约翰·洛克看来，货币，也就是黄金和白银，

"是一个人可以长期保存而不会损坏的永恒之物"。[26] 同样的道理，货币可以一直被持有而不是被花掉。但是，人们为什么要持有货币呢？金银在尚未作为交易手段之前，曾被用作价值储藏的手段以及权力、威望和财富的象征。古代传说中的米达斯国王渴求的是黄金，而不是金币。[27] 早在古罗马时代，印度就被视为"世界黄金的汇集地"，其中大部分黄金被用作首饰和炫耀。也就是说，它的价值独立于它作为货币的用途。

但是，人们为什么希望囤积货币呢？经济学家将囤积货币的倾向与充满不确定性的动荡时期联系起来。因此，萨伊承认"资本有时可能会在其所有者的钱袋子里安睡"。[28] 正是他提出了声誉不佳的萨伊定律，即供给创造自己的需求。这种倾向使得约翰·斯图亚特·穆勒在1829年的文章中把萨伊定律视为一个"悬而未决的问题"。[29] 投机者也一直明白，在动荡时期，他们可以因保持流动性而获利。凯恩斯将囤积货币的倾向称为"货币的投机性需求"，当不确定性增加时，这种倾向就会增强。它会减少花在当期生产的商品上的货币，并将它们转移到金融领域，从而会放缓经济增长。

因此，在生产商品时赚到的货币可能不会用于购买商品，这会导致失业。如果政府能够确保因商品生产而赚取的货币都被用于购买商品，就永远不会有失业。

货币：一种障眼法

古典二分法的核心观点是，货币价值或者平均价格水平不会影响商品和服务的相对价格。如果所有价格一起上涨，商品交换的价格比率就不会有变化。如果确实如此，可能就没有必要过于关注货币数量。然而，经验表明，虽然货币价值或价格水平本身并不重要，但是其变化非常重要。价格上涨与繁荣相伴，价格下跌与萧条共存。两者的这种关联导致一群17世纪被称为重商主义者的思想家将货币等同于财富。一个国家拥有的货币越多，就越富有；反之则越贫穷。重商主义者首次对货币与实体经济完全分离的古典二分法提出了挑战。

重商主义者之后的"科学"经济学家指出了重商主义理论的缺陷。他们认为，把货币等同于财富是"货币幻觉"产生的结果。正如经济史学家赫克歇尔所言："在自然经济或物物交换的情况下，每个人都认识到，用自己的商品换取的商品数量越多，交换就越有利。"但是，随后出现了货币体系，它为交换中各种相互关联的因素蒙上了一层"货币面纱"。[30] 货币就像一层面纱，让人们无法确切地了解实物的价值，这是古典经济学的标准观点。20世纪货币改革运动的核心就是揭开这层面纱，或者换句话说，让货币经济像实物经济一样运转。

18世纪的哲学家大卫·休谟第一次精确描述了货币幻觉现象。这段描述穿插在他关于贸易余额的文章中。[31] 在那篇文章中，他考察了一个颇具影响力的重商主义观点，即在一个自己不生产金银的国家，如果想要有足够的货币来支持不断增长的人口，就需要以实现持续的贸易顺差作为自己的目标。这就需要限制进口，进而需要限制国内消费，并积极促进出口，还经常需要通过战争将竞争者赶出国内外市场。[32]

休谟证明重商主义者对贸易余额的关注是错误的。他说，两国之间的贸易会自动实现平衡。这是以货易货或者说实物贸易理论的逻辑推论。货币不会从根本上改变整个推理过程。出口和进口之间暂时的不平衡将会产生反向的黄金流动，黄金流动通过影响价格水平，也就是使顺差国家的价格上升，使逆差国家的价格下降，促使贸易恢复平衡。这就是休谟著名的"物价—现金流动"机制。就像水不可能往高处流一样，"就如流水一般，货币也不可能超过自己的正常水平"。[33] 休谟最早明确提出了一种确保贸易平衡的支付机制。这一成就对斯密和李嘉图提出的自由贸易理论至关重要。[34]

然而，休谟提出了一个关键条件，即在短期，货币流入可以通过创造货币幻觉来提高货币流通速度，从而刺激经济活动。[35] 这一见解使休谟成为短期菲利普斯曲线的创始人，后来米尔顿·弗里德曼也接受了这一观点。自休谟以来，经济学家就区分了经济变化的短期影响和长期影响，包括政策干预的影响。这种区别有助于维护均衡理论，因为这能够使其表述得更符合现实情形。在经济学中，短期通常指的是，由于受某种"冲击"的影响，市场或者市场经济暂时偏离其长期均衡位置的一段时期，就像钟摆暂时偏离其静止时的位置一样。这种思考方式表明，政府应该让市场找到其自然的均衡位置。为了"纠正"某种偏离而进行的政府干预，只会在最初的偏离之上引发更多的幻觉。休谟区分货币数量变化带来的短期影响和长期影响，意味着短期稳定政策不会产生实际效果，这一点直到很久以后才被人们注意到，而且稳定政策的真正信奉者至今尚未完全接受这一点。

亚当·斯密也意识到，如果想要保持"谷物的平均货币价格"不变，经济增长就要求货币供应与需求大致同步增加。这就是为什么他支持发行纸币以补充黄金货币；纸币"犹如凌空架轨，将一国的大多数通衢大道变成优质牧场和良田，从而极为可观地增加土地和劳动力的年产量"。[36] 后来的货币理论家也认识到，黄金货币的增长依赖于发现新的金矿，它并不能保证价格水平像人们希望的那样保持稳定。但是,在主张彻底切断货币和黄金之间的联系这一点上,他们比斯密走得更远。

小结

以上概述揭示了货币理论中两种截然不同的模式,这可以被称为"硬"货币学派和"软"货币学派(见表1)。两者的争论贯穿整个货币思想史和货币政策史,一直延续到我们所处的这个时代。

表1 "硬"货币学派和"软"货币学派的观点

货币学派的观点	两种货币学派	
	硬/金属论	软/名目论
货币的起源	物物交换	信用
货币的本质	商品	信用的象征
价值	内在的/客观的	政治的/社会的
货币理论	外生的	内生的
货币的用途	交易	交易/价值储藏
有利于	债权人	债务人
认识论	风险	不确定性

接下来的两章将展示这些截然不同的思想是如何在货币政策理论中发挥作用的。

第 2 章
金本位之争

谁拥有控制货币数量的权力，谁就可以控制货币的价值。

——大卫·李嘉图（英国下议院，1821）

在当代的货币争论中，几乎每个主题都是一个多世纪以前通货学派和银行学派之间争论的重演。

——蒂姆·康登（1980）[1]

金本位的前奏：17 世纪 90 年代英国有关货币重铸的争论

17 世纪 90 年代，当时奉行银本位的英国正在与法国交战。英国将足重的银币出口到国外，以支付在外国的军事费用；在国内流通中，则暗自替换成了面值相同但含银量较少的"有缺损"或者分量较轻的铸币。至 1695 年，据估计英国国内流通的绝大多数铸币含银量仅为官方标准的 50%。[2] 在 17 世纪 90 年代，随着铸币的购买力下降，物价上涨了 30%。货币当局也就是当时的财政部，已经失去了对货币供给的控制。

怎样才能阻止国家耗尽货币？时任财政大臣威廉·朗兹（William Lowndes）建议让货币贬值。财政部将铸造面值与旧铸币相同但含银量减少 20% 的新铸币，这相当于贬值 20%。财政部还宣布这些货币为法定货币。除非限制伪造铸币，否则结果可能就是恶性通胀。

有人还请哲学家约翰·洛克就货币问题提出建议，然而，他不同意让货币贬值，而是赞成使货币升值。洛克区分了货币的内在价值和市场价值。正是由于具有内在价值，金属货币可以作为所有可售物品的价值标准。一英镑只不过是一磅重的白银。它的价格一旦确定，"就应该不容侵犯，持之以恒，永远保持不变"。[3]朗兹的建议具有欺骗性，这就像声称"通过将 1 英尺分成 15 段……然后称每一段为 1 英寸，可以使 1 英尺变得更长"。[4]洛克的答案是，白银的数量不是一个客观的价值衡量标准，只不过是一个比奶牛数量更为稳定的标准。他赞同以白银的重量来确定币值有其政治方面的考虑，因为坚定不移的金属本位象征着政府的诚信，而非金属本身的属性。

洛克建议使货币升值，这反映了他的政治目标。按照他的社会契约理论，国家被赋予了维护其公民财产的义务。银币是一种财产，因此让银币贬值形同抢劫。洛克建议保持货币价值不变，这反映了债权人的立场。偿还给债权人的铸币的价值应该与铸币借出时的价值相等。任何其他方法都是在欺骗债权人。这样一种"硬"货币体制，可以防止国家在偿还自己的债务时通过货币贬值来"窃取"公民的财产。

洛克赞同货币价值或者价格水平保持不变，还有一个出于实用目的的论据。他说，之前的货币本位在近百年的时间里在英格兰一直运转良好。货币本位的改变"除了带来无数的不便，还会不合理和不公正地分配和转移人们的财产，扰乱贸易活动，使账目混乱不清，还需要新的计算方法来算账和记账"[5]，因而会带来各种损害。这当然是合理的担忧。

争论双方都承认，改变货币数量将产生实际影响。时任皇家铸币厂厂长的艾萨克·牛顿接受了货币贬值的主张，认为如果像洛克建议的那样使货币升值，货币供应量就会下降，从而导致贸易萧条，因为要保持成本不变就需要让货币灵活地变动。洛克也明白，将货币供应量减半要么导致产出和就业减半，要么导致工资、价格和租金减半，尽管他没有直接这么说过。对他而言，更重要的是货币贬值会导致通胀。通胀减轻了实际的债务负担，是对债权人的欺诈。

洛克在这场辩论中获胜。议会命令在规定的日期之前将缺损的铸币交给铸币厂，卖家将收到数量较少但足重的铸币作为交换。结果是一片混乱。货币升值使大部分现有铸币退出了流通，这导致"铸币立即出现了令人窒息的短缺"。[6] 银块的价格仍然顽固地高于新铸币的价格，于是许多新铸币都出口了。那些手中留着不足重的铸币的店主引发了骚乱。价格下跌，商业信心崩溃，贸易萎缩。仅用了一代人的时间，大量白银从流通中退出，致使银本位不得不让位于金本位。

货币重铸危机确实导致了货币政策的两项永久性创新。议会于1694年创建了英格兰银行，并赋予其发行纸币的权力。用格莱斯顿（Gladstone）的话讲，詹姆斯一世时期的政府是"一个欺诈成性的破产政府"，它必须提供特殊的激励，才能让有钱人借钱给它。这些激励被写入英格兰银行的第一份章程里。该银行的所有者获得了向政府提供贷款的垄断权，作为回报，他们可以获得8%的利息，并且这些贷款以特定的税收收入作为担保。洛克将独立的英格兰银行视为君主立宪制的重要保障。

1717年，作为皇家铸币厂厂长，牛顿将英镑的价值固定为每盎司22K黄金价值3英镑17先令10.5便士，略低于纯金的价格4

英镑4先令11.5便士。英格兰银行必须按此价格随时将其纸币兑换成黄金。除了在拿破仑战争期间暂停兑换，英镑的黄金价格保持了两百年。稳健的货币赢得了胜利，长期的价格稳定达到了创纪录的水平；从1717年至第一次世界大战，平均年通胀率仅为0.53%。但是，存在相当大的短期波动；年度价格水平的变动幅度平均为4.42%。[7]

英格兰银行的创建和牛顿规则的确立，使得给国家贷款更加安全。英国出于战争目的而动员其国民资金的超强能力，是它在18世纪战胜法国的一个重要因素，而法国的人口比英国多得多。一种新的社会契约开始建立，即商人可以给国家贷款，只要国家在处理其事务时，还款承诺是可信的。正如我们将会看到的，这一契约是财政契约在货币领域的体现，根据财政契约，议会为政府提供各种资源，用于经议会批准的用途，包括战争，条件是政府在和平时期要实现预算平衡。

这是英国第一次能够发行长期债券。英国利率为3%的统一公债被银行当作流动性准备金，通过统一公债筹集的资金以王国的税收作为担保。随着时间的推移，这些债券成为新一代食利资产阶级持有的最安全的证券形式。逐渐地，英镑超强的可靠性使其成为世界上用于贸易和支付的主要货币媒介，因为"如同黄金"的英镑最大限度地减少了转运黄金的需求。

此前的理论家已经认识到，价值标准是一个政治问题，因为它决定了财富分配、收入以及由不确定性带来的风险。洛克的追随者们坚持认为，币值必须固定，以避免扰乱经济，进而扰乱社会。他们在这一点上取得了成功。正如所有的社会科学分析都声称要保持政治中立一样，这在很大程度只是为了掩盖既得利益。[8]

关于19世纪货币之争的综述

19世纪有三次关于货币政策的大争论,即从1797年至1821年的金块论与真实票据论之争、19世纪40年代的通货学派与银行学派之争,以及19世纪80年代至90年代的金银复本位之争(见表2)。英国经济学家和银行家主导了前两次争论,金银复本位之争则是美国人引起的。前两次争论的焦点是通胀的原因。这反映了货币理论长期以来的偏见,即认为通胀或者说货币过多是大多数经济弊病的根源,这一偏见至今仍然存在。根据这种观点,政府和/或银行发行过多的货币就是危机的前奏,因为这助长了注定要崩溃的投机泡沫。因此,通缩被视为通胀繁荣崩溃之后的必然结果。至19世纪中期,金本位已经成为抵御通胀必不可少的锚,这是基于洛克给出的理由。亚当·斯密也重申,如果货币与黄金明确挂钩,黄金的天然稀缺性就会阻止货币的过度发行。但是,就在金本位赢得这场反通胀之战后不久,它本身就受到了挑战,在19世纪末,有人开始提出黄金的稀缺性是该体系的一个重大缺陷,因为这阻止了货币供应量随着产出增加而扩张。这为货币改革者主张切断货币和黄金之间的联系创造了条件。

货币与经济之间是何关系,这个问题贯穿这些争论的始终,但是答案并不清楚。那些希望用硬通货来阻止通胀的人和那些希望用更具弹性的通货来适应经济和人口增长的人,都认为货币供给独立于生产和交易的实体经济,并且可能因此而失控。另一些人则主张货币是由银行贷款创造出来的,并且会因贷款偿还而消失,因此它既不会超过也不会低于经济的需求,虽然这种观点在商人和一些银行家中间颇受欢迎,却被政治经济学教授们认为推理有误,并因此遭到摒弃。政治经济学的理念是,货币虽然有利于实

表2　四次关键的货币争论

货币争论年表	每次争论的双方及其支持者	
货币重铸 （17世纪90年代）	商品/货币本质论者 （洛克/牛顿）	信用/货币名目论者 （朗兹）
可兑换性 （1797—1821年）	金块论者 （李嘉图）（亨利·桑顿）	真实票据论者［英格兰银行］ （伯明翰学派的托马斯· 阿特伍德）（亨利·桑顿）
通货学派与银行学派 （19世纪40年代）	通货学派 （奥弗斯通/托伦斯）	银行学派 （图克）
金银复本位 （19世纪80年代至90年代）	金本位	金银复本位 （威廉·詹宁斯·布赖恩）

注：第一次争论在上一节。

物交易，但仅仅是遮住所交易商品真实价值的一层面纱而已。因此，不能假定货币能够与实际经济的需求自动保持一定的比例，只有根据规则管理其发行，货币才能与实际经济保持适当的比例。

金块论与真实票据论

第一次争论源自拿破仑战争。战争使英国国内外的军事开支大幅增加。1797年，黄金大量流到国外，英国首相小威廉·皮特（William Pitt）授权英格兰银行暂停将该银行的纸币兑换成黄金。英镑兑其他货币的汇率立即下降了20%。黄金被囤积起来，导致金块的价格上涨。政府通过印制纸币来抵消物价下跌的影响，并支付不断扩大的政府开支。政府债务飙升至GDP的260%。[9]

在暂停纸币兑换的同时，农产品价格也出现了上涨。比如，1"温彻斯特夸脱"（Winchester quarter，1温彻斯特夸脱等于8温彻斯特蒲式耳，或者略低于四分之一吨）小麦的平均价格从1780—1789 年的 45 先令 9 便士上升到 1810—1813 年的 106 先令 2 便士。

通胀高涨直接引发了因果关系的方向问题。是更多的纸币导致了更高的价格，还是更高的价格导致更多的纸币被创造出来？

在《黄金的高价》（*The High Price of Bullion*，1810）一书中，大卫·李嘉图指责英格兰银行发行了太多纸币，超过了经济能够有效吸收的水平。他认为，价格将会上升，而汇率将会下降，达到与货币增长"相同的幅度"。货币的过度发行又使人们能够购买政府债务，如果英格兰银行没有免除自己将政府债务兑换为黄金的义务，发行这些政府债务本来是不可能的。李嘉图表示，"英格兰银行认为自己有必要保护其立身之本即黄金储备的安全，因此，在限制以金币支付或者说暂停兑换之前，它总是会防止发行太多的纸币"。[10] 一旦免除了兑换黄金的义务，该银行的董事们就无须"担忧本机构的安全"，而正是这种担忧使其发行的纸币数量限制在一定的额度，并与这些纸币所代表的铸币价值相等。[11] 李嘉图进一步指出，如果没有黄金的约束，银行可能"想贷放多少资金就能贷放多少"。[12] 由于过度发行的危险一直存在，因此有必要使纸币能够兑换为黄金。金块论者的观点衍生了一种思想，即通过控制狭义的基础货币可以有效调节货币存量，这种思想正是现代货币数量论的核心。[13] 货币应该受到这样的控制，这是稳健货币学说的本质。

在为反对李嘉图的指责而做的辩护中，英格兰银行否认是其政策导致了英镑贬值：与以往一样，只有在非常安全的情况下商业银行才会放贷，英格兰银行为政府提供贷款也是如此。通胀源于作物歉收以后农产品价格的上涨，以及政府征用全国资源来发动战争。汇率下跌的部分原因在于作物歉收要求进口更多的粮食，部分原因是资金外流，以支付英国对其外国盟友的补贴。无论通胀还是汇率下跌，都不是英格兰银行"过度发行"纸币造成的。

在阐明自己的观点时，英格兰银行推动了真实票据论的发展。该行行长解释说，"本行从未强行将任何一张纸币投入流通，流通中的任何一张纸币都是为了满足公众的直接需求"。该银行的贷款以真实票据（抵押品）作担保，在与这一资产相关的项目完成时会自动被清偿，该理论被称为"回流定律"（law of reflux）。[14] 李嘉图抨击了真实票据论，理由是"只能由储蓄而不是信贷来创造真正的资本"，哈耶克和奥地利学派使这一主张在我们这个时代再次大行其道。

相比李嘉图，亨利·桑顿对真实票据论的抨击更胜一筹。正如他在《大不列颠票据信用的性质和影响探析》（*Enquiry into the Nature and Effects of the Paper Credit of Great Britain*，1802）一书中指出的，英格兰银行的观点在技术上有一个重大缺陷。它假定票据发行与由英格兰银行监管的贴现价格无关。实际上，经济活动是由信贷需求和信贷价格共同决定的。但是桑顿未能指出真实票据论的另外两个缺陷。英格兰银行从未解释过是什么决定了"交易需求"，真实票据论隐含着充分就业的假设。英格兰银行也未能区分生产性投资与投机行为。[15]

桑顿是19世纪初期最杰出的货币理论家。对斯密和李嘉图而言，利率对货币数量没有任何影响，货币利率只是"实际资本的'利润率'的一个影子"。[16] 桑顿最先区分了作为借贷资金价格的利率与资本投资的收益率。他认识到货币供给是由"当前的商业利润率"与市场利率的相互作用决定的，因此，他预见了维克塞尔的观点。[17] 他最先描述了信贷创造的累积过程。央行对货币数量的唯一控制，是"通过其贷款价格来限制其纸币数量"。[18] 通过设定"银行利率"，中央银行可以控制利率结构，从而控制国内信贷的数量。

李嘉图赢得了这场争论，因为他对通胀的解释对债权人有利，也因为英格兰银行无法合理地解释暂停黄金兑换之后出现的通胀。1810 年的《通货公报》（*Bullion Report*）得出的结论是，"如果特定国家的货币不再能兑换为黄金，从而随时都可能发行过量，那么黄金的市场价格就会高于铸币的价格"；英格兰银行是一家私人公司，出于利润考虑，它并未限制贷款数量。[19] 想要限制可以自由发行的货币的发行量无异于痴心妄想。该报告主张立即恢复纸币与黄金的可兑换性，且将价格维持在与暂停兑换之前由牛顿在一百年前设定的水平，罗伯特·皮尔（Robert Peel）称之为"唯一准确的、清楚的和适当的价值标准"。[20] 银行贷款将自动减少，暂停兑换期间发行的大部分纸币将不再作为法定货币（这相当于 1697 年的货币重铸）。然而，下议院明智地决定推迟实施该报告的这些结论。

拿破仑战争结束之后，随之而来的是通缩和经济萧条。萧条的原因与其说是恢复货币的黄金可兑换性，不如说是对恢复可兑换性的预期。萧条持续了 20 年，而商品价格从 1809 年至 1849 年下降了 59%。[21] 农业受到新一轮竞争的冲击，伯明翰周边的军火制造商破产了。对通缩的政治反应包括英国激进的宪章运动和欧洲大陆的革命。正统学说结合货币商品论，将价格下跌归咎于贵金属生产的下降。但是，伯明翰银行家托马斯·阿特伍德（Thomas Attwood）认为萧条的部分原因在于国家武器订单减少。他说，只有在经历 5~10 年的充分就业以后，汇率才会稳定下来。他大声疾呼，有必要"让我们的货币适应人类，而不是让人类适应我们的货币"[22]；英国应该有一种不与黄金挂钩的纸币。李嘉图反驳了阿特伍德的观点，他说："一种货币的本位始终不变，它也总是符合这一本位，并且绝大多数经济活动都在使用这一货币，那么它就可以被视为一种完美的货币。"[23]1821年，纸币的黄金可兑换性得以恢复。所有这些就像一战结束之后那场争论的彩排，观点和政策顺序几乎相同。

雅各布·瓦伊纳指出，李嘉图对他提倡的政策会产生何种短期后果视而不见。1821年1月，李嘉图和他的朋友托马斯·马尔萨斯就拿破仑战争之后贸易萧条的原因和后果进行了交流，李嘉图对现实进行抽象的分析方法的缺点在这次交流中显露无遗。李嘉图指责马尔萨斯，"你始终关注的都是特定变化产生的短期直接影响，而我则把这些短期直接影响放在一边，全神贯注于这些变化导致的事物的永久状态"。[24]马尔萨斯承认，李嘉图倾向于"经常提及事物的本来面目，这是使一个人的著作对社会有用的唯一方法"，并且可以避免"拉普塔国的裁缝所犯的错误*，即在一开始犯下一个小小的错误，从而得出与事实完全不符的结论"。

这一争论贯穿经济学发展的整个过程，而凯恩斯则在20世纪20年代接过了马尔萨斯的接力棒。如后文所示，我们有理由强调，区分短期和长期对经济学和经济政策都产生了有害的影响。这样的区分有助于使对长期均衡的分析不受短期扰动的干扰，并且证明给民众带来短期痛苦的政策是有必要的。当短期痛苦可能持续数十年而长期利益从未实现时，坚持认为有必要为了长期利益而承受短期痛苦（比如紧缩政策），可能会让人们觉得这确实是一种精致的知识病态。

---

* 出自《格列佛游记》。——编者注

通货学派与银行学派

19世纪关于货币的第二次大争论实际上是第一次大争论的延续,但是这一次的背景是金本位的恢复和铁路投机导致的经济周期波动。由奥弗斯通勋爵、乔治·诺曼和罗伯特·托伦斯领导的通货学派进一步扩展了金块论者的观点。尽管金块论者认为纸币可以兑换为黄金足以保证不会出现纸币的过度发行,但是通货学派认为,从央行取走黄金并不会立即抑制该国银行的信贷发行,因为这些银行不受铸币准备金要求的约束。[25] 英格兰银行必须控制全部的纸币发行,才能使本国货币像金属货币那样运转。

银行学派对这些观点嗤之以鼻。这一学派的代表人物是托马斯·图克、约翰·富拉顿和詹姆斯·威尔逊,他们认为,通货学派的政策会不必要地限制央行根据货币需求变化调整货币数量的能力。图克声称,从1762年至1856年,纸币发行的波动发生在商业活动的波动之后,而不是在此之前。富拉顿表示,商业交易不需要事先发行货币,借助于支票,用可转让的赊销方式就可以进行。[26]

尽管遭到银行学派的反对,通货学派还是赢得了这场争论,因为它为维持金本位提供了现实基础。1844年的《银行特许条例》授予英格兰银行在英格兰和威尔士发行纸币的合法垄断权力。[27] 英格兰银行只有在收到同等数量的黄金时才能发行新的纸币或支票。"信用发行"或者说纸币发行中没有黄金支持的部分被冻结在1844年的水平。正如一位支持者所言,该条例的目的是"让这种由一定比例的纸币和黄金构成的货币完全像金属货币那样波动",也就是说波动幅度非常小。[28]

然而,通货学派的胜利并不像看上去那样势不可挡。英国政府保留了在特殊情况下暂停该条例的权力。此外，正是在 19 世纪下半叶，英格兰银行开始承担作为银行体系最后贷款人的现代职能，沃尔特·白芝浩（Walter Bagehot）在 1873 年的经典著作《伦巴第街》（*Lombard Street*）中描述了这一职能。白芝浩认为，英格兰银行有责任保留足够多的准备金，以便在危机时期能够以非常高的利率向所有有偿付能力的银行自由放贷。这一职能在当时由于"道德风险"的原因而遭到了广泛抵制，但是也使英格兰银行在 1890 年组织了对巴林银行（Barings Bank）的救助。美联储在 2008 年 9 月的雷曼兄弟危机中明显未采用这一学说，在随后的欧洲银行业危机中，法律也禁止欧洲央行应用这一理论。

金银复本位

至 19 世纪 70 年代早期，国际货币体系实行金银复本位，一些国家，如英国，采用金本位；而其他国家，如法国，则同时采用金本位和银本位，黄金和白银的兑换比率通常为 1∶15。但是后来法国（1873 年）和美国（1879 年）都不再以白银作为货币，而是采用了完全的金本位。[29] 其他国家渴望成为拥有一流信用的"一流"国家，也加入了金本位的行列。[30] 至 19 世纪 80 年代，金本位已经成为国际通行的货币制度。人们对国际货币信任度的提高推动了第一次全球化时代的来临。

但是，金本位刚赢得胜利，其地位就遭到了 1873—1896 年总体价格水平持续下跌的削弱（见图 1）。这被称为大萧条，直至 20 世纪 30 年代的大萧条取代了它在经济灾难史上的地位。

图 1　英国物价史

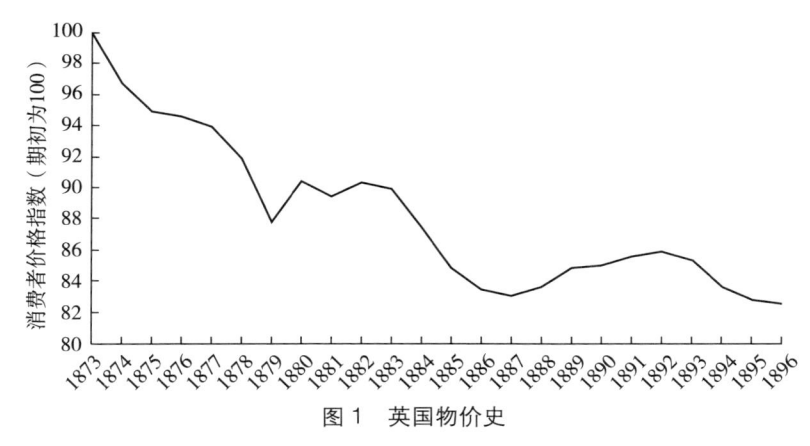

注：数据刻度被重新调整，在原始数据中，2005 年的消费者价格指数为 100。图由作者自制。

资料来源：Bank of England（2017a）。

这不是一场现代意义上的经济萧条，而是一种挥之不去的通缩病，但是伴随着不时爆发的通胀。尽管如此，它还是开启了第三次有关货币的大争论。关于这次通缩的根源在于货币还是实际因素，存在很多争论。正像用美国加利福尼亚州和澳大利亚发现黄金来解释19世纪中叶的价格上涨一样，当时正统理论以既有矿山的枯竭和白银不再作为货币来解释价格下跌。相反，银行学派的后继者认为其原因在于运输成本下降和来自美洲的供给增加导致了农产品价格暴跌。例如，英国统计学家罗伯特·吉芬（Robert Giffen）认为，"是作为一般经济状况一部分的价格范围决定货币使用量，而不是货币使用量决定价格"。[31]

正统学派赢得了这场经济分析之战，自让·博丹所处的时代以来一直如此。价格下跌是由于货币稀缺。但是，由于同样的原因，黄金作为货币的作用受到了冲击。政治家和经济学家过去联手支持金本位和货币的可兑换性，因为他们认为可兑换性是阻止通胀的唯一保障。然而现在,他们发现金本位是通缩的重要原因。

复本位是一种将黄金和白银都作为法定货币的货币体系,并且两者之间的兑换比率是固定的。这种制度在美国赢得了最广泛的支持。以黄金计价的贷款使美国农民承受了价格下跌的重压,因为这提高了其债务的实际价格。农民们愤怒不已,要求重新引入以白银作为支持的货币,以扩大货币供应量,缓解通缩。威廉·詹宁斯·布赖恩(William Jennings Bryan)是1896年民主党总统候选人,但未能成功入主白宫。他宣称:"你不应该把人类钉在黄金的十字架上。"布赖恩等人支持复本位,并将它作为增加货币供给的一种方法。复本位未被采用,不仅是因为双金属货币本身具有不稳定性(经济学家欧文·费雪将其比作"两个脚步踉跄的醉汉紧紧搂抱在一起")[32],也是因为成本更低的黄金开采方法使南非的金矿得以开发,从而缓解了黄金短缺。

但是这场经济分析之争远未结束。为了防止货币冲击,黄金生产必须跟上生产率增长的步伐。然而,新生产的黄金数量与不断扩张的经济体系所需的货币数量之间并没有密切的联系。各国央行开始将平抑价格波动视为自己的职责,它们提高利率、囤积黄金以抑制价格上涨,降低利率并允许准备金下降以缓解价格下行压力。但是,要确保货币弹性,更好的办法难道不是一劳永逸地切断货币与贵金属之间的联系吗?现在是时候让货币状况摆脱变动无常的黄金波动了。

金本位究竟是如何运转的?

金本位将一国的货币数量与其黄金储备挂钩。它的基本特点是,贸易伙伴的所有本国货币都可以按照固定价格兑换成黄金。

货币只是不同重量的黄金的代名词,并且"如同黄金",因为它们可以兑换为黄金。[33] 这意味着它们可以自由地相互兑换。这种制度要求个人能够自由地进口和出口黄金,也需要有一套规则将国内流通中的货币数量与该国央行的黄金储备数量挂钩。如果没有进出口黄金的自由,黄金就不能作为国际支付手段;如果没有建立规则,不能根据黄金储备数量限制纸币发行,那么央行就很容易耗尽自己的黄金。

金本位的目的是迫使政府和国家"量入为出"。它使货币创造处于政府力所能及的范围之外,这被公认为金本位的主要优点。正如赫伯特·胡佛在1933年所说的:"我们持有黄金是因为我们无法信任政府。"金本位还迫使各国量入为出,如果它们不这样做,就会导致黄金流失到国外。正如大卫·休谟指出的,一个进口多于出口的国家,实际上将耗尽自己的货币。当然,它可以借钱,但贷款必须偿还。黄金是贷款的无风险抵押品,是防止违约的保证。一个国家采用金本位,也就是说承诺用黄金来偿还债务,就很容易获得贷款,这相当于19世纪的AAA评级。金本位很好地保护了债权人的利益,因为政府无法再将通胀作为减轻债务实际负担的方法。实行金本位需要遵守严格的纪律,人们认为只有"一流"的国家才能做到。1721年,英国成为第一个将货币与黄金挂钩的国家,到19世纪末,所有"文明"国家都纷纷效仿。

19世纪货币史上最大的谜团就是金本位的成功。它旨在防止政府和国家支出无度,并且总体上卓有成效。"文明"国家不再拖欠债务。但相关性不能说明因果关系。问题在于,是金本位让货币井然有序,还是总体状况使得遵守规则相对容易?在20世纪90年代和21世纪初的大缓和时期,这一问题同样存在:是央行的通胀目标制使通胀保持在低位,还是像时任英格兰银行行长默文·金(Mervyn King)所说的有利环境使然?

大卫·休谟的物价—现金流动机制最早讲述了金本位应该如何运作的故事。黄金流失的国家国内价格会下降,而得到黄金的国家国内价格会上升,从而恢复贸易平衡。这使得"中央银行家们除了随着金库中黄金数量的变化发行本国货币或者使本国货币退出流通,几乎无事可做"。[34]

事实上,黄金流动在19世纪的经济调整机制中是一个微不足道的因素。在世界各地运送黄金来结算贸易差额的成本太高了。各国的价格变化也并非反向的,而是倾向于一同变化。

如果各国不符合休谟规则,那它们会符合坎利夫规则(Cunliffe rules)吗?1918年颇具影响力的《坎利夫报告》依据金本位的历史提出了一个两阶段调整模型(见图2)。在第一阶段,央行黄金储备(G)的流失导致其提高利率(r),也就是向成员银行发放贷款的利率。这就是图中的调整1。结果,资本流入足以为任何暂时的季节性贸易逆差提供资金。然后,政策利率会重新下降(图中的调整4)。

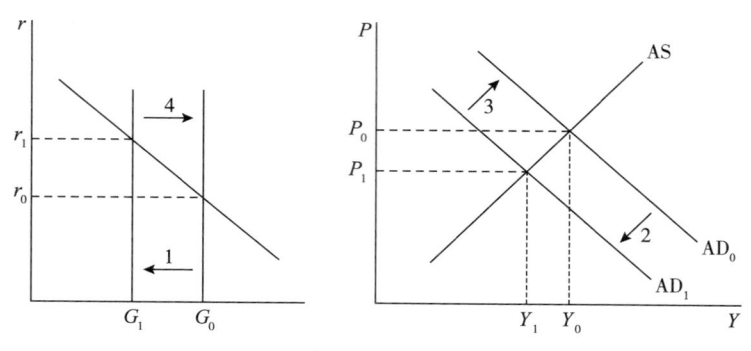

图2 坎利夫机制

然而，如果在调整 1 发生之后经常账户逆差仍然存在，那么，在利率回落（调整 4）之前，坎利夫模型的第二阶段将发挥作用，这包括两种进一步的调整（调整 2 和调整 3）。在第二阶段的调整中，较高的利率导致国内商品的总需求（AD）下降，这会对国内商品的价格水平（P）和产出水平（Y）施加下行压力，使之沿着总供给曲线（AS）向下移动。然后，价格下跌导致对国内商品的需求和该国的出口需求回升，并导致产出和价格水平上升（调整 3）。这反过来又促使黄金外流逆转，最终导致政策利率回落至原来的水平（调整 4）。

坎利夫模型将政策利率而非黄金流动作为可操作的调整工具，并强调短期调整机制和长期调整机制之间的差异，从而使休谟的解释变得更为复杂。显然，金本位下暂时失衡所需的资金来自短期借贷而非黄金流动；但是几乎没有证据表明，价格和收入会发生变化，从而能够使进出口得到永久性调整。经常账户失衡倾向于持续存在。[35] 那么，金本位的秘诀是什么？

巴里·艾肯格林（Barry Eichengreen）等货币史学家强调了可兑换承诺的重要性。[36] 这是该体系的道德准则。银行家们大声疾呼"必须信守承诺"，"抛弃"黄金就是违背承诺。与结婚誓言一样，承诺坚守金本位旨在消除疑虑，因为人们明白人类意志薄弱，他们对待其承诺的态度越神圣，就越不可能违背承诺。

显然，艾肯格林等人的观点颇有道理。可兑换承诺消除或极大地降低了汇率风险，便利了资金借贷，从而促进了贸易发展。但是，在金本位的声誉达到顶峰时，也确实不需要休谟或坎利夫式耗神费力的调整；如果真要这样的话，金本位很可能早就崩溃了。19 世纪新发现的金矿以及频繁涌现的金融创新足以赶上生产的步伐，从而使价格水平保持稳定，这确实使调整变得更容易。

更重要的是,在当时所处的第一个全球化时代,贸易、资本及人口流动的方向和特点消除了系统性崩溃的危险。简而言之,债务人事前遭受的压力并不大,不必在事后被迫进行痛苦的调整。严守可兑换承诺所需付出的代价相对较低。[37]

严守可兑换承诺的动力来自以下五个不同的方面:

(1)巴里·艾肯格林认为,货币可兑换承诺并未受到民主制度的威胁,因为选举权尚未普及,工会力量也很薄弱。[38]这意味着对失业的容忍度较高。实际上,自19世纪80年代以来,从新世界进口的廉价谷物导致欧洲农业劳动者大量失业,但是这种情况并未持续。这是因为欧洲的失业者不是外出找工作,而是直接乘船去了新世界。从1881年至1915年,西欧和中欧的净对外移民有3 200万人,约占其人口的15%,其中大多数移民去了人烟稀少的新世界。失业并未长期存在,这坚定了古典经济学家的信念,即只要劳动力市场足够灵活,失业就是暂时的。但是,这种劳动力市场的灵活性有其特殊性,它依赖于在世界上的某些地区存在劳动力供给过剩,而在另一些地区则存在土地供给过剩。

(2)国际贸易主要是商品贸易,不可贸易的服务在国内GDP中所占份额较低,这意味着总体而言一价定律起主导作用,因而不需要进行大幅的价格调整。国内外价格差异使得调整问题在20世纪引起了众多的政治争端,但是,在1914年以前,这种价格差异远没有那么显著。

(3)国际贸易相对缺乏竞争。运输成本的大幅降低使欧洲核心国家与其位于海外或位于大陆另一端的外围地区之间的长途贸易成为可能。简而言之,外围地区用来自西欧的资本品修建铁路和港口,然后将其食品和原材料运到西欧。大多数国际贸易最终是制成品与原材料之间的互补性交易,这一事实减轻了每个核心国家都要提高自身"竞争力"的压力。

（4）经常账户借由资本流动取得平衡。金本位的世界由发达的核心地区和欠发达的外围地区构成。从19世纪70年代至1914年，越来越多的资本从"核心"的发达国家流向了"外围"的发展中国家。1870—1900年，资本出口的扩张与主要贸易国加入金本位体系同步发生，而且受到了后者的推动。宗主国家独立加入金本位体系，且其殖民地和附属地区也作为其货币体系的一部分。金本位为投资者提供了一种廉价而高效的信用评级机制。发展中国家只要遵守货币纪律，实行预算平衡，不随意更改货币制度，就可以继续借款，并以低利率为其赶超提供资金。

（5）金本位与帝国主义齐头并进。金本位的黄金时代也是帝国主义的黄金时代。帝国主义巩固了全球化。从1880年至1900年，整个非洲和部分亚洲地区被欧洲各个帝国瓜分。因此，金本位制度的扩散与全世界在政治上被划分为宗主国和附属国是同步的。大部分欧洲贷款都流向了殖民地和半殖民地附属国。殖民地不仅为宗主国的出口提供了受保护的市场，还是宗主国食品和原材料的重要来源地。资本出口往往与贷款国的机械和制成品出口直接挂钩，而殖民者也会紧跟商人和投资者的步伐，实施殖民行动。

至1870年，英国70%的海外投资都流向了其各处的领地，实际上，这些领地实行的是英镑本位。即使在"独立"的拉丁美洲，债权人也可以贯彻自己的意志，因为借款国都是弱小的主权国家。因此，正式和非正式帝国主义降低了开发资本的成本。后来列宁将帝国主义竞争视为战争的温床，但是在1914年之前，帝国主义也是发展中国家积累资本品的手段。正是在帝国的保护伞下，贸易、投资和人口的向外流动增加至原来的3倍，从而极大地促进了全球的经济活动。

国际金本位起到的这种结构性支撑作用,得到了广泛认同。争论更多的是大英帝国对维持这一体系所发挥的作用。金本位被称为"由英国管理的"本位或"英镑"本位;凯恩斯将伦敦比喻为国际交响乐团的指挥。争论在艾肯格林和查尔斯·金德尔伯格(Charles Kindleberger)等人之间展开,前者认为金本位是一种合作管理的制度,后者则声称金本位是一种以英国为霸主的霸权体系。[39]

艾肯格林认为,就欧洲而言,该体系依赖中央银行之间的合作,政治冲突相对较少使这种合作成为可能。他的这一观点毫无疑问是正确的。尽管局势紧张,但是在1871年至1914年的43年间,欧洲没有爆发过一场大规模的战争。英国确实发挥了领导作用,这不仅是因为大英帝国已遍及全球,也是因为与此相关的,英国在国际贸易、金融和移民方面均处于主导地位。在此期间,它提供了全世界约五分之二的资本出口[40];1900年,英国的进口在全世界的占比略低于四分之一[41];伦敦金融城是全世界无可争议的金融中心,"不同国家的贷款人和借款人、债权人和债务人以及买家和卖家之间的所有转账都是通过伦敦金融城完成的"[42];新世界的大部分地区都居住着来自不列颠群岛的移民。

金德尔伯格认为,这些特点使英国能够发挥"吸收过剩的商品、维持投资资本的流动和贴现其票据"这三项重要的逆周期职能,从而支持陷入困境的全球体系。[43]金德尔伯格的观点之所以重要,就在于它比任何其他理论都能更好地解释,如何在典型的金本位下解决调整问题,即谁对谁进行调整。一般来讲,是主要的债权国或者说英国承担调整的责任。英国,或者更准确地说是伦敦金融城,为世界提供了一个代理主权,类似于国际上的中央政府,扮演世界政府或世界中央银行的某些角色。美国在二战之后承担了这一角色。

例如,政策利率的小幅上调将吸引外国资金随意流入伦敦。英国独特的自由贸易政策意味着,当贸易条件对其有利时,它可以积累贸易逆差,当贸易条件对其不利时,它可以增加资本的出口和人口的流出。这些是至关重要的平衡功能。[44]

英国的财政立宪强化了英镑的霸权地位。"英镑如同黄金"这一观念要表达的并非黄金和货币之间的机械式联系,而是相信英国政府对财政事务的处理能够使英镑的购买力保持稳定。

第一个全球化时代并非自由贸易模型中描述的那种毫无摩擦的天堂。在一战之前的40年里,平均关税壁垒在提高,因为竞争性贸易在总贸易中的占比更大了。英国允许来自美洲的廉价进口品摧毁自己的耕地,而法国和德国则采取了保护措施。如果黄金充裕,银行倾向于囤积黄金,从而增加其准备金。由于拉丁美洲和南欧各国政府的债务违约,金本位在外围国家经常崩溃,希腊大部分时间都处于违约状态。在这种情况下,资本流动变成了资本外逃,新贷款必须以收入流作为担保。

尽管如此,凯恩克劳斯(Cairncross)总结得很到位:

> 这一时期的各种状况似乎在共同发挥作用,勉强维持稳定状态。不可否认,这种稳定是有限度的,因为严重的萧条反复出现;这种稳定也是不稳固的,因为它需要不断开放新的投资领域,而这些开放又鼓励了人口的自由流动和快速增长;但以两次世界大战间隔期的标准来看,这确实是一段稳定的时期。[45]

第3章
货币数量论：从历史到科学

就人类是自然的主人而不是自然的奴隶而言，没有哪个领域的影响能像货币这样，具有如此非凡的意义。

——克努特·维克塞尔（1898）[1]

有关利率机制的理论是导致现代宏观经济学混乱不堪的核心问题。并非所有争论都起源于此。但是没有定论的争论……大部分源于这个问题。

——阿克塞尔·莱永胡武德（1979）[2]

货币数量论：两个分支

20世纪，黄金在争夺货币控制权的战斗中失败了。黄金的数量要么太多，要么太少。在第一种情况下，它被认为是通胀的原因；在第二种情况下，则被认为是通缩和失业的原因。货币不再由黄金来控制，而是由央行中掌握了"科学"理论的专家来控制。黄金的支持者和货币改革者之间的斗争主宰了20世纪前三分之一时期的货币史。

货币改革者采取的立场是货币数量论的数学版本。货币数量论是最早的宏观经济理论，它经常令人一头雾水。一方面，它把货币描述成微不足道的事物，几乎不值一提；另一方面，它又认为货币是一只强大的怪物，如果不想让它造成破坏，就必须把它牢牢锁住。这两种观点是不一致的，这种认知上的不一致源于试图用一种从货币使用中抽象出来的分析结构来解释货币扰动对现实世界的影响。认识到货币需要被视为一种独立的生产要素，还需要等到凯恩斯的出现。即便是凯恩斯，在他感觉自己能够准确地分析由货币引发的经济问题之前，也不得不将货币数量论搁置在一旁。

在1914年之前，货币改革者的关键信念是，价格水平不稳定不仅会导致经济动荡，还会引发社会动荡，因为这会导致经济活动和财富分配发生意料外的变化。因此，经济政策的目标应该是稳定价格。这一政策处方基于如下信念：在法定货币体系中，中央银行对流通中的货币数量拥有最终控制权。如果中央银行能够直接或间接地控制货币数量，它就有能力使价格处于自己想要的水平；如果它能够使价格处于合意的水平，它就能控制经济波动。这样，货币数量论就不仅是对政策处方的解释，也是为实际应用而设计的。这是解决价格波动的科学方法，而价格波动被认为是经济波动的主要原因。

货币数量论的两个主要版本分别与美国经济学家欧文·费雪和瑞典经济学家克努特·维克塞尔有关。对费雪来讲，价格水平的变化是由中央银行或者狭义货币的扩张和收缩直接导致的。维克塞尔尽管也承认货币与价格之间的因果关系，但是他认为货币供给是商业银行在贷款过程中创造出来的；中央银行只能通过调节贷款的价格或者说利率进行间接控制。从此以后，货币数量论的这两个版本一直就货币理论的基础展开争论，而许多人甚至怀疑维克塞尔是否真的算是货币数量论者。货币数量论的美国版本源自费雪,并由米尔顿·弗里德曼发扬光大;欧洲版本更倾向于维克塞尔的观点。凯恩斯在 20 世纪 30 年代初期与货币数量论彻底决裂之前,一直是维克塞尔主义者。

费雪的圣诞老人寓言

1911 年,费雪提出了自己著名的交易方程式:

$$MV = PT$$

在等式的左侧,M 表示货币供给,V 表示货币流通速度,即一单位货币在一段时间内转手的次数。P 是所有价格的加权平均值,T 是特定时期内所有交易的总和。有关的技术性讨论,请参见附录 3.1。

按照定义,交易方程式是正确的。如果一个经济中美元的数量是 500 万,而 1 美元每年转手 20 次,那么货币转手的总金额就是 1 亿美元。根据定义,这一定等于经济中的交易总额。用通俗的话来讲,就是"事物价值多少,取决于为它付的钱"。但是,这并没有告诉我们因果关系如何。

费雪将他的交易方程式转变为一个解释价格水平的理论,他首先假设价格水平"通常是交易方程式中一个绝对被动的因素"[3],即货币是外生的;其次,货币流通速度(V)和交易数量(T)在特定的时期保持不变。基于以上假定,"必然得出这样的结论,即货币供给(M)的变化通常必然导致价格水平的同比例变化"[4]。

然后,费雪开始对这一逻辑进行实证检验。在研究了 1896 年至 1909 年美国物价上涨三分之二这一现象以后,他得出的结论是,其中绝大部分价格上涨可以由以下三个因素来解释:黄金开采量增加使货币数量增加了 1 倍,商业活动增加使存款增加至原来的 3

倍，以及人口日益向城市集中使货币流通速度略有增加。货币供给先于价格增长，而货币流通速度保持相对稳定，这使得费雪坚信，如果没有货币供给的增长，价格涨幅本应只有当时的大约一半。[5]

费雪模型展现了模型构建的经典形式，即一个假说、一组将假说与模型中其他变量联系起来的预设的关系、逻辑结论以及对结论的实证检验。

此外，还有源自阿尔弗雷德·马歇尔的剑桥方程式[6]：

$$M = kPT$$

这里的 k 是对持有现金的需求，它是货币周转率 V 的倒数。

费雪和剑桥方程式表述的货币数量论都是从交易的角度来看待货币，这源自第 1 章考察过的物物交换理论。但是，两者强调的重点略有区别。剑桥大学经济学家马歇尔在现金需求函数中引入了边际效用，即人们在持有资金的便利和投资收益之间实现"边际上的平衡"。但是，这只是对新流行的边际生产力价值理论的妥协，纯属点缀，对他自己的货币理论没有实际意义。马歇尔的 k 只是"购买力的临时栖身之处"。他举了一个在银行里存着足够的钱以支付每周工资的例子。他可能也意识到持有准备金是为了应付不时之需，并认为这些因素与支出相比是微不足道的。因此，将这两个方程进行比较就可以发现，它们得出了相同的结论，即认为人们获得货币只是为了将其花掉。

新货币如何进入这一体系？如果货币数量论要为货币政策提供理论依据，这个问题的答案就非常重要。与马歇尔一样，费雪认为个人有"自己理想的货币与支出的比率"，这个比率由"习惯和便利程度"决定。[7]他接着论证说，"如果神秘的圣诞老人突然使每个人拥有的（货币）数量翻了一番"，收到这些货币的人会将多余的货币用于购买各种商品，导致"交易突然活跃起来"，因为人们试图将货币与支出的比率恢复至原来的水平。但是，个人减少货币的唯一方法是把货币交换给其他人；社会作为一个整体无法使额外的货币消失。因此，"消除（多余现金）的努力……将一直持续，直至价格达到足够高的水平"；也就是说，直至社会支出增加导致价格翻倍，从而使现金余额的实际价值恢复至原来的水平。这就是弗里德曼所讲的"直升机撒钱"的由来。从技术上讲，价格水平的上涨会导致对"实际余额"的需求与货币供给的增加相当。[8]

显然，费雪讲述的这个简单故事不需要"传导机制"，圣诞老人或者直升机将钱直接扔进潜在消费者的口袋。之所以需要一种具体的传导机制，是因为存在银行体系。马歇尔明确假设，新货币是通过银行对利率的影响创造出来的。他说，黄金流入银行体系，首先产生的影响是利率下降。这会导致贷款需求的增加。贷款需求增加将"带走"可贷资金更多的供给。将这些贷款花出去会导致价格上涨，直至随着额外资金被用光，利率再次上升。[9]这就是今天所说的"银行信贷渠道"。然而，在决定货币数量时，利率并不会单独发挥作用，利率只是手段而已。在银行体系中，直升机撒下的货币借助这一手段进入人们的口袋，然后人们再将这些钱花掉。这是因为费雪和马歇尔仍然将货币视为现金而不是信用，正是现金的注入决定了利率结构。

货币数量论的费雪版本和剑桥版本都假定货币乘数是稳定的，也就是说，准备金与存款之间的比率是稳定的。[10]同样，它们还假定货币流通速度保持稳定，不受货币供给变化的影响。在 V 保持不变的情况下，它们排除了货币需求发生变化的可能性。

然而，像以前的货币理论家一样，费雪确实区分了货币数量变化的短期影响和长期影响。如果每个人都能根据货币存量的变化立即进行等比例调整,那么货币确实只会影响价格水平。但是相对价格不会立即调整,因为人们不知道新的均衡价格是多少,也就是说,他们不确定价格会上涨或下跌多少。

人们普遍观察到一个现象,即当物价水平上升时,或者按照我们今天的说法,当通胀上升时,人们花钱的速度会更快;如果价格正在下降或预计会下降,人们就会把货币囤积起来。因此,纳索·西尼尔(Nassau Senior)在1819年写道:"每个人都在用自己的聪明才智为每一块钱找到用途,因为货币的价值每一小时都在蒸发。货币一旦到了一个人手中,立刻就被传递出去,就像它灼伤了每只触摸过它的手一样。"[11] 18世纪90年代法国大革命时期发行的指券(assignat)就是这种情况。价格不断上涨相当于对现有纸币的持有者征收一笔"通胀税",每张纸币能够购买的商品都比以前更少了。为了避免在自己想要商品时不得不花更多的钱,这些纸币持有者通过将钱花出去提高了货币流通速度。

价格下跌会产生相反的效果,人们推迟花掉手中的现金,希望稍后能以更便宜的价格购买商品。马歇尔提出的貌似无足轻重的 k,即人们以现金形式持有的财富比例,随着"价格的每一次波动"而起伏。但是,只有当货币流通速度保持不变时,货币数量论才成立,而只有货币存量变化导致的价格水平变动被完全预见,货币流通速度才会保持不变。因此,尽管货币数量论来自这样一批人,他们认为货币只会影响价格,而不会影响其他任何东西,但是,基于货币数量论设计的政策却以保持价格稳定为目标,以避免经济活动和财富分配发生任意的变化。此时,不确定性预期首次进入货币叙事,预期管理也随之成为货币控制的隐含内容之一。

未来价格走势的不确定性就是费雪对经济周期的解释。在均衡状态下，货币数量与银行存款以及待售商品的数量和价格有一个固定的比率。然而，在从一个价格水平到另一个价格水平的"过渡时期"，这些比率会发生变化，导致实体经济功能失调。费雪认为，利率失常是"危机和萧条的主要原因"。[12] 名义利率的调整跟不上货币数量变化的速度，导致价格水平"过高"或"过低"，因此，相对于能够使储蓄和投资实现均衡的利率水平而言，由价格水平变化决定的实际利率要么太低，要么太高。在价格上升时，实际利率下降使商人能够获得额外利润；因此，银行存款的增速会超过货币数量的增速，从而加快货币流通速度，并使利率进一步降低。交易量和就业量将暂时增加。最终，为了自我保护，银行被迫提高利率，因为它们再也无法忍受其资产负债表的过度扩张。然后，伴随着贷款组合的收缩，名义利率提高会引发危机和萧条，货币流通速度下降；"丧失信心导致银行信贷崩溃，这是每次危机都会经历的基本事实"。[13] 费雪所讲的"钟摆摆动"可以持续十年之久。但是，这种对之前均衡状态的干扰尽管严重，却完全是货币的原因，因此，也可以用货币来补救。由此，费雪仍然忠于古典二分法，即货币与实际状况的分离。

费雪提出了一个解决办法。知识和政策可以避免或者说至少可以减缓价格和交易的钟摆摆动。就知识而言，费雪预见了60年后"理性预期革命"的要点，即如果银行家拥有正确的经济模型，也就是货币数量论，他们就能根据货币数据来预测价格变化，并及时调整贷款数量。

就政策而言，应对价格波动有一个理论上非常完美的解决方案，这就是不可兑换的纸币本位。随着经济活动的扩张，纸币将以同样的比例增加。[14] 但是，无限制的纸币发行权将会受制于政治操控，特别是为了债务人阶层的利益进行的操控。[15]

为了限制货币当局的自由裁量权，费雪曾经有过使用物价指数本位或者价格指数化合约的想法，但最终还是对"补偿性美元"这一方案更为满意，这一方案会改变一单位黄金对应的纸币数量，以保持纸币购买力的稳定。寻求将黄金兑换成美元的人不是按照每盎司黄金20.67美元的固定价格进行兑换，而是会获得更多或更少的纸币，这取决于黄金价格的涨跌。作为对抗通缩的一种手段，这类似于中世纪使货币贬值的做法，但是现在作为一种管理货币的科学方法被提出来。费雪毕生都在坚持不懈地推行这一方案。

利率在费雪的控制系统中不起作用。对价格水平的控制将通过改变纸币数量来实现，利率会随着银行准备金的变化被动地进行调整，尽管有些滞后。只有在价格上涨速度不确定的过渡时期，货币才发挥独立的干扰作用。这是有必要使价格水平保持稳定的另一个原因。

由于费雪的贡献，货币数量论的系统阐述越来越严谨，甚至坚持货币数量论的经济学家也清楚，货币状况的变化会产生实际影响，而不仅仅影响名义变量。在从一种价格水平均衡到另一种价格水平均衡的"过渡时期"，利率、利润、工资和货币流通速度都将偏离其均衡值，从而扰乱等比例变化的规律。此外，出人意料的价格变化会导致财富和收入的再分配。对于繁荣和萧条而言，预防胜于治疗。

维克塞尔信用货币版本的货币数量论

和费雪一样，瑞典经济学家维克塞尔对价格水平波动造成的社会损失感到震惊。他写道，所有的货币研究"最终都是为了创建并维持一个可靠和有弹性的货币体系，换句话说，就是找到一种交换媒介，使之相对于商品的购买力在两个方向上要么完全没有变化，要么上下变动非常缓慢"。[16]

维克塞尔还将自己视为货币数量论者，并且同意费雪的观点：货币数量论适用于纯粹的现金经济，在这种经济中，流通中的货币只有纸币和硬币。然而，在一个拥有发达银行体系的经济体中，货币主要是由银行创造的，此时对信贷体系或者说对贷款供给和需求的干扰，而不是外生的货币冲击，才是引发经济周期波动的原因。经济周期是一种"信贷周期"。

在维克塞尔的模型中，银行扮演着双重角色。一方面，它们是家庭储蓄和企业投资之间的贷款中介。但是，它们也为企业部门提供信贷。因此，"循环流动"包括储蓄和信贷，它们既会流入也会流出银行（见图3）。

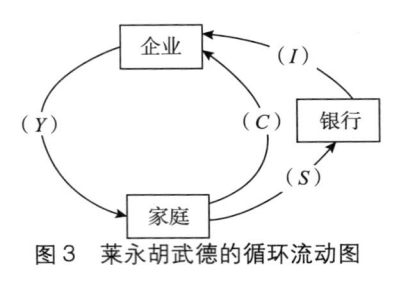

图3 莱永胡武德的循环流动图

资料来源：Leijonhufvud（1979, p.25）。

维克塞尔的循环流动展现了现在标准的宏观经济学等式：

$$Y = C + I$$
$$S = Y - C$$
$$S = I$$

其中 Y 是产出，C 是消费，I 是投资，S 是储蓄。在均衡状态下，银行在家庭的实际储蓄和企业的实际投资决策之间起到媒介作用。在价格上涨时，企业既可以获得银行信贷，也可以获得家庭储蓄。

银行体系向企业部门提供的贷款超过了家庭部门在银行的储蓄，这将导致循环流动扩大和价格水平上升。

如果银行贷款超过了公众的意愿储蓄，就无法阻止货币扩张和物价上涨。维克塞尔让我们想象一家巨型银行，它是所有贷款的来源，社会上的所有资金也都存放在这里。在给客户 A 贷款时，银行凭空创造了货币。当 A 使用贷款时，他会增加客户 B 在同一家银行的存款，当 B 花掉这笔钱时，就会增加客户 C 的存款，依次类推。换句话说，第一笔贷款能够使价格无限上涨。正如维克塞尔所言，货币的向上运动会"产生它自己的气流"。[17]

这一思想实验得出的结论是，政府不能直接控制货币供给；现代经济中的货币是由商业银行在发放贷款时创造的。

维克塞尔呼应了桑顿的观点，他推断，信贷扩张和收缩以及价格水平变化只有在市场利率偏离"自然"利率时才有可能发生。"自然利率"就是维克塞尔所谓的资本实际收益率。

> 现在让我们假设，银行和其他贷款人以某一利率发放贷款，这一利率不同于资本自然利率的现值，或者更低，或者更高。该系统的经济均衡必然会受到干扰。如果价格保持不变，企业家将首先获得超额利润……超过他们实际的正常利润或工资。只要利率保持在相同的相对位置，这种情形就会持续下去。他们必然被诱导扩大业务，以便最大限度地利用有利的形势变化。结果，对服务、原材料和商品的需求将普遍增加，商品价格必然上涨。[18]

在这段话中可以找到维克塞尔犯错的根源。尽管维克塞尔的理论极具独创性，但是其根源在于物物交换理论，即银行只是买卖双方之间的中介。他认为，通过提高和降低信贷价格，央行可以使货币相对于资本的实际利率或自然利率保持"中性"。但是，与央行利率一样，资本利率也是一种货币利率。正如后来凯恩斯坚持认为的，所谓自然利率是一个预期利率，即一笔货币支出的预期收益。谁也无法逃离货币的世界。

尽管如此，维克塞尔仍然得出了他的结论："在其他条件相同的情况下，维持价格水平不变有赖于维持某一特定的贷款利率。"[19] 这为现代货币政策铺平了道路：货币当局的目标应该是使短期利率等于资本自然利率的预期变动与通胀目标之和。在 2008 年经济崩溃之前，货币政策大体上符合维克塞尔的模式。

莱永胡武德将维克塞尔的论点概括如下：

（1）当且仅当存在对商品的过度需求时，货币收支的循环流动才会扩大；

（2）"投资超过储蓄"意味着"对商品的过度需求"，反之亦然；

（3）当且仅当银行体系扩张其资产负债表的速度超过吸收家庭储蓄所需的速度时，投资才会超过储蓄；

（4）当且仅当储蓄等于投资时，经济才会处于实际的均衡增长路径或者资本积累路径；

（5）在充分就业的情况下，使储蓄和投资相等的利率被称为"自然"利率。[20]

维克塞尔是货币数量论者吗？[21]

由于维克塞尔认为"自然"利率的变化是由实际因素引起的，比如战争和技术创新等，因此很容易认为他不是货币数量论者，也就是说，他认为价格波动最终只能由实际经济的变化来解释。

然而，维克塞尔并不这样认为。如果不增加或减少银行存款，实际冲击就不可能导致价格水平的变化。"简而言之，在维克塞尔看来，存款存量的变化是价格水平变动的一个充要条件。"[22] 米尔顿·弗里德曼后来重申了这一观点。只有央行通过改变信贷价格来应对供给侧冲击时，价格水平才会发生变化。这引发了一场长达百年之久的争论：是供给冲击导致了货币扩张，还是货币扩张导致了供给冲击？对此，至今未有定论。

维克塞尔为什么需要货币数量论？简单来讲，这是为了解决问题。他希望央行能够平抑经济波动，而它影响市场利率的唯一途径是通过央行利率。由于金本位不能保证适当的政策利率，所以，它应该被一个由中央银行委员会控制的国际纸币本位取代。[23]

小结

两方面的进展开始使货币数量论被应用于短期稳定的目标。首先是衡量货币价值的指数方法被开发出来。其次，到 1900 年，随着各国央行开始利用政策利率、法定准备金率、公开市场操作和互相合作来对冲黄金流动的影响，金本位正在成为一种"有管理"的本位。[24] 越来越多的人认识到，商业银行可以通过创造银行存款来创造货币。但是，只要央行有办法调节商业银行货币创造的速度，信用货币的存在似乎不会对其控制价格的能力构成威胁。

渴望提出应对之策的雄心壮志可以解释将货币数量论视为短期稳定政策工具的强大信念，尽管货币数量论在短期内显然是成立的。甚至英国的丹尼斯·罗伯逊（Dennis Robertson）和奥地利的约瑟夫·熊彼特等经济学家也认为，明智的货币政策可以防止价格波动的趋势变得过于猛烈，尽管对他们来说，经济周期是由技术创新等"实际"冲击造成的。但是，正如埃普里姆·艾沙所言，货币数量论作为分析短期失业和产出的工具是有缺陷的，甚至是毫无用处的，而在大萧条期间以及大萧条之后，这些才是经济学家最关心的问题。[25]

附录3.1　费雪方程式

费雪建立了如下方程式[26]：

$$MV = \sum pQ$$

在方程式左侧，M代表货币供给，V代表货币流通速度。在方程式右侧，是经济体在某一给定时期销售的所有商品乘以其价格的加总项。也就是说，我们有：

$$MV = p_1Q_1 + p_2Q_2 + p_3Q_3 + \cdots + p_nQ_n$$

在这里，Q_1和p_1可能代表牛奶的销售数量和价格，Q_2和p_2可能代表教科书的销售数量和价格，以此类推。

费雪将Q定义为范围极为广泛的"商品"，包括"财富、财产和收益"。[27]什么能够算作"商品"并非无关紧要，它会严重影响交易方程式的有用性和货币数量论的有效性，当我们谈到米尔顿·弗里德曼和2008年危机时，就能明白原因何在。[28]

然后，我们可以通过将P作为所有价格的加权平均值，将T作为所有Q的总和，使问题简化，从而得到：

$$MV = PT$$

最后，费雪区分了两种货币。首先是真正的货币，如银行券，其次是银行存款。然后，我们可以区分M（真正的货币）和M'（银行存款）及各自的流通速度，这就得出了费雪方程式的最终版本[29]：

$$MV + M'V' = PT$$

第 4 章
国家的作用：扶持之手还是掠夺之手

一国征收的税款，不管是出于支持战争的目的，还是为了满足国家的日常开支，又或者主要用于支持非生产性的劳动者，都是取自该国的生产性行业；从这些开支中节省下来的每一笔钱，一般都会增加纳税人的收入，或者增加纳税人的资本。

——大卫·李嘉图（1817）[1]

那些一开始通过为战争筹集资金而服务于国家的制度，也促进了整个经济的发展……这一切都是源自战争。

——尼尔·弗格森（2001）[2]

引言

宏观经济政策中第二个悬而未决的问题涉及国家在经济中扮演的角色。国家在创造财富方面发挥了什么作用？尽管公元前81年中国的汉朝和14世纪阿拉伯学者伊本·赫勒敦（Ibn khaldûn）都曾讨论过这个问题[3]，但是在近代以前，欧洲没有提出过这个问题，部分原因是不存在现代意义上的国家，部分原因在于人们认为世俗财富的增长并非人类奋斗的正当理由或可行的目标。经济只要保持一定的生产力,足以维持社会秩序即可。直到 16 世纪以后,伴随着地理大发现、民族国家的建立、封建经济制度的崩溃以及思想摆脱了宗教教条的束缚,人们才有可能设想一个与过去截然不同且比过去更好的未来。财富增长可由人们的努力而实现,这一思想促使一群新的政治经济学家开始质疑人类截至当时赖以生存的经济实践。

对历史的反思让他们认为,从财富创造的角度看,以前的制度已经严重失灵。过去也曾积累了大量财富,但是,从未实现持续的增长。相反,历史揭示了一种周期性的而非进步主义的模式:财富时而增加,时而减少。何以如此?政治经济学家从以下事实中找到了答案,即在传统社会中组成"国家"的君主、士兵和牧师攫取了生产者创造的财富,并在战争、炫耀性消费以及为了荣耀上帝和自己而建造的伟大建筑工程中挥霍一空。即使是历史上最富有的国家,也毁于统治阶级的奢靡和短视。前现代统治者过于关注上帝,却没有对财富之神给予足够的重视。政治经济学为自己设定了一项任务,即为打破常规提供理论方法。

亚当·斯密坚持认为财富增长取决于由劳动分工带来的商业扩张和由投资带来的资本积累。这是中世纪结束之后经济思想的升华,正如人们认识到需要有一个强大的中央集权国家,以打破地方贸易壁垒,创造一个统一的国内市场。然而,对于国家在经济发展中的作用,出现了两种不同的观点。

首先登场的是重商主义者,他们认为国家在促进贸易和资本积累方面需要持续发挥作用。重商主义者相信,国家的行动和支出可以刺激国民财富的增长。战争是国家的一项投资决策,国家需要充足的收入来征服外国市场。在斯密和李嘉图的领导下,主流的政治经济学否定了这一观点。国家的两项基本经济任务是消除贸易壁垒和保护私有财产。它应该拥有与这些任务相称的权力和收入，但是不能超越这一界限。这一观点的核心内容是，如果不人为地设置障碍，贸易就会自发地蓬勃发展。国际贸易和国内贸易都是如此。从这个角度来看，为了征服他国而投入战争的资源不是投资，而是非生产性消费。正如亚当·斯密在1755年所说的："除了和平、轻税和尚可容忍的司法，使得一个国家从最低级的野蛮状态走向最高程度的富足，几乎不需要任何其他东西；其余一切都会自然而然地生发出来。"[4] 简而言之，国家应该避免干预私人为满足市场需求而从事的生产活动。正如法国商人对重商主义大臣柯尔贝尔所讲的那样，"自由放任"，就是"任其发展"。自经济学诞生以来，重商主义和自由放任的观点一直在争论不休。

20世纪的凯恩斯主义革命提出了一个两大阵营均未提及的国家投资论，他认为市场体系无法维持持续的充分就业，从而弥合了重商主义和自由放任主义之间的分歧。尽管对凯恩斯之前的经济学而言，所有争论本质上都是在讨论如何利用给定的资源以最有效地创造财富，但是凯恩斯认为，在正常情况下，有效需求不足妨碍了潜在资源得到充分利用。不仅应该允许国家发动战争，还应该允许它开发更多的资源。

凯恩斯强调国家对投资的作用，这也在宏观经济学和微观经济学之间引入了一个新的分歧。宏观经济学的基本主张是，即使将对经济各个部分的研究，也就是微观经济学的研究综合在一起，也无法解释它的总体状况。简而言之，这些部分并不能加总成总体，因为它们是相互影响的。

根据理论上应该允许国家有多少税收和支出这一简单的标准，我们大致可以按时间顺序对这些不同的立场进行分类：

（1）重商主义者认为国家应当以国家债务和源自出口盈余的

"金银财宝"的积累作为主要手段，刺激财富增长。重商主义的观点在17—18世纪盛行一时，并且从未完全消失，尽管后来的主流经济学一再"反驳"这一观点。德国是19世纪主要的重商主义国家；德国、中国和日本则是当代重商主义国家的例子。

（2）自亚当·斯密以来的主流经济学家认为，政府支出非但不会增加"国民收入"，反而会使其减少。应当尽可能降低公共支出，以使损失降至最低。预算应以尽可能低的水平每年保持平衡。唯一的贸易政策应该是自由贸易，贸易余额可以自动调整。在维多利亚时代，主流政治经济学主导了英国的财政政策。

（3）凯恩斯主义者认为，国家预算应当用于确保潜在资源的充分利用。凯恩斯主义财政立宪大致从1945年一直延续到1975年。

（4）大致从1980年至2008年，西方世界奉行的是新维多利亚式的财政立宪，这标志着向维多利亚式财政思想的部分回归。预算通常应在政治允许的最低支出和税收水平上实现平衡。国家债务的扩张是通往毁灭之路。至于经济总体上的平衡则需要通过货币政策来实现。

2008年的经济崩溃使有关财政政策的理论和实践陷入了混乱。整个西方世界的政府赤字呈螺旋式上升，各国的公共债务攀升至GDP的100%或者更高的水平。在大多数情况下，这是为了应对严重的经济衰退而采取的临时措施。但是，经济衰退严重破坏了人们关于财政政策的共识，直到最近，人们一直认为这样的财政政策是理所当然的，然而，对替代方案没有形成一致的意见。一方面，作为财政政策的鹰派人士，新维多利亚主义者希望恢复有限国家和恰当的预算平衡。另一方面，财政政策的鸽派人士不仅认为在经济衰退时通过财政赤字来扩大支出是必要的，而且希望财政规则足够灵活，以抑制经济周期，保障充分就业，促进经济增长。

本章将探讨重商主义者和政治经济学家在18世纪和19世纪是如何一决高下的。我们先来看一下图4和图5，这两张图概括了英国财政过去300多年的经历。

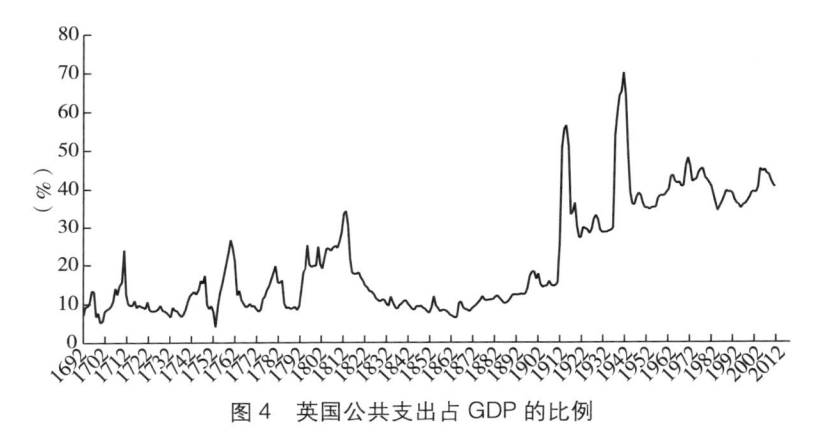

图4 英国公共支出占GDP的比例

资料来源：UK Public Spending（2017）。图由作者自制。

图5 英国公共债务占GDP的比例

资料来源：UK Public Spending（2017）。图由作者自制。

重商主义者关于国家"扶持之手"的理论

历史上大多数经济体都是"国家主导型"的,因为统治者的行动决定了它们处于增长、停滞还是衰退状态。但是,只是到了17世纪和18世纪,增加财富或者我们现在所讲的经济增长才明确成为国家政策的目标。重商主义者第一次尝试通过科学推理,探究财富增长的根源。在这一探索中,重商主义者重点关注货币和贸易的作用,以及国家对两者的影响。对外贸易被视为财富增长的主要推动力,但是,前提是它能为国家带来更多的货币。因此,重商主义者痴迷于"贸易盈余"。按照丹尼斯·奥布赖恩(Denis O'Brien)的观点,重商主义的主要特征就是"金银是主要的财富,应当通过对外贸易管制促进金属货币的流入,通过低价进口原材料促进工业发展,鼓励出口,而贸易被视为一种零和博弈"。[5]

尽管这一理论结出了硕果,但是重商主义的结论源自错误的推理,就像现代以前的医学,其中既包含正确的元素,也有错误的成分。重商主义的谬误在于,它认为出口比进口更好,因此经济政策的目标应该是确保贸易盈余。这一时期大多数欧洲国家普遍信奉这一观点。当然,所有国家不可能同时实现贸易盈余,因此,推行这些政策就导致了欧洲主要大国之间持续不断的贸易战争。

亚当·斯密指责重商主义者将"财富"等同于"黄金"。重商主义者中认识更为深刻的人从来不相信这一点。他们认为,通过成功的贸易夺取黄金是提高一国在世界财富中所占份额的一种手段。这似乎是一个循环论证,即贸易顺差是发动贸易战的必要条件,而贸易战又会带来贸易顺差。但是重商主义者相信,对每个国家而言,垄断贸易的收益会超过为了获得这种垄断而付出的成本。此外，一些重商主义者认为贵金属的流入将降低利率，从而刺激国内制造业。

重商主义者采用的策略是剥夺竞争对手的贸易机会。从1651年开始，英国通过了一系列《航海法案》，主要针对荷兰的海运行业，这是一项典型的举措；这些法案和其他禁令一起，要求英国与其殖民地之间的贸易只能使用英国的船只。阿尔伯马尔公爵（Duke of Albermarle）说："我们想要的是，将更多的荷兰拥有的贸易抢过来。"另一个例子是1703年的《梅休因条约》（Methuen Treaty），该条约允许英国纺织品免税进入葡萄牙，交换条件是，英国从葡萄牙进口的葡萄酒获得优惠关税。

因此，重商主义最好被视为这样一种政策，即通过操纵贸易条件来增强各国的相对实力，并借助于这种实力增加各国的财富。亚当·斯密声称自己是科学经济学的创始人，这是因为他证明了贸易不一定是零和博弈，重商主义政策通过限制市场规模抑制了财富增长，并使各国为了维护自身的贸易利益而陷入战争的泥潭。大卫·李嘉图为自由贸易奠定了坚实的理论基础，他通过数学证明，如果各国专门生产并出口自身效率相对较高的商品，那么所有贸易伙伴的实际收入将实现最大化，这是一个经得起时间考验的逻辑，也经受住了所有的批评，并为自由贸易政策提供了强有力的规范性论据。然而，李嘉图关于专业化是最优选择的数学证明，无法安抚其中一些国内生产者，他们的效率已经达到了现实条件和资源禀赋所能允许的最高水平。与他的科学论证相悖，国王詹姆斯一世文告的核心内容如下，"如果自然法则偏爱我们自己的子民而不是陌生人，那么，比起让我们自己的子民失去生计，对其他国家的工业品征收关税要合理得多"。[6] 尽管有证据表明自由贸易是更好的选择，但是这种保护主义的论调一直能够引发共鸣。

重商主义政策产生了一些有利的后果。它们鼓励国家权力的集中,这使得私人财产更加安全,并促进了国内市场的统一。它们还促进了制造业的发展和出口能力的增强,并经常授予特许公司垄断权,从而促进了商人阶层的壮大。它们增强了海军的实力。流入的黄金与商业的垄断利润一起,促使资金成本降低,从而有助于为英国的工业革命提供资金,这无疑是一个颇有说服力的观点。重商主义博弈中的赢家在亚洲和北美确立了非常强大的贸易地位,这在重商主义结束以后依然延续了下来,而英国是其中最成功的一个。英国在重商主义时代创建的帝国主义经济体系一直延续至20世纪,并且运转良好。

尼尔·弗格森将英国作为18世纪财政军事国家的典范,并对其进行了精彩描述。[7]宪法约束消除了英国国家独断专行的特性,但意想不到的是,合法性的增强反而使英国能够比欧洲大陆的绝对君主制国家更有效地实现了国家的目标。海军的费用也要比陆军少很多。你可以将同样的船只和水手用于贸易或军事目的,自17世纪以来,英国正是通过商船创建了自己的海外贸易帝国。努力追赶英国经济表现的国家更多地强调国家的创造力,而不是遵循由英国自由主义思想家约翰·洛克等人建议的宪法约束,或者由亚当·斯密概括的有关政府财政的规则。

英国的财政立宪基于如下理念,即财富是通过国家之间的竞争和争斗产生的。优势并不属于资源最丰富的国家,而是属于能够最有效地动员资源以实现其对外政策目标的国家。英国君主制的立宪性质增强了其筹集财政收入的能力。更重要的是,征税的权力集中在一个领取薪酬的官僚机构的手中,而不是依靠将征税权力出让给私人的包税制以及卖官鬻爵。这使得英国政府在1788年征收了相当于国民生产总值12.4%的税收,相比之下,法国只有 6.8%。[8]

正如弗格森所言,动员资源的制度包括议会、税务机关、国债和中央银行。18 世纪,英国财政权力"四边形"的卓越发展,不仅使其相对于主要对手法国在军事方面拥有了决定性优势,而且使其经济增长得更快。[9]

然而,这场斗争的主要财政武器是国债,与后世一样,财政政策的主要问题是国债的可持续性。"在一个财政国家,稳定而安全的税收构成了大规模借贷的基础,并且不存在违约风险,因而国家就不需要为了筹集资金而支付高利率。"[10] 在拿破仑战争中,英国的"税收、借款和军事力量都超过了法国"。[11] 弗格森将现代债务融资的起源追溯至英国的一系列金融创新,这始于 1694 年成立的英格兰银行(而法国直到 1800 年才创建了自己的中央银行),还包括 1717 年采用金本位,并在 1751 年由于创建了"统一公债"而达到鼎盛时期,英国政府的这种统一公债是一种可转让的永续债券,并且可以按照面值赎回。[12] 这些创新的作用在于增加了可持续公共债务的规模。这些措施虽然最初的目的是支持战争,但它们不仅使英国能够在长期争夺统治地位的斗争中击败法国(拿破仑战争最能彰显这一点),而且刺激了商业的发展。这里的关键在于,可交易的公共债务工具规模激增,通过分散风险"有效地为私人部门的债券和股票创造了私人市场"。[13] 此外,"作为议会中有影响力的游说团体,债券持有人的出现降低了英国政府违约的风险,从而增强了该国以低成本借款的能力"。[14]

简而言之,汉诺威王朝时期的英国是一台出色的战争机器和商业引擎。商业积累的财富使英国成为"第一个工业国"。后来的几代人用经济增长的收益偿还了巨额公共债务。18 世纪英国汉诺威王朝实施的重商主义政策为"不列颠治世"(Pax Britannica)奠

第 4 章 国家的作用:扶持之手还是掠夺之手　　87

定了基础,但这些政策被英国自己抛弃了,然而,所有试图赶超英国的国家都将这些政策视为成功的典范。

政治经济学家关于国家"掠夺之手"的理论

18世纪后期,这个好战的国家出现了转变。亚当·斯密原本会说"国防……要比富足重要得多",但是他认为他那个时代的重商主义体系及其贸易战争"对年产量不是很有利"。[15] 与同时代的法国重农主义者一样,他认为财富来源于"农产品",尽管他扩展了这一术语的含义,除农业以外还将制造业包括在内。为了反对秉持保护主义政策的重商主义,斯密断言消费是"所有生产活动唯一的和最终的目的"。[16] 从这个角度看,为了实现出口盈余而限制国内消费是不合理的。为了支付重商主义战争的费用而发行国债,会限制财富增长,从而限制消费的增加。

斯密认为,政府开支是一种浪费,一个重要的原因就是,如果允许自由贸易,对贸易双方都有好处。一个国家不需要战争和垄断就能拥有大规模的商业。在"天赋自由"(natural liberty)的条件下,这自然而然就会实现。斯密的《国富论》第四卷致力于驳斥重商主义体系。重商主义战争是以牺牲消费者的利益为代价,为了君主和既得利益者的利益而战。

国家节俭学说的立论简单明了。斯密认为,财富增长来自通过储蓄和投资形成的资本积累。[17] 税收将私人的资本积累转为国家的消费,因此会抑制财富的创造。根据定义,政府是非生产性的。斯密及其追随者认为,增强议会对税收的控制权并削弱君主的权力,是减少国家消费的重要途径。

古典经济学家的目标是限制而不是废除国家。根据斯密的观

点,"天赋自由"体系给国家留下了四项职责,即保卫国家、司法行政、教育责任以及

> 建造和维护特定的公共工程和特定的公共机构,这绝不是为了任何个人或少数人的利益,因为由此产生的利润永远无法偿付任何个人或少数人的成本,然而,它带来的回报通常会远远超过一个大型社会所付出的成本。[18]

按照现代的说法,这些工程和机构被称为"公共品",由于某种原因,这些物品无法由市场提供,对于斯密而言,这包括"促进任何一个国家商业活动的物品,比如良好的道路、桥梁、通航运河和港口等",以及国民教育体系,这是为了修复劳动分工对人类智力造成的损害。[19] 为了完成这些职责,国家必须征税,但是也仅限于此。由于只有一份长短适度的职责清单,国家征税也应该适度。"安守本分"是边沁为政府开出的著名处方,即由人类追求更好生活的天性来推动经济增长。

斯密无视重商主义者对货币和就业的关注。货币只是一种润滑剂。追随斯密的经济学家相信,在天赋自由的条件下,所有储蓄都将用于投资,资源将得到充分利用。

税收并没有出现在《国富论》的目录中,但是其中有很大一部分内容是关于国债的,斯密认为18世纪国债的增长是实现进一步繁荣的主要障碍。"就像目光短浅的败家子,因家境窘迫,只能举债度日,国家也在不断地向它的代办人和代理人借款,虽然用的是自己的钱,但也得为此支付利息。"[20] 发行债务是一种偷偷摸摸地从民众那里攫取金钱的方法。"一个政府从另一个政府那里学得最快的技巧,就是如何从民众的口袋里把钱掏走。"[21]

通过借款，君主得以发动代价高昂但并无必要的战争。斯密不相信偿债基金能够解决"永久融资"的问题，因为和平时期公共债务的减少永远无法与战争时期的规模扩张相比。[22] 在过去，公共收入摆脱债务负担的束缚靠的是公开违约或"假装付款"，也就是通过通胀来减少实际债务负担。[23] 但是，斯密谴责这是一种"背信弃义的欺诈行为"，将会摧毁国家的信誉。[24]

借款为战争筹集资金唯一可能的优点在于，相比单纯靠税收来支付战争的全部成本，它有可能形成更多的储蓄。[25] 确实，繁荣伴随着国家债务在 18 世纪的大幅扩张，而这与斯密的论点相悖，他认为这是由于国家借贷并未阻碍储蓄的增长。由于生性节俭，英国人得以弥补"政府的浪费和奢靡对社会总资本造成的各种破坏"。[26]

偿还国家债务唯一诚实的方法就是增加税收或削减开支。斯密认为应该向殖民地征税，以支付其防卫费用。但是，如果不能让他们为之付款，英国应该摆脱自己对帝国的痴迷，"努力使自己未来的观点和构想适应其表现平平的实际状况"。[27]

斯密关于政府支出"挤出"生产性私人支出的观点得到了李嘉图的支持。李嘉图认为所有的政府支出本质上都是浪费。税收和公共借款都会摧毁资本。但是，与斯密不同的是，李嘉图认为通过借款为政府支出筹集资金"往往会让我们变得不那么节俭"，因为这会让我们误以为只需要储蓄来支付贷款的利息，而不是支付与全部借款等价的税收。[28] 这一点很有趣，因为尽管李嘉图的分析让他相信公共借款只是推迟了缴税，但是他并不认为纳税人一定理解这一点。[29]

李嘉图讲道，各国应该利用和平时期尽快还清国家债务，"扶危救困或者逃避当前困难（我希望这些困难只是暂时的）的尝试，都不应使我们放松对重大目标的关注"。[30] 因此,应该建立一个偿债基金。拿破仑战争给英国留下了相当于国民收入260%的政府债务,在这之后,李嘉图在著作中断言,如果等到下次战争时政府债务没有大幅减少,那么,或者战争的费用必须由税收来支付,或者英国将会破产。在本书涵盖的时间范围内,我们将遇到四次公共债务的高峰,即1815年之后、1918年之后、1945年之后和2008—2009年之后;前三次都是由战争导致的,最后一次则是由于政府为了应对经济崩溃而采取的措施。每次"财政负担过重"都导致以财政紧缩的形式重拾"美德"。

上述对重商主义的否定,反映了经济学由货币分析转向了"实际"分析。重商主义者以及大多数其他"前科学"时代的经济思想家强调货币、信贷和公共财政对于促进经济活动的作用,而在斯密和李嘉图的"实际"分析中,增长的引擎是节俭和生产力,货币只是一层面纱,这使人们难以明了它们的真实状况,而税收和公共借款对节俭和生产力都有损害。[31] 正如穆勒在1844年所写的那样,再也没有人主张"为了促进工业发展而大规模动用政府支出"。[32] 早些时候,大卫·休谟曾经指出,重商主义者关心的是通过出口盈余确保获得充足的贵金属,这不过是一种幻觉而已。经济的任务是确保最有效地配置"实际"资源,这最好留给市场来完成。

在古典经济学家否定重商主义的过程中,不清楚是思想还是环境起了主导作用。乔治·施蒂格勒认为,正是19世纪"没有发生大规模的战争",才导致国家的作用减弱而"自由的统治范围"扩大。[33] 然而,也有可能是经济学家关于如何获取财富的观点发生了改变,才导致战争发生的频率下降。和平与战争、进步与衰败也可能都受制于长周期,而经济理论则会与周期中的每个阶段相适应。

维多利亚时期的财政立宪

从19世纪中叶开始,古典经济学家关于国家作用的观点在一战之前一直主导着英国的财政政策,然后又断断续续地延续至20世纪30年代。斯密、李嘉图和穆勒的观点尽管没有被直接引用,却是维多利亚时期奉行节俭的财政部拥有的思想武器之一。应当避免财政赤字,并使财政预算每年都保持平衡。与整体经济相比,中央政府的规模较小。"对一位财政大臣的评判不仅要依据他平衡预算的能力,还要看他降低政府债务的能力。"[34] 维持常设的偿债基金以偿还债务,被视为"平衡预算"的一部分。预算盈余只用于减少政府债务,而不用于下一年的支出。1846年以后,随着议会废除了保护英国农业的《谷物法》,自由贸易取得了胜利。

对于图6展示的在降低政府债务方面的进展,李嘉图应该会感到高兴;债务占GDP的比例在拿破仑战争之后达到了峰值,至一战爆发时,这一比例已降至该峰值的五分之一。尼古拉斯·克拉夫茨(Nicholas Crafts)最近对1831年至1913年的债务减少进行了分析,认为这在很大程度上应该归功于对平衡预算的坚定承诺。在将近一个世纪的时间里,英国政府一直保持着基本预算盈余,只有6年的赤字高于GDP的1%。没有出现通胀,政府也不可能仅仅依靠强劲的增长,因为这一时期债务的实际利率始终高于经济的实际增速。[35]

一项关键的创新就是所得税,第一次征收是在1814年,并于1842年由皮尔重新开征。至1911—1914年,所得税已成为政府收入的主要来源。这一税种有双重好处,既为英国政府提供了有保障的收入基础,又使选民的利益与政府的低税收保持一致,因为只有直接纳税人才有选举权。通过加强财政部的控制并将评估纳

图 6　英国战争债务的起伏

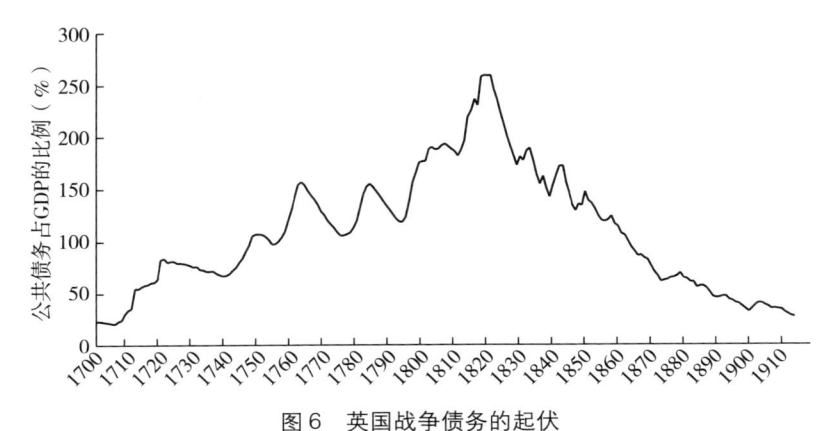

资料来源：Abbas et al.（2010）。图由作者自制。

税义务的职责赋予独立于政府的税务局，税收制度的合法性得到了加强。在格莱斯顿的领导下，"财政廉洁成了新的道德标准"。[36]

从 1830 年至 1870 年，公共支出占 GDP 的比例持续下降，然后在布尔战争之前保持平稳，为一战备战而增加的军事支出导致这一比例有所上升。1900 年，英国政府支出占国民生产总值的 14%，而在 19 世纪的大部分时间，这一比例一直低于 10%。社会服务性支出占国民生产总值的 2.6%；用于农业、林业、渔业、工业、运输和就业的经济服务性支出占国民生产总值的 1.9%；用于国防、法律和秩序方面的支出占 7.4%；国债利息支出占 1%；其余用于行政管理、海外服务和环境服务，后者包括提供道路、照明和供水等基本服务。[37] 除了邮局和几所军工厂，政府不经营任何企业；所得税微乎其微，大多数人都达不到直接税的门槛，但有一些对工人阶层的酗酒和赌博等"罪恶行为"征收的间接税，也就是"消费税"。煤气和供水等市政公用事业的资金来自中央政府为地方当局提供的贷款。但是，我们现在视为社会福利的大部分服务，仍然由自愿保险和私人慈善机构提供。因此，国家规模太小，无法通过相机抉择的支出或者内在稳定器机制对总需求产生较大的直接影响。这与人们预想的并不相同。[38]

尽管在战争时期允许有限的借款，但是不能认为这样做就是理所当然的；只要有可能，战争的费用仍然要由当期的税收来支付。如果无法做到这一点，当前的财政赤字就要由政府的长期借款来支付，并且在和平时期实现了财政盈余时，就要尽快偿还债务。[39]然而，随着英国海军统治了海洋，自由贸易取代了保护主义，和平被视为一种常态。

维多利亚时代政府支出最小化的原则受到了20世纪初自由主义政府社会改革的挑战，这也是因为需要增加国防开支以应对德国的威胁。推动社会改革的部分原因是希望确保劳动力能够与美国和德国竞争，部分原因是扩大了选举权。1909年，劳合·乔治的"人民预算案"提议将2 000英镑至3 000英镑收入的所得税标准税率提高至1英镑缴纳1先令，这相当于5%的税率，3 000英镑以上收入的标准税率为1先令2便士，相当于5.8%的税率，并且对5 000英镑以上的收入中超过3 000英镑的部分额外征收6便士，相当于2.5%的税率。他还提议提高死亡税，也就是遗产税的税率，并在土地易手时对土地价值的增值部分征收20%的税，所有这一切都招致富人掀起了愤怒的狂潮。这些税收部分用于支付扩大了的社会预算，包括教育津贴、养老金以及应对疾病与失业的社会保险。[40]然而，偏离支出最小化的传统并不意味着放弃平衡预算规则，"实现预算盈余以降低债务规模的渴望仍然像以往一样强烈"。[41]尽管出现了经济周期，目前还没有迹象表明政府承担起了维持高水平就业的职责。

坚韧不拔的重商主义

历史学家称英国的财政立宪是"早熟的"或者"例外的"。[42] 由于从 18 世纪的战争中脱颖而出并成为"头号强国",英国不需要一个积极有为的国家,于是开始鼓吹自由放任和自由贸易。这场盛宴的后来者从英国 18 世纪的实践中学到的东西,要比从其 19 世纪的教导中学到的更多。赶超经济学显然具有民族性。

对斯密体系最重要的理论批评来自德国经济学家弗里德里希·李斯特,而他的很多思想又来自美国保护主义理论家亚历山大·汉密尔顿的许多观点。李嘉图的比较优势学说巧妙地论证了自由贸易的优点,但这是一种静态均衡理论,它将最宝贵的优势留给了任何自由贸易世界中第一位获得成功的商人。但是,正如李斯特指出的,"创造财富的力量远比财富本身更重要"。[43] 而且,创造财富的力量完全归属于权力,因为历史已经充分表明,"借助于权力,一国不仅能够开辟新的生产源泉,而且能够使自己拥有以前和最近获得的财富"。[44]

对李斯特而言,重要的不是个人财富,而是国家福祉,并且大多数德国经济学家也赞成这一观点。李斯特对斯密这一思想流派有如下三点批评:(1)"漫无止境的世界大同主义",忽视了国家利益;(2)"死气沉沉的唯物主义",忽视了精神和道德目标;(3)"杂乱无章的特殊主义和个人主义",忽视了社会凝聚力。[45] 德国经济学家中的历史学派将重商主义重新定义为"国家建设"。他们提出了一个重要的观点,即经济学说的有效性取决于环境,但是这一观点现在被废弃了。在某个时期对一个国家有益的东西,在另外一个时期可能完全不适用。李斯特不屑地评论说,自由贸易是这种国家的信条,它已经"到达了强盛的顶峰……却踢开了自己爬上去的梯子……这就是亚当·斯密世界大同学说的秘密"。[46]因此，在斯密列出的四项国家职责之外，李斯特又加上了"生产力"的发展。

经济学勉强承认李斯特有关"幼稚产业"的论点是自由贸易这种一般情形的一个例外。它并没有意识到李斯特创立了经济发展的一般理论，而自由贸易只是其中的一个特例。

德国的政策制定者将李斯特的教导铭记在心。英国在两百多年的时间里毫无计划地发展出来的金融、商业和产业机器，德国通过精心谋划只用半个世纪的时间就建成了。首先是1834年至1866年德国相互独立的各邦国组成了关税同盟，其由一套依靠债券融资建立的铁路系统连接在一起，并于1873年德意志帝国成立时达到巅峰。1879年，在大萧条爆发之后，俾斯麦通过对外国谷物和工业产品征收关税，并开始强制性地提供医疗、意外事故和养老社会保险，取消了德国的自由贸易政策。在保护主义政策的掩护下，德国工业在所有前沿领域都取得了突飞猛进的发展，先是机械制造、电气工程和建筑等重工业，紧随其后的是化学工程、精密机械和光学仪器。1887年至1895年，德国用来自海军预算的经费修建了规模宏大的基尔运河，将北海和波罗的海连接在一起。在19世纪临近结束时，德国的工业生产已经超过了英国。随着受到保护的国内市场成为德国进军世界市场的跳板，"德国制造"已经能够与"英国制造"分庭抗礼。由于德国有意识地专注于产品创新和理论与实践并重的职业培训、研究机构网络、将大企业和投资银行联系在一起的社团主义企业结构以及社会保险计划，德国有组织的资本主义与曼彻斯特的自由主义经济体系几乎没有任何相似之处。正如当时的法国记者解释的那样："德国人……以开阔的胸襟和远见卓识展望未来。"[47]

在美国，经济赶超的需要也颠覆了商业领域自由放任这种激进的意识形态。对外国商品征收关税被视为促进经济增长的一种手段，也是一种在联邦体制下为政府提供收入的方式。[48] 在整个 19 世纪，关税为工业提供了保护；国家资助大型基础设施项目，比如连接伊利湖和哈得孙河的伊利运河。由于美国的商业扩张富有"狂野西部"的特征，联邦政府也是对商业活动进行法律监管的先驱。至 19 世纪末，美国在工业方面也在努力赶超英国。只是到了 20 世纪 40 年代，美国才转向自由贸易和放松管制，此时它已经取代英国成为"头号强国"。

20 世纪的大多数发展中国家遵从的是汉密尔顿和李斯特的经济学，而不是斯密和李嘉图的经济学。也就是说，在国家的指引下，它们开始打造自己的贸易优势，而不是被动地接受所谓的先发优势。它们是并不感到羞耻的重商主义者，认为要自由地出口，但是要控制进口。并且，在重复 19 世纪的故事时，它们要承受富裕国家要求它们放弃进口替代政策的越来越大的压力。[49]

在这里，我们最关心的是不同国家对待政府债务的态度。对大多数国家而言，公共借款是必要的。由于缺乏有效的税收体系，它们甚至不得不借钱以维持日常活动，更不用说战争了，然后依靠关税收入和其他国家垄断带来的收入来偿债。19 世纪以来关税持续存在的部分原因就是国家需要获得收入。

拿破仑战争遗留下来的巨额公共债务和缺乏可靠的税收来源这两个因素结合在一起，使得像罗斯柴尔德家族这样的私人放贷人在 19 世纪中期占据了主导地位。[50] 罗斯柴尔德家族创立了国际债券市场。1818 年，内森·罗斯柴尔德向普鲁士发放的贷款创建了未来的贷款模式。这是一笔固定利息的英镑贷款，投资者在伦敦而不是在柏林获得偿还的款项；这既消除了汇率风险，也消除了从国外收取利息的不便。内森·罗斯柴尔德坚持认为，借款政府的"诚信"取决于国家债务的上限和王室抵押的不动产的价值，这是放贷人和君主第一次在合同里明确规定了这样的条件，这也预示了当代对债务可持续性的关注。[51] 正如内森·罗斯柴尔德向普鲁士王国首相解释的那样："如果没有这种保障措施，任何在英国为外国势力筹集大笔资金的努力都是徒劳。"[52] 用尼尔·弗格森的话说："如果投资者抬高政府公债的价格，这个政府会感到安全。如果他们抛售了这个政府的公债，那么它很有可能要靠拖欠债务和继续借款勉强度日。"[53] 这是典型的债权人立场。

罗斯柴尔德家族的论调似乎表示他们的利益依赖于和平。他们重申："我们家族的原则是不为战争提供贷款。"[54] 然而，只要看一眼他们的资产负债表，就会发现他们赚的大部分钱都来自为战争提供贷款和随之而来的国际转移支付。从1852年至1874年的"黄金时代"，罗斯柴尔德家族广泛涉足克里米亚战争以及由意大利和德国的统一运动引发的四场战争。原因很清楚，19世纪50年代和60年代发生战争的国家总体上都缺钱。战争和战争恐慌可能会压低现有债券的价格，但是这会极大地提高新债券的收益，目的是吸引投资者购买。1859年4月30日，伦敦的罗斯柴尔德家族向其巴黎的亲戚致电："敌对行动已经开始。奥地利想要一笔2亿弗洛林的贷款。"随着作为竞争对手的银行开始崛起，罗斯柴尔德家族知道他们"无法对好战行为说不"。如果他们不为各国提供贷款，其他人也会这样做。银行业的和平主义有一个致命弱点，那就是赚钱第一，和平第二。

罗斯柴尔德家族也因为参与铁路债券的发行而被卷入了"战争贷款"。维也纳的罗斯柴尔德家族及其子公司奥地利联合信贷银行（Creditanstalt）出资修建了连接奥地利与德国、意大利、匈牙利和巴尔干半岛的铁路，这些铁路主要被用于军事目的。在19世纪50年代的"铁路战争"中，罗斯柴尔德家族的跨国资源超过了他们位于巴黎的竞争对手佩雷尔兄弟（Péreire brothers）。但是，他们的铁路随后受制于国家的政策。

就像今天一样，对国际债券市场的依赖会约束各国的财政和汇率政策。尽管商业银行相互之间是竞争对手，但是对于如何使一个特定的国家信守承诺，它们可以达成一致意见。这是它们的分内之事，因为如果它们无法保障自己贷款的安全，就不会有人对它们进行投资。因此，债券市场对促进"稳健的财政"发挥了关键作用。银行家们同样热衷于提倡稳健的货币。至19世纪末，向某国提供国外贷款通常是以该国设立金本位为条件。以当时的英国为榜样，银行家们明白君主立宪制国家要比绝对君主制国家更有可能偿还债务，于是他们试图将立宪改革作为贷款的一个条件，例如1859年罗斯柴尔德家族向奥地利提供的贷款就是如此。但是，立宪体制传播开来产生了一个自相矛盾的结果。这种制度提高了各国的征税效率，从而削弱了它们对国际银行家的需求。

随着国家收入的提高、存款和股份制银行业务的发展以及国内资本市场的壮大，对由"国王的犹太人"提供的金融服务的需求减少了。在19世纪最后三分之一的时间里，随着民族主义的兴起和政府财政状况的改善，银行家的权力有所减弱。1891年至1893年普鲁士引入了所得税，使它有可能采用英国的平衡预算规则。[55]但是，拉美各国的政府继续依赖国际债券市场来满足自己的资金需求，直到进入20世纪之后很长时间仍是如此，它们的频繁违约对投资者乐观情绪的影响并不会持续太长时间。

国家举债不仅仅是必要之举，而且提醒人们举债也有优点。美国第一任财政部长亚历山大·汉密尔顿写道："政府债务只要不是太多，对我们国家来说将是一种赐福，是一项'振奋人心的原则'。"[56] 他的理由是，公共债务扩大了私人信贷的规模，从而促进了投资。随着私人信贷市场的深化，这一观点逐渐式微。但是，另一个支持公共债务的观点依然存在。在整个 19 世纪，普鲁士在职业技术培训、公路、重点产业、铁路和海外贸易公司等方面进行了公共投资，这是其赶超英国政策的一部分。在这方面，国家与实业家紧密合作，从而阻止了德国年轻人移民到美国。正如亨德森（W. O. Henderson）在评价德国经济发展时得出的结论，俾斯麦"意识到了联邦政府可以通过控制经济中的公共部门，对产业发展施加影响"。[57]

小结

重商主义者和古典自由主义经济学家之间的区别在于手段，而不是在于目的。他们都希望通过国家的行动增加国家财富，但是重商主义者倾向于通过投资和贸易政策进行直接干预，而自由主义者则试图将国家的作用限制在为自由市场创造适宜的条件。后者自称为"反对政府"，这其实是一场骗局，部分源于缺乏历史视野，部分源于意识形态，显然，如果市场秩序是自发增长的结果而不是国家强权的产物，那么它看起来就更具吸引力。这场骗局一直持续至今，其间新自由主义者大声宣布自己对自由市场的信仰，尽管在现实中如果没有国家持续地予以支持，自由市场一天也存在不下去。

财政理论的历史表明，它远非自称的科学典范，而是高度意识形态化的结果，反映了经济环境、历史神话和阶级力量，对待公共品的态度也随着环境和选举权普及范围的变化而起伏。

第二篇

凯恩斯的兴起、辉煌与衰落

在一战之后的 20 年和平时期，之前半个世纪的宏观经济政策规则被打破了。这是因为使这些政策得以实施的条件已经消失。在宏观经济政策诞生之前的那个时代，旧的宏观经济依赖于金本位、预算平衡和自由贸易的三足鼎立。这三者都遭到了战争的破坏。简而言之，金本位变成了外部冲击的传导器而非减震器，一国应对冲击的调整成本更加高昂。这一时期存在大量的理论与政策尝试。国家主义经济学代替了自由贸易。正如凯恩斯在 1933 年所说的，"不相信我们已经获救，我们都愿意进行尝试，以使自己得到救赎"。[1]

19 世纪金本位在特定条件下确实奏效了。但是在一战以后，它完全失效了。巴里·艾肯格林令人信服地描述了这样一幅场景，"扭曲的汇率扰乱了国际货币体系，国际储备分布不当且缺乏合作……与此同时，由于工资结构僵化、关税提高和协调失败，无力应对这些扰动"。[2] 战争严重削弱了伦敦作为"国际交响乐团的指挥"的能力；只有通过向美国这位新的贷款人大量借款，英国才得以撑过这场战争。"全球失衡"问题崭露头角，但这绝非最后一次。由于美国一直拥有贸易顺差，又没有等量的资本出口与之匹配，这使世界上其他大部分地区面临通缩压力。

普选权、福利国家和大规模的工会主义浪潮是全面战争的历史遗产（至少在欧洲是这样），这是政府为战争中大量的人口牺牲提供的补偿。左翼和右翼都同意经济机制运行不畅的事实。1923年，在《资本主义文明的衰亡》（*Decay of Capitalist Civilisation*）一书中，比阿特里斯·维伯和锡德尼·维伯（Beatrice and Sidney Webb）这两位战前费边社会主义的领军人物写道："如果我们将生产活动完全抛给资本主义，同时又赋予工人政治权力，使之对资本主义既无能力也无意愿提供的国民收入提出要求，这种状况是无法持久的。"[3] 十年之后，一位右翼作者表达了内容极为相近的观点："自一战以来，英国的趋势不是允许经济力量自由运行，而是处处朝着相反的方向发展。失业救济政策、工会活动、企业主的联合以及对移民的各种阻挠，都妨碍了劳动力市场的自由运行。同时，托拉斯、卡特尔和销售共谋等行为都阻碍或者抑制了价格的必要调整。简而言之，经济有机体已经中毒和瘫痪了。因此，目前正处于悲惨的境地。"[4]

在这种运转不畅的体系中，失业成为市场僵化的主要表现，也是对经济政策的主要挑战。20世纪20年代，在英国被保险覆盖的劳动者中，平均失业率达到10%左右，这相当于一战之前的两倍。

持续存在的大规模失业也对经济理论提出了挑战。当时并没有目前这种有关产出和就业的理论，因为古典理论预先假定经济处于充分就业状态。以往的经验在某种程度上也证实了这一点。经济可能在短期内受到冲击，但是无须政府的帮助，它们也能自己复苏。工人们不是从一个城镇转到另外一个城镇，而是从一个大陆转到另外一个大陆。萨伊定律并未受到严峻的挑战。伴随着始于1929年的第二次大萧条，这种情况发生了改变。从那以后，整个世界再未完全恢复过来，直至二战。

理论和政策都是逐渐才意识到形势已经发生了变化。在"回归常态"的口号下，20世纪20年代政府付出了极大的努力，以恢复战前体系。这些政策的核心是恢复国际金本位。正统学派将此视为迫使各国遵守货币纪律不可或缺的框架。此外，以黄金为锚还能防范通胀。为了恢复一战期间暂停的金本位，重要的是各国政府"通过减少开支而非扩大税收来恢复预算平衡；停止依靠发行纸币来弥补预算赤字，从而遏制通胀；停止用于非生产性用途的借款"，简而言之，清理战争融资。[5] 这是向后拿破仑时代原有的李嘉图方案的回归，也是所有政府一致的态度。

接着，1929年10月24日，华尔街崩盘，自工业革命以来最严重的一次萧条开始了。这是一场席卷全球的危机。农产品价格和工业产出下降以及失业增加来势汹汹，而在工业国家中，美国和德国受到的打击最为严重。在美国，产出下降了三分之一，失业率上升至四分之一。投资完全停滞。德国的工业产出下降了一半，失业人数上升至600万，失业率高达24%。英国受到的影响相对较小，因为它错过了20世纪20年代的繁荣，经济衰退的幅度要小得多（见图7）。经济下滑持续了三年，经济和政治体系遭受重创。欧洲大陆的主要受益者是法西斯主义。从1932年开始的复苏从未使经济恢复至完全健康的状态，1937—1938年，美国出现了一次更为迅速的崩溃。只有另外一次世界大战的爆发，才使得两个主要的西方民主国家恢复了充分就业。

大萧条开启了一段尝试各种思想和政策实验的时期。其中，最成功的就是凯恩斯主义经济学。

大卫·莱德勒（David Laidler）指出，很多人参与"编造"了凯恩斯主义革命。[6] 从某种角度来讲，这是一场货币政策革命，包括放弃金本位。从另外一个角度来看，这也是一场财政政策革命，包括放弃平衡预算规则。自此以后，货币政策要服从于政府维持充

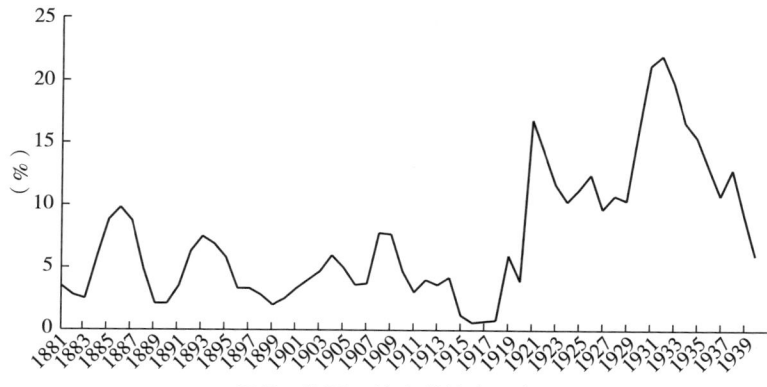

图 7 英国二战之前的失业率

注：在两次世界大战间隔期，失业数字只涵盖那些拥有国民失业保险的工人，失业率的数值明显高于失业人数占劳动力的比例，这里的劳动力包括没有纳入保险的农业就业和家政就业人员。比如，Feinstein（1972）的表 58 给出的 1932 年的数字为 17%，而本图中的数字为 22.1%。1920 年之前的数字基于工会成员中失业人员的反馈信息，这可能也要高于总体的失业率。1870 年至 1999 年具有一致性的失业数据，参见 Boyer and Hatton（2002，p. 667）。

资料来源：Denman and McDonald（1996）。图为作者自制。

分就业的首要责任。这场革命被正确地冠以凯恩斯的名字，因为只有凯恩斯令人信服地解释了持续的大规模失业的原因。他之所以能够做到这一点，是因为提供了另外一个理论，以取代当时占统治地位的价格调整理论，并提供了具有可操作性的政策，以防止经济崩溃或者使经济从崩溃中复苏过来。对政策制定者来说，凯恩斯提供的"数量调整"这一替代方案是一个长期过程还是短期过程，并不太重要，重要的是这意味着大规模失业有可能持续很长时间，并危及社会秩序。

第5章
凯恩斯干预

中央银行应动用所有资源，以防止价格水平在任何方向上的波动超过一定的百分比……就如同战前他们动用了所有资源来阻止黄金价格的波动。

——约翰·梅纳德·凯恩斯（1923）[1]

事实上，国家借款和国家支出只能创造很少的额外就业，对永久性就业则是毫无帮助，这是一个普遍规律。

——温斯顿·丘吉尔（1928）[2]

对于任何新提议，人们能做的就是表明有一些理论证据证明它可能是有效的，然后……进行实验，看看它实际效果如何。

——约翰·梅纳德·凯恩斯（1924）[3]

货币的麻烦

在一战之前，费雪和维克塞尔等货币改革者曾敦促各国中央银行应该有意识地运用货币政策来稳定价格水平，而不仅仅是作为国际黄金流动的自动传输器。对金本位的"管理"已经开始，但是并没有走得太远。战争中的民主革新，包括扩大选举权和工会对工资的控制，增加了这一任务的紧迫性。随着工业经济体失去"弹性",国家需要一种更具弹性的货币。

一旦由于一些社会原因,货币政策被视为一种缓解经济波动的审慎做法,那么货币理论中所有悬而未决的问题都将重新浮出水面。货币供给是外生的还是内生的?从货币到价格的传导机制是什么?中央银行的任务是控制货币还是信贷?物价稳定与汇率稳定有可能同时实现吗?与19世纪温和的调整大不相同,讨论这些问题时价格出现了剧烈波动,一些国家在经历了战后恶性通胀之后,出现了价格暴跌。

约翰·梅纳德·凯恩斯和埃德温·坎南(Edwin Cannan)就战时和战后通胀的原因展开了争论,再现了19世纪早期通货学派与银行学派的争论。坎南是伦敦经济学院的一位经济学教授,他否认银行创造了货币。在他看来,银行只不过是衣帽寄存处的服务员,为存在那里的货币开出凭证。是中央银行创造了"额外"的货币。因此,阻止通胀的问题可以归结为限制中央银行发行纸币。坎南在其1919年首次出版的《纸币英镑》(*The Paper Pound*)一书中发表了类似的观点,他写道:"烧掉你的纸币,一直烧,直到它能买到与过去一样多的黄金!"[4]

凯恩斯重新表述了货币信用论。银行创造存款,以满足"交易需求"。因此,货币不可能出现"过度供给"。像坎南这样的传统理论家声称,货币扩张之后才会出现信贷扩张。但是,凯恩斯写道,在一个拥有发达的银行体系的现代社会中,纸币扩张"通常只是一个漫长的信贷创造过程的最后阶段"。在信贷扩张以后,通过抑制纸币数量的增加来扭转信贷扩张的趋势,只会使大量企业破产,"在过去坎南教授的学说仍然占上风的时候,这种事情经常发生"。控制信贷而非控制货币,才是稳定价格乃至稳定经济的关键。[5]

如何控制信贷？在《货币改革论》（*Tract on Monetary Reform*，1923）一书中，凯恩斯给出了如下等式[6]：

$$n=p(k+rk')$$

其中 n 是纸币，p 是生活成本指数，k 是在银行以外，人们以现金形式持有的实际购买力的数量[7]，k' 是银行存款的金额，r 是这些存款以银行准备金形式持有的比例，即银行准备金与负债之比。在均衡状态下，k 和 k' 及各自的流通速度是稳定的，但是当商业环境发生变化时，央行的任务就是有意识地改变 n 和 r，从而抵消 k 和 k' 的变化。简而言之，英格兰银行需要改变高能货币的存量，以抵消信贷供给和信贷需求的变化。预期管理在凯恩斯的货币政策方案中扮演着关键角色。央行必须建立一种可信的预期，即与一种标准的综合商品价格相比，价格水平的波动幅度不会超过特定的比例。[8] 由此传达的信息十分明确：要控制货币，就必须控制人们对未来价格的预期。正如我们将会看到的，这就是20世纪90年代采用的通胀目标制的基本原理。

正如费雪和维克塞尔等前辈一样，凯恩斯也遇到了金本位的问题。央行利率可以用来稳定国内物价或者汇率，但是无法两者兼顾。不出所料，凯恩斯谴责金本位是"野蛮的遗迹"，阻碍了"科学的货币政策"实现有益的目标。[9]

在教科书中，一个国家的货币存量与其银行体系中黄金储备的比例是固定的，随着黄金流入和流出本国，货币存量会增加或者减少。在某种程度上，保持国内价格相对稳定的问题已经被中央银行对黄金变动的灵活应对克服了，但这主要是由于英镑在国际支付体系中的霸主地位。然而，在一战以后，由于"英国缺乏能力而美国缺乏意愿"承担这些责任，这一体系变得动荡不安。[10]

由于战时通胀，英国政府于1919年暂停货币与黄金的兑换，这是自 1797 年以来的第一次。价格飞涨，汇率暴跌。1920 年，央行利率被提高至 7%，以遏制通胀的猛涨，在当时的情况下，这是一项合理的举措。但是，在随后一年半的时间，在价格、产出和就业暴跌的情况下，为了按照原来英镑兑美元的汇率恢复货币的可兑换，央行利率仍被维持在这一惩罚性水平上。这就是第 2 章第 6 节所讲的坎利夫调整机制，它不仅被用于消除通胀，还用于使英镑对应的黄金价值恢复至原来的水平，这与洛克和李嘉图的观点相呼应。

依据货币改革者的思想原则，凯恩斯抨击了迫使英镑升值的目标，但无济于事。政策制定者的目标是尽快使屡试不爽的反通胀之"锚"恢复原位。德国在 1924 年、英国在 1925 年、法国和意大利在 1927 年重新恢复金本位。

凯恩斯的《货币论》(*Treatise on Money*，1930) 明显受到了维克塞尔的影响。[11] 经济周期或者凯恩斯所谓的信贷周期，是由市场利率偏离自然利率导致的，这等同于储蓄偏离了投资。凯恩斯现在提出了一种控制信贷周期的"双重方法"，即传统的改变利率和新的公开市场操作。央行利率决定短期利率；但为了在市场上执行官方利率，需要直接调控利率的期限结构。通过买卖证券，也就是公开市场操作，央行可以改变成员银行持有的准备金数量，这些准备金构成了信贷的基础。凯恩斯在 1931 年写道：

> 通过联合运用央行利率政策和公开市场操作，央行可以自由控制其货币体系中的现金和准备金数量……它不仅能控制信贷规模，还能控制投资利率、物价水平以及长期收入水平，只要央行设定的目标符合其法律职责，比如与维持黄金可兑换性或者外汇平价有关的内容。[12]

由此可见，凯恩斯对货币信用理论的支持是有限的。为了使公开市场操作具有可行性，他需要基础货币这种外生的货币。在现代货币体系中，纸币代替了金币，中央银行只是"科学地"履行金本位的职责。简而言之，凯恩斯并没有完全放弃货币数量论。

不幸的是，英国没有条件尝试货币改革者的这些想法。以高估的兑换率将英镑与黄金重新挂钩，这一错误政策导致了低就业陷阱。凯恩斯写道，在所有可能的状况中最糟糕的是：

> 收入有向上变动的自然趋势，但是，由于黄金相对短缺，货币的变化趋势是向下的，因此……这会导致使工资水平发生变化的长期需求，这些变化不仅要抵消收入的自然变化，而且要使之发生逆转。然而，我们今天拥有的可能就是这种体系。[13]

从1925年至1929年，凯恩斯在金本位的约束下努力寻找缓解失业的方法，包括抑制资本流出、公共投资计划以及协调一致地削减货币工资。但是，在金本位的"牢笼"中，行动空间是有限的。

由于不必担心国际收支平衡，美国是唯一有条件尝试货币改革者的想法的国家。它的经常账户盈余为财政部的"保险柜"诺克斯堡（Fort Knox）带来了稳定的黄金储备。通过"冲销"或窖藏这些流入的黄金，1913年成立的美联储可以阻止因黄金流入导致的国内价格上涨，从而将美元的国内价值与黄金的价值隔离开来。

在凯恩斯的影响下，美联储赞同所谓的"准备金头寸理论"。这一理论认为，中央银行增加公开市场投资首先会导致成员银行的准备金增加。因此，通过注入或提取现金准备金，美联储能够改变成员银行的准备金数量，从而使其降低或提高贷款利率。保罗·沃伯格（Paul Warburg）在1923年解释说，这将使美联储能够"对经济体系发挥强有力的调节作用"。[14]

从1923年至1928年，公开市场操作在充分就业的情况下维持了物价的稳定，这被认为成功地证明了美联储理事会，特别是美联储主席本杰明·斯特朗（Benjamin Strong）推行的"科学的"货币政策是行之有效的。然而，冲销黄金流入的一个不太引人注意的后果是，它阻碍了大卫·休谟的物价—现金流动机制。美元逐渐被低估，法国法郎也是如此。1927年，法国法郎以比英镑大得多的折价被低估，从而稳定了法郎兑黄金的汇率。至1929年，这两个黄金"窖藏者"掌握了世界60%的黄金货币储备，这对实行金本位的其他国家施加了贬值压力，美国对德国和拉丁美洲的贷款以及法国对东欧的贷款，只是部分缓解了这种压力。

1929年，由于美联储未能阻止美国经济的崩溃，这一成就灰飞烟灭。在同年10月23日华尔街股市崩盘之后，美国的产出、就业和货币供给大幅下降。世界经济很快就不得不在工业革命以来最严重的萧条中蹒跚而行。

关于1929年崩溃的原因，一直存在很多争论。弗里德里希·哈耶克声称，这是美国信贷创造过度导致的结果。根据他的解释，货币改革者高度赞扬20世纪20年代中期的价格稳定，但这是通胀的指标，而不是均衡的指标，因为生产率提高自然会导致价格水平下降。阻止通胀猛涨的唯一安全途径是强制银行对存款持有100%的准备金，而不是央行的政策，但这样做势必会导致价格暴跌。"过度的信贷创造"成了奥地利学派对1929年经济崩溃的标准解释。这种观点在解释2008年金融危机的原因时再次浮出水面。

凯恩斯提出的另外一种解释是，美联储在 1928 年 1 月错误地将贴现率从 3.5% 提高至 5%，这导致了一次健康的投资热潮突然消退。这也使他始终反对使用"高利率"作为控制泡沫的手段。[15]

据说约瑟夫·熊彼特曾经说过："不要浪费任何一次经济衰退。"根据奥地利学派的分析，经济衰退让人们有机会将"投资不当"的生产要素重新配置到有效率的用途上。因此，不要人为地阻碍衰退，直至其完成自己的任务。那些尊重常识而非迷信经济理论的经济学家，否定了摧毁当前的经济并以正确的比例进行重建的激进疗法。米尔顿·弗里德曼继承了 20 世纪 20 年代货币改革者的观点，他后来宣称，美联储能够也应该尽其所能扩大公开市场操作，也就是购买政府债券，以摆脱流动性偏好陷阱，进而防止经济滑向大萧条。在实践中，大规模的公开市场操作直到 1932 年才开始。

在《大收缩》(*The Great Contraction*, 1965) 一书中，弗里德曼和施瓦茨写道：

> 在那些年，货币数量急剧下降，并且爆发了空前严重的银行恐慌……这并不能说明美联储缺乏阻止其发生的能力。在整个经济紧缩期间，美联储有足够的力量来缩短货币紧缩和银行崩溃的悲惨过程。如果它在 1930 年末，甚至在 1931 年初或年中，有效地运用这些能力，严重的流动性危机……几乎是能够避免的，也能够阻止货币存量的下降，或者使其增加到任何想要的水平。这样的行动本可以缓解收缩的严重程度，很可能使收缩结束的时间大为提前。[16]

弗里德曼和施瓦茨将货币的崩溃归咎于乔治·哈里森（George

Harrison）领导不力，他接替本杰明·斯特朗出任纽约联邦储备银行行长。他们的结论对 2008 年执掌央行的人产生了巨大影响，尤其是在 2007—2008 年危机时担任美联储主席的本·伯南克（Ben Bernanke）。根据蒂姆·康登的观点，"对大衰退的货币解释主要基于如下命题：在 2008 年和 2009 年最糟糕的几个季度出现的经济活动崩溃，是货币数量或者货币增长率急剧下降导致的"。[17]

当时，凯恩斯赞同弗里德曼的回顾性分析。1930 年，他提倡"激进的公开市场操作"，即只要有必要就一直购买政府证券，以满足公众囤积货币的欲望。[18] 这一倡议的前提是，中央银行有能力不受限制地扩大货币数量。但是，凯恩斯不久就发现，英格兰银行从未像货币改革者那样，坚信它可以随心所欲地控制信贷数量。

弗里德曼写道："美国的货币数量……下降，并非因为没有人愿意借款，也就是说不是因为马不肯饮水，而是因为美联储迫使或者说允许基础货币急剧收缩。"[19] 批评者指出，基础货币，也就是公众持有的货币加上银行体系的准备金，在这一时期增加了 10%，然而包括由贷款而形成的存款在内的广义货币却减少了 33%。因此，这很可能是"因为贷款需求不足，即马不肯饮水"。[20]

这场争论并没有平息。莱德勒认为，美联储没有向金融体系注入足够的现金，以抵消流动性偏好增强的影响。相反，克鲁格曼认为，任何额外注入的现金也不过就是增加账户上的余额而已。[21] 这一论点将在 21 世纪前十年再次浮现。人们同样信心满满地认为，由于"科学的"货币政策使得通胀在大缓和时期保持在低位，因此它可以提高通胀率，以抵消 2008—2009 年经济崩溃的影响。

财政政策的问题

一战不仅挑战了有关货币政策的传统观点,也挑战了维多利亚时代的最小政府理念。这两者是相互关联的,稳健的财政是维持稳健货币的必要条件。受战争影响,国家支出、财政赤字、通胀和国债都上升到拿破仑战争以来从未见过的高度。按照维多利亚时代的观点,它们似乎反映的是总体失序的不同侧面。

国家的这种"非自愿"扩张最初被认为是战时的反常现象。但是,增加的社会保障显然会继续存在。在一战以后,尽管英国削减了军费支出,但是在20世纪20年代,中央政府支出占GDP的25%,几乎是战前的两倍。这意味着政府的财政收支对经济产生了更大的影响,无论是好是坏。然而,尽管预算增加了,但是各国政府仍然认为预算应该保持平衡,这包括拨出一大笔资金来偿还因战争而大幅膨胀的国债。偿还债务的利息和偿债基金占预算的30%以上。平衡预算的拥护者认为,只有让新支出的提倡者直面依靠税收筹集资金的必要性,才能遏制公共支出势不可挡的增长。

英国的经济状况使得维持这种做法越来越困难。在一战以前,英国习惯于5%左右的"正常"失业率,在两次世界大战间隔期,有保险的工人平均失业率为10%。雪上加霜的是,这一时期还经历了1921—1922年、1929—1932年和1937—1938年三次周期性衰退。主要的失业是结构性的,原因是英国一些重要的商品出口下降了,比如煤炭、纺织品、金属和造船业等,而新产品无法在国际市场站稳脚跟。无论如何,结构性调整都会出现严重问题。但是,脆弱的经济同时遭遇了供需两方面的冲击。从1919年到1922年,单位劳动成本出现了大幅上升,并且从未恢复至原来的水平;为了恢复并维持金本位而实施的通缩政策抑制了总需求。如果采纳凯恩斯提出的低利率和有管理的汇率政策，结构性调整原本会更容易一些，但是在两次世界大战间隔期的大部分时间里，非正常的失业被认为是一个很快就会消失的周期性问题。最受推崇的政策是消除经济调整的障碍，比如战争债务和赔款、关税以及过于慷慨的失业福利，后者妨碍了劳动力流动和工资的灵活调整。否则就需要采取紧急措施。

截至1921年6月，英国有220万人失业，失业率高达22%，预算赤字为GDP的7%，达到了截至当时和平时期创纪录的水平。劳合·乔治联合政府成立了内阁失业问题委员会，这一委员会提出了几项增加公共开支的建议。尤其引人注目的一项建议是，1921年12月印度事务大臣埃德温·蒙塔古爵士（Sir Edwin Montagu）提出，政府应该减少所得税以有意识地实现预算赤字，他还预期，随着减税措施使经济得以复苏，政府收入将会增加，政府的借款需求也将随之下降。[22] 劳合·乔治本人更倾向于投资大型公共工程项目；这些将被计作资本支出，因此不会影响财政大臣当前的支出预算。所谓的"财政部观点"就是反对这些被认为缺乏远见的计划。在给内阁失业问题委员会的一份说明中，财政部财务总监奥托·尼迈耶爵士（Sir Otto Niemeyer）将失业的原因归结为过高的工资成本，而非需求不足。"英国工业的收入不足以支付目前的工资数量。因此，如果要维持目前的工资，就会有一定比例的人口没有工资，其实际表现就是失业。"尼迈耶还警告说，任何额外借款都有"很大一部分"只是转移了资金的用途，而这些资金原本"很快"就会被私人企业使用。[23]

这些观点占了上风。在既要削减税收又要保持预算平衡的巨大压力下，政府于1921年任命埃里克·格迪斯爵士（Sir Eric Geddes）领导一个委员会，负责每年额外节省1亿英镑，这相当于今天的 30 多亿英镑。由于实施了所谓的"格迪斯斧头"（Geddes Axe）政策，政府在接下来的五年中大幅削减开支，从而使本就脆弱的经济雪上加霜。[24] 新任财政大臣斯坦利·鲍德温（Stanley Baldwin）为"斧头"政策进行了辩护，他反复解释说，"用于政府目的的钱就是从贸易中拿走的钱，因此，政府借款会抑制贸易并增加失业"。[25] 但是，与"格迪斯斧头"的初衷相反，削减政府开支由于导致了经济萧条，反而增加了政府债务，使其从 1919 年占 GDP 的 135%上升至 1923 年的 180%。一年之后，经济复苏，但是在 20 世纪 20 年代的其余年份，再未达到接近充分就业的水平。以当时的标准来看，预算平衡从未恢复，因为偿债基金不是被削减，就是被暂停使用。[26] 2008 年金融危机之后，这种令人沮丧的局面再次出现。

但是，预算平衡意味着什么呢？在 20 世纪 20 年代，面对财政收入停滞和社会支出增加，实现预算平衡的困难导致了预算外支出的增加。地方当局和准政府机构为住房、电话、道路和其他公共设施服务而借款。还有失业保险基金，在正常时期本应实现平衡。这些预算外支出并不记为赤字的一部分，财政部集中精力平衡的预算是当前的支出预算。至少在 1935 年之前，财政部批准地方当局和公共事业部门借款的条件是投资的资金回报应该足以支付贷款的利息和本金，因此不会增加国家债务。直到 1968 年，公共部门净借款才公之于众。因此，真正的问题不在于是否应该出现预算赤字，而在于中央政府预算之外的借贷会对经济产生何种影响。这就是劳合·乔治 1929 年的"承诺"提出的问题。

在 1929 年大选的筹备阶段，自由党领袖劳合·乔治承诺，自由党政府（当时执政的是保守党政府）将借款 2.5 亿英镑，用于一项为期三年的基础设施开发计划。他声称，这将在"一年时间内"将失业率降至正常水平,也就是消除当时所谓的非正常失业。这笔借款是预算外资金,大部分来自道路基金,以其 2 500 万英镑的收入筹借 1.45 亿英镑。大部分道路项目和相关的土地利用改善不会产生直接的资金回报,但是,每年机动车辆税为道路基金带来的收入增加将足以"支付贷款的利息和偿债基金"。[27] 凯恩斯和同为经济学家的同事休伯特·亨德森(Hubert Henderson)撰写了一篇热情洋溢的支持文章,题为《劳合·乔治能做到吗?》。[28] 他们认为,增加的支出将创造"一波日益增强的繁荣"。保守党的财政大臣温斯顿·丘吉尔向财政部寻求建议。他认为劳合·乔治和凯恩斯的建议很有道理。

为了反驳扩张主义的论点,财政部重新拾起一篇差不多已被遗忘的文章,这是由其唯一的职业经济学家拉尔夫·霍特里(Ralph Hawtrey)于 1925 年撰写的。[29] 有人认为霍特里将财政部反对浪费性政府支出的传统偏见凝练为正式的"财政部观点"。1913 年,他像李嘉图一样清晰地表述了李嘉图学说的部分内容,即"政府为了国家支出而借款的行为是从投资市场的储蓄中抽取资金,而这些资金原本可以用来创造资本"。[30] 这在当时被剑桥大学政治经济学教授阿瑟·庇古(Arthur Pigou)等权威斥为"谬论"。庇古断言,在萧条时期,资本处于闲置状态。[31]

1925 年,霍特里进行了更细致的说明,他声称政府借入"真正的储蓄"将会挤出等量的私人投资。[32] 政府只能通过"通胀"或者说扩大货币数量来创造额外的就业机会,因为这将为银行创造额外的"储蓄",允许银行增加对私人的信贷。但是在这种情况下,至关重要的是货币扩张,公共工程只是一种"仪式"。[33] 根据霍特里的建议,财政部向鲍德温政府提供了对劳合·乔治所提建议的标准回应:"我们必须要么利用现有的货币,要么创造新的货币。"国家在公共工程上的支出要么占用私人部门的资源，要么导致通胀。通过坚守金本位，可以消除通胀。经过适当的准备，财政大臣将劳合·乔治的计划贬得一文不值，他说：

> 财政部的正统观点认为……当政府在货币市场上借款时，它就成为产业的新竞争对手，并将原本由私人企业使用的资源挪为己用，在这一过程中，对所有需要资金的个体来说，资金成本都提高了。[34]

霍特里的两种说法都是不正确的。如果私人资本处于闲置状态（穆勒甚至萨伊都认为有可能发生这种情形），政府的额外借款既不会产生通胀，也不会将"储蓄"从现有用途中转移出来。然而，财政部采纳了关于萨伊定律的最严苛的李嘉图版本，即使在当时的正统经济学家看来，该定律也很难成立。

劳合·乔治的计划能将失业率降至"正常"水平吗？争论的焦点转变为所谓的财政乘数的大小，即政府支出的增加与国民收入相应的变化之间的比例。对此有两种观点。一种观点认为，政府额外增加的支出将进入工人、承包商和供应商等人的口袋，这些人将继续花掉这些额外收入，从而使最初注入的资金产生"倍增"效果。另一种观点认为，政府支出可能只是取代、抑制或以其他方式"挤出"私人支出，从而抵消其自身的影响，尤其是在经济已经满负荷运转的情况下。在这种情况下，乘数将是零；如果政府支出引发了信任危机，乘数甚至可能是负的。

乘数到底多大？在1929年，无人知晓。凯恩斯在1933年写道，当时对乘数最现实的估计是2。政府每花费一英镑，总产出就会增加两英镑。[35]但是，此时经济陷入衰退已有四年之久，失业率已经激增。1929年的乘数可能更低一些，不过仍会是正值。劳合·乔治的2.5亿英镑很可能在当时创造出50万个额外的工作岗位，足以缓解世界经济萧条的影响。

尼古拉斯·克拉夫茨和特伦斯·米尔斯（Terence Mills）否认了这一点，他们估计20世纪30年代末政府支出的乘数为0.3～0.8，远低于此前的估计值。[36] 他们承认自己的结论"依赖于模型的设定"。该模型的一个关键假设是，经济行为的特征是"前瞻性家庭的最优化行为"，这些家庭"通常预期随着政府支出的增加，消费者的支出将会下降，而不是增加"，他们考虑的支出冲击是宣布一项大规模军备重整计划。由于假定这些前瞻性家庭拥有正确的经济模型，他们将按照自己的预期增加储蓄，从而产生上述预测结果。不可否认，财政乘数的大小在一定程度上取决于企业和家庭的反应。但是，很难相信在失业异常严重的地区实施公共投资计划，会像这两位作者所讲的那样毫无效果。诚然，在20世纪30年代，要想使经济大致恢复至充分就业状态，需要一项比劳合·乔治所设想的规模大得多的计划。但是这很难证明在当时某一特定时点，凯恩斯主义解决失业问题的方案不会奏效，另外也无法说明这一时点具体在什么时候。两位作者未能解释希特勒如何在1933年至1937年的四年时间里，成功地将德国的非正常失业率降至"正常"水平，并且德国当时的失业率远高于英国的水平（见图8）。[37]

1929年当选的工党少数派政府实施了劳合·乔治计划的一小部分，但是规模太小，无法显著减少不断上升的失业人数，然而，这足以使财政部感到恐慌。1929年12月，财政部新任财务总监理查德·霍普金斯爵士（Sir Richard Hopkins）反对为修建公路而借钱，他警告说："一条道路无论用处有多大，都不会给国家带来任何收入；它也不会为任何筹集的贷款提供利息和偿债基金。因此，根据历史悠久的公共财政原则，它应由财政收入来支付。"[38]

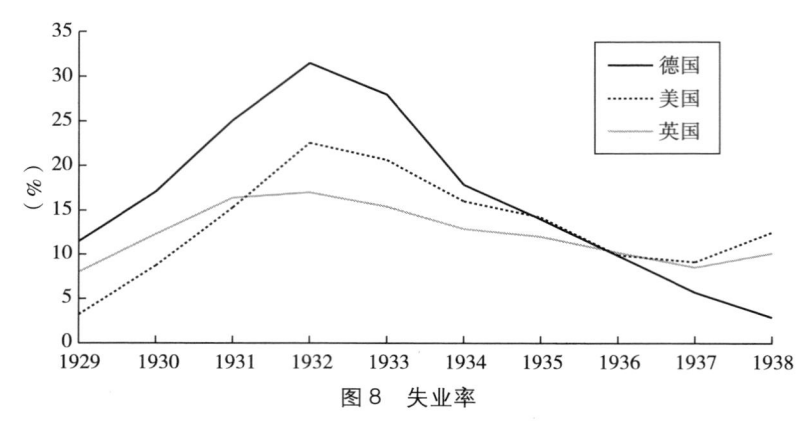

图 8 失业率

资料来源：Boyer and Hatton（2002，p.667）；Darby（1976，p.8）；Corbett（1991）。图由作者自制。

随着失业率由 1929 年的 10.4% 上升至 1931 年的接近 20%，经济萧条的加深使财政大臣菲利普·斯诺登（Philip Snowden）不得不面对日益增加的预算赤字。他任命五月委员会就财政紧缩事宜为其提供建议，该委员会报告说，政府在 1931—1932 年有可能面临 1.2 亿英镑的赤字，约占 GDP 的 2.5%。这包括失业保险基金可能出现的赤字。[39] 反对党保守党将赤字归咎于工党政府的铺张浪费，并要求削减"浪费性"的公共支出，尤其是失业福利方面的支出。工党坚持认为，预算缺口是由经济衰退造成的，并且少数党政府拒绝执行五月委员会建议的全面削减开支的计划。结果，拉姆齐·麦克唐纳（Ramsay MacDonald）首相及其财政大臣在 1931 年 8 月加入了保守党和自由党的国民政府，而工党则成了反对党。

由于 1931—1932 年的预期赤字被上调至 1.7 亿英镑，国民政府通过立法增加了 8 150 万英镑的税收，削减支出 7 000 万英镑，并留下了预计 1 850 万英镑的赤字。按照财政大臣斯诺登的说法，

"预算失衡被视为国家财政状况不稳定的症状之一"。这意味着政府不再试图偿还债务，也标志着金本位的终结。稳健的财政本应是为了维护人们对英镑的信心，但是政府采取的经济措施未能阻止投资者继续抛售英镑，因为伦敦金融城的商业银行被认为借入了短期贷款，然后向欧洲大陆破产和濒临破产的银行发放长期贷款。没有外国资金可以"拯救"伦敦金融城，将英镑兑换成黄金的义务于1931年9月21日暂停，此后再也没有恢复。货币政策从"黄金的桎梏"中解放出来。1932年，央行利率从6%降至2%。自由贸易政策也因同年的《进口关税法案》而被废除。这样一来，包括稳健的财政、稳健的货币和自由贸易在内的维多利亚时代金融模式的三大支柱都崩溃了，这并不是由于信念发生了改变，而是迫于极端事态的压力。

货币贬值、低息贷款和保护主义的共同作用导致了经济复苏。从1933年至1937年，经济复苏带来了预算平衡，但是失业率的下降却很缓慢，尽管这种情形主要局限于英格兰北部、威尔士和苏格兰。1935年，劳合·乔治继续努力，为一项大型公共工程项目造势。但是，保守党的财政大臣内维尔·张伯伦（Neville Chamberlain）固守正统观点，认为政府支出完全是一种浪费，拒绝向失业异常严重的"特殊地区"拨出大笔款项。1937年，财政部内部仍然担心借款可能会导致利率飙升。1937—1938年英国又发生了一次经济崩溃。在大萧条开始的10年后，依靠一笔为期5年的贷款提供资金，一项价值4亿英镑的军备重整计划最终使英国摆脱了半衰退状态，这项支出约占GDP的5%。对国家安全的威胁总是可以用来消除对赤字的担忧。由于希特勒四处施压，爱国的公民纷纷购买战争债券。

罗杰·米德尔顿（Roger Middleton）认为，平衡预算规则的

"坚韧不拔"是基于以下四个信念：

（1）"通常而言，所有生产要素必然会由私人企业来使用。"

（2）不平衡的预算，尤其是被用于"浪费性"的公共工程，将会削弱企业的信心。

（3）不平衡的预算可能引发通胀。

（4）国家债务意味着生产性企业的无谓损失。[40]

这些都是李嘉图的观点，乔治·奥斯本（George Osborne）领导的财政部在2010年秉持的观点几乎与此别无二致。然而，财政部在20世纪20年代中期实现预算盈余的能力，在很大程度上依赖于对账目的"粉饰"。1875年的《偿债基金法案》要求拨出事先计划的盈余来偿还国家债务。20世纪20年代的财政大臣通过操纵偿债基金的预估目标，能够在平衡预算规则的约束下满足对更多社会性支出的需求。预算共识"已经变成了一种无定形的混合物，是经常账户和资本账户的综合体，完全缺乏任何内在一致性或者实际的经济意义"。[41]

1931年，凯恩斯提出了一个新观点。他说："只要处理好失业问题，预算问题就能自然而然地解决。"

麦克米伦委员会

1929—1932年的大萧条标志着在政策制定领域前凯恩斯主义和后凯恩斯主义两个世界的分界线。凯恩斯被任命为麦克米伦金融与工业委员会成员之一，该委员会成立的目的是调查经济衰退加剧的原因。1930年5月，他对英格兰银行和财政部官员的质询，是新旧宏观经济政策理论之间的一次关键交锋。

麦克米伦委员会的听证会对凯恩斯思想的重要意义在于，它动摇了凯恩斯对货币政策的信念。在此之前，他一直认为货币政策是预防或修正信贷周期的关键；由于金本位的限制，财政政策仅是次优选择。现在，他的重点转向了财政政策，而货币政策只发挥辅助性作用。

令凯恩斯大为吃惊的是，英格兰银行的代表们毫不犹豫地否认该银行拥有控制信贷状况的力量，这与凯恩斯和其他货币改革者的观点相悖。时任英格兰银行行长蒙塔古·诺曼（Montagu Norman）宣称，央行利率只影响短期资金，对信贷总量几乎没有影响。另一位央行官员亨利·克莱（Henry Clay）对诺曼言简意赅的表述进行了细致的说明：

> 虽然健全的银行状况对信贷总量施加了限制，但是可以发现信贷源自商人，即那些为了一笔商业交易向银行寻求帮助者的行为，而信贷的基础就是这笔交易获得盈利的可能性。

凯恩斯反驳了央行官员沃尔特·斯图尔特（Walter Stewart）的观点，他说："你的意思是，信贷数量总是合适的，对吗？"斯图尔特质疑"银行信贷的扩张是价格和贸易活动的决定因素……因为除了购买商品，人们还可以用货币做很多事情。他们还可以持有货币"。凯恩斯补充道，这意味着为了降低长期利率，央行将不得不向金融体系注入资金，并且"满足窖藏者的需求"。对此，斯图尔特的回答是："我不认为银行信贷决定了长期利率。"凯恩斯承认当萧条太严重时，可能需要"负利率"才能引出窖藏的资金，但是在正常情况下，合理充裕的信贷供给就能做到这一点。斯图尔特坚持认为："只有当借款人看到了盈利前景并且能够偿还债务时，才能实现这一点。"凯恩斯不得不辩称，尽管信贷供给可能只是一个平衡因素，但它是最可控的因素。斯图尔特回应说："这可能是央行唯一能做的事；但是，我并不认为这是商人唯一能做的事情……我认为和以往一样，工资调整……要比银行家所能做的重要得多。"英格兰银行否认在没有其他援助的情况下，它能够将经济从衰退中拯救出来。[42] 在 2008 年 9 月的经济崩溃之后，在就量化宽松（QE）政策展开争论时，同样的问题以及辩论双方同样的论点再次出现。这就是经济科学的进步！

凯恩斯对货币疗法的信心动摇了，但是并没有彻底破灭。他仍然相信只要利率降低，一系列新的投资项目就会变得有利可图。但是他承认在降低利率方面，央行利率的力量不像自己原来认为的那样强大。"满足窖藏者的需求"这一想法很好，但是如果他们的胃口无论如何都无法满足，那又该如何呢？结果就是信贷政策走到了尽头。他在 1932 年写道：

> 现在的情况可能依然如此，即由于自己的亲身经历，贷款人失去了信心，他将继续要求企业进一步提高利率，而借款人根本没有指望能获得这么高的利润……如果实际情况确实如此，那么除了通过国家直接干预以促进和补贴新的投资，没有任何办法能够摆脱长期并且可能是无穷无尽的萧条状态。[43]

这段话标志着货币改革者的希望破灭了。并非货币控制了人们对经济的预期，而是对经济的预期控制了对货币的预期。在一场深度衰退中，仅仅管理有关未来价格水平的预期已经不够了；需要管理的是对未来产出和就业的预期，而这需要财政政策。

但是，对抗衰退的财政政策本身也存在障碍，那就是令人敬畏的理查德·霍普金斯爵士在麦克米伦委员会提出的财政部观点。凯恩斯认为自己了解财政部的观点，而且有能力反驳它。财政部曾经声称，由贷款支持的公共支出不能增加投资和就业，只会将它们从现有用途中转移出来。凯恩斯准备好了怎么反驳，他会说确实如此，然而只有在充分就业的条件下，这一点才会成立。但是霍普金斯已经想到了这一点。

霍普金斯告诉凯恩斯，财政部并不反对政府举债，它甚至没有说过所有的私人资本都被使用了。财政部反对的只是劳合·乔治提出的特定方案。这个计划绝不会像凯恩斯希望的那样，"开启一轮繁荣周期"，反而极有可能引发反对官僚体系的强烈呼声，资本也会逃离英国，以至于贷款"不得不以极高的利率发放"。在抗击衰退需要降低利率的情况下，劳合·乔治的计划难道不会阻碍利率下降吗？凯恩斯坚持认为，假设政府不是从公众那里借钱，而是从英格兰银行借钱，就不会如此。霍普金斯回答说："这太不可思议了。我认为以普通方式直接筹集大笔贷款会引起公众的负面情绪和恶劣影响，如果我的观点是正确的……那么我无法想象以通常所谓的直接通胀的方式来筹集资金会产生什么后果。"委员会主席麦克米伦勋爵总结道："我认为我们打了一个平手。"[44]

让我们暂时后撤一步。霍普金斯所做的就是召唤出保罗·克鲁格曼 2010 年所讲的"信心精灵"（confidence fairy）[45]：这种观点认为，预算赤字对经济的影响取决于商界的预期。更广泛地说，任何政策都必须考虑由此引发的心理反应。这就是说，一项政策的成功取决于商界人士头脑中的经济模型。如果他们认为政府的一项由贷款融资的投资计划将让事情变得更糟，他们的反应也将会使事情变得更糟。这并不是国家借款本身造成的影响，而是由于这种借款意味着对政府使用资金缺乏信心，因为借款将会导致私人资本出现"缺口"。

毫无疑问，凯恩斯受到了霍普金斯的"信心精灵"的干扰。经济衰退的经历本身并不足以解除原有信念的束缚。这只能求助于一种与之不同的经济模型。凯恩斯 1936 年的《通论》正是要创建这种与之不同的模型。

《就业、利息和货币通论》

凯恩斯在 1934 年 11 月 22 日的一封回信中写道，经济学家之间的分歧"深刻地影响了经济理论的基础"，他继续写道：

> 这种分歧发生在那些相信经济会自我调节的人和不相信经济会自我调节的人之间。那些相信这一点的人总是主张不干预，以便让经济因素自由发挥作用，使之进行自我调整……但是，正是因为分歧如此之深，在发展出一套新的经济理论并研究透彻之前，不可能说服对方。过去我们反对正统学派，更多凭借的是我们的洞察力和直觉，而不是因为我们准确地发现了他们的理论在哪些方面是错误的。[46]

凯恩斯写作《通论》就是为了准确地解释为什么古典理论是错误的。正是大萧条本身使他的批判拥有了极大的优势。他经过思考后发现，古典理论通过假定不存在需要解释的失业问题，把失业问题抽象掉了。

对于凯恩斯的观点，一个最简单、最容易理解，从而一般来讲也最容易接受的版本就是，他的论证表明在面对投资需求的"冲击"时，经济调整会表现为收入和产出的下降，从而导致"非充分就业均衡"。凯恩斯的模型最显著的特点是"数量调整，而不是价格调整"。在古典模型中，调整通常是指通过相对价格的变动，恢复至一个唯一的也是最优的均衡点。凯恩斯理论的新颖之处在于当储蓄意愿超过投资意愿时，唯一可能的调整方法就是通过改变总收入和总产出来实现均衡。收入下降会消除收入一开始处于均衡状态时存在的过剩储蓄，这会导致一种产出稳定的状况，但此时就业低于充分就业的水平。

尽管与古典均衡一样，在这个非充分就业均衡中，储蓄等于投资，但因果关系是相反的。在古典理论框架中，投资的数量是由家庭愿意牺牲当前消费以便在未来获得更多财富从而保留的实际资源数量来决定的。在凯恩斯的理论中，储蓄是投资的结果，而不是投资的原因。投资数量决定了收入水平，而收入水平又通过边际消费倾向决定储蓄的数量。

《通论》没有论及银行。对投资的冲击直接导致收入下降。但是凯恩斯明白，投资数量取决于投资的预期回报率与银行为其提供融资的成本之间的比较。前者就是他所谓的"资本边际效率"（marginal efficiency of capital，MEC），后者就是市场利率。投资会一直增加，直至资本边际效率与市场利率相等。如果利率是3%，没有人会为一台机器支付100英镑，除非在考虑成本和折旧的情况下，他预期自己的年度净产出可以增加3英镑。因此，在任何时期有多少新投资取决于那些决定预期收益率和市场利率的因素。在这里，凯恩斯区分了借款人的风险和贷款人的风险。借款人的风险"来自获得预期收益的不确定性"。但是，在任何一种借贷体系中，都必须考虑贷款人的风险，这来自违约的可能性。因此，由银行为投资者提供资金涉及双重风险，如果投资者用自己的钱冒险，就不会出现这种风险。信心受到冲击既会抑制银行的资金供给，也会抑制资金需求。然而，凯恩斯认为借款人风险预期的变化是解释投资波动的最重要的因素。正是借由资本边际效率，对未来的期望会影响现在；也正是由于资本边际效率依赖于期望的变化，这使它"容易出现……某种剧烈的波动"。[47]

在讨论萨伊定律时，凯恩斯谈到了他对经济崩溃的核心解释。保罗·克鲁格曼正确地指出推翻"萨伊定律"，即"供给创造自己的需求"，是《通论》的关键创新。"如果个人可以选择将货币囤积起来而不是用于购买商品和服务"，那么萨伊定律"充其量只是毫无意义的同义反复"。[48] 但是，"为什么并没有患精神病的人会想着用货币来储存财富呢？"凯恩斯问道。他的答案是投资会随着不确定性的上升而下降，而现金需求增加是不确定性上升的信号。[49]《通论》中的不确定性并不仅仅局限于货币价值发生变化的过渡时期，所有具有前瞻性特征的交易都存在不确定性。

在《通论》的第12章和1937年2月《经济学季刊》（*Quarterly Journal of Economics*）一篇题为《就业通论》（The General Theory of Employment）的文章中，凯恩斯对投资心理学进行了阐述，果断地推翻了新古典主义的理性模型，在该模型中，具有完美预见能力的行为人，通过投入当前资金以获得未来的收入流，能够准确计算自己面临的风险。由于投资者并不知道他们面临的风险，他们只是假装知道而已，当他们这种假装拥有的虚假信心消失时，投资就容易突然地急剧崩溃。"新的恐惧和希望将在毫无预兆的情况下支配人类的行为。幻想破灭的力量可能会突然迫使估值建立在一种新常规的基础之上。"[50] 由于投资决定于飘忽不定的"惯例"

和"动物精神",只有在"群情亢奋的时刻"才能实现充分就业。"因此,"凯恩斯写道,"如果动物精神萎靡不振,自发的乐观情绪摇摆不定,让我们只能依赖于渺茫的预期,企业将会衰落和死亡,尽管对损失的担心可能并不比以前对利润的期待更有根据。"[51]

凯恩斯用报纸选美比赛的例子来说明投资决策墨守成规的特征。在比赛中,获得大奖的那位读者并没有选择他认为面容最美的候选人,而是选择了他认为最有可能被其他人选中的候选人。我们认为客观的东西,会受困于相互影响的预期。然而,投机更像是维多利亚时代的室内纸牌游戏"老女佣"(Old Maid)。在这个游戏中,每个玩家的目标是避免在音乐停止时将"老女佣"纸牌留在手中,这是一张没有配对的纸牌。没人想要将糟糕的投资留在手中,但是没人知道音乐何时停止,因此,每个玩家的目标都是赚一笔就走人。[52]

人们很容易把凯恩斯所说的"惯例"和正统经济学所谓的基本面联系起来,将"动物精神"和非理性联系起来。按照这一观点,行为人的定价在平均值意义上是正确的,而偏差则意味着错误或者非理性。但这不是凯恩斯的观点。"惯例"和"动物精神"都是基于对交易的未来货币价值的不确定预期。在货币经济中,它们永远无法摆脱货币的流转,实现所谓的潜在的基本面。[53]

如果经济崩溃的特征是储蓄的供给超过了投资的需求,与正统理论一样,我们有理由预期,储蓄价格下降将使两者重新平衡或者说实现均衡,并且收入水平保持不变。储蓄价格就是贷放出去的储蓄所能获得的利率。家庭将减少一定的储蓄,增加消费;企业将利用较低的利率借入更多资金。凯恩斯有一个至关重要的洞见,那就是利率反映的是对货币的需求,而不是储蓄的供给。用凯恩斯的术语来讲,如果流动性偏好上升,就需要提高利率,才能诱使贷款人放弃货币，这会阻止利率下降到足以使投资恢复至实现充分就业的水平。正如凯恩斯解释的那样，利率"衡量的是拥有货币的人有多不愿意放弃对货币流动性的控制"，它能诱使人们不再"囤积货币"。[54] 因此，利率无法发挥新古典理论赋予它的那种实现均衡的作用。

在凯恩斯对货币作用的讨论中，他对货币本质的看法与本书第 1 章所讲的古典学派的"真实分析"截然相反。对于那些认为"货币是一层面纱"的人来说，不可能存在流动性偏好这种东西，也不可能存在对货币本身的渴望，而这种渴望与对货币所能购买的商品的渴望截然不同。但在凯恩斯看来，货币的"重要属性"首先是一种将现在与未来联系起来的微妙手段。[55] 人们存储货币而不是将其花掉，是因为他们认为未来是不确定的，并把存钱当作应对不确定的保障措施。如果未来完全是已知的，那么除了心理或神经方面的原因，人们没有理由持有货币，甚至根本就不需要货币。从这种关于货币的观点可以看出，金融机构的作用并不是在储蓄者和投资者之间充当中介，而是在需要时以一定的价格提供流动性。在凯恩斯的理论中，利率是流动性的价格，而不是储蓄的价格。

凯恩斯还解释了为什么弹性货币工资不能维持充分就业。在正统理论中，假定劳动力的价格和其他任何物品的价格一样，都是随需求变化而波动的。古典经济学家认为，劳动力的需求曲线就像苹果的需求曲线一样，是向下倾斜的，价格越低，销量就越大。因此，失业可以用"黏性"工资来解释：劳动者拒绝根据新形势来调整自己的工资要求，或者调整过于缓慢。然而工资并不总是"黏性"的。1929 年至 1932 年，美国的货币工资下降了 33.6%，但是失业一直在增加。凯恩斯评论说："断言美国的失业是由于……劳动者顽固地拒绝削减货币工资，这不太可信。"[56] 古典经济学认为如果工资下降，就业就会增加，这里的工资指的是实际工资（W/P），即名义工资除以价格水平。但工人是针对货币工资而不是实际工资来讨价还价的。在经济衰退时期，他们无法通过接受货币工资的下降来降低整体的实际工资，因为货币工资的全面下降会使物价"几乎同比例"地下降，这会使实际工资保持不变，从而使该工资水平下的剩余劳动力也保持不变。[57] 除非雇主有理由相信，货币工资的降低会导致物价水平的上升，否则他们就没有理由提供额外的就业机会。[58] 这一论点有一个漏洞，因为总体价格水平的下降会增加持有现金的价值（M/P），即货币除以价格水平，这至少在一定程度上可以抵消货币工资下降的负面效应。正如我们将会看到的，非凯恩斯主义者可以利用凯恩斯分析中的这一缺陷来恢复新古典理论工资调整故事的逻辑完整性。留给凯恩斯主义者的是一个"黏性工资"的故事，这当然足以证明凯恩斯主义采用增加货币需求的短期政策是合理的，但这就使得新古典理论可以继续断言，只要货币工资是完全灵活的，经济就总是可以自动地从冲击中恢复过来。[59]

凯恩斯并没有批判传统经济学的全部内容，他只是想填补他所讲的"曼彻斯特体系"的"空白"。他写道：

> 如果我们假设产量是给定的，也就是说像古典思想认为的那样由外生因素决定，那么我们就不会反对古典经济学对以下问题的分析，即个人自利将决定特定产品的生产方式、生产要素将以何种比例共同来生产这些产品，以及最终产品的价值将如何在它们之间分配。同样，如果我们以另一种方式处理节俭问题，那么就不会就完全竞争和不完全竞争条件

下的公共利益和私人利益之间的协调程度这一问题，对现代古典理论有任何异议。因此，除了有必要通过中央控制来调节消费倾向和投资动机之间的关系，与以往相比，并没有更多的理由将经济生活社会化。[60]

这段话需要更多地联系上下文来考虑。凯恩斯并没有将现代古典经济学或者说新古典经济学与自由放任混为一谈。他含蓄地承认在这部分文献中可以找到一些将经济生活"社会化"的论点，这与存在不完全竞争和公共品有关；不过这些论点并不是他关心的，因为这与他关心的问题无关，他关心的是持续存在的大规模失业。

虽然凯恩斯对新古典经济学做出了让步，但是他的支持者们并不买账。罗伊·哈罗德（Roy Harrod）等经济学家希望调和凯恩斯理论与新古典主义理论，他们试图说服凯恩斯，两者的重要区别在于收入调整和价格调整的相对速度和力度。凯恩斯坚持自己的观点，认为价格调整无论多么无力和缓慢，都不可能在任何合理的时间内使一个受到冲击的经济体恢复充分就业。只有到了经济衰退的谷底，在收入调整发挥作用之后，相对价格才开始变化，尽管幅度有限。在《通论》出版引发的争论中，他以讽刺的口吻说道："我惊讶地得知，我们的前辈相信在其他条件相同的情况下，储蓄意愿的增强会导致就业和收入的衰退，而在目前这种情况下只会导致利率的下降。"[61]

凯恩斯的经济学深深植根于他的道德观念。他坚决主张维持就业最大化，是因为他认为财富积累的速度越快，人们就能越早摆脱单调乏味或机械工作的负担，过上殷实的生活。他期待着有一天资本能够如此充裕，以致人们不再被迫"为了生计而奔波劳碌"。[62]

政策含义

凯恩斯称他的书为"通论",是因为他把不确定性视为一般情形,把拥有全部信息视为特例。因此,非充分就业并不是暂时偏离正常状态,而是一种常态,只是偶尔会被"群情亢奋的时刻"打断。经济政策的目标就是促使经济从一种如果放任自由就会自然趋向的低水平均衡,转向通过有意识的公共行动就可以实现的高水平均衡。只要总供给曲线不是完全无弹性的,政府就可以通过注入自主的需求,将经济推向更高水平的均衡。因此,《通论》标志着宏观经济政策的诞生,并且直至20世纪70年代,一直采用的都是这种政策。附录5.1建立了一个模型,将凯恩斯理论与古典理论的经济政策进行了比较。

要用什么工具来实现这种更优的均衡呢?在传统的宏观经济学中,政府可以通过货币政策、财政政策和汇率政策来影响经济活动的状况。由于作为货币改革者的过度期望落空了,凯恩斯不再将货币政策作为主要的经济调节工具。他现在怀疑货币当局是否有能力使利率降得足够低,并使价格升得足够高,以抵消流动性偏好明显上升的影响。然而货币政策在常规时期确实可以发挥作用,那就是将长期利率始终保持在较低的水平。出于这个原因,凯恩斯反对利用高利率来抑制繁荣。利率上升对收益率曲线造成的影响将很难逆转。

如果我们使人相信,那些保持其资源流动性的人可以不时地获得更优惠的条件,那么就不可能使长期利率保持在足够低的水平。长期利率必须始终尽可能地接近我们所认为的长期最优水平。它不适合作为短期工具来使用。[63]

在论证货币政策有能力对利率产生持续影响时,凯恩斯又回到了《货币改革论》和《货币论》的观点,尽管此时他认为货币政策的能力是有限的。货币数量论一直像幽灵一样存在于《通论》之中,正如凯恩斯的流动性偏好方程式所示:

$$M=L(Y, r)$$

假设货币需求(L)随着利率(r)和货币收入(Y)而变化,但是就像货币数量论一样,货币供给(M)是外生给定的。[64] 给定货币收入水平,利率会使现金的需求和现金的供给实现均衡。通过为储藏者提供货币,央行可以防止利率上升抑制投资。与大多数凯恩斯主义者不同,凯恩斯本人认为一些重要的投资种类,尤其是房地产,具有利率弹性或者说对利率很敏感。因此,他对由于1931年放弃金本位从而有可能实施的低息贷款政策表示欢迎,这一政策通过引发房地产繁荣,帮助英国走出了衰退。然而与货币改革者不同的是,他不相信仅凭低利率政策就足以使经济从衰退中完全复苏。从1932年至1937年,英国的实际利率为负,但是1937年的失业率仍然达到了10%。

尽管作为货币改革者的过往经历对凯恩斯仍有很大的影响,但是《通论》的主要政策含义是政府为了影响经济中的支出水平,最有力、最直接的方式是使用财政政策。财政政策的关键工具是乘数,凯恩斯在其著作的第10章中概括了乘数的逻辑。乘数按照惯例可以写为:

$$M=1/(1-MPC)$$

其中M是乘数的大小,MPC是边际消费倾向。

通过使用这一公式，政策制定者可以计算出为了保持充分就业，需要在支出的循环流转中注入或者撤出多少额外的支出。乘数理论是财政领域的"货币数量论"，在充分就业的情况下两者是等价的。对乘数的技术讨论参见附录5.2。

凯恩斯主张通过贷款融资支持公共支出以维持充分就业，他抛弃了在经济衰退时通过削减公共支出来平衡预算的传统政策，他写道：

> 认为增加就业的计划和平衡预算的计划之间存在一种两难困境，即由于担心损害后者，我们必须缓慢而谨慎地处理前者，这是完全错误的。除非增加国民收入，这在很大程度上相当于增加就业，否则不可能实现收支平衡。[65]

凯恩斯蔑视在赤字问题上的鹰派观点，这促使他写下了下面这段话：

> 奇怪的是，常识在竭力摆脱荒谬结论的同时，却倾向于认同贷款支出中属于完全浪费的项目，而不是部分浪费的项目，由于不是完全的浪费，所以往往要根据严格的商业标准来评判其优劣。例如，由贷款提供资金的失业救济，要比以低于当前利率的贷款提供资金的资本改良更容易被接受。像开采金矿一样在地面上挖洞的项目……虽然对这个世界的真正财富没有任何贡献……却是所有解决方案中最容易被接受的。
>
> 如果财政部在旧瓶子里装满钞票，把它们埋在废弃煤矿适当深度的地方，然后再用城镇垃圾将其填平，任由私人企

业……再把钞票挖出来……这样就不会再有失业，而且借助于由此产生的影响，整个社会的实际收入以及资本财富很可能会大大超出目前的实际水平。的确，建造房屋之类的东西会更加明智；但是，如果这样做存在政治和现实困难，上述建议总比什么都不做好。

……

古埃及拥有双重幸运，毫无疑问，它传说中的财富也是来源于此，因为它有两种活动，即建造金字塔和寻找贵金属，由于这些行动的成果不是为了通过消费来满足人类的需要，所以不会因数量太多而令人生厌。中世纪建造了教堂并唱起了挽歌。两座金字塔，两座为死者修建的庞然大物，带来的好处也是一座金字塔的两倍；但从伦敦到约克的两条铁路并非如此。因此，我们是如此明智，把自己训练得如此像谨慎的金融家，在为子孙后代建造住房供他们居住从而加重他们的"财务"负担之前，我们总是要深思熟虑，以至于没有那么容易摆脱失业的痛苦。[66]

凯恩斯在理论上有激进主义的倾向，在社会问题方面也是如此，这在标准的战后凯恩斯主义讨论中都被抹去了。凯恩斯认为需求不足是长期的，而且会变得越来越糟；因此，自由企业制度更长期的生存取决于财富和收入的再分配以及工作时间的减少。本书第 10 章和第 13 章将会重新回到这些问题。

在汇率政策方面，《通论》提供了一个含蓄而有力地反对金本位的论据。正如凯恩斯后来指出的那样，在金本位制度下，调整"对债务人来说是强制性的，而对债权人来说是自愿的……债务人必须借款；债权人则并无被迫放贷的情形"。[67] 这些黄金的桎梏阻碍了债务国的央行根据国内需求来设定利率。随着经济衰退加深，美国和法国等债权国的窖藏行为增加了，这阻碍了长期利率在全球范围内下跌，而这本可以帮助投资者重振"动物精神"。

1941年凯恩斯提出的国际清算联盟计划就是为了弥补这一缺陷。这一计划的本质在于不允许债权国将黄金埋在地下，也不允许债权国在放贷时收取过高的利率，相反，它们的盈余将通过国际清算银行形成的机制，成为债务国可以自动获得的廉价透支工具，而国际清算银行的储户就是联盟成员国的央行。债权国存在联盟的存款将被收取越来越高的利率；持续存在的余额将被转为储备基金直至消耗殆尽。凯恩斯解释说任何国家都不需要拥有信贷余额，"除非它故意希望卖出的东西比买入的或借出的东西更多"。[68] 因此，任何债权国都不会因积极利用其信贷余额而遭受损害。凯恩斯的长期目标是用他称为"班克尔"（bancor）的国际储备货币取代黄金。通过增加或减少班克尔的数量，国际清算银行的经理可以进行逆周期调节，并确保有足够多的全球货币用于贸易扩张。[69]

《通论》使经济学界分裂了。老一辈经济学家认为凯恩斯是错的，或者没有提出什么新观点。年轻的经济学家热切地接受了这一新学说，认为它提供了一种希望，可以在不求助于德国和苏联式独裁统治的情况下维持充分就业。

《通论》在思想史上的地位如何？答案是凯恩斯更像是一位古典经济学家，而不是一位新古典经济学家。他的兴趣是长期增长，并通过长期增长达到一种稳定状态，在这种状态下每个人都可以放弃痛苦的工作。他想尽快实现这一点，这就是为什么他如此渴望实现投资最大化。古典理论只在一个方面是错误的，即坚持储蓄最大化，而不是投资最大化，因为这一理论错误地认为前者是后者的原因。在修正了这一点以后，它成为有用的思想和政策指南。凯恩斯的模型确实是一个短期模型，但这并不是因为他只对短期稳定感兴趣。他希望在短期内投资处于实现充分就业的水平，以便更快地实现长期目标。

但是，凯恩斯的思想存在着严重的政治经济缺陷，批评者可以利用这一点来攻击凯恩斯主义体系。他的总收入和总产出流转与经济中任何行为人的决策无关。也就是说，这些宏观变量缺乏任何个人或阶级的微观行为基础。一方面，老一辈古典经济学家认为"非充分就业均衡"状态没有任何意义。确实，按照现行工资，工人不是总能得到他们想要的就业机会吗？如果他们拒绝就业，那是他们自己的选择。另一方面，马克思主义者指出，凯恩斯没有意识到资本家需要"产业后备军"来压低工资。从这两个角度来看，凯恩斯并没有抓住整个调整过程，而只是抓住了某一时刻静止的画面。人们需要让它持续运转，才能掌握经济体系完整的运行机制。

小结

凯恩斯主义革命的故事始于黄金在控制货币的战争中败下阵来。黄金要么太多，要么太少，从而导致通胀或者失业。20世纪20年代的货币改革者有一项崇高的目标。如果货币能够摆脱黄金的桎梏，并由独立的央行控制其发行，那么就总能有适量的货币来满足交易需求。就阻止政府"搞乱"货币供给而言，这个体系就像金本位一样有效。

货币改革者没有意识到的是，如果不保持经济活动的稳定，就无法控制货币供给，因为经济活动不稳定会引起货币流通速度的波动。凯恩斯在《通论》中非常清楚地指出了这一点，这仍是对2008—2009年金融危机之前的货币稳定政策以及随后的量化宽松政策最有力的批评。

古典经济学家认为充分就业是资本主义市场经济的自然状态。马克思主义者却认为失业是不可避免的。凯恩斯的伟大成就在于他证明了失业是可能的，但并非不可避免。通过开创宏观经济学，他使经济学对一个自由社会再次变得重要起来。

可以肯定的是，如果凯恩斯主义政策只是指政府支出的作用在于提供就业机会，那么无论是在凯恩斯生前还是在其身后，凯恩斯主义政策都是存在的。自政府成立以来，国家就一直在花钱并提供就业机会，其中大部分是出于战争目的。[70]

正如琼·罗宾逊评论的，在凯恩斯所处的时代，在凯恩斯充分解释失业存在的原因之前，希特勒就解决了德国的失业问题；罗斯福新政也可以冠以"凯恩斯主义"的名号。但是这些提供就业的项目，其动机来自政治而非经济。希特勒希望德国的生产能力得到充分利用，以为一场征服战争做准备。罗斯福的新政是实用主义和政治实验的典范。罗斯福的口才是当今任何领导人都无法企及的，正如他在1936年解释的：

> 在1933年、1934年或者1935年平衡我们的预算，将是对美国人民的犯罪……当美国人遭受苦难时，我们拒绝袖手旁观。人道主义是第一位的……
>
> 我们承认，在其他一切手段都失败之后，政府要承担起最后的责任，那就是在别人无钱可花的时候，政府要花钱。[71]

在这种情况下，公共工程项目没有得到任何说明其必要性的理论的支持；古典理论表明它们是不必要的和有害的。在凯恩斯之前，只有马克思主义有关于失业的理论。因此，凯恩斯的理论不仅推翻了已有的古典理论，也推翻了共产主义政治学。

当时的经济背景适合产生一种新的理论。20%甚至更严重的失业既需要学术界的关注，也需要政界的关注。马克思认为，资本主义需要有"产业后备军"，这将变得无法容忍，并导致资本主义的灭亡。但是，马克思未能察觉在他眼前发生的经济革命和技术革命的必然结果。正如罗威（Lowe）总结的，这些结果是：

> 政治权力向中产阶级的转移以及强大工会的崛起……能够让他们不断膨胀的愿望在一个选举权不断扩大的制度中被感知……这不仅使现代政府的精神民主化，而且创造了新的关键行政部门，使得政治力量逐渐控制了经济。[72]

简而言之，马克思忽略了企业、劳工和政府之间的社会力量更加平衡，这使得革命并没有发生。与此同时，企业阶层也失去了促使实际工资下降的能力，而这一点被认为是其实现持续盈利的必要条件。结果，大规模失业成为发达国家特有的弊病。这是凯恩斯从非充分就业均衡的角度分析经济问题能够具有吸引力的背景。凯恩斯的理论承诺通过动用国家的经济力量来打破社会的停滞。资本和劳动力都将从消除非充分就业中获益。虽然凯恩斯的理论削弱了实行国家社会主义的理由，但是它为政府管理宏观经济开辟了道路，以确保至少能够实现次优均衡。

凯恩斯的理论也动摇了法西斯主义的主张。它在这方面的政治影响很少受到关注，因为很少有人费心去研究法西斯的意识形态。法西斯主义区分了"好的"资本主义和"坏的"资本主义，这大致相当于国家工业资本主义和国际金融资本主义之间的区别。

它对国际金融的攻击是一种或明或暗的反犹太主义。凯恩斯主义思想为这种政治思想提供了一剂解药，也就是说为将银行业置于国家控制之下提供了合理的理由。然而，很少有人停下来思考20世纪80年代和90年代将金融从国家监管中解放出来产生了何种政治后果。

只有在社会平衡的条件下，凯恩斯的理论才能成为政策的基础。他的经济学走的是中间路线；在一个政治走向极端的世界里，这是自由资本主义所能期待的最好结果。他把自己的经济学视为符合社会普遍利益的经济学，因为它既包含又超越了资本和劳动的局部利益。确实如此，它是所有经济学说中意识形态色彩最少的，受到阶级利益的影响也是最小的。他的政治天才表现在他看到了当问题在于产能未得到充分利用时，再分配只是一个次要问题，因此可以推迟到以后再解决。

但出于同样的原因，当他的政策在工会控制劳动力供给的情况下实现了充分就业时，他的经济学并没有说明阶级收入份额会发生怎样的变化。在这种情况下，资本主义是需要重建马克思所说的"产业后备军"来抑制对工资的要求，还是会被迫实施通胀政策，从而使利润的增长快于工资？经济学家雅各布·瓦伊纳认为，当社会习惯于充分就业时，就会出现后面这种情况。[73] 凯恩斯本人也承认他"没有办法……解决充分就业经济中的工资问题"。[74] 马克思主义者也认为，通过通胀来克服阶级斗争的努力只能暂时缓解问题。因此，凯恩斯认为在自己那个时代他已经解决了的重要问题，未来仍然会出现。

附录5.1 古典模型与凯恩斯主义模型的比较

在古典模型中,经济总是处于充分就业状态。由于工资和价格具有完全的弹性,AS(总供给)曲线是垂直的。政府干预是不可取的,因为提高总需求的任何尝试都不会对产出或就业产生影响,只会导致通胀。

在短期凯恩斯主义模型中,工资和价格具有很高的黏性,因此,AS 曲线是水平的(见图 9)。产出或就业水平完全取决于 AD(总需求)曲线,因此,政府干预是可取的,实际上也是必要的。对于凯恩斯所要传递的信息,最简单的解释就是在面对负面冲击时,供给未能根据名义需求的下降进行调整,因此失业可能会不断增加,甚至会一直持续下去。最终供给会进行调整,也就是说从长期来看,AS 曲线是垂直的,因为价格已经得到了充分调整,但是政府最好一开始就不允许名义需求出现任何下降。

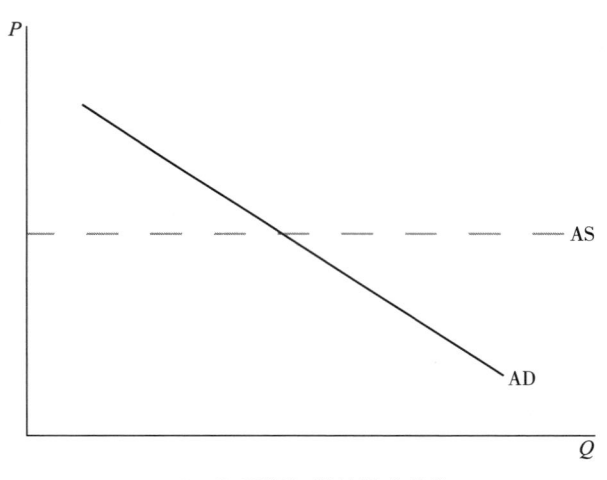

图 9 凯恩斯短期总供求曲线

为稳定经济而进行政策干预的最低限度原则可以概括如下：

> 在凯恩斯看来，正是私人部门具有不时想要停止支出并转而积累金融资产的倾向，导致了经济衰退和失业。这可以通过依靠赤字融资的政府支出加以遏制……
>
> 在标准的凯恩斯经济模型中，当经济中的生产能力未得到充分利用时，产出由需求决定。对经济活动的管理，因而也是对就业的管理，就会受到需求管理的影响。[75]

附录 5.2　财政乘数

财政乘数衡量的是财政政策的变化对实际国民收入的影响。考虑一个封闭经济：

$$Y = C + I + G$$

在凯恩斯主义分析框架中，消费方程表示如下：

$$C = C_0 + cY$$

其中 C_0 表示自主消费，cY 表示消费中可以由可支配收入水平来解释的部分。c 代表边际消费倾向，其值介于 0 和 1 之间。0 代表所有可用的收入都被储蓄起来，1 代表所有可用的收入都被消费掉了。

假定投资取决于外生因素，比如预期利润或"动物精神"：

$$I = I_0$$

根据定义，政府支出是自主性的：

$$G = G_0$$

将 C、I 和 G 的函数代入支出等式中，并重新整理，可以得到：

$$Y = \frac{1}{1-c}(C_0 + I_0 + G_0)$$

括号内的每个变量代表总需求的一个自主成分。因此,对于其中任何一个变量发生的变动,比如财政扩张($+\Delta G_0$),表达式$\frac{1}{1-c}$反映了它对Y的乘数效应的数值。由于$0<c<1$,分母也是一个小于1的值,但是仍然为正。因此,总体上乘数的数值大于或等于1。

数值案例1

$Y=100$,$C_0=30$,$I_0=10$,$G_0=10$,$c=0.5$,因此表达式$\frac{1}{1-c}=2$。

假设财政支出增加,使$G_0=12$,即$\Delta G_0=+2$。总需求和国民收入ΔY将增加4单位,而不仅仅是ΔG_0所表示的增加2单位。

结果将是$Y=104$,即$104=2\times(30+10+12)$。

乘数的值是2:

$$\left(\frac{\Delta Y}{\Delta G}=2\right)$$

它产生了正面影响,而且增加的数额超过了需求中自主成分的增长。

新古典模型中的"乘数"

让我们再次考虑一个封闭经济:

$$Y=C+I+G$$

在新古典的理论框架中,消费方程可能采用如下形式:

$$C=C_0+C(i)+cY$$

新的变量$C(i)$代表总消费中由利率决定的部分。消费随着利率的上升而下降,反之亦然:

$$\frac{\Delta C}{\Delta i}<0$$

在简单形式下,即不存在 AD 对 I 的加速效应,投资与利率负相关:

$$\frac{\Delta I}{\Delta i}<0$$

$$I=I(i)$$

政府支出是需求中唯一具有自主性的部分:

$$G=G_0$$

在支出等式中再次代入 C、I 和 G 的函数形式,并重新整理:

$$Y=\frac{1}{1-c}(C_0+C(i)+I(i)+G_0)$$

这一次,$\frac{1}{1-c}$ 仅表示消费的自主成分 C_0 变化的乘数效应,这是因为假定另一个成分 G_0 会改变 $C(i)$ 和 $I(i)$ 的值。

具体来说,扩张性财政政策被认为会对利率产生负向影响,从而对消费和投资产生挤出效应。[76]

因此,ΔG_0 的影响即使没有被完全抵消,也会由于利率的提高而被削弱,因为利率的提高对消费($-\Delta C(i)$)和投资($-\Delta I(i)$)都产生了负面影响。因此,根据挤出效应的大小,扩张性财政政策的乘数可能小于 1,甚至为负。

数值案例 2

$Y=100$,$C_0=20$,$C(i)=10$,$I(i)=10$,$G_0=10$ 以及 $c=0.5$,于是表达式 $\frac{1}{1-c}=2$。

假设财政支出增加,使 $G_0=12$,即 $\Delta G_0=+2$。

这一次,财政支出增加将会对投资和消费中取决于利率的部分产生挤出效应,使得 $\Delta I(i) = -1$,$\Delta C(i) = -0.5$。

结果是 $Y=101$,即 $101=2\times(20+9.5+9+12)$。

乘数值为 0.5:

$$\left(\frac{\Delta Y}{\Delta G}=0.5\right)$$

政府支出增加产生了正向影响,但是国民收入增加的数额要少于政府支出的增加。

第6章
凯恩斯主义的崛起

我相信自己正在写一本有关经济理论的著作,它将在很大程度上改变……人们对经济问题的思考方式。当我的新理论被适当地消化吸收,并与政治以及人们的感受和激情混合在一起时……将会发生巨大的变化,特别是马克思主义的李嘉图式的基础将被推翻。

——凯恩斯(1935)[1]

凯恩斯主义的兴起

凯恩斯只说对了一部分,而且,也只对了30年。他预计自己的理论能够得到"政治以及人们的感受和激情"的加持,但是并没有想到最终会被抛在一边。

凯恩斯提出,在正常情况下,私人企业和家庭的有效需求不足以确保所有潜在资源得到充分利用,凭借现有的技术和商业组织,这些资源本来可以投入使用。因此,应当利用政府政策来增加私人需求,不仅在经济衰退时应当这样做,在正常时期同样如此。

在理想的凯恩斯主义政策体系中,确保对商品和服务的需求保持在适当水平是由财政政策而非货币政策来完成的。这是因为凯恩斯主义者假定投资对利率的变化没有反应，尽管凯恩斯本人并不这样认为。但是，凯恩斯也明确反对使用利率政策，因为如果用政策利率来抑制经济繁荣，就无法使长期利率总是保持在低水平。

政府预算的恰当职责并非平衡政府收支，而是在充分就业的情况下平衡国家收支，也就是说使总供给和总需求实现平衡。[2] 政府预算出现盈余、赤字还是保持平衡，取决于总需求的状况。因此，原则上预算可以用来限制需求，也可以用来增加需求，并根据财政乘数估计两者精确的数值。国民收入核算的发展和经济预测技术使得这项平衡宏观经济的工作成为可能。政府可以计算出潜在产出和实际产出之间的差异，并相应地调整税收和支出。货币政策的作用是为财政政策提供支持。利率将被长期保持在低水平，主要目的是将资金成本降到最低，使政府能够以尽可能低的成本借款。

理想的政策制度几乎不可能以其纯粹的形式被采用。这不仅需要对经济如何运作形成共识，还要对政府的规模和目的达成一致。前者只能部分实现，后者则根本不存在。

就理论而言，经济学家发现很难接受市场经济不存在趋向于充分就业的自然趋势。这种观点违背了詹姆斯·托宾（James Tobin）所说的"我们这门学科核心的理论范式"，即"一般竞争均衡，也就是理性的个人追求利益最大化，所有商品市场在价格机制的作用下同时实现供求平衡"。[3] 然而，经济学家同意价格调整可能是有黏性的。因此，稳定经济周期是有必要的。凯恩斯的理论远不是"通论"，而是被解释为有关价格充分调整的真正通用理论的一个"特例"。希克斯在1937年的一篇著名文章中首次提出了这种解释。[4]

人们对凯恩斯主义政策的政治含义始终争论不休。理想的凯恩斯主义原则上需要有一个规模相当大的国家，因为国家预算越多，它对整个经济活动的影响就越大。[5]这里的"国家"指的是所有由税收或国家借款提供资金的经济活动。但是，对于国家的规模和范围，右翼和左翼存在明显的分歧。右翼希望由一个规模较小的国家来保护自由和私有财产；左翼则希望有一个规模较大的国家来限制它所谓的资本主义的掠夺行为。致力于减税的保守主义政治家自然而然地倾向于货币政策，并以此作为将国家在配置资本方面的作用降至最低的长期目标之一。但是，这会限制财政政策发挥根本性的作用，并将调节经济周期的任务分派给两种可选工具中较弱的一种。

凯恩斯的理想体系还有一个目的，即消除充分就业政策面临的国际障碍，比如困扰金本位的那些障碍。正如我们已经看到的，他在1941年提出的国际清算联盟计划，建立了一个对持续囤积黄金的债权人进行制裁的体系。但是，美国拒绝了凯恩斯的计划，并在1944年的布雷顿森林会议上用它自己设计的一个机构来代替，这就是国际货币基金组织，该组织坚持正统的债务人调整政策，对债务国的帮助只限于短期借款。美国人的动机显而易见，他们不希望把自己辛苦赚来的美元自动交给挥霍无度的债务人来使用。因此，国际货币基金组织没有对储备的持续积累进行任何限制。布雷顿森林体系为"结构调整"计划奠定了思想基础，国际货币基金组织在20世纪80年代和90年代坚持将其作为向拉丁美洲和东亚国家提供贷款的条件，在2008—2009年危机之后由国际货币基金组织、欧洲央行和欧盟委员会组成的"三巨头"也以此作为向地中海国家所欠外债提供资金援助的条件。

熊彼特认为凯恩斯主义革命是为了应对特殊的英国问题，即一个储蓄充裕而投资机会减少的古老国家出现的问题。[6]但是，这个观点从某些方面来讲肯定是不对的。当然，英国人特别重视将失业作为衡量总体平衡的指标，这有些与众不同。然而，熊彼特的评价无法解释凯恩斯主义思想为何无论在教学还是在政策实践领域都得到了广泛传播，这先从美国开始，并在一段时间之后又传到了欧洲。战争使资本主义受到了社会的控制。凯恩斯主义是一种民主尝试，试图在和平时期保持对资本主义经济的控制。

所有西方国家的政府都致力于积极的实际产出管理（activist real output management，AROM）[7]，但是对于需要进行哪种类型的积极管理仍存在巨大的分歧。瑞典实行的是一种源自斯德哥尔摩学派的供给侧凯恩斯主义。通过高水平的福利支出与积极的劳动力市场措施相结合来提高劳动生产率，这是为小型出口经济体量身定制的政策。在法国，其主要的投资者是在战争中崛起的政府，它无须向凯恩斯学习国家主义，柯尔贝尔在17世纪就已经指明了道路。另一方面，在德国，凯恩斯主义政策隐含的国家主义使该国战后的政策倾向于反对凯恩斯。在纳粹时期，弗赖堡大学为少数既反对纳粹主义也反对国家社会主义的知识分子提供了避难所。弗赖堡学派是"一个新自由主义思想的发源地"。它接受了自由主义对于竞争市场体系的最初信念，但是认为古典思想中的缺陷需要用立宪框架而不是国家预算来弥补。有必要保护竞争不受扭曲，确保收益得到公平分配，保护市场不受政府侵犯。这些思想与"秩序自由主义"（ordo-liberalism）和"社会市场经济"结合在一起。独立的德意志联邦银行成为德国新宪法的货币支柱。在德国版的收入政策中，秩序自由主义与产业合作相融合。[8]然而，就连德国人也在20世纪60年代明确地成为凯恩斯主义者，尽管这只是昙花一现。

把发达国家作为一个整体来看，凯恩斯主义对实现充分就业的承诺是使右翼和左翼、资本和劳工达成广泛妥协的共同因素。逆周期政策、改善对劳工的保护、部分国有制、积极的供给侧政策、扩大福利支出、指导性计划、社会市场经济、通过新成立的国际货币基金组织提供短期贷款的机制，所有这些政策在不同国家都被作为自由放任和中央计划之间的"中间道路"加以推广。尽管被马克思主义者谴责为哄骗工人的伎俩，这些社会妥协政策仍为私人企业和市场经济留下了广阔的空间，但是也与一系列社会主义愿望兼容，因为这些政策倾向于拥有一个庞大的公共部门，并实施高边际税率，以便为不断扩张的福利国家制度提供资金。在冷战时期，它们为"保护西方社会免受共产主义的影响"发挥了重要的政治作用。但是，战后的解决方案远没有形成政治共识，它只是碰巧满足了时代的要求。

凯恩斯主义得益于战后资本主义的成功，这与资本主义在两次世界大战之间的惨淡经历形成了鲜明的对比。从就业和增长来看，1950—1975年是全球资本主义经济的黄金时代。但是，这个黄金时代是由凯恩斯主义政策造就的吗？或者说，与两次世界大战间隔期不同，此时的状况足以实现充分就业和快速增长，而不需要刻意使用凯恩斯主义刺激政策？在经济表现出强劲的长期增长趋势的环境中，凯恩斯主义者致力于将失业率保持在接近于零的水平，是否正是这一政策导致了让黄金时代走向终结的通胀？我们将在本章的末尾讨论这些问题。

凯恩斯时代完美地绘制了一条由盛而衰的抛物线。它经历了三个阶段，即充分就业的凯恩斯主义、增长的凯恩斯主义和陷于滞胀的凯恩斯主义。

充分就业的凯恩斯主义：1945—1960年

最早采用凯恩斯主义政策的是英国和美国。在这两个国家，战时充分就业和价格相对稳定的经历证明凯恩斯主义经济管理模式是可行的。[9]与以前的意见分歧不同，经济政策的制定者似乎知道他们在做什么，至少在同盟国是如此。在1945年，没有人想重回20世纪30年代。

在1944年的《就业白皮书》中，英国政府接受了如下职责，即通过防止"对商品和服务的总支出"降至出现普遍失业的水平，以确保"稳定的高水平就业"。报告明确指出，限制工资并实现劳动力的充分流动是取得成功的必要条件。[10]在美国，国会于1946年通过的《充分就业法案》（Full Employment Act）规定，政府有责任维持"高水平就业和价格稳定"。其他国家也有类似但不太明确的承诺。根据以往的经验，充分就业在英国被定义为2%的失业率，在美国则是4%。然后这些都被设定为政策目标。这种目标对政策意味着什么？

英国的《就业白皮书》指出："在本报告包含的主要建议中，没有一项涉及在经济活动低于正常水平的年份蓄意使国家预算出现赤字。"[11]财政部预计在正常时期可以取得平衡的预算是经常性支出的预算。在非正常时期，由于政府收入的减少和失业补贴的增加，自然会出现赤字，这就是财政政策发挥的"自动稳定器"功能。政府不应该像工党财政大臣菲利普·斯诺登在1931年所做的那样，试图通过增加税收和/或减少支出来消除这种赤字。相反，政府应该在非正常年份加快其资本项目。用于维持充分就业的应该是资本账户，而不是经常账户。

这一战后财政方案承认在当时的英国，国家已成为经济中的主要投资者。它已经将煤炭和铁路等关键行业国有化,并且拥有天然气和电力等公共事业。它建造房屋、道路、学校和医院。战后国家的扩张意味着即使没有凯恩斯主义的推动,政府支出对总需求的影响也必然比战前大得多。

与之前的工党政府一样,1951年上台的保守党承诺将"维持充分就业"作为"保守党政府的首要目标"。然而,战后秉持凯恩斯主义的财政部只在某种程度上遵循了凯恩斯的方案。与凯恩斯最初通过资本账户来实现充分就业的方案不同,20世纪50年代和60年代的英国政府主要依靠酌情改变税收来实现这一目标。这更适合战后十年经济繁荣的时期,因为这时产出的变化往往规模小、时间短,而不是凯恩斯经历的那种全面衰退。[12] 财政政策旨在通过提高租购押金以及增加烟酒和汽油的关税等措施来抑制消费者支出,以此应对周期性的国际收支危机,进而减缓经济增速。这种微调政策使英国经济表现出所谓的"走走停停"的特点,一段时间的快速增长被限制性措施逆转,比如1951—1952年停滞、1953—1955年增长、1956—1957年停滞、1958—1959年增长、1960—1961年停滞。有人断言,"预算和货币政策没有起到稳定作用,相反,它们被认为绝对是不稳定的"。[13] 不过,这种观点太极端了。尽管只是进行政策微调,但是公共部门净投资占GDP的比例非常稳定,为GDP的4%~5%,相比之下,战前这一比例不到2%。在经济停滞时期,就业几乎没有受到影响,而且直到20世纪60年代,产出受到的影响也很轻微。经济"走走停停"的主要影响可能是比作为竞争对手的其他国家增长得更慢,不过这在多大程度上是宏观政策所致,尚不确定。

微调政策不是美国偏爱的方法,部分原因是它没有能力做到这一点。英国首相控制着预算,而美国总统不能保证他的税收和支出提案能够在国会获得通过。但是，也有部分原因在于美国的国际收支实现了持续盈余，不必为实现外部平衡而调整国内支出。

美国的财政方案是以充分就业预算为基础的。1945年至1961年，美国就财政方案达成的共识是，"在议定的高就业率和国民收入水平上，设定税率以平衡预算，并为清偿债务提供预算盈余。在确定了这些税率之后，除非国家政策或国民生活状况发生了某种重大变化，否则就应任其自然"。[14]充分就业预算盈余的增加表明实际预算受到了太多的限制。

美国的政策非常重视自动稳定器。正如保罗·萨缪尔森在其经典经济学教科书中指出的："现代财政体系本身具有极强的自动稳定的特性。"这主要是因为与战前相比，财政转移支付的作用要大得多。当经济下滑时，政府税收收入下降，用于失业救济和其他转移支付的支出增加，自动形成赤字，从而缓解私人支出的下降。当经济复苏时，预算自动重新实现平衡。为了保持这种内在的稳定，不应在经济低迷时试图平衡预算。不过，正如萨缪尔森指出的，"内在稳定器可以在一定程度上抑制经济中的任何波动，但是不会完全消除这种扰动。它把扰动的其余部分留给了相机抉择的财政政策和货币政策"。[15]稳定器不会扩大需求，只会使衰退变得更为温和。

在1947年至1960年的14年间，美国的实际联邦预算有两年总体上处于盈余状态，即1948年和1951年；在这一时期的其余时间，由于自动稳定器发挥了作用，美国出现了少量赤字，规模最大的赤字出现在1959年，达到GDP的2.7%。[16]这些赤字伴随着充分就业预算盈余的逐步增长，在凯恩斯主义经济学家看来，这表明存在一个规模较小但是在不断扩大的产出缺口。在西欧，整体而言，预算实现了平衡，法国大量增加的税收平衡了公共支出的大规模扩张。

至20世纪50年代中期，凯恩斯主义经济学家确信他们已经解决了失业问题。新的问题是如何处理持续的充分就业带来的通胀压力。英国的失业率很低，而通胀率仅略高于西欧。尽管人们对通胀形成的原因存在争议，但是对英国的政策制定者来说，问题归根结底在于如何减少通胀对国际收支的压力。战时积累的可兑现的英镑债务使得维持"对英镑的信心"（即保证英镑不会相对于其他货币贬值）非常重要。维持对英镑的信心要求英国的总需求等于英国能够为国内消费和出口提供的总产出。这意味着政府希望失业率略有提高，以使经济实现这一状态。

这就是"需求过剩"派的观点。对商品和服务的过度需求导致国际收支出现了逆差。为保护英镑而出现的周期性停滞减缓了投资。为了避免这种"走走停停"的现象，经济应该在"较低的需求压力"下运行。这意味着要么提高利率以抑制私人需求，要么降低公共支出。

1958年，菲利普斯（A. V. Phillips）发表了一篇影响广泛的论文，他声称历史上的失业率和货币工资增长率存在负相关关系。[17] 由于货币工资的变动与价格变动有相当密切的关系，"菲利普斯曲线"意味着如果失业率上升在某种程度上超过了近期经历的水平，但又低于萧条时的水平，比如达到2.5%~3%，价格就会保持稳定（具体情况参见附录7.2）。

那些想减少需求压力的人自然而然地会求助于货币政策，因为在实践中，使财政引擎反向运转的政治成本很高，税收一旦降低，就无法再轻易提高；资本项目不能像水龙头一样开启和关闭。但是，这意味着要推翻凯恩斯认为不应使用利率来抑制繁荣的观点。奉行凯恩斯主义的政策制定者开始讨论"财政—货币政策组合"的必要性。

提高央行利率是英格兰银行应对黄金流失的传统做法。1951—1952 年，为应对一场国际收支危机，央行利率由 2% 上调至 4%，这是除 1939 年的短暂加息外，自 1932 年以来的首次加息。此后，央行利率恢复了最初"坎利夫机制"的功能，以管理投机性的资本流动。

投资对利率变化相对不敏感的理论在 20 世纪 50 年代初得到了检验，但是并没有得出确定的结论。为了应对 1951 年的英镑危机，英国财政部直接控制了进口和固定资产投资，部分目的在于减缓库存的积累速度。1952 年 2 月，央行利率被提高至 4%。与此同时，由于消费需求下降，服装业和纺织业出现了衰退，导致这些行业的库存减少。1951—1952 年，国际收支由赤字转为盈余。是哪个因素导致了这一结果：更高的央行利率、进口限制还是消费支出下降？财政部的结论是货币政策的影响很小，而且是间接的。银行贷款的减少是由于融资需求下降，而不是由于资金供给减少。英格兰银行的回应是它"主要关注货币政策对市场情绪的影响，而不关注逻辑上的因果关系"。央行利率上升缓解了人们对通胀的担忧，从而避免了人们将库存增加至企业运转所需的最低水平以上。英格兰银行的观点被否定了。财政部断言，提高央行利率对控制信贷创造是无效的，控制信贷创造的唯一方法是限制信贷数量。这一评价并未探讨财政部自己采取措施的时机是否恰当。如果私人需求已经下降，财政部的措施将具有强烈的顺周期作用。这就是"微调"政策的缺陷。[18]

尽管货币政策不被当作经济周期的平衡器，但是货币政策和财政政策之间的分工仍然逐渐形成。货币政策被用来维持短期的外部平衡，而财政政策则在货币政策的帮助下，被用来维持中期的总体平衡。在美国，美联储也在 1951 年放弃了以 2.5% 的利率支持政府债务的政策。因此，尽管一开始有些犹豫不决，但是货币政策依旧重新成为主动进行短期经济管理的工具之一。这最终在 20 世纪 90 年代和 21 世纪初期成为主流的政策选择。

然而，在货币政策如何发挥作用的问题上，各方并没有达成比以前更多的共识。从货币到价格的传导机制是什么？

源自货币数量论的传统学术观点认为，在货币数量和名义收入之间存在一种稳定的关系，因此，货币当局改变基础货币就会导致银行存款出现意料之中的多倍扩张或收缩，这就是所谓的货币乘数。但是，货币当局并不相信这种关系真的存在。英格兰银行坚持其战前的观点："货币供给的变化绝不会与支出额的类似变化严格地联系在一起……我们无法事先说明一个特定的变化会产生何种结果。"[19] 这是因为利率变化对货币流通速度产生的影响是不确定的，这也是凯恩斯关于利率的流动性偏好理论的思想遗产。1959 年，影响广泛的《拉德克利夫报告》（*Radcliffe Report*）表达了对货币政策有效性的怀疑，这呼应了如下普遍的观点："货币政策与通胀关系不大，它作为需求管理工具基本上是无效的。"[20]《拉德克利夫报告》重申了货币政策的从属地位，央行利率的改变必须遵循在任财政大臣的明确指示。但是，英格兰银行获得了监督清算银行的新权力。

从过度需求的角度解释通胀受到了成本推动学派的挑战。大多数英国凯恩斯主义者认为以菲利普斯曲线为基础的凯恩斯主义缺乏分析价值，他们指出菲利普斯使用的数据大多是在国家承诺保障充分就业之前。维多利亚时代的家庭用人、农业工人和打零工者不会为提高工资而罢工。在目前这种新形势下，工会可以推高工资，并且不用承担工会成员失业的风险。对需求的适度控制不会阻止通胀，因为如果不放弃对充分就业的承诺，在通胀和失业之间就不存在任何权衡关系。唯一能同时维持充分就业和保持价格稳定的政策是控制成本。[21]

与凯恩斯主义的社会妥协思想最一致的解决方案就是政府、资本和劳工之间的一份社会契约。美国的分析家谈到了大政府、大企业和大工会之间的利益趋同。政府将保证充分就业，雇主和工会将联合起来抑制成本上升。所有西方民主国家都实现了某种程度的劳资合作。在美国，通用汽车公司和汽车工人联合会于1950年签订的《底特律条约》将工资增长与生产率和生活费用指数的增长挂钩。在德国，整个经济的工资是由全国性的雇主—工会谈判确定的。

在英国，由于劳资关系的对抗性和工会的碎片化，达成这样的协议要困难得多。英国的保守党政府不愿意因为过于积极地使用利率政策而引发失业，从而走上了努力控制成本这条令人生厌的道路。对"限制薪酬"的规劝开始支持限制需求的政策。但是，对于任何保守党政府来讲，与工会就工资问题达成共识是非常困难的，因为工会与工党的关系非常紧密。此外，由于工厂和车间选出的工人代表拥有权力，工会领导层自己无法达成任何此类协议。在英国，成本控制政策即广为人知的"收入政策"始于1964年。这种政策一开始是自愿的，到了1966年法律规定将工资冻结6个月。另一种选择直到20世纪70年代末似乎才具有可行性，那就是通过摧毁工会来降低通缩的失业成本。

尽管这些争论激发了学术期刊的热情，但是实际上，通胀压力在20世纪50年代仍然极小，而且这种情况一直持续到20世纪60年代中期，尽管这一时期失业率保持在非常低的水平。抑制通胀的决定性因素是汇率。只要英国致力于维持1949年确立的美元兑换英镑的汇率，国内通胀就不可能大幅上升。维持固定的英镑汇率对产出的影响较小，这是私人投资繁荣、由于贸易条件改善而导致的食品和原材料成本下降，以及工会相对温和的"工资推动"共同产生的结果。于是，在 20 世纪 50 年代和 60 年代，英国的通胀率平均每年仅略高于 4%，处在中央银行、债券市场和凯恩斯主义经济学家均感到舒适的范围之内，尽管这仍然比该国的竞争对手略高。美国年均通胀率仅略高于 2%。

增长的凯恩斯主义：1960—1970 年

20 世纪 60 年代实现了充分就业，这使得凯恩斯主义经济学家关注的焦点从需求最大化转向了增长最大化。增长的凯恩斯主义最初是一种英美国家的现象。这是因为英国和美国是主要工业经济体中增长最慢的国家。

增长的凯恩斯主义源自强烈的自信。1955 年，保罗·萨缪尔森向总统经济报告联合委员会保证，"只要采取恰当的财政和货币政策，我们的经济就能实现充分就业，并获得任何想要的资本形成率和增长率"。他是美国最自负也是最聪明的凯恩斯主义者，同时也是最畅销的教材《经济学》的作者，这本教材为几代学生定义了什么是经济学。他补充说，只要措施得当，政府"在实现所有这些目标的同时，还能使调节收入分配的税收处于符合道德要求的水平"。[22] 经济学家已经有了适当的工具，要做的只是让政府来使用这些工具。随着 20 世纪 60 年代政治左翼执政，凯恩斯主义经济学家发现政府已经准备好按照他们的理念来采取行动。经合组织（OECD）1965 年的一份报告指出："的确，在整个西方世界，凯恩斯主义'新经济学'似乎使得在高产能利用率的情况下实现持续的无通胀增长成为可能。"[23]

英国选择的比较对象是西欧大陆那些发展异常迅速的经济体。美国的比较对象是作为挑战者的苏联,特别是在航空航天和国防领域,现在看起来这似乎有些不可思议。苏联在1957年发射了第一颗人造卫星斯普特尼克,并大声宣称将在经济方面"埋葬"西方的资本主义。实际上,在这个"黄金时代",苏联的增长率也很高。在美国的讨论中,有关长期停滞的说法时常浮出水面。德国的增长记录堪称典范,但是在经历了1965年第一次衰退之后,也担心增长会放缓。那时的人们普遍认为,资本主义世界需要凯恩斯主义的帮助。

其中的道理貌似很简单。仅仅调节经济周期不足以将工业生产能力扩大至降低单位劳动成本的地步。因此,实现更快的增长是降低通胀的关键,并为提高社会福利、增加国防开支(对美国而言)和政府支出提供更多资源。

与这一分析同时出现的,是公共支出面临的政治压力日益增加。截至20世纪60年代,大多数西方国家的政府支出都达到了国民收入的40%。凯恩斯主义国家正在蜕变为社会民主主义国家。两者之间并没有内在的经济联系,但是凯恩斯主义者往往是社会民主主义者,因而倾向于利用公共支出来确保实现充足的总需求,并通过再分配政策将财富和收入分配给穷人。各国政府还面临所谓的"权利革命",因为对经济权利的要求扩展到了妇女和被排斥的群体。在美国,联邦政府支出占GDP的比例要小于欧洲的中央政府支出。20世纪60年代,美国见证了马丁·路德·金和民权运动的兴起。

国家的扩张使得其预算平衡更难维持,因为人们一方面要求增加社会支出,另一方面又不愿意缴纳更高的税收。更快的经济增长提供了一种产生额外税收的方法，从而解决了这一难题。正如1964年英国工党的竞选宣言宣称的："经济增长决定了工党建设我们所希望看到的公平公正社会的步伐。"[24]

对充分就业和维护英镑兑美元汇率的双重承诺导致了经济"走走停停"，每当需求扩张威胁到英镑兑换美元的汇率时，"停滞"就会在快速增长之后紧随而至。政府最终认定，要打破这种"走走停停"的局面，就必须在中期增长计划的背景下进行需求管理，也就是法国的指导性计划模式。英国的指导性计划始于保守党执政的最后三年，即1961—1964年，目标是实现每年4%的实际增长率，相比之下，20世纪50年代的平均增速仅为2.8%。1965年，英国新当选的工党政府继承了这一模式，并制订了更加雄心勃勃的国家计划，预计将在6年内使国民产出提高25%。[25]同时，还实施了价格和收入政策，以抑制生产成本的上升。与该战略相对应的财政政策是保守党财政大臣雷金纳德·莫德林（Reginald Maudling）的"增长冲刺"，计划从1963年到1964年使公共支出增加7.5%。公共部门净借款从1962年占GDP的4.96%上升至1965年的8.53%。人们相信，或者更准确地说，人们希望快速的产出扩张会带来足够快的生产率和事前储蓄提升，以避免通胀和国际收支恶化。

凯恩斯主义的思维模式有一个根本性的弱点，它假设更快的需求扩张可以自动缓解经济体面临的任何结构性问题。尼古拉斯·卡尔多是工党的首席经济顾问，也是最聪明并且最具创造力的英国凯恩斯主义者，他意识到事实并非如此。他明白，英国经济的供给侧出了问题。在其更为精妙的分析中，他提出了一种结合供给侧和需求侧特征的增长战略。如果不从服务业转向制造业，英镑贬值将无法推动必要的出口增长。卡尔多以凡登定律

（Verdoorn's law）为基础，认为规模经济会导致制造业的产出比就业增长得更快，随着市场扩张将会提高劳动生产率，从而形成生产率上升和出口扩大的良性循环。[26] 他说，英国正在遭受"早衰"之苦，即英国农业相对较早的萎缩使其失去了剩余劳动力供给，而它的竞争对手却可以利用这些劳动力来扩大其制造业的生产能力。因此，需要将工人由服务业转移至制造业。卡尔多说服工党政府在1966年引入有选择的就业税。这是对所有就业征收的人头税，其中一部分将返还给制造业企业。这种税将产生双重影响，既使劳动力从服务业转移至制造业，又通过限制国内消费使劳动力由国内生产部门转移至出口生产部门。如果生产率增长真的是制造业投资的函数，那么有计划地扩大制造业产出将不会带来通胀的风险，特别是在使用收入政策限制工资成本的情况下。

美国民主党人也对设计经济增长方案的想法兴奋不已。他们攻击20世纪50年代的艾森豪威尔共和党政府，认为他们太过重视平衡预算。艾森豪威尔允许充分就业预算盈余逐渐上升，结果美国的失业率也随之上升，并在20世纪50年代末达到了7%。

1960年，总统经济顾问委员会估计，由于"财政拖累"，经济只达到了其潜在产出的90%。设定税率和支出总额以实现并保持高水平就业预算平衡，这样的政策是不够的，因为如果税率保持不变，充分就业预算盈余会随着经济增长而自动扩大，使实际预算越来越具有紧缩的性质。至1960年，由于实施了莱斯特·瑟罗（Lester Thurow）所谓的"消极财政政策"，估计的充分就业预算盈余已经上升到了120亿美元。

研究"新停滞"（new stagnation）的理论家也得出了大致相同的结论。令他们印象深刻的是，1958—1960年的经济上升势头很快就消退了。长期停滞是美国人一直担心的问题。停滞论者声称，使美国资本主义充满活力的是其不断扩展的边疆。随着美国国内"边疆开发殆尽",以及中国拒绝来自美国的出口品,这种活力已经耗尽,因此,必须通过国家支出来创建"新边疆"。统计数据显示,1955年之后,实际产出和潜在产出之间的缺口越来越大。因此有必要大幅减税和/或增加支出,以减少充分就业预算盈余。民主党人约翰·肯尼迪在1960年总统选举中获胜,这提供了一次尝试新战略的机会。[27]

然而,增长的凯恩斯主义者对政策的高度期望很快就落空了。

在英国,1964—1970年哈罗德·威尔逊(Harold Wilson)工党政府未能制定出一套与其增长目标相一致的国际收支战略。当该政府上台时,英镑本应贬值,因为莫德林的"增长冲刺"导致国际收支逆差达到了创纪录的8亿英镑。但是,即将执政的工党政府拒绝了这一做法,因为它担心贬值会使其失去信誉。于是,"繁荣"政策一直持续到1966年7月,此时不断扩大的国际收支逆差迫使工党政府再次实施"停滞"政策,同时还冻结了当年的工资。然而,7月实施的这些措施未能恢复人们的信心;人们仍然在抛售英镑,1967年11月,英镑不得不贬值14.3%。1968年,新任财政大臣罗伊·詹金斯(Roy Jenkins)颁布了更严厉的支出削减措施,他实现了自战后以来第一次总体上的预算盈余,无论经常账户还是资本账户都是如此。然而,对收入予以"严格限制"的时期结束之后,工资在1968年大幅上涨,使通胀率从5%上升到8%,并在很大程度上抵消了财政紧缩的效果。1966年以后,"走走停停"模式被断断续续的"停滞"代替,这种情况一直持续到1970年。20世纪60年代末期经济持续放缓破坏了政府的增长战略。1964—1970年,年均增长速度实际上低于保守党执政时期所谓的"白白荒废的13年"。更为糟糕的是,1966年的停滞开启了滞胀时代,即失业率和通胀率同时上升,这很快就使整个需求管理理论名誉扫地。

美国的发展轨迹有所不同,尽管最终是殊途同归。1960—1962年,政府支出增加了170亿美元,使得充分就业预算盈余由120亿美元降至70亿美元,增加的支出主要被用于军事和航空航天等领域。失业率降至5.5%,产出增长6.5%。但是,此后充分就业预算盈余又开始上升,这表明需要采取更激进的政策措施。1963年,肯尼迪总统提出了130亿美元的减税计划,并于次年(在他遇刺后不久)实施。这一政策背后的革命性原则是当经济处于复苏阶段,而实际预算处于赤字状态时,应当减税。1965年美国政府又进一步采取了减税和增加支出的政策。后者被用于"枪炮和黄油",即越南战争导致的军费支出增加和林登·约翰逊(Lyndon Johnson)的"伟大社会"计划。根据托宾的判断,直至20世纪60年代,"实务界普遍接受的有关经济机制的观点"才最终与经济学家长期使用的模型一致起来;直到此时,"对公共支出、预算赤字和国内公共债务的恐惧……很大程度上被克服或遗忘了"。[28]

一开始,所有事情的发展都与这一剧本相吻合。在公共支出增加和减税的推动下,美国经济实现了长期繁荣,一直持续到1969年。1966年,失业率降至4%以下,这在当时被认为是充分就业水平。然而,通胀开始抬头,从20世纪60年代初期的2%上升至1969年的5.5%。政府直到1967年才寻求征收临时附加税,并且直到1968年6月才颁布实施。1971年,在经历了黄金大量流失之后,尼克松总统让美元贬值,并实施了工资、价格和进口管制。

20世纪60年代,其他工业化国家认识到经济赶超带来的机会已经枯竭,于是采用财政凯恩斯主义作为增长战略。1958年,欧洲经济共同体建立了关税同盟，进一步推动了这一进程，因为关税同盟使得庇护国内工业免于竞争的保护主义措施不再合法。在德国，路德维希·艾哈德（Ludwig Erhard）与其国务秘书阿尔弗雷德·穆勒-阿尔马克（Alfred Müller-Armack）于1963年制定了《增长与稳定法案》（Growth and Stability Law），致力于促进高就业。1965年，德国经济出现了二战后的第一次衰退，人们对经济增长已经结束的担忧似乎得到了证实。1967年，基于社会民主党人卡尔·席勒（Karl Schiller）的观点，新的《稳定与增长法案》（Stabilization and Growth Law）授权联邦政府为物价、就业、增长和国际收支设定量化目标。操作目标是实现经济周期内的预算平衡，即在经济景气的年份积累盈余，在经济低迷的年份花出去。1967年，预算大规模扩张，使得德国第一次求助于赤字融资，并在1968—1970年创造了前所未有的繁荣。然而，20世纪60年代末通胀率上升，这主要是由于美元流入导致的。随着1971年美元贬值，从未接受凯恩斯主义政策处方的德意志联邦银行收紧了货币政策，导致德国出现了滞胀。德国与凯恩斯主义的短暂接触，使它自己的"莱茵资本主义"（Rhenish capitalism）模式在20世纪80年代的新自由主义回潮中得以幸存。

经济繁荣势头强劲的原因

图10展示了英国、美国、法国、德国和日本的平均增长率，表明从1950年至1975年这段时期是全球资本主义经济的黄金时代，生活水平空前提高，失业率低，经济稳定。无论与战前相比还是与随后的大缓和时期相比，这段时期都表现上佳。

我们有理由进一步探究，是否正是凯恩斯主义政策使20世纪

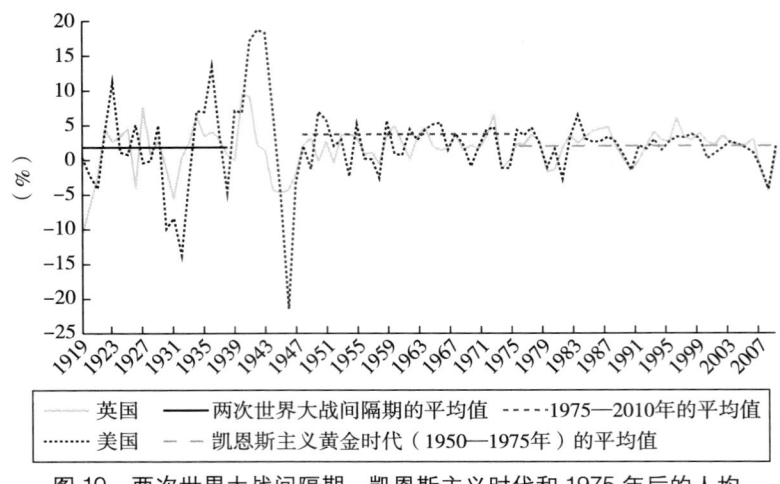

图 10 两次世界大战间隔期、凯恩斯主义时代和 1975 年后的人均 GDP 增长率

注：增长率按照以 1990 年国际元表示的人均值计算。
资料来源：The Maddison Project (2013)。图由作者自制。

50 年代和 60 年代成为"黄金时代"。这场繁荣是由需求驱动的还是由供给驱动的？詹姆斯·托宾坚定不移地认为，这是由于"实际上所有发达的资本主义民主社会都在不同程度上采用了凯恩斯主义的需求管理策略"。[29] 另一种解释是在这段时期，全球经济的供给状况异常有利。

罗宾·马修斯（Robin Matthews）在 1968 年发表了一篇颇有影响力的文章《为何英国在战后能够实现充分就业？》。他的答案是，这不是因为"凯恩斯主义"的财政赤字，而是因为私人部门的投资繁荣。1948 年以后资本积累和技术进步的速度远远高于之前的 40 年。他指出，"在整个战后时期，政府远非向经济体系中注入需求，而是持续地持有大量的经常账户盈余……因此，从表面上看，这种财政政策似乎……有很强的紧缩作用"[30]，也就是说，这并非凯恩斯主义的财政政策。

这一论点的不足之处在于，它以经常性支出作为检验凯恩斯主义政策影响的方法，而预算对经济的总体影响应该通过既包含经常账户也包含资本账户的资产负债表来衡量。尽管经常性支出的预算保持了盈余，即收入超过了支出，但是公共部门在整个凯恩斯主义时期都有财政赤字。如果将两者结合起来，结果就是总体上处于小规模的预算赤字状态。

图 11 表明，在凯恩斯主义的"黄金时代"，英国的政府预算要么几乎处于盈余状态，要么几乎处于赤字状态。具体处于哪种状态，完全取决于资本性支出是包括在预算账户之内，还是排除在预算账户之外。

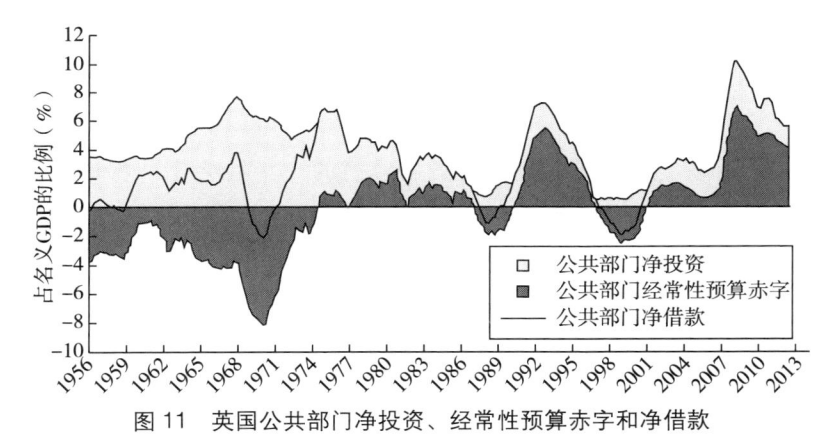

图 11 英国公共部门净投资、经常性预算赤字和净借款

注：取四个季度的移动平均值。公共部门经常性预算赤字和公共部门净借款的负值分别代表经常预算和总体预算的盈余。例如，1968 年，政府有大量的经常预算盈余，但是由于有高额的资本支出或者说净投资，总体预算仍有赤字。

资料来源：Jowett and Hardie（2014，p.6）。

即使对那些认为应该在理论上区分经常性支出和资本性支出的人而言，在国民账户中将其区分开来也是非常棘手的。用财政部过去的行话来讲，经常性支出被记录为"线上项目"，而资本性支出则被记录为"线下项目"。1945 年，凯恩斯本人曾经评论说，

"目前的标准导致了毫无意义的反常现象"。对学校建筑的资本捐助在财政部账户中记录为"线上",并由政府收入支付,而在地方政府的账户中则记录为"线下",并由贷款支付。[31]

1968年,政府没有试图消除这些不正常现象,而是做出了一个较为激进的决定,即代之以一个新的衡量标准,这个标准就是公共部门借款需求(Public Sector Borrowing Requirement),它由中央和地方政府的赤字再加上国有化产业的赤字组成,以此作为正确衡量财政可持续性的指标。对单一赤字指标的关注,后来受到那些认为所有赤字都很糟糕的人的诟病。

总体而言,在凯恩斯主义时代,公共财政得到了很好的控制。公共部门借款需求从1952—1959年平均占GDP的7.5%,降至1960—1969年的6.6%。在此期间,国债与GDP之比从150%降至50%。

至20世纪60年代,英国政府的支出接近国民收入的40%(见图12)。这就是凯恩斯所说的新经济的"半社会化"特征,主要表现为公共部门的扩张,这起到了稳定经济的作用,尽管实际的财政政策变得飘忽不定。

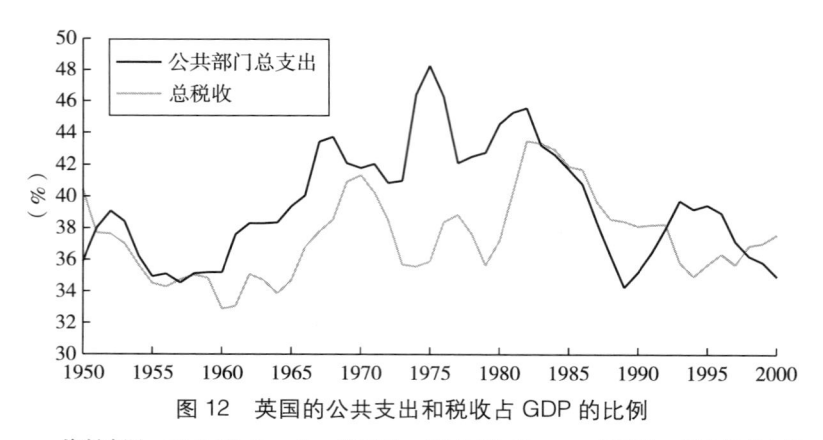

图12 英国的公共支出和税收占GDP的比例

资料来源:UK Public Spending(2017);UK Public Revenue(2018)。图由作者自制。

欧洲经济体和日本在20世纪50年代实现了非同寻常的高速增长，因为它们能够利用"后发优势"。德国、日本和意大利等国的主要问题是供给不足，而不是需求不足，这些国家的大部分资本设备都在战争中被摧毁了。这给了它们实现工业工厂现代化的机会，德国也受益于数百万移民的劳动技能和辛勤工作，这些移民大多来自被分割出去的东部领土。这些国家面临的问题并不需要凯恩斯主义的解决方案。恢复遭到战争破坏的供给能力并使之现代化以养活饥饿的人口，产生了巨大的投资需求，这需要有序的社会环境，而不是需要人为的推动力。正如康拉德·茨威格（Konrad Zweig）指出的，对德国来说，"不得不重启第二次工业革命，以重建这个国家"。[32]

二战之后，摩西·阿布拉莫维茨（Moses Abramovitz）写道：

> "西方"工业化国家能够将大量未被利用的技术储备投入生产。这种技术储备主要是在战争结束时美国已经在使用但其他西方国家尚未使用的生产方法和工商业的组织方法。[33]

正是通过赶超，德国、日本和意大利等国在钢铁、机械、船舶、汽车、化学药品和其他大宗商品方面发展出了强大的出口能力。商品稀缺和技术赶超的机会结合在一起，使资本具有较高的边际生产率，导致了较高的私人投资需求。生产率的高速增长使实际收入提高得足够快，在满足工人消费欲望的同时，还能够使单位成本保持在相当稳定的水平。所有快速发展的工业化国家都是如此。然而，随着欧洲和日本这些作为追随者的经济体在经济能力方面向作为领先者的美国收敛，生产率赶超的机会必然逐渐减少。

对赶超潜力的利用取决于技术扩散的机会、社会能力、产业的适应能力和商业信心等因素。1918 年，美国在技术方面已经大幅领先。但是在两次世界大战间隔期，欧洲的赶超由于一战之后持续多年的政治和金融动荡、大萧条参差不齐的影响以及国际贸易的萎缩而受挫。1945 年之后，"通过赶超实现快速增长所需的三个要素同时出现了……即巨大的技术差距，社会能力的增强……以及有利于迅速实现其潜力的社会环境"。[34] 对于最后一个因素，阿布拉莫维茨写道，在那个时候：

> 这是一种对战败经历的强烈反应，是一次政治重建的机会。战后政治和经济的重组与改革削弱了垄断集团的力量，使新人掌握了权力，并使政府的注意力集中于实现经济复苏……技术传播的设施得到改善，国际市场也开放了。国内农业的大量劳动力储备以及来自南欧和东欧的移民提供了灵活性和流动性都很强的劳动力供给。政府支持、技术机会和稳定的国际货币环境有利于持续的大规模资本投资。结果就是战后完成了快速而强劲的赶超进程。[35]

我们还应该记住，即使没有任何特定的凯恩斯主义理论或政策，政府支出的增加也会产生经济扩张的效果。典型的例子就是战争和军备竞赛。在所谓的凯恩斯主义时代，很难将用于冷战的支出与凯恩斯主义的支出区分开来。

凯恩斯主义革命在多大程度上促成了经济赶超的国内条件？显然其贡献并不太大。可以肯定的是，与战前相比，GDP 中有更大的份额是由政府生产和消费的，这有助于稳定。但是，这是战后大规模的国有化和社会服务的扩张引起的。这两者在凯恩斯主义理论中都没有明确的依据，采取这些措施也不是出于凯恩斯主义的原因。然而，正如约翰·希克斯在 1974 年所说的：

> 更快速的技术进步与促使公共品需求增加的社会主义倾向（两者都是事实）相结合，即使没有凯恩斯主义政策提供的额外刺激，也会产生这样的繁荣。目前还不清楚的是，经济繁荣有多少应该归功于这两者的结合，有多少应该归功于凯恩斯主义政策。[36]

战后的贸易和货币制度无疑促进了最佳技术的传播。两种制度的建立都离不开凯恩斯的贡献，但是激发这些制度的思想，即贸易自由化和货币按照固定汇率进行兑换，却是古已有之。原本打算恢复的是 19 世纪的自由贸易和金本位制度，两次世界大战间隔期的经历使这些制度得以完善。这反映了美国人的信念，他们坚定地认为那个时期的麻烦都是由贸易战争和货币战争引起的。凯恩斯影响了布雷顿森林体系的设计者哈利·德克斯特·怀特（Harry Dexter White），但是作用有限。

凯恩斯自己的想法，即"债权人调整理论"，并未被布雷顿森林体系接受。这意味着 1944 年的协议没有提供解决"美元短缺"的机制，这一缺口是由美国经常账户的准永久性盈余造成的。在 20 世纪 20 年代，美国的贸易盈余对世界经济产生了通缩压力。20 世纪 50 年代，这一顺差逐渐缩小，并在 50 年代末期变成了逆差。部分原因是欧洲大陆和日本经济的竞争力得以恢复，这得益于美国投资带来的技术转让，以及美国承诺将使西欧和日本免受共产主义的影响。这使得美国默许了 1949 年英镑、法国法郎和德国马克对美元的大幅贬值，并导致美国政府账户上的美元大量外流，这些美元被用于"马歇尔计划"和在欧洲的军事支出，后来还有大量私人资金外流。这促使美国推动成立欧洲支付同盟,并允许该同盟对美国商品实施歧视政策,同时也给予日本进入美国市场的特权。国际收支的趋势性变化转而使汇率逐渐稳定下来,并使货币可以自由兑换。这促进了贸易自由化,进而推动了经济增长。至 20 世纪 60 年代末,美国的经常账户盈余已经转为赤字。

1960 年,银行家拉塞尔·莱芬韦尔(Russell Leffingwell)不无道理地总结了美国在二战以后黄金时代第一阶段所扮演的角色:

> 我们明智地承诺让世界走上正轨。我们为外国朋友提供资金和技术,我们在外国进行固定资产投资,我们利用外国基地和驻扎在海外的军队、舰队和飞机来维持世界治安,以对抗共产主义阵营。所有这些都需要在国外花费大量的美元。
>
> 我们和我们的外国朋友一直被美元短缺这个想法困扰着……直到最近也很少有人注意到美元短缺已经消失,取而代之的是美元过剩……我们所希望的贸易顺差已经降至很低的水平或者完全消失了。
>
> 我们在国外的支出仍然比我们从国外获得的收入多数十亿美元,由此产生的赤字表现为我们的黄金流失和短期国外债务的上升……在超过四分之一个世纪的时间里,不管是否愿意,我们第一次受制于金本位的纪律约束。[37]

实际上,直至 1971 年金汇兑本位崩溃,乃至在此之后,美国通过诱导其他国家接受美国的债务,维持了自己"入不敷出"的状态。这些债务反过来成为全球总需求扩张的主要来源。

尼古拉斯·卡尔多总结道:

> 美国的支出持续超过收入,这为世界其他地区提供了稳步增长的国际购买力……结果,全世界的产出,特别是全世界的工业产出,以人类历史上前所未有的速度持续增长。如果不是美元净支出的持续增加导致了世界收入的增长,德国、日本、意大利以及其他数十个规模更小的国家永远不可能经历产出、就业和实际收入的快速增长,而这些国家快得多的出口增速使这一点成为可能。[38]

在凯恩斯主义鼎盛时期,大多数国家都能实现预算盈余,这也在意料之中。

凯恩斯对这一切有什么影响吗?我们可能会说,美国的政策受到了凯恩斯主义的影响,但是采取这些政策并非出于凯恩斯主义的原因。然而,不能如此轻易地忽略凯恩斯的影响。在黄金时代维持了充分就业的经济体,并非凯恩斯在20世纪30年代分析的那种有限国家的经济体。无论是否奉行"凯恩斯主义",政策的作用都要大得多,因为推行扩大需求政策的财政障碍已经被严重削弱了。相信政府有能力并且愿意阻止经济萧条,这是投资信心的一个独立来源。只要想想英国财政部在20世纪30年代出于财政方面的原因而抵制重整军备,就能意识到人们的想法已经发生了多大的转变。

然而,事情总有两面性。比利时裔美国经济学家罗伯特·特里芬(Robert Triffin)于1960年提出了"特里芬难题"。[39]在金汇兑本位下,不断增长的世界经济需要外汇储备的持续增长,而这只有美元才能提供,但是美国政府出口的美元超过了它收到的美元,这就会削弱人们将美元作为储备货币的信心。如果美国没有卷入越南战争,这个"难题"浮出水面的时间可能会推迟。但是,约翰逊总统的"伟大社会"政策加上庞大的海外军费支出，使得固定汇率制度难以维系。一旦全球经济体系出现了通胀预期，财政政策就失效了。增税无法再用来对抗通胀，因为工会会要求提高工资，以补偿实际工资的减少；以减税刺激需求只会推高价格水平。

这个根本性的问题难以解决。凯恩斯主义时代确实见证了通胀压力的逐渐增加，这是政府政策叠加已经高涨的私人部门需求导致的。部分原因在于过于急切地避免重蹈大萧条的覆辙，但也有部分原因是政府预算面临的政治压力，这与凯恩斯主义的分析毫无关系。除了一些明显的例外，凯恩斯主义者对改善经济供给侧的政策也无动于衷。我们还应注意的是，凯恩斯主义理论本身并没有规定一个特定的失业率。尽管如此，政府保持繁荣的决心使得发达国家连续 25 年实现了前所未有的实际增长，这也提高了大部分发展中国家的实际收入。喋喋不休地谈论通胀的反凯恩斯主义者似乎完全忽略了这一时期取得的社会福利成就。对他们来讲，轻微通胀带来的祸害总是甚于失业的折磨。

陷于滞胀的凯恩斯主义：1970—1976 年

凯恩斯主义关于经济政策的理论被 20 世纪 70 年代的滞胀摧毁了。滞胀是指通胀率和失业率的同时上升。凯恩斯主义的承诺是在不引发通胀或诉诸强制性控制的情况下，将失业率降至最低水平。当这两个目标均未实现时，它在政治方面变得毫无用处。

滞胀完全出乎当时凯恩斯主义学派、财政部和央行高级官员、他们的政治领袖以及为其提供政策咨询的理论经济学家的意料。他们已经习惯了布雷顿森林体系和稳定的菲利普斯曲线，相信即使面对严重的"冲击",政府也有办法将经济周期控制在狭窄的范围内。在20世纪70年代,这些方法不再奏效。1971年,理查德·尼克松承认,"现在我在经济学领域是一名凯恩斯主义者",这是一国领导人最后一次表达自己对凯恩斯主义的信仰。

但是,突然转变的原因何在?除了作为维持20世纪50年代私人部门繁荣的背景因素,凯恩斯主义政策不再被提及。有人可能会说,正是20世纪60年代试图将凯恩斯主义政策转变为一项增长政策,才使它不再奏效。其中的政治逻辑似乎令人信服,即增长放缓必然会危及"黄金时代"脆弱的社会妥协,特别是以适度的代价实现充分就业,扩大社会福利。但是,把凯恩斯主义政策变为增长引擎的尝试对经济预测的要求,远远超过了实际知识所能达到的程度。

对于决定了大部分非共产主义世界经济状况的美国而言,出于冷战的目的,也需要实现更快的增长。凯恩斯主义的逻辑和军事方面的原因始终存在着联系,因此,在20世纪60年代中期,对增长放缓的担忧、"伟大社会"计划和越南战争的共同作用使得经济处于过度需求状态;通过美国贸易逆差的增长,过度需求会溢出到经合组织的其他国家,这些都在意料之中。同样不可避免的是,正如国民生产总值正的缺口或者说实际产出高于潜在产出所表明的那样,1965—1969年的过度需求导致了通胀上升;与菲利普斯曲线保持稳定的时代相比,随后降低通胀的尝试将会使就业和产出付出更沉重的代价。

痛苦指数或者不安指数,即失业率和通胀率的总和,展示了宏观经济状况的恶化(见图13)。[40]

现在看来,每次经济扩张都使通胀的涨幅超过了产出,而每次经济收缩都使产出的降幅超过了通胀。在强烈的反国家主义直

图 13　经合组织的不安指数

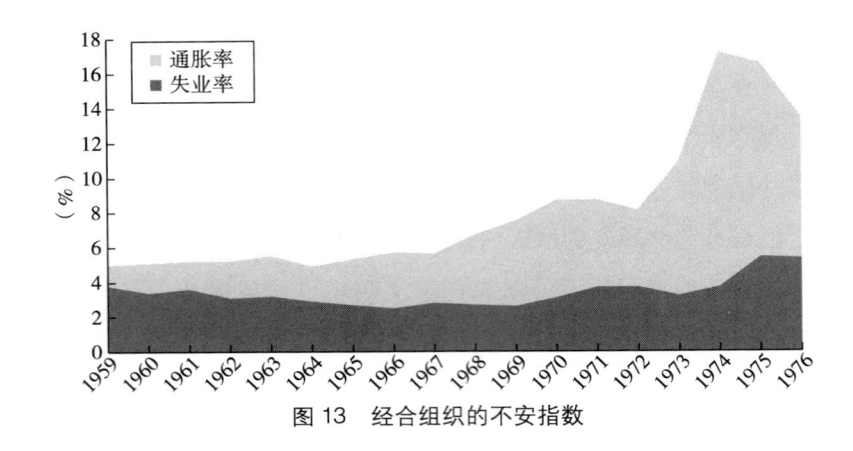

觉的指引下，米尔顿·弗里德曼在 1968 年就已经感觉到了"曲线"在上升，并提出了自己的理论解释，即凯恩斯主义学派试图一直将失业率控制在自然失业率以下。

经合组织 1977 年的报告《走向充分就业和价格稳定》（*Towards Full Employment and Price Stability*）概括了这一系列令人沮丧的变化，其标题反映了凯恩斯主义遗留至今的承诺。报告的内容按以下几个阶段展开。

开端：1965—1969 年

美国处于过度需求状态。未能通过增税为政府支出项目（特别是约翰逊的"伟大社会"计划和越南战争）提供资金，提供了一个最明显的例证，表明当需求管理与人们认识到的社会政策或政治要求相冲突时，可能遇到哪些困难。[41] 自 1967 年以来，过度需求导致美国通胀上升，并且通过美国经常账户赤字的不断增加蔓延至其他发达国家。也就是说，美国将自己的过度需求"出口"到了欧洲。与此同时，通过价格和收入政策来控制成本的尝试也以失败告终。1968 年，在经历了一系列工资大幅上涨和劳动力市场动荡以后，欧洲的通胀加速了。应该记住的是，这一年美国和西欧大学校园的抗议活动达到了高峰。在巴黎，大规模的学生示威和占领活动差点推翻戴高乐政府。

恶化：1969—1973年

这些年份可以进一步细分如下：

（1）温和衰退：1970—1971年

为了扭转通胀的上升势头，1968—1969年大西洋两岸采取了谨慎的限制性政策，使得1970—1971年出现了一场温和的衰退，这未能消除较高的通胀，但致使失业率几乎增加了一倍。

（2）布雷顿森林体系的崩溃：1971年

20世纪70年代初，失业率上升以及一些经合组织国家即将举行的大选，促使这些国家同时转向了扩张性政策。布雷顿森林体系在20世纪60年代末期就已经处于压力之下，因为美国日益扩大的国际收支赤字"有效地消除了国际收支对其他经合组织国家的限制，并促进了货币供给的大规模扩张"。[42] 然而，特里芬难题这时开始发挥作用。美联储的美元流失耗尽了人们对美国承诺将会维持美元与黄金挂钩的信心。1970年底，美国降低利率使大量美元外逃。1970—1971年，官方结算赤字增加了两倍。1971年8月，尼克松暂停将美元兑换为黄金，并征收10%的进口附加费。1971—1973年，致力于恢复固定汇率的史密森平价（Smithsonian parities）失败，取而代之的是普遍的浮动汇率。这份经合组织报告的作者认为，在解释随后价格急剧上涨的特点，尤其是货币方面的特点时，取消国际收支对国内货币政策的约束是一个"重要因素"。

(3) 繁荣失控：1972—1973 年

随着短期利率大幅下降，借款人实际的长期利率变为了负值，货币扩张引发了经济繁荣。1971—1972 年，狭义货币和广义货币的增长速度都加快了。财政扩张进一步强化了货币扩张的刺激作用，特别是在英国。从 1972 年下半年至 1973 年上半年，全世界经历了自 20 世纪 50 年代以来最快的经济增长。经合组织成员的国民生产总值增长了 7.5%，工业产出增长了 10%。通胀也加速了。超过一半的通胀上升可以归因于食品价格的上涨和股票投机。正如这份经合组织报告指出的，需求的过快增长推高了"食品、原材料和工业品的价格"。由此导致的工资上涨在初始通胀的基础上又加上了工资—价格的螺旋式上升。[43] 不过，关键的一点是，尽管货币和财政扩张将通胀率提高到 7.5%，但是失业率几乎没有变化。

经济引擎再次挂上了倒挡。短期利率从 1972 年初的平均 4%，上升至 1973 年中的 10%。财政政策也收紧了。国民生产总值的增长率从 1973 年上半年的 8% 降至下半年的 3%。"总体而言，从 1973 年下半年来看，预期会出现一个由政策引导的温和的冷却期，通胀略有下降。换句话说，会重现 1969—1971 年的情形，只是通胀会更高一些。"[44]

石油价格冲击、通胀和经济衰退：1973—1975 年

1973—1974 年石油价格翻了两番，对已经陷入混乱的全球经济造成了毁灭性的心理打击，先是加剧了工业国的通胀，接着又引发了经济衰退。进口能源价格上涨，加上由此导致的国内生产的能源价格上升，使 1974 年春天的通胀率高达 15%。面对突如其来的价格上涨，恢复实际工资的努力引发了一轮又一轮工资—价

格的螺旋式上升，政府扩大需求以避免出现更严重的衰退。主要投入品成本价格上升，而实际工资又没有下降，这导致利润率降低。1975年，通胀率达到了最高峰，日本高达30%，英国则为25%。经合组织国家经常账户的总额从1973年的略有盈余转为1974年330亿美元的赤字。

1974—1975年，石油冲击对经合组织国家产生了紧缩效应，但是这一次各成员国政府几乎没有尝试去抵消这种影响。从1974年7月至1975年4月，经合组织国家的工业产出下降了10%，工业原材料、大宗商品和食品的价格大幅下降。失业人数从800万上升到1 500万，失业率高达5.5%，然而失业问题要比数据显示的更严重，因为为降低劳动力需求而进行的调整大多采取了非充分就业和欧洲移民劳动力净回流的形式。"限制性政策和油价上涨的外部冲击产生的滞后效应，几乎在所有国家都同时出现了，这与企业和消费者信心的逐渐丧失相互影响并相互强化，使得经济衰退比原来预期的更严重，也更迅猛。"1975开始的经济复苏被认为是"软弱无力的"。[45]

经合组织报告认为，美国的过度需求是引发一系列灾难性货币事件的导火索，并导致布雷顿森林体系在1971年的崩溃，这一观点可能是正确的。随后的供给侧冲击，即商品和工资价格在1973—1974年石油价格翻了两番的过程中急剧上涨，是独立诱因还是之前需求驱动型通胀导致的结果，并不容易确定。通常的结论是虽然单个冲击可以被冲销，但事实证明即使最为明智的政策制定者也无法控制恶性事件的联合冲击。在1968年至1975年，出现了凯恩斯主义政策无法应对的结构性变革。

如果凯恩斯主义政策仅仅是20世纪50年代和60年代经济繁荣的原因之一，那么将20世纪70年代繁荣的崩溃归咎于它就不合逻辑。然而，凯恩斯主义政策制定者的错误在于，他们忽视了供给侧问题。至 20 世纪 70 年代，他们开始完全相信收入政策，希望用收入政策来抑制由有组织的劳工推动的工资增长。这种抑制作用最终未能实现，除了像德国这样的国家凭借特殊的"协商式"工资谈判结构取得了成功。然而，这一失败并不能证明前凯恩斯主义的观点，即"自由竞争"足以确保实现没有通胀的充分就业，就是正确的。在 20 世纪 70 年代通胀爆发以后，采取遏制通胀的政策是不可避免的。但是，这并不能否定凯恩斯主义革命。

英国：凯恩斯主义道路的终结

凯恩斯主义源于英国，也终结于英国。1970 年上台的保守党首相爱德华·希思（Edward Heath）主张实行紧缩的货币政策来控制通胀，而不是实行收入政策。但是，英国的失业人数在 1970 年底达到 100 万人这一"魔幻般的"数字，占劳动力总数的 3%，在这种情况下，英国在 1971—1972 年采取了一系列扩张性政策，这被称为"巴伯繁荣"（Barber boom），这一称呼来自英国财政大臣安东尼·巴伯（Anthony Barber）。这次经济繁荣使财政赤字从 1970 年的 0 扩大到 40 亿英镑，至 1973 年 12 月使失业率降低了一半，但是通胀率上升了一倍多，从 6.2% 上升到 13.5%。希思将价格水平的激增归咎于协议工资的大幅上涨，即政府在 1972 年 2 月被迫让步，使煤矿工人的工资增加了 27%，于是在 1972 年 9 月，希思以法定的强制性收入政策作为回应。他增加了社会保障支出，为租金和国有产业价格上涨提供补贴，救助陷入困境的企业，然后灾难性地将工资增长与生活成本挂钩，而他预期生活成本将会下降。希思试图通过这些措施赢得工会的支持。但是，由于工会强烈反对他的工资政策，这些惊人的政策转向并没有缓解不断上升的通胀和日益严重的产业动荡。1974年2月，希思政府被迫下台。当时他问选民："谁在治理英国？"人们非常清楚，那个人并不是他。

后来对通胀高涨的原因分析集中于1972年开始的信贷激增，这与财政开始扩张和固定汇率制度的崩溃同时发生，并导致货币流通速度迅速提高。当时的背景是，面对不受监管的银行部门的扩张，人们普遍认为央行针对零售银行卡特尔设定的贷款上限是无效的。至20世纪60年代末，外国银行、边缘银行（fringe banks）和分期购房公司开始绕过英格兰银行设定的上限大举放贷。1971年的《竞争和信贷控制法案》（Competition and Credit Control Act）废除了数量控制，转而只依赖于利率调节，英格兰银行相信或者说希望能够通过利率调节信贷总量。查尔斯·古德哈特（Charles Goodhart）参与了这项政策的制定，他回忆当时的理由是，"如果设置上限对M3这种广义货币没有影响，那么取消这一上限又会有什么影响呢？有人认为，这将更多地影响投资组合的资产构成，而不是资产总量"。[46] 事实证明这是错误的。1973年M3增加了28%，远远超过基于以往财政扩张的经验所做的预测。古德哈特认为，这主要是由于政府拒绝批准提高利率，因为此时希思正试图使企业主同意冻结价格。但是，以前对实际现金余额的需求和利率之间的关系也被打破了。由于利率这件武器似乎失效了，1973年英格兰银行实施了所谓的"紧身衣"（Corset）政策，恢复了对信贷的数量控制。这项政策将惩罚发放额外贷款的银行。

凯恩斯主义者没有令人信服的理论来解释这一连串的灾难性事件。他们不愿意放弃充分就业的承诺，辩称这一问题是社会性的，即雇主和工会之间的契约被撕毁了。菲利普斯曲线和收入政策版本的凯恩斯主义无疑都已破产，因此，无论是在叙事方面还是在政策方面，都处于真空状态。

20世纪70年代，很多人都提到了"不可治理性"（ungovernability）这一命题，并以此来解释凯恩斯主义社会妥协的崩溃。经济学家托马斯·巴洛夫（Thomas Balogh）抓住了问题的核心，他在1972年写道：

> 充分就业从根本上改变了各个阶级的相对权力，但是没有改变阶级的分层。如果没有产业后备军，雇主的权力和特权就会被削弱。突然之间，工会的议价能力提高了，并拥有了压倒性的优势。一开始，这一体系运转得不算太糟，但是在权力平衡发生变化之后，由于社会观念和制度并没有随之变化，不久就导致了通胀，而通胀和企业信心的丧失又引发了政治动荡。这是双方经济权力集中度提高与充分就业相结合产生的直接后果。这样，集体谈判的结果就不再由社会的实际资源来决定或者受其限制。[47]

问题的关键是"社会的实际资源"。增长的凯恩斯主义的前提是，如果没有"健康的经济增长速度"，对国民收入相对份额的争夺将带来通胀压力，这就要求实施比自愿限制更有力的控制措施。一旦经济增长在20世纪70年代放缓，通胀就开始了。除非出现转向左倾政策的戏剧性变化，否则只能重建产业后备军，并同时摧毁作为经济力量集中的两大支柱之一的工会运动，除此之外，别无选择。

1976年，工党首相詹姆斯·卡拉汉（James Callaghan）在一次党内会议上发表了令人震惊的观点：

我们曾经以为,可以凭借花钱来走出衰退,通过减税和提高政府支出来增加就业。我坦率地告诉你们,这个选项已经不复存在了,即便它曾经存在过,也只有通过向经济中注入更大剂量的通胀才能起作用,接下来就是更严重的失业。更严重的失业之后就是更高的通胀……这就是过去20年我们的经历。[48]

人们忽视了1968—1975年经济表现的恶化由于是一系列"冲击"的共同作用,任何应对危机的政策体系都会面临这些冲击的考验。一个新的故事应运而生,而讲故事的人就是米尔顿·弗里德曼。[49]

第 7 章
货币主义的理论与实践

如果凯恩斯在一开始的几章中就直接阐明他认为正确的这一假设条件，即现代资本主义社会的货币工资具有黏性，难以向下调整，那么他的大多数洞见依旧是正确的……

——保罗·萨缪尔森（1963）[1]

既然预期是基于各种信息对未来事件做出的预测，它在本质上与相关经济理论的预测是相同的。

——约翰·弗雷泽·穆思（J. F. Muth，1961）[2]

至20世纪70年代中期，凯恩斯主义时代结束了，只留下了些许遗迹。在接下来的几年里，经济学又恢复了前凯恩斯主义的传统。奥尔索拉·康斯坦丁尼（Orsola Constantini）写道："凯恩斯主义者眼中的所有政策目标，现在都被视为一个组织良好的经济体系的必要特征。"[3]

凯恩斯主义为何会土崩瓦解？公认的答案是20世纪70年代凯恩斯主义政策的失败，特别是它对充分就业的承诺导致了通胀失控，引发了对凯恩斯主义的反对意见。但实际上，对于那些从未接受过凯恩斯理论并且仅仅是不情不愿地默认了凯恩斯主义政策的经济学家而言，这种反对意见多年以来始终存在。这可以追溯至发起凯恩斯革命的社会妥协。

凯恩斯和古典学派

在新古典经济模型中，工资和价格的灵活性可以确保实现充分就业。甚至凯恩斯之前的经济学家就已认识到，这些机制并不能完全奏效，因为"摩擦"会阻碍这些机制发挥作用，比如企业和工会的垄断、固定工资合同、失业救济和其他政府干预等。因此，一些古典经济学家愿意支持实施公共工程或者逆周期调节政策以维持就业，同时保留了假定市场可以完全调节的经济模型。

凯恩斯创建了一个模型，与这类工资和价格调节的制度性障碍全然无关。他想要说明的是，即使没有这些摩擦，市场经济也无法实现完美的自发调节。市场并不存在"自动趋势"，不仅使利率降至足够低的水平，从而使所有计划储蓄都能得到利用，而且使实际工资也降至足够低的水平，从而使所有寻找工作的人都能被雇用。无论储蓄或劳动的均衡价格或者市场出清价格是否存在，其决策会在市场上决定这些价格的人并不知道这些价格是多少，或者说这些价格根本就是不可知的。在一个竞争性市场体系中，与这种价格相关的不确定性是固有的并且无法消除。

这场反击并非始于反对凯恩斯主义的政策处方，而是始于对凯恩斯理论的攻击。实际上，非凯恩斯主义者找到了新的论据来证明为何灵活的货币工资可以始终维持充分就业。[4] 不幸的是，由于工资是不灵活的，基于政治、效率或许还有人道主义方面的原因，凯恩斯主义政策有其合理性。我们只能断言，由于价格调整过程存在无法解释的时滞，任何避免萧条的政策都是好的。这就是凯恩斯和古典学派休战的本质所在。古典学派在理论上取得了胜利，凯恩斯则在政策方面赢得了战争。[5]

新古典综合

新古典综合的尝试可以追溯至 1936 年 9 月计量经济学会在牛津大学召开的会议，这次会议开始为凯恩斯的《通论》建立数理模型。在这次会议上，约翰·希克斯展示了他的"教学小工具"，也就是 IS-LM 模型或者说投资—储蓄与流动性偏好—货币供给模型。他将这篇论文发表在 1937 年 6 月的《计量经济学》杂志上。[6] 希克斯将《通论》简化为一组方程，在利率和工资的变化不受任何限制的情况下，可以得出瓦尔拉斯式的充分就业解，这对应于新古典的情形，或者如果工资和利率是固定的，则得到的是一个数量调整均衡（quantity-adjusted equilibrium），这对应于凯恩斯主义的情形。希克斯并没有说明哪种情形出现的可能性更大。

IS-LM 模型这一分析工具并非一种理论，它提供的是呈现各种可能性的不同方法。按照希克斯本人的观点（这一观点也被广泛接受），凯恩斯的"通论"只是更具一般性的新古典理论在工资和利率变动受到限制时出现的一种"特例"。由于存在这种价格"黏性"，政策工具的选择取决于曲线的斜率，在凯恩斯主义者强调的情形中货币政策是相对无效的，因为存在流动性偏好，并且相对而言利率变化对投资影响不大。相对于货币政策，他们更偏好财政政策，因为财政政策可以直接作用于需求的各个组成部分。

艾伦·科丁顿（Alan Coddington）将 IS-LM 模型称为"一种分析容器，拥有相当惊人的普遍性和适应性，即使在旷日持久的争论中相互对立的双方也能够为他们的争论找到的一个共同框架"。[7] 按照沃伦·扬（Warren Young）的观点，这一模型"体现了对一致性和确定性的追求"，并为学习经济学的学生提供了一种理解凯恩斯《通论》的权威方法。[8] 正是这种优雅的数学范式将其简化为一个著名的图形，那些发展和应用凯恩斯思想的人才得以理解凯恩斯的观点。关于 IS-LM 图形及其解释，参见附录 7.1。

到了 20 世纪 50 年代，保罗·萨缪尔森写道，经济学家"已经努力将传统经济学和现代收入决定理论中有价值的部分综合在一起。最终的结果可能被称作新古典经济学，其大致框架几乎被所有人接受，除了 5% 极左翼和极右翼作者"。[9]

新古典综合基于两个相互矛盾的信念，即追求最优的个体以及工资和价格的黏性，前者保留了微观经济学的新古典结构，而后者为冲销投资崩溃的干预主义政策提供了合理的理由。这样一来，微观经济学和宏观经济学之间就会存在逻辑上的鸿沟，因为工资黏性以及由此导致的持续失业与个体的最优行为是不一致的。凯恩斯试图弥补古典理论中的逻辑鸿沟。古典经济学家则开始抱怨，凯恩斯主义模型缺乏恰当的微观经济学基础，即这些模型缺乏像市场价格这样的激励机制，以推动模型中的行为人朝着这个方向或者那个方向行动；劳动力供给被假定为固定不变；居民储蓄被假定为仅取决于当期的收入；企业投资被认为取决于预期的销售量而不是收益率。这是一种"需求决定"的世界观，几乎没有给供给调整留下任何空间。在 20 世纪 30 年代需求严重不足的背景下，这些批评无关紧要。但是在战后出现的高就业经济中，这些观点变得重要起来。

反正统理论的兴起

对凯恩斯主义政策正统地位的反对意见大为流行，而这确实与芝加哥大学经济学家米尔顿·弗里德曼密切相关。然而，在凯恩斯主义政策失败使之遭到政治反对之前的很长时间里，弗里德曼就对利用凯恩斯主义方法制定经济政策表示过不满。

有组织的"反正统"理论，即学术界和政治领域对战后共识的反对意见，可以追溯至1938年的"沃尔特·李普曼座谈会"，这是一次由法国哲学家路易斯·鲁吉尔（Louis Rougier）组织的会议，目的在于讨论李普曼于1937年出版的著作《良好社会原理探究》（*An Enquiry into the Principles of the Good Society*）。正是在这次会议上，德国经济学家亚历山大·吕斯托夫（Alexander Rüstow）发明了"新自由主义"一词，以此来描述试图重启大萧条之前古典自由主义的学术运动。这场运动始于在维也纳、弗赖堡、巴黎的大学以及伦敦政治经济学院展开的争论。新自由主义的目标是对抗极权主义。凯恩斯本应是这些新自由主义者的盟友，但是他认为大量的政府干预对维护市场经济的运行是不可或缺的，从而导致新自由主义者认为凯恩斯主义即便不是有意为之，也是他们正在极力对抗的极权主义事实上的盟友，或者至少是在为极权主义提供掩护。对于自由放任产生的弊端，新自由主义的解决方法不是让政府施加干预，而是将市场经济嵌入一个受宪法和规则约束的秩序中，并由此产生了德国的秩序自由主义，这将保障自由竞争，并剥夺国家改变市场过程的自由裁量权。对于那些由于经济或者个人原因遭遇不幸的人，应当"在市场之外"为其提供社会保障体系。

凯恩斯对这种为古典经济学辩护的看法，在他对哈耶克1944

年出版的《通往奴役之路》的回应中表达得非常清楚。简而言之,哈耶克的观点是,"一旦市场的自由运转受到的阻碍超过一定限度,计划者将被迫扩大他的控制,直至将控制扩展到所有领域"。哈耶克并没有指名道姓地攻击凯恩斯。但是对于那些"认为只有实施极大规模的公共工程才有可能成功抗击经济波动"的人,哈耶克确实将凯恩斯视为这些人的思想领袖。哈耶克没有指责这些经济学家拥有极权主义的强制意图。但是,他认为如果政府决心不惜任何代价来消除失业,并且不使用强制手段,那么结果就是日益严重的资源错配和通胀加剧。他警告说:"如果我们想要避免让所有经济活动日益依赖政府支出的方向和规模,就必须谨慎行事。"[10]

凯恩斯在 1944 年 6 月 28 日的一封信中回应了哈耶克的观点。他祝贺哈耶克完成了"一部伟大的著作……我发现自己在道德和思想方面几乎完全赞同这些观点;不仅赞同,还深为感动"。

然而,他有三点反对意见。第一,

> 你承认……搞清楚这条界线划在哪里,这是一个问题。你同意……自由放任在逻辑上的极端状况是不可能出现的……但是,一旦你承认了这一点,你就完了……因为你努力说服我们,只要往计划的方向移动一寸,就必将走上这道滑坡,并最终坠落悬崖。

第二,出于谨慎考虑,凯恩斯否定了哈耶克只能让萧条自行其是的观点。他说,"这样做只能导致你的结论在现实中幻灭"。实际上,凯恩斯指责哈耶克将经济领域的意识形态置于治国之道之上。有可能激发革命并使自由主义陷入危险境地的是哈耶克的政策,而不是凯恩斯的政策。

第三，凯恩斯认为拥有强大的自由民主传统的社会不会走向极权主义。"在一个能够正确思考和体悟的社会中，可以安全地实施危险的行动，但是，如果由那些无法正确思考和体悟的人来实施这些行动，这就会成为一条通往地狱之路。"[11] 这是一条充满力量的格言，但是缺乏动态视角。它忽视了哈耶克的观点：已有的"正确认识"会被政府政策消耗殆尽，因为这些认识并非独立于政府采取的行动。接下来的问题就变成了判断哪一种经济社会实践最有可能维护哈耶克和凯恩斯共有的道德价值观。

正如我们看到的那样，这场争论涉及一个根本问题，即凯恩斯主义，更广泛地说是社会民主主义，是消除极权主义的解药还是极权主义的开端？现在看起来，我们可以说凯恩斯在一些重大问题上赢得了胜利，但是在一些次要问题上输给了对手。作为一种政策，凯恩斯主义绝不是通向奴役之路，但它确实会导致通胀。

货币主义

《通往奴役之路》为哈耶克在 1947 年创建朝圣山学社带来了灵感。米尔顿·弗里德曼是该学社的早期成员之一。弗里德曼没有参与新古典综合，而是投身于反对凯恩斯革命的运动之中。他攻击凯恩斯的学说，以说明凯恩斯主义政策毫无用处。他回忆说：

> 在我的整个职业生涯中，我已经认识到自己是有些自相矛盾的……一方面我对科学本身感兴趣，努力不让自己在意识形态方面的观点影响我的学术研究，我希望已经做到了这一点。另一方面，我对于事态的发展深感担忧，因而想改变这一进程，以增进人类的自由。幸运的是，我感兴趣的这两

个方面似乎可以完全兼容。[12]

实际情况并非如此。弗里德曼的研究动机完全是政治性的。他重新表述了新古典经济学，以将不断扩张的凯恩斯主义国家从经济中驱逐出去。但是，弗里德曼的经济学几乎从未宣称以缩小国家的规模和范围作为目标。

弗里德曼相信市场激励通常是有效的。这意味着在失业率处于他所谓的"自然失业率"或"均衡失业率"时，经济通常是稳定的。政府对市场激励结构的干预，是经济摇摆不定的主要原因。为了将失业率降至最低水平，或者用弗里德曼的话讲，将失业率降低至"自然失业率"以下，秉持凯恩斯主义的政府将太多货币注入经济，这导致了对价格的错误认知，从而助长了通胀。之后，政府试图通过收入政策来抑制通胀，但收效甚微，而且会摧毁劳动力市场的价格调整机制。因此，应该像对待格列佛那样，对政府施加严格的约束，限制他们随意扩大货币供给的自由裁量权。这一观点与哈耶克有很多相似之处，并且可以追溯至李嘉图。

弗里德曼坚持新古典的微观基础理论。这些分析表明，不可能出现持续的大规模失业。他声称价格变动缺乏灵活性并非社会准则，而是因为政府干预了信贷市场和劳动力市场的运行，弗里德曼因此超越了新古典综合。这样，他就解释了价格调整机制为何存在滞后现象，而其他理论则没有说明这一点。从技术上讲，弗里德曼主义是一种尝试，它试图通过将宏观政策削弱至最低程度，从而将正统的微观经济学和新的宏观经济学统一起来。

弗里德曼的货币主义让人回想起货币数量论的黄金时代，这一理论激发了20世纪20年代包括凯恩斯在内的货币改革者的努力。只要货币得到有效控制，经济通常不会失调，或者说不会严重失调。换句话说，如果货币数量是适当的，支出就会处于合适的水平。政府出于政治目的成功地扰乱了经济，这展现了货币的力量；现在这种力量必须由一家独立的中央银行来掌控，以防止其扰乱经济。

从20世纪50年代至60年代后期，弗里德曼提出了一系列相互关联的观点，从而发起并扩大了对凯恩斯主义学说的猛烈攻击。至1968年，他的炮火已经完全就位。由于在消费分析、货币史和货币理论以及稳定化政策等领域取得的成就，弗里德曼于1976年获得了诺贝尔经济学奖。他的攻击摧毁了凯恩斯主义关于需求管理的大多数观点。

弗里德曼声称市场经济通常可以自我调节并实现充分就业，他于1957年提出的"永久性收入假说"也是为了支持这一观点。凯恩斯的消费函数认为支出仅取决于当期的收入。这意味着暂时性的冲击会严重影响总需求。在弗里德曼看来，这夸大了需求波动的影响。他建立模型，说明具有前瞻性的理性行为人会根据其永久性或者一生的预期收入来平滑消费。[13] 由此产生的结果是在经济低迷时期，支出的下降将少于当前收入的降幅，因为他们预期其收入下降仅仅是暂时的，人们将用光他们的积蓄或者基于其正常的收入能力来借钱，并期望在恢复正常光景时重新储蓄或偿还债务。因此，政府不用急于增加预算赤字，或者采取其他措施，比如通过再分配政策将收入转移给消费倾向更高的人群。支出由永久性收入决定，这使经济保持在接近充分就业的水平。[14]

弗里德曼货币理论的核心内容是他于1956年对货币数量论的重新表述[15]：

$$PQ = f(M)$$
$$P = g(M)$$

其中，P 是价格水平，Q 是产出，f 是短期货币函数，g 是长期货币函数。在短期，货币变化会影响产出，但是货币数量的变化最终只会导致价格水平等比例的变化。

弗里德曼做出了一个至关重要的决定，即基于他所谓的"稳定的货币需求函数"提出了自己的论点。这意味着否定了凯恩斯提出的"投机性货币需求"的存在。弗里德曼认为，凯恩斯将投资组合的选择局限于债券和货币是没有道理的。资产组合是在现金和所有能够带来效用的财富形式之间进行选择，而不仅仅是在货币和债券之间进行选择。因为持有现金是有机会成本的，即现金不产生任何利息，因而现金余额将始终保持在最低水平。人们将使用自己拥有的多余现金来购买公司的股份或者房地产。因此，这一拓展的资产组合选择理论证实了原来"简单理论"的假设：在出现资金盈余或赤字时，人们的目标就是通过增加或者减少支出来恢复实际余额。这使货币乘数重新恢复至原来的水平，并重新建立起货币和价格之间的联系。

在 1963 年的《美国货币史：1867—1960》[16] 和 1982 年的《美国和英国的货币趋势》[17] 这两部巨著中，弗里德曼和施瓦茨努力从经验上验证弗里德曼对货币数量论的重新表述。这两部著作的结论是，货币流通速度或者一单位货币的转手速度在不同经济周期中表现得非常稳定，而且在所有周期波动中，广义货币存量会先于货币收入变化。弗里德曼和施瓦茨使用的计量经济学方法以及由此得到的结论，受到了亨德里（Hendry）和埃里克松（Ericsson）的严厉批评。[18] 经验检验必然不是决定性的，而且一向如此。弗里德曼并不太担心。[19] 与凯恩斯一样，他明白经济学所能做的不过就是"根据难以驾驭且不够准确的数据进行合理的猜测"。[20]

弗里德曼和施瓦茨认为 1929—1932 年的大萧条是美联储未能

阻止货币供给崩溃引起的，这一观点已经成为正统学说。它影响了 2006—2014 年担任美联储主席的本·伯南克，也影响了为应对 2007—2008 年经济衰退而实施的量化宽松政策。除此之外，正如大萧条是由于央行发行的货币太少，通胀则是由于央行发行的货币太多，"无论何时何地，通胀都是一种货币现象，也就是说通胀的原因是而且只能是货币数量的增长速度超过了产出的增长速度"。[21]

弗里德曼下一个攻击的目标是凯恩斯的稳定化理论。他推翻这一理论，靠的是以"适应性预期"代替凯恩斯的"不确定性预期"。适应性预期假设人们可以从经验中学习，也就是说他们知道货币扩张将导致通胀。这意味着除非在非常有限的时间内，否则货币政策既不能稳住利率，也不能稳住失业率。

关于第一点，弗里德曼坚持认为：

> 加快货币增长速度会导致物价上涨，这会令公众开始预期物价将继续上涨。接着借款人就会愿意支付更高的利率，贷款人也会提出这样的要求……每次试图将利率维持在较低水平，都迫使货币当局连续进行规模越来越大的公开市场购买。[22]

1968 年，弗里德曼在美国经济学会发表了题为"货币政策的作用"的主席演讲，他在这次演讲中对凯恩斯主义的菲利普斯曲线发起了正面进攻。菲利普斯曲线假定通胀和失业之间存在一种稳定的权衡取舍关系。[23] 我们已经看到，作为一种经验假说，菲利普斯曲线在 20 世纪 60 年代末期开始失效，"权衡取舍关系"不复存在，出现了通胀率和失业率的同时上升。弗里德曼指出，凯恩斯主义者的关键错误在于他们假设工资谈判的双方对价格的预期是不变的。在 19 世纪价格长期稳定的世界里，这样的假设是合适的，但是在存在通胀的时代，这样的假设就过时了。这不可避免地导致了货币政策的短期效应与长期效应被混为一谈。只有在工资价格的上涨滞后于实际的通胀时，通胀才能降低失业率。然而，在形势持续发生变化时，明显的惯性与强调最优行为的微观经济理论是相悖的。更为合理的假设是人们会根据通胀的经历调整自己的行为。

因此，如果政府为了减少失业而使总需求（或者弗里德曼所讲的货币供给）的增速超出经济的生产能力，起初会刺激经济；但最终的结果将是提高价格，并且不会对就业或者产出产生任何影响。这是因为一开始工人会由于刺激政策导致名义工资的提高而乐于提供额外的劳动，他们没有意识到企业接下来会提高产品的价格，使得工人的实际收入下降，从而使他们的工作意愿降至原来的水平。人们基于以前的通胀来形成对通胀的预期。结果，政府的刺激政策导致的通胀会"嵌入"工人的预期之中。对适应性预期和弗里德曼附加预期的菲利普斯曲线更完整的表述，参见附录 7.2。所有这一切，弗里德曼不过是在重复两个世纪以前大卫·休谟的观点。只有在通胀没有被预料到的情况下，货币手段才有可能促进就业。但是，工人不可能永远被愚弄。

在阐述这一观点时，弗里德曼提出了一种独特的自然失业率或均衡失业率的概念，他将其定义为与稳定的物价相一致的失业率，也就是经济学家开始讨论的"非加速通胀失业率"，或者缩写为"NAIRU"。这体现了"劳动力市场和商品市场实际的结构性特征，包括市场不完善、需求和供给的随机变化、收集有关职位空缺和可以利用的劳动力的信息成本、劳动力流动成本，如此等等"。[24] 由于自然失业率是不可知的，因此以下说法似乎是合理的：自然失业率是在没有意外冲击的情况下实现的失业率，而导致这种意外冲击的罪魁祸首就是反复无常的货币政策。如果均衡失业率对于社会而言是不可接受的，那么解决办法就不是扩大货币供给，而是进行结构性改革以减少"市场的不完善"。正如我们看到的，弗里德曼使新古典思想重归原位，即一个不受阻碍的市场总会产生一个瓦尔拉斯式的充分就业均衡。弗里德曼为20世纪80年代撒切尔夫人和里根的"供给侧"政策，以及后来国际货币基金组织向急需资金的国家发放贷款时作为条件提出的"结构调整"政策，提供了理论依据。

尽管货币政策不应被用于短期经济活动的调节，滞后期很长且变化不定的财政政策更是如此，但是货币政策重新承担起了价格稳定器的作用。为了抗击通胀，政府应该将货币增长速度限制在低于生产率增速的水平。物价稳定或者至少是稳定的通胀率，应该成为货币政策的唯一目标。要做到这一点，靠的不是相机抉择的货币政策，这会造成货币幻觉，而是采用某种货币规则，比如货币存量以每年 $k\%$ 的固定速度增长，这相当于趋势增长率。货币规则的设定不受经济周期的影响，但是它将使经济增长与"趋势"保持一致。如果采用了这样的规则，就必须放弃固定汇率。只有由市场决定的浮动汇率才能保障货币政策拥有必要的独立性。

这样，弗里德曼就说明了"关于货币政策的作用，历史教给我们的第一个也是最重要的教训就是货币政策可以阻止货币本身成为经济动荡的重要原因"。"货币当局有一项积极而重要的任务，那就是运用自己的权力，让这台机器保持良好的运转状态。"货币政策应该：

> 为经济提供稳定的环境，即让这台机器得到充分的润滑……如果生产者和消费者、雇主和雇员抱有充分的信心，认为未来价格的平均水平能够以一种已知的方式变化，最好是实现高度稳定，那么我们的经济体系就能够以最佳状态运行。[25]

弗里德曼的研究具有明显的反凯恩斯主义的政策含义。这主要包括以下四个方面：

（1）弗里德曼重新表述了货币数量论，这一理论认为价格或者名义收入会与货币数量发生同比例的变化。

（2）因此，宏观政策可以影响名义变量，但是不能影响实际变量，比如可以影响价格水平，但是不能影响就业或者产出水平。

（3）弗里德曼认为通胀总是而且仅仅是一种货币现象。决定一般价格水平的是经济中的货币总量；成本压力无法独自产生通胀，只有通过宽松的货币政策，成本压力才能基于成本加成的定价策略来推动通胀。

（4）弗里德曼的永久性收入假说表明，决定消费支出的可能是一个家庭平均的长期收入或者永久性收入，而不是像凯恩斯的消费函数表明的那样，由家庭目前的可支配收入决定。

现在回想起来就能清楚地发现，弗里德曼充分利用了政府的悖论。凯恩斯主义革命将国家作为一个不稳定体系的稳定器。弗里德曼说，这多么讽刺，国家才是这个体系主要的不稳定因素！[26] 根据弗里德曼的诊断，毛病出在国家对自然的市场力量的干预，18世纪就有经济学家首先指出了这一点。

当时，许多人认为弗里德曼的成就证明了经济学的进步。他的模型使其能够预测滞胀，而凯恩斯主义者却对此束手无策。只是到了后来，他的理论才显露其缺陷。他的"永久性收入"消费函数假定，消费者不仅有不可思议的远见，而且拥有充足的储蓄并且可以获得信贷，从而在经济低迷时期阻止消费下降。他抨击凯恩斯的投机性货币需求理论，却没有认识到货币具有价值储藏功能。他重新表述了货币数量论，尽管提出了"证据"，但是并没有解决自该理论诞生以来就一直令人困扰的因果关系问题。他认为仅靠货币政策就可以阻止大萧条，但并没有证明这一点。他的适应性预期理论也无法解释从1968年到1974年的通胀加速上升。

实际上，弗里德曼对货币数量论的重新表述尽管比他所谓的"简单理论"有所改进，但是仍然没有摆脱这一理论的三个主要弱点，即认为货币是外生的，对货币的需求是稳定的，货币变量和实际变量是相互独立的。当货币主义从一张图纸转变为实际政策时，所有这些都被证明会带来破坏性影响。

弗里德曼的弱点被忽视了，因为他的理论服务于意识形态的目的。首先也是最重要的一点，它表明解决通胀问题无需控制工资、价格和利润，并且说明了这类控制对自由经济造成的影响。[27] 只要控制货币供给就能够使价格体系自由运转。它只需要一些拥有正确经济模型的专业的中央银行家。

其次，货币主义为削减政府支出提供了一个政治经济学方面的理由。政府支出在国民收入中的占比越小，就越容易保持货币的稳定，因为国民收入中由政府支出的比例越高，政府就越有可能通过发行货币来为自己的支出提供资金。政治右翼将弗里德曼的理论视为一件利器，可以用来有效地攻击政府作用的日益扩张。货币主义可以将民众对高税收的不满情绪以及对福利国家正在被"乞丐"滥用的疑虑，与通胀这个令民众感到焦虑的重要原因联系在一起。[28]

如果不是各种事情的发展凑巧都有利于弗里德曼，他的机智和雄辩将永远无法战胜萨缪尔森的自信。正是由于滞胀出现并持续了多年,使得猜想变成了解释,解释变成了实验。货币主义之所以流行,是因为它并非危机时的正统思想;它得到了新自由主义智囊团和政府内外有影响力的支持者竭尽全力的推广;它的理论似乎可以使滞胀得到合理的解释。

货币主义实验:1976—1985 年

至 20 世纪 70 年代末,随着发达国家的通胀率超过 10%,货币主义迅速从一份蓝图转变为积极的行动。在 1971—1973 年实施固定汇率制度的布雷顿森林体系崩溃以后,各国政府放弃了以利率为目标的政策和信贷控制,"选择仅仅以货币数量的变化来指导整体经济政策的制定"。[29] 不幸的是,货币并没有按照弗里德曼所讲的方式运行。"至 20 世纪 90 年代初,经济政策重新根据一系列指标来制定;如果央行得到了明确的指示,那么这些指示都是以通胀为目标的,而不是以货币供给为目标的。"[30] 短期利率是控制通胀或者更广泛的总需求的主要机制,这是货币版而非财政版的凯恩斯主义需求管理政策。[31]

蒂姆·康登将 20 世纪 80 年代实验过的货币主义进行了有益的区分,将它们分为美国式货币主义和英国式货币主义。弗里德曼认为,包括纸币、硬币和商业银行现金准备金的基础货币是预测未来货币总量变化的最佳指标,因而也是预测未来物价上涨速度的最佳指标。货币总量包括银行存款。实证研究表明,"准备金率在长期是相当稳定的"[32],即在实现部分准备金的银行体系中货币乘数是稳定的。既然央行可以完全控制现金数量,有人认为"反映央行操作的现金数量变化"决定了银行存款水平,从而也决定了货币供给水平。[33] 这是货币数量论的直接推论，与凯恩斯1923年的想法完全一样。通过改变银行准备金的供应量，中央银行可以决定经济中的货币总量，从而决定长期的价格水平。

英国式货币主义与货币数量论之间的关系没有这么清晰。英国式货币主义主要关注通过调整短期利率，从而对信贷或者说"广义货币"进行直接控制。在通胀率很高的情况下，实际利率为负。在英国人看来，正是政府借债以减少失业才导致了通胀，因此，必须消除政府借债造成的赤字。1974年，英国公共部门净借款达到GDP的9.6%。于1983年至1989年担任财政大臣的尼格尔·劳森（Nigel Lawson）曾在1978年承诺，将"恢复财政纪律"作为货币控制的一部分。

在1979年至20世纪80年代初，美国和英国分别尝试了货币主义的不同版本，并造成了相当严重的后果。1979年，美联储新任主席保罗·沃尔克（Paul Volcker）面对通胀飙升，将美联储的政策目标由盯住利率转为盯住货币。联邦公开市场委员会"将寻求控制货币基础的增长……使其数量能够充分实现货币目标……并且意识到这一过程会导致短期货币市场利率更剧烈的波动"。[34] 美联储将在债券市场出售政府证券。这将减少商业银行的现金准备金，迫使它们提高利率。受当时流行的理性预期理论的影响，沃尔克希望这种公开市场政策可以充分降低通胀预期，并使长期债券的利率快速下降，从而可以避免或者至少缓和降低通胀产生的就业和产出方面的代价。

结果并非如此。从1979年至1982年，通胀率从11%降至4%，但代价是自20世纪30年代大萧条以来最严重的经济衰退。短期利率飙升至21%，不仅摧毁了很多美国的企业，也让发展中国家损失惨重，这些国家现在不得不以高得多的利率为其借入的石油美元再融资。以债券收益率衡量的通胀预期仍然高于货币主义者的预测,这一状况持续的时间也远远超过了沃尔克的预期。1982年,美国式货币主义被抛弃,但是沃尔克被誉为使美国战胜了通胀的伟人。失业率从1982年的11%下降到1990年的5%。具有讽刺意味的是,沃尔克衰退造成的最严重影响被里根总统为资助对抗苏联的军备建设而导致的巨额预算赤字抵消了。

英国在1980年至1984年推行了以广义货币为目标的货币主义实验,其结果并不比美国以狭义货币为目标的货币主义好多少。在1980年的预算中,财政大臣杰弗里·豪(Geoffrey Howe)提出了中期财政战略(MTFS),呼吁分阶段降低货币存量的增长速度,并通过分阶段降低公共部门借款占GDP的比例来实现这一目标。政府预计,宣布货币目标会降低工资谈判双方对通胀的预期,在使物价下跌的同时失业仅会略有增加。但是,事实并非如此。由于货币供给数据未能达到预期的目标,撒切尔夫人和豪只能诉诸货币和财政的休克疗法。17%的央行利率推高了本来已经因北海石油收入而走强的汇率。在此基础上,1981年英国又出台了一项极为紧缩的预算方案,从经济中抽取了40亿英镑,而此时失业一直在增加,这是自1931年以来第一次在产出急速下降时采取紧缩性预算政策。它传递的信息是清晰的,即无论付出多高的失业成本,都不会重启凯恩斯主义政策。然而,这一代价是沉重的。从1980年至1982年,失业率从5%上升到10%,这与20世纪20年代一样糟糕,并且在1986年之前一直在上升,最终失业人数达到了300万。在1981年3月30日写给《泰晤士报》的一封信中,包括英格兰银行未来的行长默文·金在内的364位经济学家预测,政府的政策将"加剧萧条,侵蚀我们经济的工业基础,并威胁社会和政治稳定"。然而,在这封信几乎墨迹未干时,经济就开始复苏了,在接下来 6 年时间里，产出年均增长 3.3%。与此同时，通胀率从 17.8% 降至 4.3%。在 20 世纪 80 年代中期，短期利率降至 5%，这导致了房地产市场的繁荣。

在这两个案例中，容易被接受的渐进式抗通胀的策略都失败了，而休克疗法则扭转了通胀的趋势，但是也付出了产出和就业方面的巨大代价。分析人士指出，货币需求是不稳定的。在 20 世纪 70 年代和 80 年代，货币流通速度出现了持续的大幅波动，这使得货币增长无法很好地预测未来的价格和收入。查尔斯·古德哈特提出了一条著名的"法则"：一旦试图利用货币和价格之间任何已有的关系来控制某种经济目标，这种关系就会破裂。但是，新货币理论本身也存在一个缺陷，即公众对货币当局抗击通胀的声明从来都缺乏足够的信心，因而这一政策的实施也不会是一个相对没有痛苦的过程。在一篇有趣的回忆文章中，大卫·莱德勒收回了自己对中期财政战略的部分支持。他认为，在向较低的平均通胀率和名义利率过渡时，货币需求会上升，原因在于为持有货币而支付的通胀税有所降低，因此，货币增长减速的步伐应当更加缓慢。在他看来，正是未能认识到这一点，才使得 20 世纪 80 年代的经济衰退如此严重。[35] 与之相反，帕特里克·明福德（Patrick Minford）则认为，渐进式抗通胀政策太过缓慢因而难以获得民众的信任，英国政府在 1980 年和 1981 年迅速收紧了狭义货币，方才摧毁了通胀的根基。[36]

货币主义政策的失败导致美联储和英格兰银行放弃了直接控制货币总量的尝试。通胀目标成为默认选项。这一政策的巨大优势在于，它绕开了一些没完没了的争论，比如货币是外生的还是内生的，应该控制狭义货币还是广义货币，从货币到价格的传导机制是什么，如此等等。现在要做的只是实施传统的央行利率政策，再加上新发明的预期管理。1993年，在沃尔克之后继任美联储主席的艾伦·格林斯潘宣布，将放弃所有的货币目标。接着，美联储运用公开市场操作来影响联邦基金利率，并宣布了一个理想的通胀目标，制定了美联储的政策规则，以便为市场提供前后一致的信号。这成为标准做法，直至2012年美联储在本·伯南克的领导下采用了明确的通胀目标制。[37]1997年成立的欧洲中央银行也有一个通胀目标，并且通过调整短期利率来实现这一目标。在英国，以货币为目标的做法在1985年就停止了。英国政府曾经短暂地寻求约束其难以控制的经济，先是让英镑暗中钉住德国马克，然后是让英镑成为欧洲货币体系的一员，但是1992年估值过高的英镑受到了投机性攻击并被迫退出了汇率机制，此后它开始效仿美国的做法。最初，通胀目标被设定在1%~4%。1997年，即将上任的工党政府担心这一目标过于宽泛，无法使通胀预期处于恰当的水平，尤其是政治家仍然控制着利率的设定，因此，工党政府将货币政策的控制权转交给了英格兰银行，并令其以零售价格指数上涨2.5%作为通胀目标，后来又将目标降至消费者价格指数上涨2%，这一目标沿用至今。

货币主义实验结束了。保留下来的是确立央行独立性的两个主要理由：一是尽可能让经济政策摆脱追逐选票的政客的控制，二是找到控制通胀的有效方法。这些因素结合在一起，形成了利率政策应该摆脱政府控制的想法。至2005年，以新西兰为首的30家"独立"的央行实行通胀目标制。新西兰原本计划将时任央行行长唐纳德·布拉什（Donald Brash）的薪酬与央行控制通胀的表现挂钩，但事实证明这是不现实的。

图14表明，英国从1976年开始以货币总量作为目标。通胀保持在很高的水平并且变动不居。20世纪70年代，年均通胀率超过

了12%，20世纪80年代接近6%（见图15）。在1992年宣布了通胀目标以后，通胀明显改善。世界各地都能看到类似的情形。

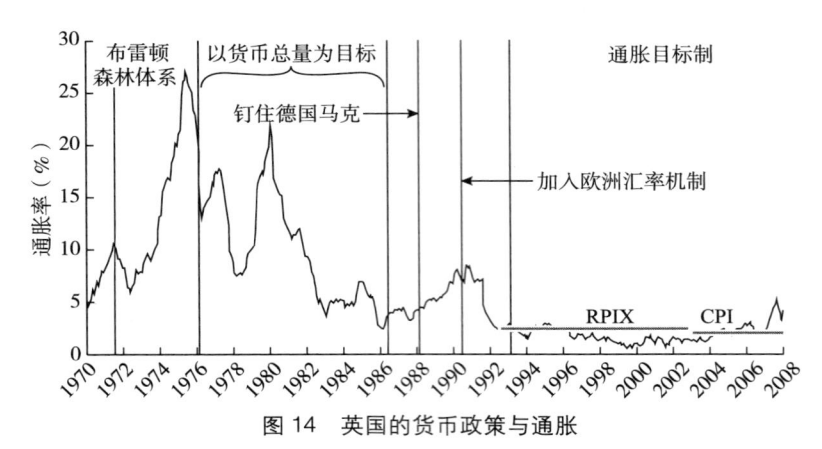

图14 英国的货币政策与通胀

注：1987年之前的数据使用的是RPIX（零售价格指数），1988年以后的数据使用的是CPI（消费者价格指数）。

资料来源：Hammond（2009, p. 2）。

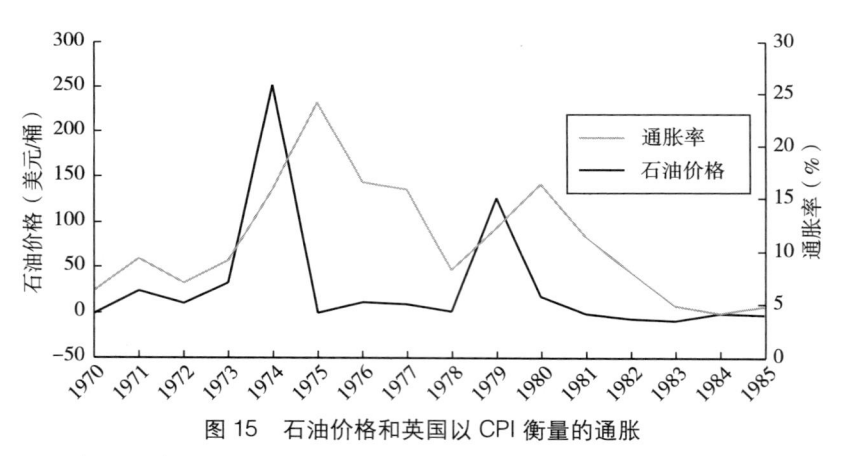

图15 石油价格和英国以CPI衡量的通胀

注：石油年度平均价格按照每桶石油的当年美元价格计算，1971—1983年为沙特公布的阿拉伯轻质原油的数据；1984—1990年为布伦特原油现价的数据。

资料来源：CPI数据来自Bank of England（2017a）。石油价格数据来自BP（2016）。图由作者自制。

通胀目标制是否"驯服"了通胀？这在很大程度上取决于如何看待1973—1983年能源价格波动产生的影响。

石油价格于1973—1974年和1980—1982年出现了两次暴涨，随后通胀达到了峰值（见图15）。20世纪70年代中期和80年代初期石油价格出现了下跌，通胀率也紧随其后开始下降。同样，我们能够看到的只是相关性，但是对其中的因果关系仍有争论。结果，关于货币政策对通胀率的影响有多大这个问题，现在与拿破仑战争期间经济学家和银行家争论通胀的原因时相比，答案并没有变得更为明确。

实际上，不管选择哪种类型的反通胀政策，全世界工业化国家的通胀在20世纪90年代都下降了，并且再未出现过20世纪70年代这样严重的通胀。这有力地说明是世界经济结构的变化，而不是有意识的政策变化，对通胀下降发挥了关键作用。如果没有通胀压力，对于中央银行家来讲，将通胀保持在低位是小菜一碟。相反，如果出现了通缩趋势，仅凭货币政策是无法扭转局势的。在2008—2009年经济崩溃之后，人们不得不一再接受这一教训。

一个有趣的问题是，是否能够以较低的失业代价降低通胀。答案当然是肯定的，但是要采取更好的政策组合，而不是像英国这样采取政治上可行的政策。英国是受到通胀和失业双重打击最为严重的国家之一。正如财政部在1944年指出的，持续的充分就业需要需求保持在适当的水平，也需要供给得到适当的配置，卡尔多在20世纪60年代也意识到了这一点。事实证明，将萨伊定律简单地反转过来，即"需求能够创造自己的供给"，和萨伊定律原来的版本一样，都不足以维持经济的正常运行。

货币主义的财政政策遗产

货币主义对财政政策的影响就是不再将预算作为短期需求管理的工具。这推翻了凯恩斯主义为预算赤字提供的理论依据。

然而,在财政赤字方面,里根政府要比英国撒切尔政府宽松得多。第一个原因是,美国财政部遵循弗里德曼的理论,认为公共赤字与通胀之间不存在因果关系。第二个原因更为重要,即里根当选的原因是提出了减税和增加国防支出的计划。这两项政策的实施,再加上沃尔克经济衰退,导致财政赤字占 GDP 的比例从 1980 年的 2.8%增加至 1983 年的 6.3%。减税和增加军费开支相当于大规模的凯恩斯主义需求刺激政策。但是,在后凯恩斯主义的世界里,人们并不承认这种"凯恩斯主义效应"。相反,巨额赤字的合理性来自"供给侧"的原因。

在 1974 年的一次酒宴上,经济学家阿瑟·拉弗(Arthur Laffer)据说在一张餐巾上画下了著名的拉弗曲线,表明减税将对供给侧产生积极影响(见图 16)。理由很简单。在税率为零的情况下,政府收入必然为零,而在税率为 100%的情况下,情况也是如此,因为这时没有人会劳心费力地工作。但是,必然存在一个中间税率,能够使政府收入最大化。供给学派的重要思想是,在一定范围内,减税能够促使人们更努力地工作,生产率将会提高,经济可以增长得更快。如果税收增加,人们可能选择放弃闲暇以获得更多的税后收入,也可能更加努力地工作以维持自己的生活水准,但是热衷于供给学派的人并不这样认为。他们的故事过于简单,缺乏任何经验证据,却助长了减税将会实现财政自给的幻想。[38] 我们看到唐纳德·特朗普政府正在重演同样的故事。

英国财政部从未接受拉弗式的观点;此外,英国的反通胀政

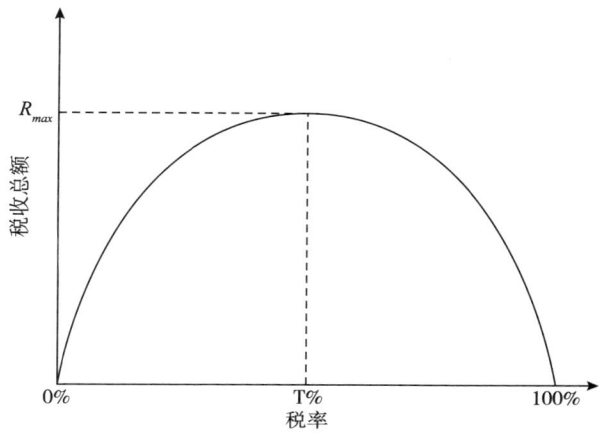

图 16　拉弗曲线

策与削减公共支出的联系要紧密得多。杰弗里·豪 1981 年的预算标志着后来所谓的"扩张性财政紧缩"的出现。这种观点认为，财政整顿在抑制通胀的同时，将通过降低利率和提高私人部门的预期利润来实现经济复苏。这一非常具有奥地利学派风格的思想源于意大利，具体而言是来自由意大利前总统路易吉·伊诺第（Luigi Einaudi）在米兰博科尼大学创立的经济学院。伊诺第主张依靠宪政规则来禁止财政赤字，他影响了一大批博科尼大学的学生，后来这些学生又攀上了全球经济学界的顶峰，比如阿尔贝托·阿莱西纳（Alberto Alesina）、西尔维亚·阿尔达尼亚（Silvia Ardagna）、圭多·塔贝里尼（Guido Tabellini）和罗伯托·佩罗蒂（Roberto Perotti）。[39] 在豪 1981 年的预算案出台 30 年之后，这些博科尼学派经济学家的研究为欧洲政府在 2008—2009 年崩溃之后采取全面紧缩政策提供了理论依据。

在英国，尼格尔·劳森于 1983 年至 1989 年接替豪出任财政大臣，他是摧毁凯恩斯主义财政宪则最后一点残余的幕后人物。

1980年，他写道，"归根结底，货币主义的合理性显而易见。似乎处处与之相对的凯恩斯主义却是一种艰深难解的学说"。[40] 新提出的货币主义继承了原来货币数量论的一个假设条件：在价格稳定的情况下，实体经济将周期性地稳定在自然失业率的水平。尼格尔·劳森在1984年的梅斯讲座中表示："宏观经济政策的目标应该是驯服通胀，而不是寻求增长和就业。而微观经济政策的目标应该是创造有利于增长和就业的条件，而不是抑制通胀……"要想降低自然失业率，需要的不是刺激需求，而是通过劳动力市场的改革来增加供给。[41]

就像维多利亚时代的人物一样，劳森支持每年实现预算平衡。他反对通过借款为资本预算筹集资金的想法，认为资本预算和经常预算实际上没有任何重要的区别。劳森在1992年出版的回忆录中写道：

> 有人指责我在任时的财政部将经常性支出和资本性支出混为一谈，在这种批评的背后，是一种挥之不去的信念，即资本性支出或者比经常性支出更胜一筹，或者至少在借款融资方面比经常性支出更安全。实际上并非如此。公共部门对经常性支出与资本性支出的区分与私人部门有所不同。[42]

因此，他的目标是零借款。[43] 通过国有资产私有化，大部分资本预算被取消了。此外，他还停止发放就业补贴。从20世纪60年代至80年代，公共投资占GDP的比例从7%降至1%以下，在20世纪90年代的大部分时间里，一直保持在这一水平。政府试图限制社会开支。1988年，紧随着经济繁荣和大规模私有化，劳森宣布"在这份预算案中，我再次重申了审慎政策，这将前所未有地增强我们的经济实力……我使预算实现了平衡"。[44] 他不仅平衡了预算，还能减税并且偿还债务，这是维多利亚时代财政大臣的成功典范。但是，在保守党执政的 18 年里，这一成就是独一无二的，在接下来的 10 年里再也没有实现过。

劳森产生的影响是否定了财政政策的宏观经济意义。正如 21 世纪初一样，稳定宏观经济的任务只能留给货币政策来完成。为了满足央行的货币供给目标以及后来的通胀目标，一旦政府扩大赤字，央行就不得不收紧货币政策。这使得政府的任何短期刺激政策都不再奏效。然而，在 1988 年预算案取得巨大成功之后仅仅一年的时间，保守党不得不放松其强硬的年度预算平衡目标。随着劳森经济繁荣以萧条告终，以及预算赤字的大幅增加，目标改为"中期预算平衡"。这时已经来到了戈登·布朗（Gordon Brown）及其财政规则大行其道的时代。

从弗里德曼到新共识：1985—2008 年

弗里德曼主义只是凯恩斯主义思想体系轰然倒塌的开始。"理性预期假说"很快进一步完善了货币主义。理性预期假说是后来所谓的"新古典宏观经济学"的分析核心。这一假说基于一种貌似简单并符合常识的思想，即人们对世界的看法会影响他们的行为，而且凯恩斯和弗里德曼都有这种想法。经济学家的任务就是向经济行为主体提供真实的信念，即反映真实状况的经济模型，以帮助他们在当下做出最优决策。凯恩斯写作《通论》的目的是反驳英国财政部的观点；弗里德曼重新表述货币数量论的目的则是反驳凯恩斯主义的观点。这两种关于现实的"模型"都是为了改变人们关于经济如何运行的观点，从而改变他们对政策效果的预期。现在轮到罗伯特·卢卡斯（Robert Lucas）出场了，他曾经是弗里德曼在芝加哥大学的学生，后来成为他的同事。卢卡斯在1972年将理性预期引入了宏观经济学。他是一个逻辑极端主义者。卢卡斯认为弗里德曼的适应性预期理论存在概念性缺陷，他的目的是消除这一缺陷，但其他人也许认为这是一种无法根除的现实感受。[45]

卢卡斯接受了弗里德曼的观点：政策制定者利用菲利普斯曲线中通胀与失业之间此消彼长的关系，将导致这种权衡关系不复存在。这是因为它会导致相关行为主体改变其行为。弗里德曼让行为主体从不断变化的市场信号中学习，并使自己的行为与之相适应，但是，这种学习和适应不可避免地存在时滞，因为改变预期以及基于这些预期的合约需要花费时间。卢卡斯直接消除了这种时滞。理性的行为主体在形成其预期时应该能够有效地处理所有可以获得的信息。短期和长期菲利普斯曲线一样，都是垂直的，因为行为主体会根据模型立即修正他们的预期。

卢卡斯根据这一思想得出了相应的逻辑结论，认为从凯恩斯主义者青睐的那种大规模计量经济学模型中得出的所有政策结论对预测没有任何用处，因为经济时间序列并不是线性的。[46]不断地利用这种相关性来达到控制经济变量的目的，将会改变人们的行为。这是对宏观经济政策核心理念的攻击，个人的最优行为应该成为宏观经济模型唯一的理论基础，而透明的规则是经济政策的唯一基础。后一个命题试图使货币政策回归到以规则为约束的金本位时代。只要货币政策是完全可以预测的，它就不会产生实际的效果。对理性预期理论更为详尽的解释，参见附录7.2。

理性预期革命导致了真实经济周期理论（Real Business Cycle，RBC）的出现。该理论承认技术冲击等供给侧冲击和货币冲击一样，会引发经济波动，但是它试图将短期变化纳入一个拥有适当微观基础的跨期一般均衡框架中。经济波动是追求最优化的行为主体应对供给冲击的"有效率的"结果。这类模型的核心观点是，经济总是处于充分就业状态，因为产出波动意味着弗里德曼所讲的均衡失业率的波动，而不是对均衡失业率的偏离。[47]当然，失业可能仍然存在，但这是自愿失业。这种观点的一个反证就是，一个失业率高达50%的经济体仍然可能实现了充分就业！凯恩斯发现的哈耶克的缺陷，在卢卡斯身上同样存在，即"一个冷酷的逻辑学家如何从一个错误开始，最终得出了完全荒谬的结论"。[48]这个错误就是理性预期理论本身。2003年，卢卡斯信心满满地宣称，"防止萧条的核心问题实际上已经得到了解决"，对此，有人反驳说，一个人总是可以通过否认萧条的存在来防止萧条。[49]

完全理性并拥有各种信息的行为主体选择年复一年地处于失业状态，这种想法令所有改信理性预期假说的人无法招架。20世纪80年代的长期停滞导致了"新凯恩斯主义"的出现。这种理论重拾一种旧思想，即各种类型的"摩擦"可能导致产出偏离最优水平，从而试图将凯恩斯主义的特征整合到基于微观行为的模型中。

新凯恩斯主义者可以在理性预期的框架内解释黏性价格。由于存在不完全信息和不完全竞争，企业和求职者可能达成次优的谈判结果。20世纪90年代，所谓的动态随机一般均衡（DSGE）模型在理性预期假说和真实经济周期理论的结构中嵌入了许多名义黏性和市场缺陷的假定条件。[50]最常见的是价格和工资黏性，以及消费者各种缺乏远见的行为。这些假定允许出现暂时性的需求不足，而央行的政策可以对此产生显著的短期影响。这就是"新共识"的基本内容。新凯恩斯主义者承认，价格稳定和就业之间不存在长期的权衡取舍关系，但是认为政府在短期内可以影响就业。

理性预期假说坚硬的边缘已经进一步软化。最早的版本把理性等同于拥有获取和处理信息的强大能力。行为经济学家指出，这种能力并非理性行为的必要条件。面对"认知超载"，人们依赖于思维捷径或者经验法则。相关的例子包括：锚定效应（依赖第一条信息）；可得性启发（依赖显著的例证）；熟悉度启发（根据过去的情况进行推断）。这些都是形成预期的合理方式，朝着理想方向"助推"预期成为央行工具箱中的主要工具。西蒙·雷恩–刘易斯（Simon Wren-Lewis）为这种政策程序提供了一种新凯恩斯主义的解释，他认为"独立的央行隐含的或明确的通胀目标……表明人们理解了理性预期的重要性。如果央行设定了明确的通胀目标，并建立起实现这一目标的声誉，这将锚定预期，削弱各种冲击对宏观经济的影响"。[51]

将启发式思维视为对所有可用信息的合理简化，这种想法在多大程度上是合情合理的，仍然值得商榷。相信思想本身就可以在现实世界产生理想的效果，这并非无稽之谈。凯恩斯也相信，在面对不确定性时，人们会转而依靠"惯例"或"经验法则"。但是，他不相信这些行为总体而言是一种简便的计算方法，因为他认为在许多情况下，人们是无法进行计算的。他相信一个以虚假的信息为基础的经济，如果虚伪的特性暴露出来，就很容易突然崩溃；一旦受到欺骗，信心就难以恢复。

新凯恩斯主义者接受了将理性预期假说和真实经济周期理论作为宏观经济分析的框架，也就放弃了凯恩斯所强调的不确定性对于政策的重要意义。这些模型中没有不确定性，只有已知概率分布的偶然出现的不完全信息。假定市场需要一定的时间才能出清，这为有限的政府干预提供了依据，因为这意味着实际失业率可以在一段时间内保持在均衡水平之上。这与凯恩斯的观点相悖，他认为在货币经济中不存在"自然"失业率。

新古典经济学家和新凯恩斯主义经济学家的理论妥协影响了央行的政策。因此，尽管主流的政策模型从20世纪80年代以来一直采用理性预期假说，但是也承认工资和价格存在一定程度的黏性，这意味着政策制定者仍然在短期内面临通胀和产出之间的权衡取舍。在实践中，全球金融危机之前，央行在21世纪初期使用的模型将适应性预期与理性预期进行了折中。理性预期对政策产生的主要影响是制定自动的"反应规则"，以锚定预期；适应性预期的主要影响是将通胀设定为中期目标。[52] 这是一种务实的妥协，为关注产出留出了空间，用经济学的术语来讲，这些规则是"状态依存型的"。

康登将这种控制系统称为"产出缺口货币主义"[53]，也可以称之为"受约束的自由裁量权"。然而，关键的一点是，政策空间太小了。它没有考虑金融体系出现大规模崩溃的可能性。

对实际冲击的调整越来越多地来自各种旨在改善市场运行的供给政策，而不是宏观政策。正如斯特德曼·琼斯（Stedman Jones）在谈到英国时所言：

> 卡拉汉政府与保守党之间的主要区别以及在经济方面的真正差异，在于后者通过各种基于市场的供给侧改革使微观经济政策激进化，并将市场机制引入公共服务的供应，在1997年以后，工党继续实施并深化了这些措施。[54]

新的正统学派关于结构改革的思想以"华盛顿共识"的形式在全世界传播开来。这一"共识"借助于国际货币基金组织和世界银行的力量，要求接受资金援助的国家和地区要放松对金融部门的管制、实施国有企业的私有化、推进市场化改革,并加强财政纪律。

由弗里德曼和卢卡斯发起的理论革命和另一种与政策极为相关的理论探索齐头并进,后者就是所谓的"政治的经济学"(economics of politics)。它的要点在于强调政客和官僚面临的个人激励的重要性。在这种理论模型中,凯恩斯主义的社会民主主义国家追逐的是私人利益,尽管它伪装成了公共利益的守护者。这就回到了亚当·斯密的观点。从理论上讲,民主是对政治决策的一种制约,它会被误导,容易被操纵,而且相互矛盾。比如,选民想要更多的福利,但是并不准备支付更高的税收。

詹姆斯·布坎南(James Buchanan)的"公共选择理论"削弱了将政府视为"仁慈的统治者"的观点,而这种观点隐含地支持凯恩斯主义主张的大量政府干预。公共选择理论认为,政客更关心的是选票最大化,而不是稳定经济。1976年,阿萨尔·林德贝克(Assar Lindbeck)写道:

> 一个悲观主义者或者愤世嫉俗者可能会说……经济政策最严重的困难,根源在于政治体系,而不是经济体系……因此,最好的做法是完全避免相机抉择的政策,而不是试图让干预变得更加复杂。[55]

因此,"政府失灵"理论为有限国家提供了一个强有力的论据,在有限国家中,政客受到财政规则的约束,政策则由独立的央行来掌控。这塑造了1992年《马斯特里赫特条约》所采用的欧洲制度,将控制通胀的责任赋予独立的欧洲央行,并通过《稳定与增长公约》为政府赤字设定上限。

最后是一种与凯恩斯主义没有太多直接关系的观点。道格拉斯·诺思（Douglass North）等历史学家对经济增长的分析强调了恰当的个人激励对经济发展的重要性，这包括私人财产权利和道德准则。这一洞见开始形成非常不同的政策处方，而不是像盛行于凯恩斯主义发展经济学鼎盛时期的观点那样，集中关注扩大总储蓄和总投资。这种转变非常迅速。沃尔特·罗斯托（Walt Rostow）于1961年出版的《经济增长的阶段》（*The Stages of Economic Growth*）在20世纪60年代还被誉为"增长主义"的圣经，而诺思和托马斯1970年合著的《西方世界的经济增长理论》已经处于不同的思想世界了。[56]

公共选择理论只是简单地将理性预期理论应用于对政府的分析。它采用了理性预期假说的方法，将公共政策模型化为求解个人最优化问题。[57] 通过这种方法，它重拾科学经济学最初的灵感，也就是说，将市场的效率和君主的腐败并列，以做比较。

迈克尔·伍德福德（Michael Woodford）所谓的"新综合"具有以下主要特征：

（1）经济学家承认，在确定各种政策的影响时，预期至关重要。这是凯恩斯的思想遗产之一。但是，凯恩斯对不确定性和风险的区分被遗弃了。基于当前的概率分布在无限的未来都是有效的假设，对不确定性的预期可以简化为理性预期。随着信息的不断更新，行为主体可以针对所有外部冲击进行迅速有效的调整。新凯恩斯主义经济学家也处于同样的理性预期的世界中，但是，通过"放松假设条件"，他们允许对冲击进行缓慢的调整。凯恩斯有关金融市场的心理学、投资的不稳定性以及货币作为价值储藏手段的洞见，都无足轻重了。

（2）虽然凯恩斯主义的IS-LM宏观经济模型中简单的总量方

程被继续传授给学生，但是，出现了向新古典标准方法的回归。设定特定的供求函数，现在被认为是不可接受的。宏观经济学最好被视为微观经济学的应用，因为宏观经济模型应该基于企业和个人的最优化行为。凯恩斯的观点与此相反，他认为个人行为是由心理和社会的总量数据塑造的。

（3）主流经济学现在以供给为基础，而不是以需求为基础。它重新确认了某个版本的萨伊定律。因此，无论是新古典主义还是新凯恩斯主义，都认为实际GDP的长期增长取决于要素投入的增加和技术进步。技术进步被认为独立于对技术的需求。此外，许多经济学家只承认黏性合约是偶然的，而非不可避免的。"供给学派"经济学的目标是消除市场缺陷，它期待的是一个拥有完全市场和合约可以即时协商的世界。作为这一议程中的关键一环，放松对金融市场的管制被证明是其阿喀琉斯之踵。

（4）按照弗里德曼的观点，主流经济学重申了货币政策的首要地位。他们声称，20世纪80年代和90年代的反通胀毫无疑问地证明了央行能够控制通胀。只要货币"井然有序"，经济体就会沿着长期均衡增长路径向前发展。这种观点再现了20世纪20年代货币改革者的乐观态度，他们试图利用货币政策来治愈资本主义市场经济的波动。

（5）在建立经济模型时，新古典经济学家并不担心自己的假设不切实际；实际上，他们将其视为自己模型的一个优点。重要的是他们的模型应该具有逻辑一致性。这与凯恩斯的观点相反，他主张假设要符合现实。然而，新综合理论坚持认为，政策应该基于能够经受住计量经济学检验的结构模型。因此，借助于"模拟"的方法，很多研究试图检验模型的预测结果与经济总量的时间序列数据是否吻合。

（6）与"黄金时代"的凯恩斯主义共识不同，现在人们普遍认为政府不应该试图对经济进行"微调"。相反，稳定政策应该主要通过保持价格稳定并且依靠财政的自动稳定器作用，仅仅致力于为市场的自我调节能力提供帮助或者为其争取时间。

（7）尽管在20世纪五六十年代，稳定化主要被视为一个控制论问题，但是现在要考虑政府和行为主体之间的策略互动，政府需要通过清晰的规则对行为主体的预期进行"管理"。这一处方是规范意义上的，即政府应该致力于为行为主体提供一个具有一致性的经济模型。[58]

这些理论发展的累积效应就是它们缩小了宏观经济政策的范围，并且改变了政策的明确目标。如果货币得到"控制"，经济就会稳定，因为就像维克塞尔所说的，存在一个自然利率，它能够使消费者的储蓄和生产者的投资实现平衡，但是凯恩斯否认了这一点。因此，货币政策是维持最优均衡的最关键实际上也是唯一的条件，人们信心满满地预期这一货币政策能够保持稳定的低通胀，也就是说，防止货币的变化使市场参与者难以了解其合约的实际价值。

随着人们接受了自然失业率假说，早期宏观政策降低失业的功能现在大多都被赋予了微观政策，或者旨在激励个人创造财富的结构性改革。这反过来往往又会重建所谓的货币与"现实世界"之间的古典二分法，这相当于从理论上废除了凯恩斯主义革命。新古典主义者和新凯恩斯主义者之间的分歧当然还会存在，但这是政治分歧，而不是理论分歧。

小结

凯恩斯的《通论》转变为新古典—新凯恩斯主义综合的方式，

说明了为什么经济学很少出现像哥白尼的天文学推翻托勒密体系那样的范式转变。科学经济学本质上是一门综合性的学科。它将积累的知识囤积起来，清除其中任何与之明显相悖的内容，吸收那些太过重要以至于无法忽视的创新。我们上面考察的这些案例展现了一个共同模式，即理论的实质内容会被政策目的所稀释，核心的理论结构却不受影响。在20世纪40年代和50年代，凯恩斯主义政策被嫁接到新古典理论上。20世纪80年代和90年代，新凯恩斯主义政策被嫁接到新古典宏观经济学理论上。被保留下来并且完好无损的理论是行为主体的最优化行为。实际上，行为主体现在拥有了理性预期，与上一代新古典综合者相比，这进一步缩小了凯恩斯主义政策的空间。

如果没有意识到经济理论与政治意识形态之间存在密切联系，人们就无法了解凯恩斯主义革命被瓦解的过程。凯恩斯主义革命为政府干预经济创造了空间。对凯恩斯主义革命的反对意见首先是将这一政策空间的理论依据压缩至最低程度，然后是强调凯恩斯政策的缺陷，最后是试图彻底消除这一政策空间。尽管凯恩斯自己的理论存在缺陷，萨缪尔森这一代凯恩斯主义经济学家的理论甚至存在更大的缺陷，但是人们难免会产生这样一种强烈的印象：整个瓦解过程是由意识形态上对政府本身的敌意驱动的。正如我们已经看到的那样，这种敌意根植于经济学最初的思维模式，因此，这是在长期背离之后的回归本源。

大缓和时期被认为始于20世纪90年代初，此时向新的宏观经济管理体系的过渡已经完成，然后一直到2007—2008年危机爆发。人们认为大缓和证明了新的宏观经济管理体系是有效的。1997—1998年东亚金融危机和2001年互联网泡沫破裂这些与之不符的事件，被视为"成长的烦恼"，这些问题将通过不断更新的学习过程得以克服，并使金融市场更有效率。的确，经合组织在新常态时的平均失业率是旧常态时的两倍以上：1992—2007 年为 7%，相比之下，1959—1975 年仅为 3%。但是，这被视为劳动力市场糟糕做法的遗留问题，很快就会通过进一步的劳动力市场改革得到解决。至 2006 年，人们满怀信心地认为，有效市场几乎已经建立起来。几乎没有人预料到会出现严重的问题。

就像罗伯特·卢卡斯在 1980 年评论的那样，"在学术研讨会上，人们不再把凯恩斯主义理论当回事了，听众们开始窃窃私语，面带嘲笑"。[59] 但是，正是这些面带嘲笑的经济学学生制定的政策引发了 2008 年的大危机。

附录 7.1　作为凯恩斯主义教学工具的 IS-LM 模型

IS 曲线展示了使储蓄和投资处于均衡状态的利率和产出组合的轨迹。它是向下倾斜的，因为随着利率下降，投资将变得更具吸引力。这导致产出增加，其中的一些产出将被储蓄起来，从而在更低的利率水平下产生新的投资—储蓄均衡。

LM 曲线展示了货币市场处于均衡状态，即货币需求和货币供给相等时，利率和产出组合的轨迹。随着产出沿着横轴增加，对货币的需求也将增加。为了使货币市场保持均衡，必须提高货币的价格或者说利率，从而使货币供给能够满足货币需求。这就是曲线向上倾斜的原因（模型图示见图 17）。

这两条曲线的交点展示了在给定货币数量的情况下，当商品/服务市场和货币市场都处于均衡时，收入和利率处于唯一的均衡水平。

图 18 中的 IS-LM 图形展示了凯恩斯主义（左图）和新古典主义（右图）对经济的认识。按照凯恩斯主义的解释，投资对利率

图 17　IS-LM 模型

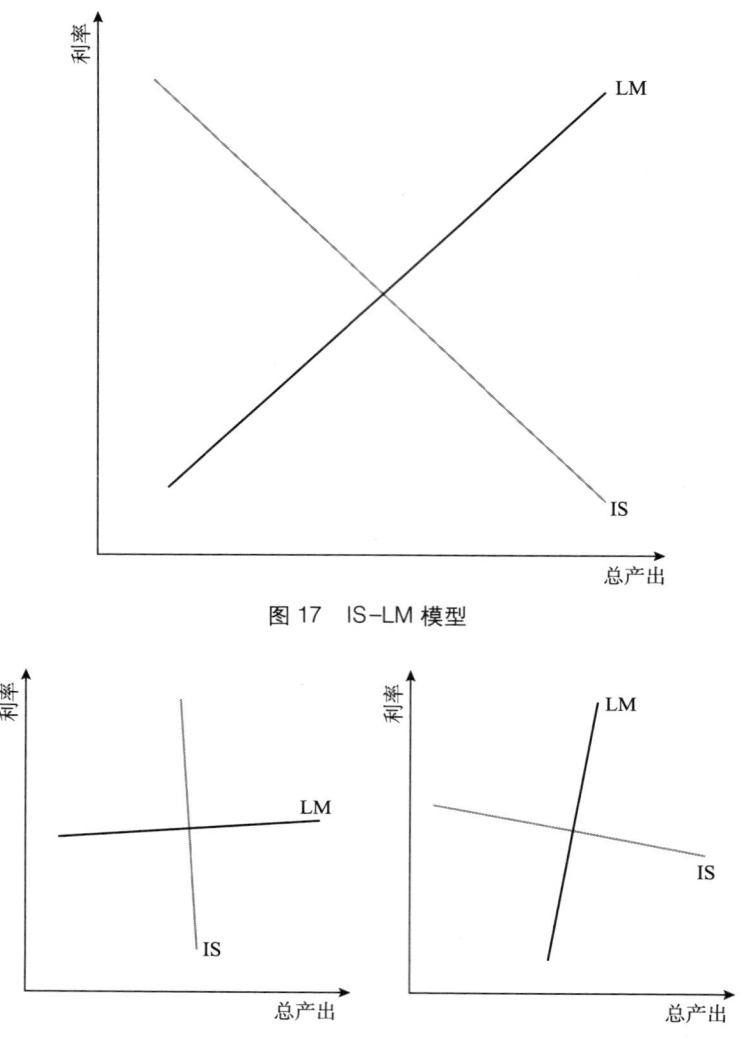

图 18　凯恩斯主义与新古典主义的经济观点

的变化不敏感，它是由信心决定的，并且货币需求变化很大，这意味着 IS 曲线是陡峭的，而 LM 曲线是平缓的。按照新古典经济学的解释，投资对利率的变化非常敏感，而货币需求则相对稳定，因此，曲线的斜率与凯恩斯主义的图形正好相反。

扩张性财政政策表现为 IS 曲线向右移动，而货币供给的扩张则表现为 LM 曲线向右移动，这反映了货币市场和商品/服务市场的相互影响有所不同。正如我们看到的，在凯恩斯主义的图形中，IS 曲线向右移动将会使产出大幅增加，但是在新古典主义的图形中只能产生有限的影响。LM 曲线的移动产生的影响则恰好相反。

附录 7.2　预期的模型化

凯恩斯主义的菲利普斯曲线与弗里德曼的适应性预期

菲利普斯曲线完全无法区分名义工资和实际工资。在菲利普斯曲线的模型中，无论实际价格和实际工资发生了何种变化，所有行为主体都预期名义价格是稳定的。以如下简化的适应性预期为例：

$$E_t[P_{t+1}] = E_{t-1}[P_t] + \lambda(P_t - E_{t-1}[P_t]);\ 0 < \lambda < 1$$

这表明行为主体从以前的错误中汲取了教训，$E_t[P_{t+1}]$ 表示的是人们在当前的 t 期对于下一时期（$t+1$）通胀的预期；当前的通胀表示为 P_t；$E_{t-1}[P_t]$ 是人们在上一时期（$t-1$）对于本期通胀的预期。

因此，当前对未来通胀的预期反映了过去的预期和一个"误差调整项"，在这个误差调整项中，当前的预期会根据实际通胀和之前的预期通胀之间的差值提高或者降低。更大的 λ 值意味着人们会更多地将之前的错误考虑在内。

适应性预期的含义应该是很清楚的，即经济刺激只在短期内，有时甚至是极短时间内有作用。货币政策本质上只能在人们对预期进行调整需要时间时，才能起到刺激经济的作用，并通过降低利率或者将失业率压低到自然失业率以下来实现这一点。这种暂时性的权衡关系源自未预期到的通胀。

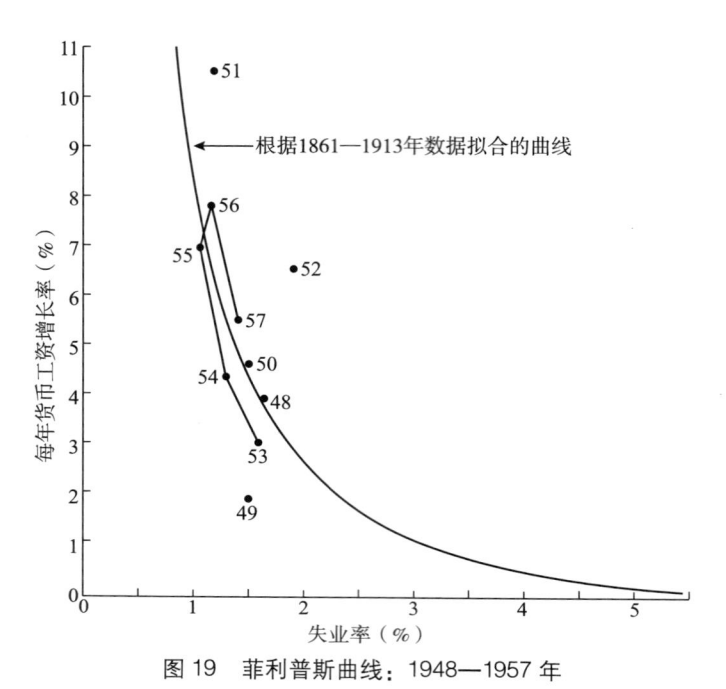

图 19　菲利普斯曲线：1948—1957 年

注：这条曲线表明，失业和货币工资增长率之间存在稳定的"权衡取舍"关系。货币工资增长率是通胀率的代理变量。

资料来源：Phillips（1958，p.296）。

在"货币幻觉"中也可以看到这种现象，它通过激发人们消费的欲望起到刺激经济的作用，但是这仅仅在短期内有效。根据货币幻觉，在货币当局向经济中注入更多货币时，人们感觉自己更加富有了。但是，这仅仅是因为他们还没有意识到价格将会同比例地上涨。人们会将名义变量或者货币供给的变化大致当作实际变量的变化，尽管购买力保持不变。货币幻觉在中期或者长期将会消失，因为行为主体会根据观察到的价格上涨来调整他们的预期。

所有这些意味着，人们不能像最初的菲利普斯曲线表明的那样，在中长期从通胀与产出的权衡取舍中获益，因为曲线本身会随着通胀上升和人们向上调整预期而发生移动。

弗里德曼的适应性预期理论给出了"附加预期的菲利普斯曲线",如图 20 所示。

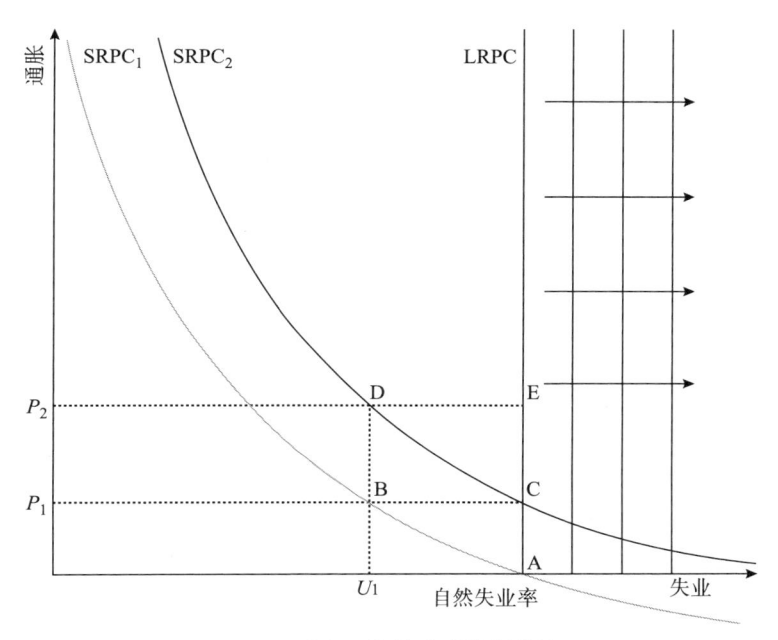

图 20 附加预期的菲利普斯曲线

经济一开始位于 A 点,处于自然失业率的水平,此时需求与该经济体的生产能力相等。政府看到经济目前位于既定的短期菲利普斯曲线 $SRPC_1$ 上,从而想要利用这一通胀与失业之间的权衡关系,所以采取了经济刺激政策,将失业率降至 U_1 的水平。在这一失业率水平下,工人要求获得更高的工资,从而推动一般价格水平的通胀率上升至 P_1。在短期,经济位于 B 点。

工人们意识到,这一价格上涨侵蚀了他们实际工资的增加,因此劳动力供给减少,使得就业和产出恢复至"自然"水平。但是,现在根据适应性预期的假设,行为主体预期通胀为 P_1,他们在对工资提出要求时会考虑这一点。因此，经济将移至 C 点。短期菲利普斯曲线向外移动至 $SRPC_2$，这反映了通胀与产出之间权衡关系的恶化。① 如果政府再次尝试相似的策略，经济将会以相同的方式先移动到 D 点，再以更快的速度移动到 E 点，因为工人们已经从之前的经验中吸取了教训。这进一步推动短期菲利普斯曲线向右移动。

在长期，扩张性货币政策将直接导致更严重的通胀，并且对失业没有影响。长期菲利普斯曲线（LRPC）是完全垂直的。根本不存在通胀和就业之间的权衡取舍。在实践中，这意味着政府干预是不可取的，因为它只会导致更严重的通胀。

这样，弗里德曼重新表述了凯恩斯主义之前的观点，即存在一个唯一的均衡失业率，也就是"自然失业率"，并且总是趋向于这一"自然失业率"。此外，由于价格不稳定危害了经济的生产能力，比如导致投资减少，随着自然失业率上升，长期菲利普斯曲线将向右移动。

卢卡斯的垂直的菲利普斯曲线

"理性预期"第一次出现在经济理论文献中，源于 1961 年约翰·穆思的一篇著名文章，但是直到 20 世纪 70 年代初，随着罗伯特·卢卡斯和托马斯·萨金特（Thomas Sargent）关于经济周期的研究以及尤金·法玛（Eugene Fama）关于金融市场的研究发表，这一概念才逐渐出现在政策讨论中。

正如哈伯勒（Haberler）定义的，理性预期是"货币主义的激

---

① 根据弗里德曼的说法，短期菲利普斯曲线被行为主体在失业率等于自然失业率时对通胀的预期指数化了。比如，在 $SRPC_1$ 上，当失业率等于自然失业率时，预期通胀为 0，而在 $SRPC_2$ 上，行为主体的预期通胀为 P_1。

进派……最著名的是惊人的政策结论……即宏观经济政策，包括货币政策和财政政策，即使在短期内也是无效的"，[60] 因为行为主体会立即调整他们的预期。

因此，理性预期革命始于对适应性预期的批评。弗里德曼的适应性预期理论的基础是预期会根据变量的历史变化做出渐进式调整，因此，在短期内就业和通胀之间的权衡关系是可以利用的。然而，根据卢卡斯的观点，行为主体会立即调整自己的预期。这是因为我们的知识不仅包括以往的经验，还包括当前政府的声明和有关总量关系的理论知识。实际上，理性预期假说认为，行为主体在形成自己的预期时，会充分利用所有可以获得的经济和政策信息。

比如，如果财政部长宣布，他将每年增加10%的货币供给以刺激就业，那么有关经济模型的知识，特别是有关货币数量论的知识，会告诉我们价格将等比例上涨。因此，预期每年会出现10%的通胀是合理的。你不必一定要等到价格开始上涨才修正你的预期。换句话说，预期通胀率为每年10%是理性的，这就是理性预期理论。在这个例子中，理性预期被定义为关于货币数量论的信念。如果行为主体已经知道预期是什么，却不改变他们的行为，那么适应性行为就是一种对非理性行为的描述。

在其他例子中，行为主体通过重复应用贝叶斯定理来调整他们的预期，贝叶斯定理是一种统计推断方法：

$$P(A|B) = \frac{P(B|A)P(A)}{P(B)}$$

例如，假设行为主体不确定其他人的风险规避行为。然后，假设他们仍然"充分了解正在发生的事情，并基于他们对不确定事情的先验概率评估以及随着时间的推移他们观察到的信息，形成理性预期"。[61] 在应用贝叶斯定理时，行为主体将其主观臆断转变为客观概率分布。

行为主体能够如此迅速有效地学习和调整他们的预期，因而理性预期假说意味着结果不会与人们预期的情况存在系统性偏差。如果我们以价格水平 P 为例，可以将它写成：

$$P = E[P] + \varepsilon$$

这里的 $E[P]$ 是基于目前所有的最新信息得到的对价格水平的理性预期，ε 是误差项，其期望值为 0，并且独立于预期。这意味着，只有在出现意外时，价格水平才会与预期的不同。就事前而言，预期价格等于预期值。

理性预期并不意味着行为主体永远不会犯错，行为主体偶尔也会犯错。但是这些错误仅是随机的，所以综合各个时期的情况来看，平均而言每个人都是正确的，并且在每个时间点上，大量行为主体的选择从总体上来讲都是理性的。用专业术语来讲，卢卡斯将预期定义为一个随机变量分布的平均值。随着观测值数量的增加，该分布类似于一条钟形曲线或者一个"正态分布"，期望值与曲线的峰值相等，用更通俗的语言来讲，就是期望值与观测值的平均值相等。同样，误差项或者导致这些误差的随机事件服从正态分布，但是其均值和期望值为 0。

从本质上来讲，弗里德曼对凯恩斯主义短期和古典主义长期的区分消失了，在第一种情况下，行为主体可以被愚弄，而在第二种情况下，他们对将要发生的事情会产生预期。政策只能通过利用不为公众所知的信息来影响实际变量，否则它就会被完全预料到，并被整合进预期之中。菲利普斯曲线无论在长期还是在短期都是垂直的（见图 21），这排除了任何旨在改善现有均衡的财政干预或者货币干预。原因在于"货币幻觉"永远不会出现。行为主体会立即调整自己对通胀的预期。因此，通过让人们增加消费来增加就业，即使在很短的时期之内也不会取得成功。

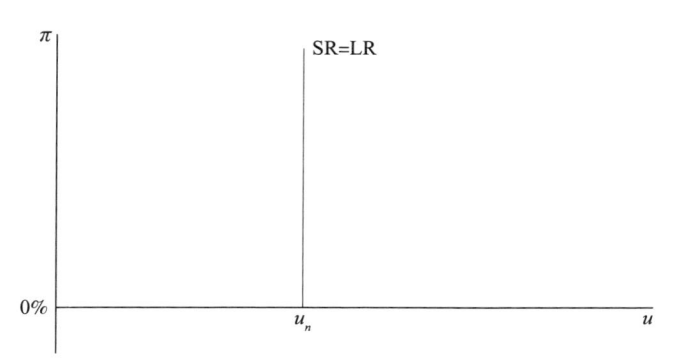

图 21　萨金特—卢卡斯的菲利普斯曲线

从数学上讲，理性预期理论带来了许多益处，包括使用"代表性行为主体"，这极大地简化了运算。也就是说，一旦你假定行为主体是理性的，并且拥有相同的信息和偏好，你就可以将经济视为只有一个"代表性行为主体"做出选择的结果。在理性、信息集合和偏好方面完全相同的行为主体将做出相同的决策；于是，作为一个整体来分析他们的决策等价于分析他们各自独立地做出决策。因此，从数学上讲，你不需要使效用函数之和最大化，你只需要使一个效用函数最大化就可以了。正如托马斯·萨金特讽刺的那样："模型中的所有行为主体、计量经济学家和上帝共享同一个模型。"[62]

动态随机一般均衡模型

与理性预期一样，DSGE 模型植根于新古典经济学，其中卢卡斯 1975 年的研究、基德兰德（Kydland）和普雷斯科特（Prescott）1982 年的研究以及朗格（Long）和普罗瑟（Plosser）1983 年的研究最为重要。早期的 DSGE 模型是纯粹的真实经济周期模型，也就是说，这些模型试图从实际生产率冲击或者消费冲击的角度来解释经济周期，并抽象掉了货币。

真实经济周期模型背后的逻辑是清晰的。如果由于货币数量论和理性预期，货币不能影响实际变量，那么，实体经济受到任何干扰的根源一定是非货币性的；也就是说，经济波动一定是由未预料到的"实际"冲击引起的。注意这里使用的"冲击"一词。这些冲击使经济具有动态性和随机性。比如，在这些模型中，可以用劳动者理性地调整其工作—闲暇之间的权衡取舍以适应生产率的变化来解释失业。

DSGE 模型拥有明确的微观基础。行为主体不断重新优化他们的效用函数，因此，DSGE 模型中的经济无论是短期还是长期总是处于某种形式的均衡状态。经济总是从一个均衡状态开始，当出现冲击时，它立即跃迁至一条均衡的"时间路径"，即"鞍状路径"。迈克尔·威肯斯（Michael Wickens）解释了为何"经济的短期均衡可能不同于长期均衡，但是如果长期均衡是稳定的，短期均衡将随时间而不断变化，并随着时间的推移趋近于长期均衡"。[63] 这就是鞍状路径的作用。用通俗语言来讲，这意味着经济变化是对冲击的最优反应。市场波动反映的不是市场失灵，政府干预只会使事情变得更糟。经济是可以自愈的。用专业术语来讲，"最强形式的真实经济周期模型意味着观察到的总产出变动代表的是随时间变化的帕累托最优"。[64]

新凯恩斯主义者保留了新古典真实经济周期模型和 DSGE 模型的基本框架，但是加入了"市场摩擦"，比如垄断竞争和名义价格黏性，从而使模型更加贴近真实的世界。[65]

附录7.3 央行的反应函数

危机之前的央行政策将新古典和新凯恩斯主义的模型结合在一起。在新凯恩斯主义模型中，货币政策仍然发挥着稳定的作用，市场和信息"不完全"在短期和长期之间重新创造了一个政策空间。"如果央行设定了明确的通胀目标，并建立起实现这一目标的声誉，这将锚定预期，削弱各种冲击对宏观经济的影响。"[66]

为了说明在危机之前那些年，央行如何制定政策，我们可以利用伍德福德在《利息与价格》(*Interest and Prices*)一书中使用的模型的简化版[67]，这一模型主要包括三个部分：

（1）预期的IS方程，当前产出与对未来产出的预期正相关，与实际利率负相关；如果预期GDP增长强劲，且利率较低，那么产出将会很高。

（2）新凯恩斯主义菲利普斯曲线，当前的通胀与对未来通胀的预期和产出缺口相关。如果预期未来通胀很高，那么工人将要求增加名义工资，从而推高当前的通胀。经济萧条或者过热的程度也将决定这一时期的通胀。

（3）货币规则，这一规则试图描述央行的决策过程。其中的想法是，央行选择一个能使产出缺口最小化的利率，这是由上述第（1）条决定的，并决定在多大程度上偏离通胀目标，这是由上述第（2）条决定的。

用来刻画央行行为的一个常见的货币规则就是泰勒规则[68]，这一规则试图说明央行如何回应或者说应该如何回应通胀和产出的变化：

$$i-\pi = r^* + \alpha(\pi - \pi^*) - \beta(y)$$

其中，i 是名义央行政策利率；π 是当期的通胀率；r^* 是实际的自然利率；$(\pi-\pi^*)$ 是当期通胀率与通胀目标之间的差值；y 是产出缺口。

回想一下，实际利率就是名义利率减去通胀率。因此，这一规则表明，当通胀和/或产出偏离目标值时，央行就应该使实际政策利率偏离"自然利率"，以稳定经济。系数 α 和 β 代表的是央行对通胀缺口和产出缺口的相对厌恶程度。比如，如果 $\beta=0$，那么就意味着央行只关注通胀。

第三篇

危机时期和危机之后的宏观经济学：2007 年及以后

从 20 世纪 90 年代初期至 2007 年,或者对美国来讲似乎是从 20 世纪 80 年代中期至 2007 年,就是所谓的大缓和时期。在这一时期,世界经济运行异常平稳。从 1992 年至 2007 年,发达经济体的通胀率平均为 2.3%,经济增长速度为 2.8%(见图 22 和图 23)。[1] 很多人将这一成就归功于创建了独立的中央银行,并且央行采用了通胀目标制。由于人们预期独立的中央银行终于可以使货币"井然有序",并且预期政府会平衡预算,因此,市场经济的表现就处于大多数经济学家所认为的理想状态。英国前财政大臣戈登·布朗断言,"繁荣与崩溃"相互交替的时代已经结束了。

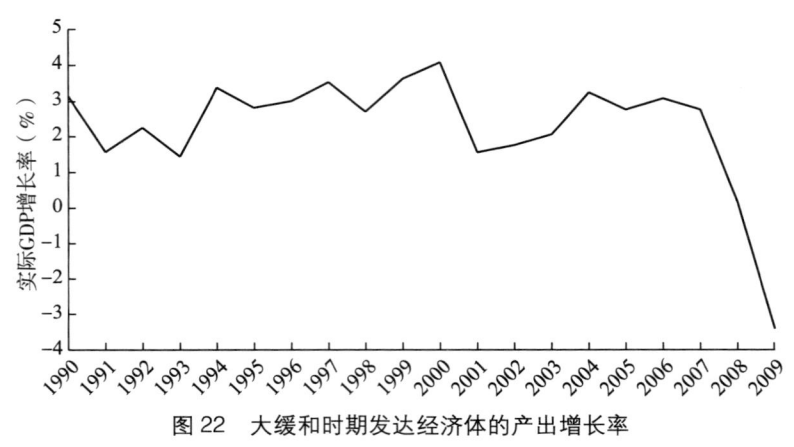

图 22 大缓和时期发达经济体的产出增长率

资料来源:International Monetary Fund(2016)。图由作者自制。

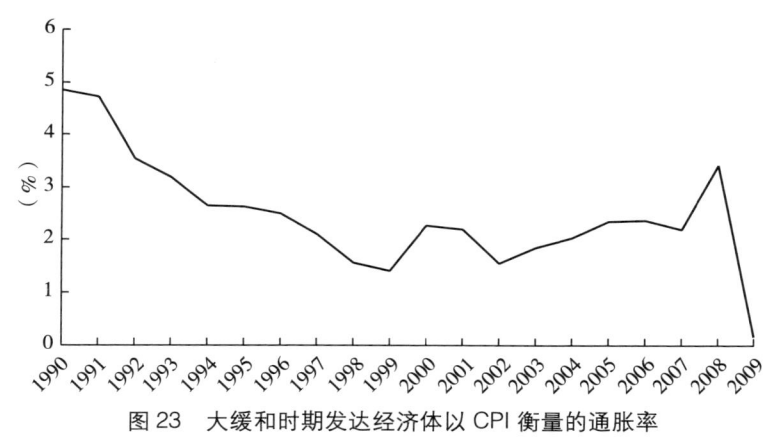

图 23　大缓和时期发达经济体以 CPI 衡量的通胀率

资料来源：International Monetary Fund（2016）。图由作者自制。

对于危机之前这些年所经历的这种欣快情绪，没有人能够比海曼·明斯基（Hyman Minsky）的预感更准确了："成功导致人们忽视了失败的可能性。在相当长的一段时期没有经历严重的财务困难，使得经济进入了一种欢欣愉悦的状态，在这种情况下，通过短期融资为长期头寸提供资金成为生活中司空见惯的做法。由于对上一次金融危机的记忆已经随着时间的流逝而逐渐消退，中央银行家、政府官员、银行家、企业家，甚至经济学家都自然而然地认为一个新的时代已经来临。"[2]

2008—2009 年全球经济"出人意料"地崩溃，并引发了自 20 世纪 30 年代大萧条以来最严重的衰退，从而打破了幻觉。危机迫使政府积极应对，或者相机采取各种措施。其中一些措施是实验性的，但也包括使用传统的工具，这些工具由于长期被人忽视，已经锈迹斑斑。这些紧急措施使这场危机没有演变成另外一场大萧条，但是也未能实现完全的复苏，而且使宏观经济政策混乱不堪。

我们可以将这场危机分为五个明显的阶段：

（1）2007年8月，美国次级抵押贷款市场崩溃。这使得央行承担起了最后贷款人的职责。

（2）随着2008年3月美国投资银行巨头贝尔斯登濒临破产以及随后对其展开救助，金融危机进一步升级。这一事件发生以后，银行对相互之间所持资产质量的信心显著恶化，从而导致银行间信贷规模下降，使用的央行信贷大幅增加。美联储成为全球"最后贷款人"，14家中央银行可以与美联储进行信用互换。在前两个阶段，财政政策按兵不动。

（3）在2008年9月13日至14日这个周末，投资银行雷曼兄弟倒闭并且没有得到救助，开启了这次经济金融危机的第三个阶段，也是最为严重的阶段。此后一周，信贷市场完全瘫痪，各地的支付系统陷入危机。美国、英国、欧洲以及其他地区的很多银行濒临破产，政府不得不救助银行。在2006年资产负债表规模超过1 000亿美元的101家银行中，有一半倒闭了。2008年9月至12月，美联储和欧洲央行以1%的利率为银行准备了2万亿欧元的贷款，并且开始小规模地购买政府债券和商业债券。在2008年第四季度和2009年第一季度，工业化国家的GDP按年率计算下降了7%~8%。中国和亚洲的经济增速也放缓了，危机向发展中国家的传播主要是通过包括大宗商品价格在内的贸易条件严重恶化，以及私人资本市场的瘫痪。随着GDP下降8%，俄罗斯经历了二十国集团成员中最为迅疾和严重的崩溃。

（4）与1929—1930年不同的是，经济崩溃引发了政府强有力的回应。各国政府强化了存款保险，利用公共资金补充银行的资本金或者将其国有化，并且购买有毒资产。2008年9月，美国政府将资不抵债的抵押贷款出借人房地美和房利美国有化，然后由纳税人来承担其5万亿美元的债务。美国财政部长亨利·保尔森

（Henry Paulson）宣布了一项7 000亿美元的救助方案，即《问题资产救助计划》，以大量购买陷入困境的银行资产，冰岛、比利时、荷兰、卢森堡和德国政府也对本国银行体系提供了部分救助。[3]2008年10月，二十国集团向其成员方承诺，要协调降低利率和补充资本金的政策。大规模相机抉择的财政政策包括欧盟的2 000亿欧元（这主要来自德国），日本的2 980亿美元，中国的5 860亿美元和美国的8 000亿美元。中国的刺激计划相当于2008年本国GDP的12.7%，美国GDP的6%。美国"旧车换现金计划"是一项在危机初期提出的创新性财政政策。大家的共识是，从2008年秋天至2009年春天实施的应对措施避免了滑向另一场大萧条（见图24）。2009年第二季度开始出现经济复苏的迹象。产出下降放缓，风险溢价降低，股票和债券市场开始恢复。在中国、德国和日本的引领下，经济复苏在2009年下半年扩散至美国、英国和欧元区。

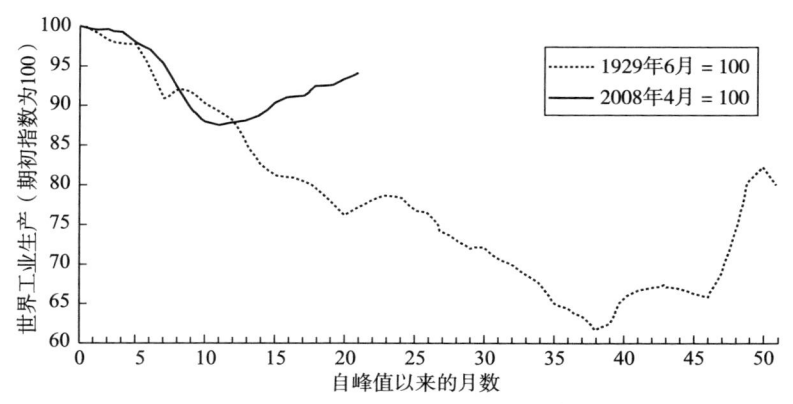

图24 对比1929年和2008年经济崩溃的影响

注：两个时期的曲线在第一年时同样陡峭，但是代表大萧条的这条曲线触底反弹用了38个月，而代表近期危机的这条曲线只用了12个月。

资料来源：Eichengreen and O'Rourke（2010）。

正在复苏和复苏是两码事。我们可以从医学中借用"急性期"这一概念。在急性期，所有主要的"健康"指标都会恶化。然后崩溃会被制止，并且开始康复。如果罹患一种严重的疾病，当你恢复如初时，你可以认为自己已经完全康复了。同样，当经济恢复至危机之前的水平，就可以说它"完全康复"了。但是，之前达到峰值时，你可能在某些方面做得过头了，这就是为什么你会生病。经济也是如此。经济可能已经超过了危机之前的趋势值。因此，如果要达到危机之前的峰值，可能会犯下之前同样的错误。通过再次推高房地产泡沫来实现复苏，可能就属于这种情况。

不仅每次萧条之后复苏的速度和力度都有所不同，各个地区也存在差异。可能会经历一段"沿着底部缓慢爬行"的时期，或者增长乏力的时期，又或者经历一段趋势值之上的非常强劲的复苏时期。2008—2009年危机之后的复苏，其程式化的描述似乎是这样的，即亚洲是 V 形复苏，美国是 U 形，欧洲则结合了 L 形（底部徘徊）和 W 形（二次探底）的特点。

（5）一旦看到复苏的希望，有关大衰退的叙事就发生了显著的变化。一场银行危机转为财政危机，公共部门的债务问题成为焦点。正是在这一点上，赞同财政紧缩的观点开始重新赢得关注。紧缩政策旨在恢复财政预算平衡。恢复财政预算平衡被视为私人部门重拾信心的必要条件，因而也是投资和经济恢复增长的前提。随着政府拧紧了财政的水龙头，经济增长冷却下来，这可能是一种巧合，也可能并非如此。

政府成功地避免了另一场大萧条，这使得一个神话传说流传开来，即央行挽救了世界经济。《金融时报》克里斯·贾尔斯（Chris Giles）的观点非常典型，即"中央银行从这场金融危机中挽救了全球经济"。[4] 这是新闻界的一种草率看法。它忽略了以下事实：当时政府支出在 GDP 中的占比相当于 1929—1930 年的两倍，因而自动稳定器的作用要强大得多。更重要的是，它忽略了在这场衰退的前 6 个月实施了大规模相机抉择的财政刺激计划。为银行增加资本金是一项财政措施，需要政府在债券市场上筹集大量资金。是政府而不是中央银行，是从凯恩斯那里而不是从米尔顿·弗里德曼那里学到了如何防止出现另一场大萧条，同样，正是由于对财政赤字的担忧束缚了政府的手脚，2010 年之后的复苏才被迫中断。

2009 年 9 月二十国集团匹兹堡峰会的公报指出："与会各国承诺，我们将在最大范围内使已经采取的财政和货币刺激计划得到最大程度的协调，以恢复经济增长。我们已经共同采取行动，为阻止这场危机在全世界蔓延而大幅增加所需的资源……复苏和修复的进程仍未完成……恢复私人需求需要具备的条件尚未完全就位。我们将一直努力，直至全球经济得以完全复苏，全世界辛勤劳动的家庭能够找到体面的工作……我们将避免过早撤回刺激计划。同时，我们将为退出策略做好准备，在时机到来时，以一种合作和协调的方式，撤回我们非同寻常的政策支持，从而维护我们对财政责任的承诺。"[5]

这次峰会的二十国集团公报主要由戈登·布朗起草，该报告是全球经济治理发展的重要里程碑。然而，当布朗致力于"挽救世界"时，其国内的政治根基正在崩溃，2010 年 5 月，他在英国大选中失利。接下来的两章将会介绍财政刺激计划的"过早撤回"，从而将全球经济"完全复苏"的重任留给了力量要薄弱得多的货币刺激政策。

第8章
财政政策失灵

如今的赤字并不是纯粹由于全球金融危机而突然出现的。它是由多年来持续不断、无所顾忌和完全无法负担的政府支出和借贷造成的。

——戴维·卡梅伦（David Cameron，2013年3月）[1]

国家的财政危机

以紧缩性财政政策来应对大衰退，这沿袭了自20世纪70年代末期以来财政政策失灵的传统观点。随着凯恩斯主义革命被推翻，政府预算不再作为短期需求管理的工具。这项任务被留给了货币政策。

英国是说明危机之前财政正统观念陷阱的一个绝佳例证。戈登·布朗于1997年宣布的"黄金规则"，指的是"在整个经济周期中，我们的借款将只用于投资，不为经常性支出提供资金"。除此之外，还有一条"可持续投资"原则，即"在经济周期中，公共部门净债务占GDP的比例将保持在稳定和审慎的水平"。[2]这一水平被认为应低于40%。这些规则有助于区分经常性支出和资本性支出。预算平衡被定义为经常账户的赤字为零，在一场持续

5~8年的经济周期中，资本支出净额的增长率与经济增长率相等，或者说大约为2%。设立这一布朗基本原则的目的在于为新凯恩斯主义财政政策创造稍微大一些的政策空间，以应对持续反对公共支出的时代背景。然而，这些基本原则与当时的普遍共识是一致的，即如果货币政策能够确保价格稳定，经济将在自然失业率的水平上保持周期性稳定。尽管工党为了提高就业能力把重点放在政府培训和就业计划上，但是降低自然失业率仍是供给侧政策的职责，就像尼格尔·劳森在1984年的梅斯讲座上强调的那样。

戈登·布朗并非一位轻率的财政大臣。在1997—1998年至2006—2007年，英国经常账户余额的增长率平均为0.1%。在同一时期，公共部门净借款的增长率平均为1.6%。由于在此期间的经济增长率平均为2.8%，国家债务占GDP的比例从43.35%降至36.6%，失业率从7%降至5%，平均每年的通胀率略高于2%。这表明经济管理取得了空前的成功。布朗可以而且也确实宣称，他遵守了自己的财政原则。[3]

然而，布朗的声明并不像看上去那么无懈可击。首先，危机之前经常账户取得成功靠的是重新定义周期开始和结束的时间，并利用早期的盈余来平衡后期的赤字。2006—2007年，随着经常性支出预算出现赤字，在下一周期坚守黄金规则将变得"很有挑战性"。其次，由于广泛使用私人融资计划（Private Finance Initiative，PFI）来修建医院、学校以及一些昂贵的交通项目，资本预算的良好状况有些言过其实。私人融资计划用私人企业的支出替代了由公共债务融资的支出，并通过最长30年的租赁协议予以偿还。它没有增加任何公共债务，但是与正常的公共采购相比，在资产的生命周期中产生了更高的经常性费用。使用这种方法使得布朗能够将大量资本支出"剥离预算"，并将债务占GDP的比例

"谨慎地"保持在40%的限额以内。

宏观经济政策的问题不在于私人融资计划是不是一种障眼法，而在于如果不采取这种方法，这些投资是否还会发生。凯恩斯主义者可能会认为，在既定的社会舆论环境下，私人融资计划是政府将私人投资拉升到充分就业储蓄水平的唯一途径。通过将不确定的预期转化为对一大类投资确定的预期，政府做到了这一点。如果没有私人融资计划，失业率将会更高，经济增长将会更慢。在一个非凯恩斯主义的世界里，私人融资计划也可能像在凯恩斯主义的世界中一样出现。不过，这种障眼法的不良后果是掩盖了政府采购政策对英国经济实际上具有多大的推动作用。

2008—2009年的经济衰退导致了政府财政状况的严重恶化，公共债务占GDP的比例有所上升（见图25）。

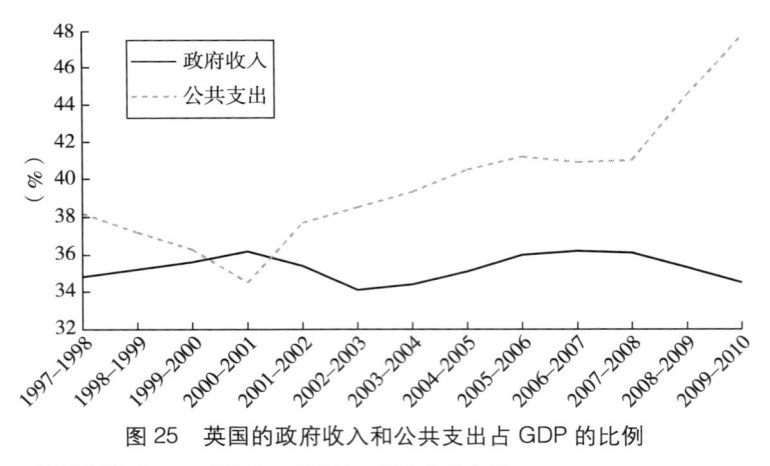

图25 英国的政府收入和公共支出占GDP的比例
资料来源：Rogers（2013a，2013b）。图由作者自制。

由于政府收入萎缩但用于失业保障的支出增加，发达国家的政府不得不承受大规模赤字。但是，这些国家仍然实施了大量相机抉择的应对措施，在英国，这包括将增值税税率从17.5%暂时削减至15%，并加快了资本支出的速度。救助银行的措施包括政府在债券市场上筹集了数千亿资金，这导致赤字急剧膨胀；仅仅救助苏格兰皇家银行就花费了460亿英镑。救助行动包括在英国首相戈登·布朗的领导下，2009年4月二十国集团在伦敦同意实施1万亿美元的协同刺激计划。[4]

世界危机的"急性症"阶段在2009年第三季度结束了；然而，在2010年至2011年，第二次欧元区危机使最初的经济困境雪上加霜。鉴于危机前的正统观念以及对公共财政问题的普遍误解，财政政策踩刹车也就不足为奇了。"凯恩斯主义措施"避免了世界经济出现在政治方面难以承受的致命崩溃，但是与给政府留下的预算赤字相比，人们认为这远没有那么重要。戈登·布朗拒绝成为"另一个菲利普·斯诺登"。后者的情况参见本书第5章。布朗的财政大臣阿利斯泰尔·达林（Alistair Darling）解释说，问题出在财政部中的激进派，后者认为斯诺登的意见是正确的。[5]

全球性的转折点可以追溯至2010年2月在加拿大伊魁特召开的七国集团财长会议，当时希腊危机乌云笼罩，但是在这次会议上，各国政府承诺要削减赤字（见图26）。[6] 正统经济学家认为，削减公共支出将通过降低借款成本和提振信心来刺激生产。规模更大的二十国集团在2010年多伦多峰会之后的一份声明中承认："几个主要经济体同步进行财政调整，即如果所有政府都试图同时削减自己的财政赤字，可能会对经济复苏产生不利影响。"[7] 这只是简单地重复了凯恩斯的"节俭悖论"。但是，只有美国总统奥巴马站出来反对各国一窝蜂地实施德国财政部长沃尔夫冈·朔伊布勒（Wolfgang Schäuble）称许为"扩张性财政整顿"的政策。奥巴马得到了保罗·克鲁格曼、约瑟夫·斯蒂格利茨（Joseph Stiglitz）、罗伯特·希勒（Robert Shiller）、劳伦斯·萨默斯（Lawrence Summers)、努里埃尔·鲁比尼（Nouriel Roubini）和布拉德福德·德龙（Bradford DeLong）等经济学家的支持。但是"扩张性财政整顿"成为欧洲各国财政部长们的共识。[8]大多数金融经济学家赞同整顿主义者的观点。在英国的顶级财经记者中，《金融时报》的马丁·沃尔夫（Martin Wolf）和塞缪尔·布里坦（Samuel Brittan）以及《卫报》的拉里·艾略特（Larry Elliott）是为数不多的反对者。此时，全球产出仍比危机之前低5%。[9]英国经济学界基本上保持了沉默。

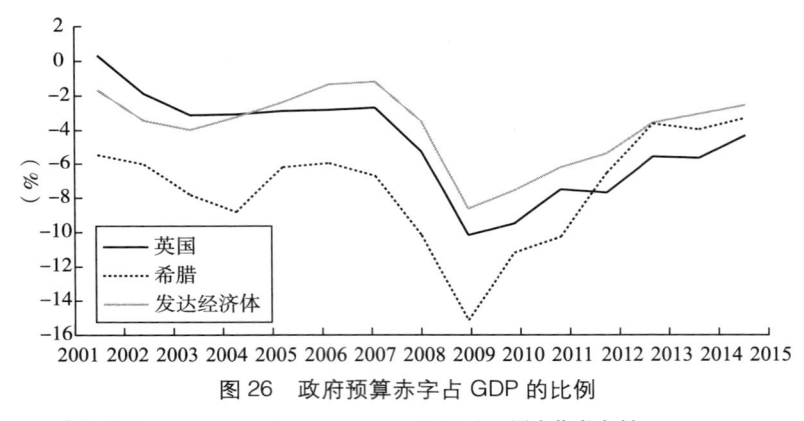

图26 政府预算赤字占GDP的比例

资料来源：International Monetary Fund（2017a）。图由作者自制。

这一政策转向假定，从2009年第三季度开始的经济复苏已获得了强大和独立的动力，有必要进行财政整顿以保持这一势头。在实践中，英国和欧元区在转向紧缩政策以后，复苏的步伐明显放缓，以至于到2010年年中，大多数评论家都预测会出现"二次探底"或者L形复苏。事实是世界各国的经济仍然命悬一线，而政府却要关闭发动机。

英国的辩论

与戴维·卡梅伦的陈词滥调相反,危机前英国公共财政的状况与其主要参照国大体相当(见图26和图27)。与所有政府一样,英国政府财政状况的真正恶化是经济不景气导致的,从2008年第二季度至2009年第三季度,英国经济大约收缩了7%。

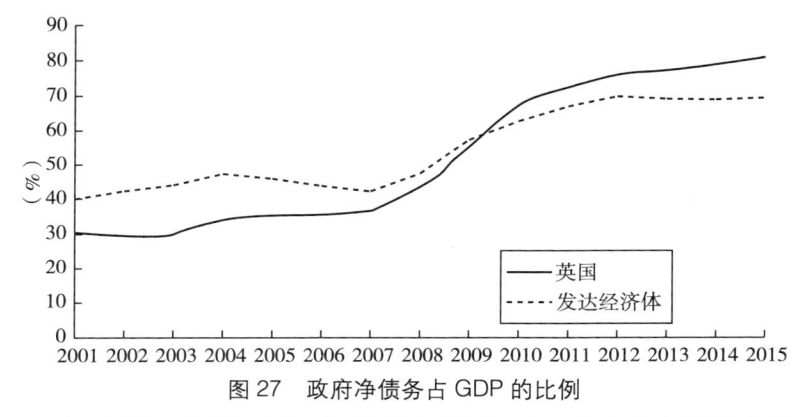

图27 政府净债务占GDP的比例

注:净债务=总债务-债务工具对应的金融资产。由于对如何衡量净债务存在争论,国际货币基金组织没有给出希腊的数据。
资料来源:International Monetary Fund(2017a)。图由作者自制。

工党财政大臣阿利斯泰尔·达林在2009秋季的财政预算案前声明中宣布了一项"财政整顿计划"。这项计划承诺减少预算赤字,预计2009—2010年预算赤字占GDP的比例为12.6%,2013—2014年降至5.5%,并且使2015—2016年的净债务占GDP的比例下降一个百分点。

2010年初英国媒体刊载的两封信件颇具英式辩论的风格。以蒂莫西·贝斯利(Timothy Besley)为首的20位经济学家于2010年2月4日给《星期日泰晤士报》写了一封信,认为有必要加快削减赤字的步伐,特别是要削减支出,以维持经济复苏,恢复民众信心。我和马库斯·米勒（Marcus Miller）于2月18日在《金融时报》上发表了一封针锋相对的信件作为回应，认为"采取这些措施的时机应取决于经济复苏的力度"。每封信都得到了一位诺贝尔奖获得者的支持。经济学家之间重燃战火，并且持续至今。

马丁·沃尔夫解释了2010年年中时各方的观点。赞同削减政府赤字的人强调，世界经济的复苏比预期的更强劲，而政府赤字"挤出"了私人支出，并且奥地利学派的经济学家还会说，只有严重的衰退才能清除以往的过剩。更为温和的削减派则认为，削减赤字将避免借贷成本飙升，并指出希腊政府债务已经达到12%的峰值。即使财政紧缩导致经济复苏放缓，货币扩张或者量化宽松总是可以抵消它的影响。赞同推迟削减赤字的人则强调经济复苏的脆弱性及其对财政刺激的依赖，以及私人部门存在大规模的盈余。马丁·沃尔夫赞同推迟派的观点，"即使要采取紧缩政策，也要等到经济状况更为宽松时才行"。[10]

财政整顿派在英国的这场辩论中占据了上风，保守党编造的政治叙事对此起到了至关重要的作用。戈登·布朗从1997年至2007年一直担任财政大臣，他曾轻率地以"审慎"作为自己的宣传口号。如今，保守党利用布朗失宠的故事来谋取最大的选举利益。工党政府不计后果的支出不仅导致了英国经济的大规模崩溃，还使英国陷入了危险的债务深渊。保守党的叙事还通过将危机归咎于工党来保护英国的金融界。

编造这则骗人故事的关键一点，就是声称危机之后的赤字很大一部分不是周期性的，而是"结构性的"；也就是说，是政府在危机之前和危机期间的过度支出造成的。因此，消除赤字仅仅依靠经济复苏的自发力量是不够的，还需要采取外科手术式的措施。如果不立即采取这样的措施，政府恢复预算平衡的决心就会受到越来越多的质疑,从而导致公众丧失信心,经济复苏乏力。

实际上,保守党并未指责工党政府导致了世界经济衰退。他们指控的是,工党打破了自己的财政原则,削弱了公众对政府管理公共财政的信心,从而剥夺了自己应对危机的"财政空间"。就像任何家庭面临房屋被拍卖的危险一样,一个政府应该尽快削减其支出。相反,工党政府却增加了自己的支出。在2010年5月的大选中,工党政府无法为其财政记录进行成功的辩护,从而将权力拱手让给了以卡梅伦为首的大部分由保守党成员组成的联合政府。乔治·奥斯本成为财政大臣。2008年10月,奥斯本谴责不断增长的政府赤字就是一枚"巡航导弹",瞄准的是英国经济的心脏。作为财政大臣,他大肆宣扬工党已经使公共财政濒临绝境,以至于人们怀疑他是否在邀请投机者来"做空"英国?[11]

奥斯本主义

在其2010年6月的第一份预算案中,奥斯本指出了未能解决赤字问题的后果:

> 更高的利率,更多的企业倒闭,急剧上升的失业率,甚至可能还有灾难性的信心丧失,以及经济复苏的结果。我们不能让这种情况发生。我们需要这份预算案来解决我国的债务问题,需要这份预算案为我们的经济带来信心。这是一份势在必行的预算案。

奥斯本宣布增加税收,削减开支,他声称这只需要"一届议会"就可以减少预算赤字或者说减少公共部门净借款(PSNB),使其从占GDP的11%降至2015年的1%。净债务占GDP的比例将达到70%的峰值，然后在2015—2016年降至67.4%。同时，他特别承诺将在同一时期消除"结构性"或者"周期性调整"赤字，当时估计这一赤字为GDP的5.3%（见图28）。① 他宣布的这些措施意味着财政政策会使GDP收缩6%。他新设立了财政部的监督机构，即预算责任办公室（Office of Budget Responsibility，OBR）。这一机构预测，在接下来的两年里，这些措施只会使英国经济增速下降0.4%。

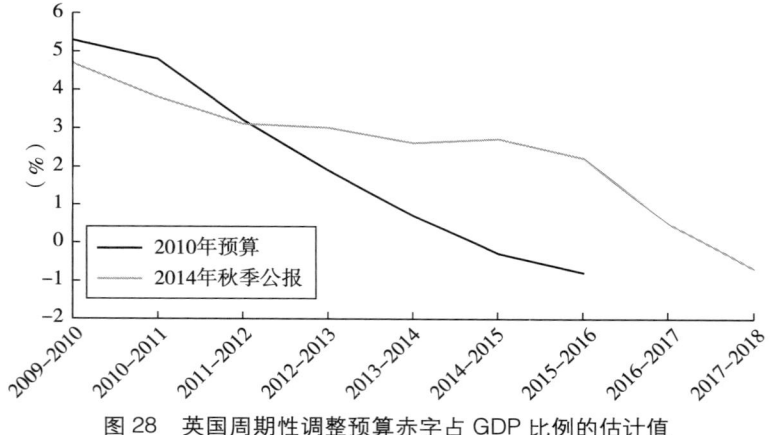

图28 英国周期性调整预算赤字占GDP比例的估计值

资料来源：HM Treasury（2010，2014）。图由作者自制。

奥斯本根据预算责任办公室的预测制定了政策，他预计英国经济将在2011年增长2.3%，2012年增长2.8%，2013年增长2.9%。[12] 对于财政状况的预测取决于对产出的预测。结果，实际增长速度在2011年为1.5%，2012年为1.3%，2013年为1.9%，由于增长放缓，奥斯本在2010—2011年不得不比他预期的多借了400亿英镑。2010年，预算责任办公室预计经济将在2010—2016

---

① 奥斯本制定了为期5年的"滚动目标"，并由预算责任办公室来判断他在任何一个5年期开始时是否"处在正确的方向上"，从而给自己留出一定的回旋余地。

年增长17.2%；但实际上只增长了12.9%。这种误差必然会对预算规模造成极为恶劣的影响。2015—2016年，公共部门净借款仍然超过500亿英镑，预计到2021—2022年将降至300亿英镑。那时估计2017年11月的净债务将达到峰值，占2017—2018年GDP的88.8%。五年的目标，无论是实际目标还是滚动目标，都已经被放弃。"结构性"赤字已经逐渐降低，但这是因为经济增长终于开始加速，并且增长的速度要快于奥斯本削减支出的速度。他削减支出的政策非但没有加快赤字总额的减少，反倒起到了延迟作用。

对于奥斯本时期财政政策的表现就讲到这里。我们可以提出三个问题。第一个也是最具普遍性的问题涉及萧条时期的财政政策理论；第二个问题是与"赤字"这一概念及其资金来源有关的诸多谜题。第三个问题关乎经济萧条对长期增长前景的影响。

紧缩政策背后的理论

凯恩斯主义者认为，当计划储蓄超过计划投资时，国民产出就会下降。通常情况下，私人部门想要储蓄的数量会多于想要投资的数量。私人部门的超额储蓄将准确地反映为公共部门"反储蓄"的增加量，更通俗地讲，反映为预算赤字的增加，其数量等于由私人部门超额储蓄创造的对债券的超额需求。如果现在政府试图通过削减支出来增加自己的储蓄，结果就是国民收入和产出的下降，直到储蓄超过投资的部分被社会日益严重的贫困化消除。

从产出和收入的角度，也可以得出相同的结论。如果产出低于趋势值，就会出现"产出缺口"，即经济的实际产出要少于它能够生产的数量，工厂和工人都存在闲置的产能。如果存在产出缺口，由贷款资助的政府投资增加将导致产出的成倍增加。同样的道理，减少赤字或者财政整顿会导致产出缺口扩大，闲置产能将成倍地增加。

奥斯本紧缩政策犯下的关键错误在于，忽略了公共债务分式中分子和分母之间的区别。他把注意力集中在削减分子或者说削减赤字上，却忽略了紧缩政策对经济规模或者说分母的影响。

尽管奥斯本削减赤字毫无疑问有意识形态方面的原因，但是他的顾问也犯下了技术性错误。预算责任办公室从2010年6月开始的财政和经济预测在很大程度上忽略了政府支出变化对国民储蓄、投资、收入和产出的影响。例如，预算责任办公室2010年6月的预测写道，财政整顿对产出增长"没有影响"。2011年11月，预算责任办公室承认，政府消费和投资的下降将使GDP增速略有降低，但是声称这将被更为宽松的货币政策"完全抵消"。2012年12月，预算责任办公室思考的是为何会高估前两年的增长。它的答案是，通胀高于预期，而投资低于预期。2013年12月，它承认在其他条件相同的情况下，"财政整顿很可能降低了近些年来的增长速度"。然而，由于预算赤字占到GDP的11%，"其他条件几乎肯定并不相同"。

预算责任办公室从未试图更新自己在危机之前对财政乘数的估计。换句话说，它的预测模型几乎是照搬危机之前的，在这个模型中，财政乘数被假定处于接近于零的水平，因为经济处于充分就业状态。这无视如下事实：从2008年至2009年，英国经济从高峰跌入了低谷，萎缩了将近7%。

预算责任办公室对英国经济的认识，主要受三种学术论点的影响。

国际货币基金组织和财政乘数

至 2008 年末，产出仍在下降，国际货币基金组织的预测人员认为财政乘数为 0.3~0.8。这意味着财政扩张对经济没有帮助；更重要的是，财政紧缩的危害很小。没有什么比这更能说明危机之前的正统观点，即政府预算对实体经济毫无影响。2009 年 3 月，在危机最严重时，国际货币基金组织的工作人员进一步指出，他们估计增税的财政乘数为负，绝对值为 0.3~0.5，而削减支出的乘数也为负，绝对值为 0.3~1.8，因此开始减少赤字是安全的。至 2013 年，国际货币基金组织的经济学家奥利维尔·布兰查德（Olivier Blanchard）和丹尼尔·利（Daniel Leigh）承认他们弄错了，财政乘数"显著大于 1"。[13] 他们考察了来自 26 个国家的证据，并以拗口的计量经济学和专业术语作为掩护，得出了如下结论："预测者显著低估了由财政整顿引起的失业增加和国内需求的下降"。他们发现，"财政整顿的规模每增加 GDP 的 1%"，就会使产出每年有 1% 的"意外"损失。他们说，自己使用的模型令人失望，"根据理性预期假说，并假定预测者使用了正确的模型，预测的财政整顿系数应该为零"。这近乎拐弯抹角地承认了他们使用了错误的模型。但是，所有其他著名的预测机构也同样如此。他们都错了。政策就是基于这些预测制定的，并使人们的生活受到伤害。[14]

博科尼学派

2010 年，"扩张性财政紧缩"[15] 理论盛行于欧洲各国的财政部。这一理论由意大利博科尼学派的经济学家提出，它声称财政整顿将通过提振信心带来产出增长，从而改变凯恩斯乘数的符号。由"可信的赤字削减计划"带来的信心提升将激发足够的额外需求，由此产生的正面影响将超过财政紧缩产生的任何不利影响。

2010年4月，这一理论的领军人物阿尔贝托·阿莱西纳向欧洲财政部长们保证，"很多甚至规模更大的预算赤字削减政策都伴随着或者立即会产生持续的增长而不是衰退，即使在短期内也是如此"。[16] 在阿莱西纳的发言中有一个关键点，即削减支出比增税要有效得多。奥斯本相信了他的话。在其整顿计划中，增税扮演了次要的角色，重点是削减支出，特别是削减了用于社会福利和公共部门就业的支出。

在国际货币基金组织和经合组织的研究人员对阿莱西纳的研究方法和结论提出批评之后，他变得更为谨慎。2010年11月他写道："削减支出的财政调整政策有时并不会引发经济衰退，尽管并非总是如此。"[17] 然而，损失已经无法挽回。

自2011年以来，已经很少再听到"扩张性财政紧缩"的说法了。我们看到了紧缩，却没有看到扩张。

莱因哈特、罗高夫与90%的门槛

两位美国经济学家卡门·莱因哈特（Carmen Reinhart）和肯尼斯·罗高夫（Kenneth Rogoff）发现了另一种支持紧缩政策的相关关系。他们将其分析的"大范围危机"归结为"过度的债务积累"。[18] 他们注意到，一旦公共债务占GDP的比例突破90%这一门槛值，"增长率大致就会下降一半"。[19] 2013年初，马萨诸塞大学的研究人员检查了莱因哈特和罗高夫的论文使用的数据，发现之所以得出这些结果，部分原因在于一个电子表格出现了错误：

> 更重要的是，这些结果根本不稳健，如果使用标准的统计程序，而非莱因哈特和罗高夫使用的那种非正统方法，或

者再增加几年数据，就会导致90%这一分界线消失。剩下的只是债务和增长之间存在些许负相关关系，而且有充分的理由相信，通常是缓慢的增长导致了高债务，而不是相反。[20]

莱因哈特和罗高夫的解释没有太大的说服力：

> 我们没有假装论证增长在债务占GDP的比例为89%时就是正常的，在91%时就表现欠佳或者说增速会降低1%，这就好比在说车速为每小时54英里时不太可能发生车祸，而车速达到每小时56英里时几乎会出事。然而，将"脆弱区"（vulnerability regions）的理论概念与糟糕的结果联系起来，必然涉及阈值的定义，这就像美国的交通标志将限速具体规定为每小时55英里一样。[21]

很难相信，学者们也会如此天真，没有意识到政客和记者紧紧抓住的就是实际限速而不是"脆弱区"。乔治·奥斯本就曾说过，莱因哈特和罗高夫是对他影响最大的两位经济学家。[22]

了解这些经济学家为什么会出错，是非常重要的。可能存在数据挖掘方面的技术错误，但这些都是微不足道的。他们犯错的原因在于其使用的预测模型使之能够获得预期的结果。使数据与模型吻合，这对一个合格的技术人员来说只是小菜一碟。这些模型以新古典的工具箱为基础，包括理性预期、追求最优化的行为主体、前瞻性的消费者、无摩擦的市场和均衡等，这些都表明经济能够稳定在自然失业率的水平上。预测者得到了期望的结果，并且只有在真实世界证明他们犯了错误时，才开始挠头。

2010年，英国财政部的态度具有以下主要特点，这反映了当时主流预测模型的特征：

（1）基于英格兰银行的宏观经济模型，财政部预测将出现 V 形复苏，经济增长最早将在 2011 年反弹至 3%左右。[23] 他们低估了 L 形复苏和"非充分就业均衡"的可能性。简而言之，他们接受了国际货币基金组织关于财政乘数数值很小的观点。

（2）在经济强势复苏的情况下，逐步削减赤字不会产生紧缩效应。实际上，这将使人们相信公共财政正在得到控制，从而使复苏持续下去。在奥斯本和财政部的心目中，修复布朗担任财政大臣时造成的损失，要比修复经济衰退造成的损失更为重要。无论如何，财政紧缩造成的任何轻微影响都可以被量化宽松或者宽松的货币政策抵消。这就是阿莱西纳观点的本质。

（3）由于欧元区特别是希腊债务危机的恶化，信心显得尤为重要。因此，财政部的观点是，只要政府有一个可信的削减赤字的计划，经济快速和持续的复苏在国内就不会遇到障碍。但是，如果没有这样的计划，它很可能面临一场摧毁信心的财政危机。实际上，奥斯本认为紧缩政策会带来信心，因为它发出了政府将会"量入为出"的信号。

为了解释国际货币基金组织和其他人估计的财政乘数为何微乎其微，新古典主义剧目中为人熟知的三个节目又被搬上了舞台。

实际挤出效应

美国经济学家约翰·科克伦（John Cochrane）写道："如果政府向你借了 1 美元，你就没有办法再花掉这 1 美元……由刺激性支出创造的就业机会会被私人支出减少而损失的就业机会抵消。我们可以修建道路而不是工厂，但是财政刺激计划无法帮我们同时修建更多的道路和工厂。"[24] 这重现了 20 世纪 20 年代英国财政部的观点。在乔治·奥斯本的第一份预算案中，他谈到过度膨胀的国家会"挤掉私人部门的努力"。显然，政策制定对简化了的学术观点亦步亦趋。

李嘉图等价定理意味着政府借贷只是推迟了征税的时间。由于预期以后要缴税，人们会增加他们的储蓄。增加的储蓄将完全冲抵额外的政府支出，从而使乘数为零。奥斯本确实在他2010年的梅斯讲座中提到过"李嘉图等价"。[25]

金融挤出效应

政府资金需求的增加，使利率面临上行压力。利率上升将抵消由额外借贷提供资金的任何刺激计划。这对欧元区来说是一个很有说服力的论据，因为欧盟宪法禁止欧洲央行购买政府债券。然而，对美国、英国、中国和日本来说，这种说法不能成立，因为这些国家的政府可以命令或者说服它们的中央银行购买政府债券，从而消除长期利率上升的任何迹象。这种做法会使政府赤字持续增加，但是不会出现金融挤出效应。在极端情况下，赤字可以完全由中央银行的贷款来提供资金（参见附录8.1）。

在实践中，英国财政部能够以极低的利率不断地获得贷款，这主要是因为英格兰银行一直在购买政府债券（见图29）。

信心精灵

对财政部来讲，信心具有决定性的作用。2010年5月，希腊政府债券的收益率上升到了10%。正如贝斯利及其同事在给《星期日泰晤士报》的信件中指出的那样，风险在于"如果缺少可信的赤字削减计划"，人们就会"对英国的经济政策框架丧失信心"。拥有正确的经济模型（贝斯利他们的模型）的行为主体将会意识

图 29　政府借款的成本

到，一个开始财政扩张的政府已经失去了控制。随着人们越来越担心政府违约，这将导致信任危机，从而使政府借贷的成本大幅上升。[26]

与希腊进行类比是完全错误的，因为希腊政府依赖于国际债券市场，而英国并非如此。而且，假设债券市场拥有正确的经济模型也是荒唐的。在 2010 年 4 月，债券市场的定价表明，经济复苏可以自我维持，但是到了 7 月，定价又表明会出现再次衰退。[27]它们制造了噪声，又依赖这一噪声对交易进行定价。

财政部以不同的方式论证了下述观点：由于不存在产出缺口，因此财政乘数不可能为正。这是财政部观点的当代版本，凯恩斯曾经在 1929—1931 年与其展开过斗争，并撰写了《通论》一书予以驳斥。它是萨伊定律在当代的重新表述。经济学在兜兜转转之后，又回到了原点。①

---

① 据我所知，政策制定者从未考虑过通过平衡预算乘数将闲置资源利用起来。政府的支出（G）增加，同时通过增加税收（T）来平衡预算。由于实际上只有部分税款原本会被花掉，所以消费支出的变化将小于税收的变化。就此而言，政府把本来将由家庭储蓄起来的钱注入了经济，这本身就是乘数过程的一部分。在累进税制下，乘数会更大一些，因为富人的储蓄占其收入的比例比穷人更高。支持这一政策的意见，参见 Stiglitz（2014）。

在大众层面，紧缩政策得到了一系列流行口号的支持，比如"不要异想天开"和"你不能花掉你本来就没有的钱"，这些流行口号比更复杂的凯恩斯主义论点更容易引人注意。两个民间理财故事展现的智慧引起了公众的强烈共鸣。

首先，是一位来自施瓦本地区的家庭主妇。这位虚构的女士出现在世界舞台上是由于 2008 年德国总理安格拉·默克尔赞扬了她的节俭，并暗示企业和政府都应该效仿。英国财政大臣菲利普·哈蒙德（Philip Hammond）在其 2018 年 3 月的春季预算声明中提供了这位谨慎的家庭主妇的最新版本："首先，你要弄清楚你能负担得起多少。接着，你要决定你的优先事项是什么。然后，你再在优先事项之间进行分配。"这对家庭来讲是很好的建议，但是对政府来说却是一派胡言。政府有权收税、借贷和再借贷，还能无限制地印制货币，政府的预算约束要比单个家庭宽松得多。[28]

其次，是声称国家债务是"子孙后代的负担"。这个命题存在两个谬误：第一，只要支出是由借债而非税收提供资金的，从任何一个时点上来讲，这代表的是债券持有人和纳税人之间的代际转移。[29]第二，如果政府向这一代人借款是为了创造供子孙后代使用的资产，比如长期的基础设施计划，或者确实只是为了避免出现"增长低迷"，那么无论对当代人还是子孙后代来讲，都是利大于弊的。

有一个更具实际意义的公共财政论点可以支持充分就业状态下的平衡预算，即公共部门分配资本的效率必然低于私人部门。让失业者挖坑然后再填平是一回事，用公共部门的就业取代私人部门的就业则是另一回事。在已经实现就业的情况下，效率比维持需求更重要。

既然能够被正统学派的花言巧语所吸引，对于一位称职的政客来说，要理解类似"如果没有人买汽车，就没有必要制造汽车"或者"如果政府借钱给你造房子，对你和你的孩子都有好处"这样的想法，应该不是太难。

结构性赤字的神话

随着经济危机的爆发，财政数据急剧恶化。2009—2010年英国公共部门净借款达到GDP的11.2%。同一时期的国家债务上升到GDP的65%，2013—2014年则升至75%。财政状况急转直下使戈登·布朗的审慎策略成为一种奢望，并为财政整顿派扫清了障碍。奥斯本痴迷于削减赤字。但是，要削减哪些赤字呢？

赤字的基本概念是公共部门的净借款。这是指政府收入和支出之间未经调整的原始差额。给定税率和支出规模，公共部门净借款将在经济衰退时自动上升，因为税收减少，但与失业有关的支出增加；在经济繁荣时自动下降，原因正好相反。这为经济提供了一个内在稳定器。它可能是一个正数，意味着存在预算赤字；也可能是一个负数，意味着预算盈余；还有可能是零，意味着预算平衡。

但是也存在一种结构性或周期性调整赤字，包括经常性支出和资本性支出在内的政府支出超过了"正常"收入，即经济处于正常状态时政府预期会获得的收入。周期性调整的预算余额（Cyclically Adjusted Budget Balance，CAB）＝预算余额（Budget Balance，BB）－预算余额中周期性的部分（Cyclically Component，CC）。预算责任办公室的解释是：

> 产出缺口的大小……决定了在任何时候，财政赤字中有多少是周期性的，有多少是结构性的。换句话说，随着经济

复苏使收入增加、支出减少，有多少赤字会自动消失，在经济活动恢复全部潜力时，又有多少赤字仍会存在。产出缺口越小，结构性赤字的比例就越大，政府实现其财政目标的空间就越小，而财政目标正是从结构性赤字的角度设定的。[30]

这种结构性赤字，就像进行了"防删"设置，在经济复苏后仍会存在。奥斯本的目标就是到2015—2016年将结构性赤字降到零。

结构性赤字是新古典主义故弄玄虚的典型做法。它反映了一种普遍的正统观念，即财政扩张无法提高市场经济"正常的"或"趋势性的"增长速度，但是，它可以通过将资源转移到效率较低的公共部门来降低这一增长速度。换句话说，它源于稳定化政策具有挤出效应的思想。从这个角度来看，结构性赤字危害更大，因为不同于由经济衰退而自动产生的赤字，它是对私人部门的蓄意掠夺。但是，对凯恩斯主义者而言，事实恰好相反，新古典经济学家为了估计结构性赤字规模而设定的基准值，即经济活动的"正常"水平，可能严重低于这个经济体的生产潜力。在这种情况下，所谓的结构性赤字不过是政府为保持充分就业而应该"正常"实施的赤字。它是国家财政可持续性的一部分，而非对这一目标的背离。

2008年11月，戈登·布朗政府的财政部估计2008—2009年的结构性预算赤字占GDP的2.8%。2010年6月，奥斯本承诺将消除2009—2010年占GDP比例为5.3%的结构性预算赤字。国际货币基金组织的估算参见图30。

周期性衰退为何使结构性赤字的估计值大约增加了一倍？奥斯本执掌的财政部给出的答案是，前任政府高估了英国经济"正常"的增长率，因此也高估了由此产生的收入：

在危机之前的数年间,房地产热潮和金融部门不可持续的利润和薪酬推动了税收的快速增长。2007年《综合支出审查》中提出的支出计划就是基于这些不可持续的收入来源而制定的。在危机期间,随着税收收入的减少,公共部门暴露了入不敷出的问题。[31]

这显然有一定的道理。英国的经济增长一直是不平衡的,金融部门在膨胀,而其他私人经济部门则停滞不前。工党与金融界达成的"邪恶"协议,最终使工党玩火自焚。不过,结构性赤字的故事也揭示了政策制定所依据的宏观经济学缺乏坚实的基础,这种状况目前仍在继续。

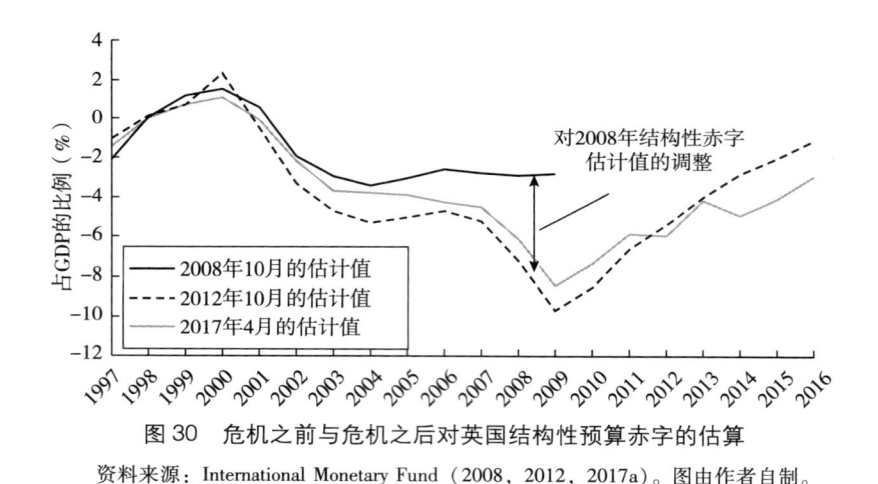

图30 危机之前与危机之后对英国结构性预算赤字的估算

资料来源:International Monetary Fund (2008, 2012, 2017a)。图由作者自制。

磁滞效应

在1986年的一篇论文中,布兰查德和萨默斯用"磁滞效应"一词来描述以下情形:由于长期衰退,不是实际产出相对于潜在产出下降，而是潜在产出本身出现了下降。[32] 这是指经济衰退本身使生产能力出现了萎缩，即经济的生产能力受到了损害，原因是沮丧的工人、丧失的技能、破产的银行以及缺少对未来生产力的投资。也就是说，经济萎缩和缓慢复苏会使经济的供给侧受损，因此，复苏不是增加需求的问题，而是重建供给的问题。在经济衰退之后的几年间，磁滞效应更多地不是体现为持续的高失业，而是体现为生产率的下降，因为工人被迫转向低生产率的就业岗位。[33]

马库斯·米勒和凯蒂·罗伯茨（Katie Roberts）绘制了一幅程式化的图形（见图31），以说明自2008年以来像英国这样的国家可能发生的情况。

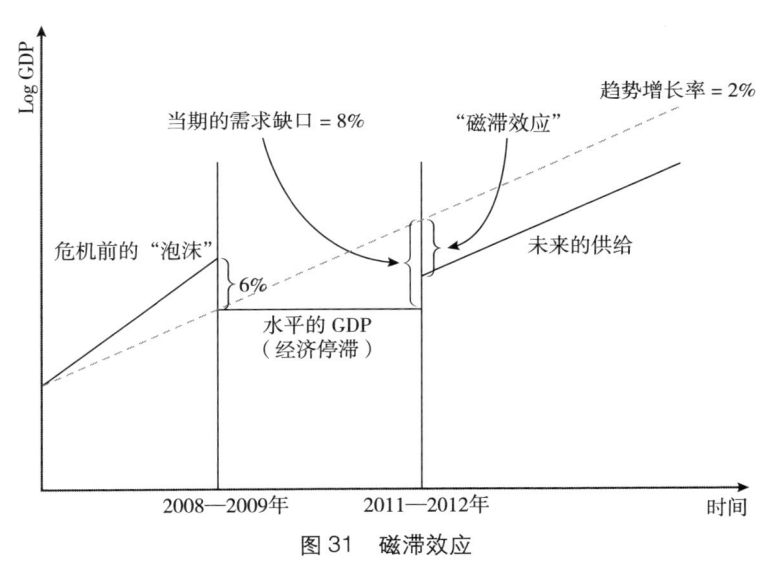

图31　磁滞效应

资料来源：私人通信。

在经济恢复增长时，供给并没有恢复到以前的潜在产出水平，而只是处于一个较低的潜在产出水平。这一点对结构性赤字而言非常重要,因为生产能力的丧失,以及随之而来的税基减少和支出增加,会使以前的周期性赤字转变为结构性赤字。当经济恢复增长时,随着缴税人数减少,周期性赤字将持续存在。

图 32 关注劳动力供给。首先,劳动力需求因外部冲击而减少,比如 2008 年的银行危机。这使劳动力需求曲线从 LD_1 移至 LD_2,结果,就业从 A 点下降至 B 点。随着时间的推移,这些因劳动需求减少而被裁员的人拥有的技能开始贬值。这表现为劳动力供给曲线由 LS_1 向 LS_2 移动。即使需求回升使曲线从 LD_2 恢复至 LD_3,技能贬值仍会使经济长期处于较低的就业水平,即 D 点所示的位置。

磁滞效应意味着,任何使经济衰退持续时间最短的政策,也将使潜在产出的损失降至最低。这是一个针对财政部观点的现代回应。

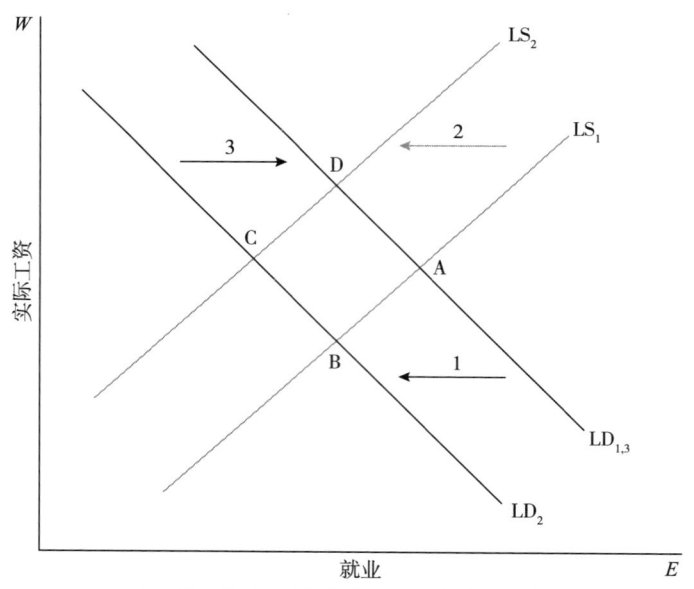

图 32 劳动力供给针对外部冲击的调整

基于比较的视角对紧缩政策的评估

图 33 中显示的复苏模式与紧缩政策的力度有关。与阿莱西纳的观点相反,紧缩政策力度越小,增长恢复得越快。关键年份是 2011—2012 年,美国继续增长,英国也在增长但是增速较慢,而欧元区则陷入了二次衰退。

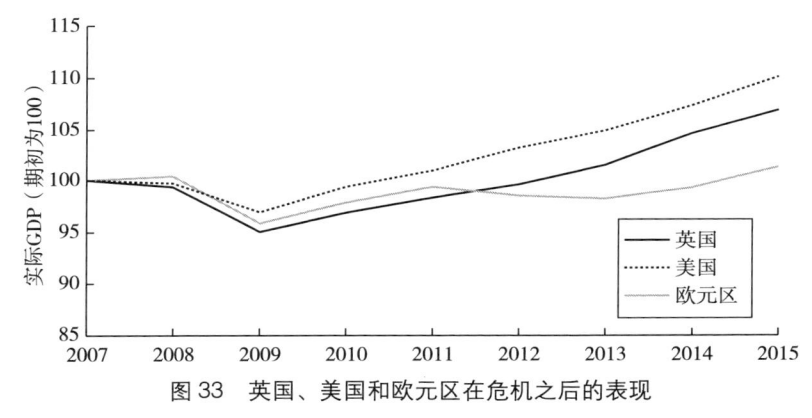

图 33 英国、美国和欧元区在危机之后的表现

注:每个国家/集团期初的实际 GDP 指数化为 100。因此,该图显示了产出相对于危机之前峰值的变化。我们由此可以观察到承诺会出现迅速的"V 形"复苏是多么具有误导性。

资料来源:International Monetary Fund (2016)。

尽管反凯恩斯主义的陈词滥调比德国以外的其他任何国家都更为激烈,美国大体上仍然采取了凯恩斯主义政策。财政紧缩直到 2013 年才真正开始,当时国会强迫奥巴马政府削减支出,然而,就产出而言,那时的经济已经收复了失地。布什政府制定了 1 520 亿美元的《2008 年经济刺激法案》,其中很大一部分是给每个中低收入家庭的 600 美元退税。在 2009 年初,奥巴马总统签署了《美国复苏与再投资法案》。该法案授权政府在 2009—2019 年的十年间向美国经济注入 8 310 亿美元(最初为 7 870 亿美元),其中大部分是在2009年和2010年支出的。2010年7月，总统经济顾问委员会的一份报告宣称，这一经济刺激计划挽救或创造了250万~360万个工作岗位，与不采取这一措施相比，使美国GDP高出了2.7%~3.2%。这与非党派机构国会预算办公室的预测是一致的。[34] 财政扩张伴随着表现为量化宽松的货币扩张政策。美国的经济表现并不是特别强劲，劳动年龄人口中从事工作的比例从72%降至67%，收入不平等扩大，生产率有所降低。但是，它的表现仍然要比英国和欧洲好得多。这表明凯恩斯主义政策是有效的。[35]

欧元区的表现最糟糕，部分原因在于欧盟的财政原则规定了要实现预算平衡，而主要原因则是实施紧缩政策是欧洲央行和国际货币基金组织为欧元区政府提供贷款的先决条件。意大利、葡萄牙、西班牙和希腊都经历了二次衰退。最近的一项研究估计，从2011年至2013年，欧元区财政紧缩造成的产出损失累计达到GDP的5.5%~8.4%，具体数值取决于对财政乘数的估计。[36] 希腊是最糟糕的例子，债权人三巨头强迫希腊实施不现实的严厉紧缩政策以获得额外贷款，这使得希腊注定会失败。结果，希腊GDP因此下降了27%。欧元危机直到2013—2014年才最终被克服（见图34）。[37]

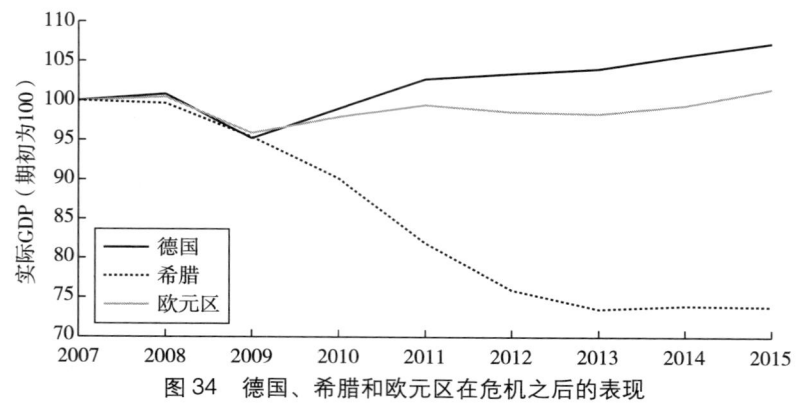

图34 德国、希腊和欧元区在危机之后的表现

资料来源：International Monetary Fund（2016）。

英国是一个位于两者中间的例子。英国政府不是被迫采取紧缩政策，而是有意为之。紧缩政策的主要影响在2011—2012年显现。2010年底，奥斯本宣称经济已经"走上正轨"，并且英国"势头好转"。[38]然而，经济很快就陷入了两年的停滞。奥斯本后来承认，他让自己"陷入了某种困境：自我设限，难以摆脱"。[39]经济停滞迫使人们进行反思。财政整顿的目标及时延后；幅度更大的货币政策以第二次货币宽松的形式出现，然后是第三次，并且财政部开始补贴陷入停顿的银行信贷。随着紧缩政策放松，经济慢慢得到了修复。

约尔达（Jordà）和泰勒（Taylor）提出了一种"反事实分析法"，以考察大衰退时期英国联合政府采取的紧缩政策。他们分析了如果病人不吃药，也就是如果不采取紧缩政策，会发生什么，结果如图35所示。

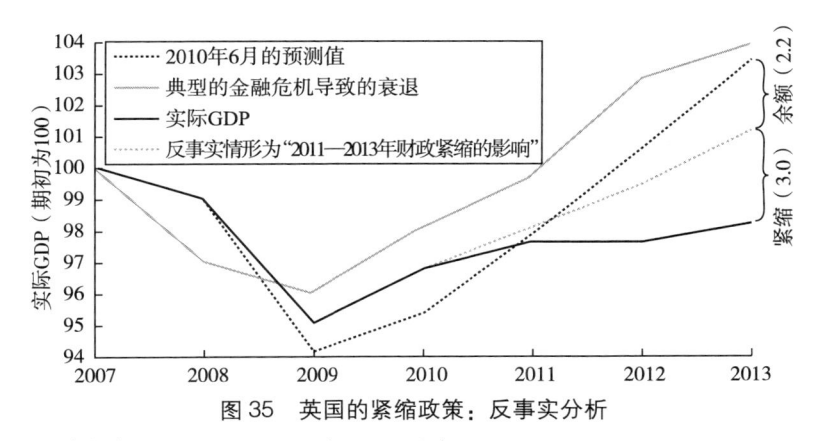

图35 英国的紧缩政策：反事实分析

资料来源：Jordà and Taylor（2013，p. 27）。

根据牛津大学西蒙·雷恩-刘易斯的计算结果，截至2017年，紧缩政策使每个家庭付出的成本为4 000~13 000英镑。[40]对于工人而言，情况更加糟糕。90%的人员已经有十年没有加薪，而家庭债务又回到了危机之前的水平。

小结

人们可能会认为，就像 1930 年凯恩斯和理查德·霍普金斯爵士在麦克米伦委员会面前的对决一样，在凯恩斯主义者和奥斯本主义者之间的辩论中，双方都没有取得明显的胜利。奥斯本可以并且也确实这样辩称，截至 2013—2014 年，英国 GDP 已经恢复至危机之前的水平，而且已经实现了充分就业，公共财政也相对稳健。换句话说，凯恩斯主义的观点，即如果缺少刺激措施，英国经济必将停留在半死不活的状态，是没有依据的。自动复苏的力量和紧缩政策带来的信心提升，足以使经济摆脱低迷状态。也就是说，财政刺激措施不会产生乘数效应。

然而，这一结论可能是错误的，理由有三。首先，它没有认识到 2009 年年中恢复增长并不是"自动"的，而是英国和其他国家采取凯恩斯主义政策刺激经济的结果。在英国，取消这些政策并没有"恢复"增长；与之相伴的是增速下滑，据估算，从 2010 年至 2015 年，GDP 增速年均下降了 1%。[41]

其次，所有称职的政府都认同，财政紧缩将推迟复苏，使增长减速，破坏增长潜力。英国的总体失业率已经降至略低于 5%，这是自 1975 年以来的最低水平，但是这不包括数以百万计的兼职工人，他们声称一旦有机会就会选择全职工作，也不包括那些被迫从事不稳定工作的自我雇用者或者签订零时工合同（zero-hour contract）的人，以及那些拥有更好资历却不得不从事低端工作的人。大受吹捧的灵活劳动力市场表明存在规模相当大的"就业缺口"，经济衰退使这一点昭然若揭。如果我们只考虑两类人，一类是领取失业救济金的人,一类是声称如果有机会就会延长工作时间的就业者,那么,大约有11%的英国劳动力处于"非充分就业"状态。[42] 利用可用的劳动力和廉价借款来修建基础设施的机会被忽视了。2011年,英国只建造了10.5万套住房,这是自20世纪20年代以来的最低值。

最后,财政紧缩政策的影响被货币扩张和英镑汇率下跌部分抵消了。这与以下观点相一致:如果存在促使需求扩张的相反力量,在经济衰退时实施财政紧缩不一定会导致总需求下降。然而,2010—2012年的经济停滞表明,将财政紧缩与经济复苏联系起来的理论是错误的。这是基于一种不严谨的观点,也就是把减少公共支出与减少赤字等同视之。但是,就像现在普遍认同的,如果削减公共支出会降低增长率,那么这也会减少政府收入。这一简单的事实解释了削减赤字的进程为何会令人失望。

在现实中,对赤字持鹰派观点的人唯一真正在意的赤字是为了保护穷人而产生的赤字。富人从来都不反对为自己减税,即使这样做会扩大赤字;而且,他们的经济学家朋友一直在忙着证明,如果政府采取这种做法,经济会产生多么美妙的乘数效应。为了穷人削减赤字,同时又为了富人扩大赤字,除此之外,对于政府的财政政策,人们还能要求什么呢?[43]

附录8.1　赤字货币化

一个政府如果拥有自己的中央银行,就不需要向公众筹集资金来为自己的支出买单。它可以简单地命令中央银行为其印制钞票。它可以背负对自己的中央银行的负债,但是对其他任何人都没有负债;而且,它永远不必偿还对自己的中央银行的债务。这真是每个债务人的梦想！为了限制这种独一无二的印钞特权，已经形成了一种惯例，在某些情形下甚至成为法律规定，即政府支出必须由税收或者向公众借款来支付，而后者被认为只是推迟了征税的时间。赤字"货币化"被认为是"最后的手段"，只有在"极端糟糕的情形下"才能使用，这种情形指的是，对债务增加的担忧使得以正统的财政扩张来应对经济衰退已无可能。[44]

从技术上来讲，中央银行可以向财政部发放比如说500亿英镑的贷款，或者财政部也可以发行价值500亿英镑的债券，而中央银行同意无限期地持有这些债券，并将收到的任何利息返还给财政部。这种融资方式的好处是，它将提高总需求，但是不会扩大国家债务，也就是政府欠国债持有人的钱。为了充分发挥这一政策的作用，货币供给的增加必须被视为永久性的。然而，正如阿代尔·特纳（Adair Turner）所说的："同样清楚的是，如果我们认同货币化融资是可行的政策选择，就会产生巨大的政治风险。因为一旦我们承认它是可行的，并取消了使用这一方法的任何法律或传统障碍，政治的驱动就可能导致它被过度使用。"安·佩蒂弗（Ann Pettifor）的说法更为简洁明了："是债券市场让政府……保持诚实。"[45]

因此，我并不同意现代货币理论的观点，即由于政府创造了它花费的货币，它就可以摆脱个人或家庭面临的那种预算约束。当然，如果政府不花钱，就不会有税收（这样政府就不复存在了），这也是事实。然而，这并不意味着政府所花的钱会自动转为税收返回给它。正如安瓦尔·谢克（Anwar Shaikh）正确指出的："没有逃不掉的货币。"[46] 现代货币理论的价值并不在于它努力证明了政府可以无限制地发债，而在于强调了相比于赤字鹰派的观点，政府借债融资面临的限制要宽松得多。

第 9 章
新货币主义

政府面临的真实情形是,扩张性货币政策将抵消预算的任何紧缩性影响。

——《金融时报》(2010)[1]

量化宽松政策的问题在于,它在实践中是奏效的,但是在理论上并非如此。

——本·伯南克(2014)[2]

虽然货币政策……在金融崩溃之后提供了必要的急救药,但是我们不得不承认它有些糟糕的副作用。拥有资产的人变得更加富有,没有资产的人则处境艰难。

——特雷莎·梅(Theresa May,2016)[3]

我觉得很难得出这样的结论,即在较长的时间范围内,我们的政策已经使得或者将会使得财富和收入以一种不公平或者不平等的方式重新分配。

——马里奥·德拉吉(Mario Draghi,2014)[4]

2010 年,财政刺激政策退出,只留下货币刺激这一个扩张性工具。量化宽松,即购买政府债务以便将更多的货币发放到私人企业手中,是财政扩张的劣质替代品,也是冲销财政收缩的手段。

这是一个简单明了的经济学问题，可能也是政治上唯一可行的做法。然而，我们不应该假装这是一个更好的办法。这个被选中用来浇灌干涸经济的容器，比被拒绝的替代选择更加漏洞百出。

危机之前的正统货币理论

在凯恩斯主义占据统治地位的时期，英格兰银行要求获得"业务上的独立地位"，以防止民主政府使货币供给增长过快。1998年，它终于得到了它想要的东西。

《英格兰银行法案》规定，英格兰银行的任务是："（1）保持价格稳定，以及（2）在此前提下，支持英国政府的经济政策，包括政府关于增长和就业的目标。"[5] 英格兰银行的货币政策委员会被授权设定官方利率，这被称为基准利率或政策利率。[6] 它的决定不受议会的影响，这打破了战后政策利率由政府决定的传统。比如，玛格丽特·撒切尔曾经以"会伤害我们的人民"为由，否决了提高利率的提议。在新体制下，英格兰银行将通过改变央行利率来控制通胀。通胀目标制从一开始就被视为"中央银行提高货币政策可信度和可预测性的一种手段。最重要的问题是……降低长期价格水平的不确定性，因为通胀的实际成本正是源自这种不可预测性"。[7]

在吸取了20世纪80年代货币主义实验失败的教训之后，英格兰银行并未直接以货币总量为目标，然而，"对于由货币政策委员会决定的每条官方利率路径，都存在一条隐含的货币总量路径"。[8] 因此，对货币政策而言，货币总量仍然是最重要的指标。货币政策委员会首选的指标是广义货币M4，这包括银行存款。此外，英格兰银行保留了自己作为最后贷款人的传统角色，而欧洲央行并不具备这一功能。

央行利率还有另外一个不为人熟知的名称，即基准利率，指的是中央银行向成员银行放贷的利率或者说"价格"。理论上，基准利率的变化将推动收益率曲线上升或者下降。这种变化会立刻引起银行间贷款利率的变化。然后，各家银行将调整自己的短期贷款利率和长期贷款利率。这种调整又将影响收入中用于储蓄和投资的数量。1930年，英格兰银行曾否认它拥有这种影响商业贷款利率的能力，并且认为短期利率对长期利率会产生何种影响，仍存在不确定性。[9]

根据人们的设想，基准利率影响经济中支出水平和价格水平的传导机制，可以概括为图36。作用渠道如下：

- 市场利率：官方利率变化会影响市场利率的结构。
- 资产价格："较低的利率可以推动股票和房屋等资产价格的上涨。更高的房价使现有的房主能够增加其抵押贷款，以便为更高的消费提供资金。更高的股价则增加了家庭财富，从而提高他们的消费意愿。"[10]
- 预期/信心：基准利率变化影响对经济未来走向的预期。预期的影响无法预测。以基准利率上升为例。一方面，它可能被视为中央银行释放的一种信号，即中央银行希望使经济增速放缓，以防止出现经济过热，这会降低对未来增长的预期。但是，它也可以被解释为另外一种信号，即经济增长快于中央银行之前的预测，这可能会增强人们对经济的信心。[11]
- 汇率：英国利率相对于国外意外下降，这将使投资者的英国资产相对于其外国资产的回报率降低，从而使英镑的吸引力下降。这会导致英镑贬值，进口价格上升，出口价格下降。初看起来，这似乎会增加英国的产出，但是汇率变化的影响也是不可预测的。例如，如果出口和进口的价格变化对需求的影响可以忽略不计，或者用术语来讲，如果英国的进口需求和出口需求"缺乏价格弹性"，那么产出就会下降。①

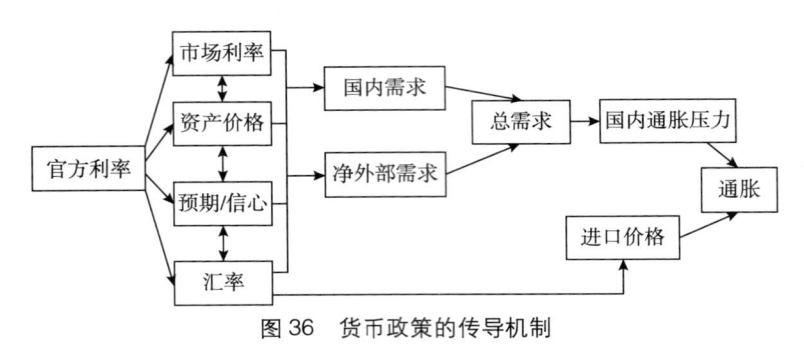

图 36　货币政策的传导机制

注：为简便见，这里未显示所有变量之间的相互作用，不过这些作用可能是重要的。

资料来源：Bank of England Monetary Policy Committee（1999，p.11）。

英格兰银行的做法可以用泰勒规则来刻画（参见附录 7.3），即当通胀率高于目标值时，表明支出的增长速度超过了产出的增长速度，所以英格兰银行应该提高基准利率，从而使储蓄相对而言更有吸引力。反之，如果通胀率低于目标值，基准利率就应该下调。

这一政策框架是维克塞尔式的，而不是弗里德曼式的：英格兰银行设定利率是为了实现目标通胀率。但是，"灵活通胀目标制"包含了新凯恩斯主义的特征，即允许维克塞尔的自然利率经受小规模冲击。该政策框架还强调了政策规则对锚定预期的重要性。在正常情况下，英格兰银行将"设定利率，以便使两年之内

---

① 这被称为马歇尔—勒纳条件（Marshall-Lerner condition），即如果出口需求弹性和进口需求弹性之和大于1，那么汇率下降将对贸易余额产生正向影响，并使产出增加。否则，贸易赤字将会扩大，产出将会下降。

的预期通胀率等于目标值"。但是在面对冲击时,它的目标应该是"在两年多的时间里使通胀率回到目标值,并仔细解释为何这种经验规则发生了变化"。[12] 通过这种方法,英格兰银行可以使其政策适应环境的持续变化和知识的持续演变,"以便在有关经济如何运转的观点不断变化的情况下,整体上的政策框架能够保持稳健"。[13] 至少在理论上是这样的。既要设定一个政策规则以锚定预期,又要解释为什么不能完全依赖它,两者之间的矛盾从未得到解决。

英格兰银行对于通胀和产出的偏重,可以体现在由下式表示的"损失函数"中[14]:

$$Loss_t = (\pi_t - \pi^*)^2 + \lambda (y_t)^2$$

其中,π 代表当前的通胀,π^* 代表通胀目标,因此 $\pi_t - \pi^*$ 指的是想要实现的通胀和当前通胀之间的缺口。y_t 代表产出缺口,λ 代表英格兰银行对产出的关注程度。如果 $\lambda = 0$,意味着英格兰银行不关心产出,并将不惜一切代价来抑制通胀;如果 λ 的值很高,英格兰银行可能会容忍更高的通胀,只要这样做能够避免产出和就业的下降。最后,通胀和产出缺口这两项都取平方值,表明(1)从任一方向偏离目标通胀和产出都是不可取的;(2)对大幅偏离的不满意程度要远远超过小幅偏离。[15]

英国的做法有一个备受称赞的特点,这就是通胀目标的对称性。[16] 制定政策既是为了避免通胀的恶果,也是为了避免通缩的危害。通胀率预计将会高于目标值,表明总需求超过了总供给;通胀率低于目标值,则表明相对于供给而言,需求不足。因此,通胀目标代替了凯恩斯主义的充分就业目标,使得通胀目标制成为一种平衡总需求和总供给的方法。这反映了米尔顿·弗里德曼的观点,即如果价格保持不变,失业率通常会保持在自然失业率的水平。改变央行利率以实现预先设定的通胀目标,这是财政微调政策的货币版本。

这种精简版的宏观经济政策基于下述观点：除非出现大规模冲击，否则稳定的通胀预期以及审慎的财政政策可以使实体经济保持稳定。确实，在大缓和时期，增长和低通胀之间的关系表现尚可，这显然是对中央银行政策的肯定（见图37）。

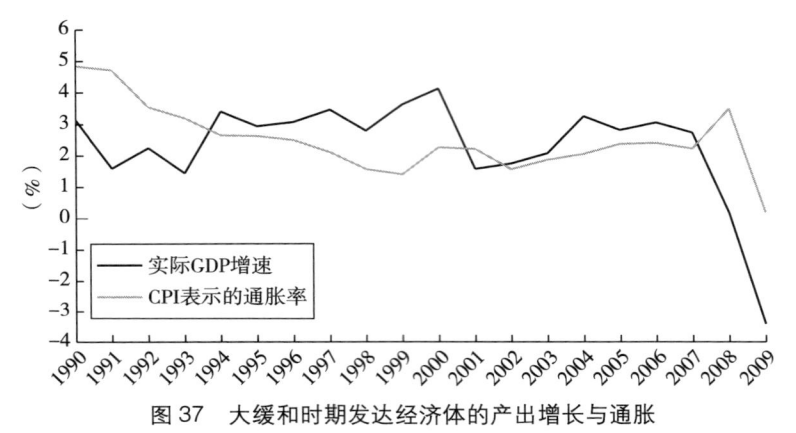

图37 大缓和时期发达经济体的产出增长与通胀

资料来源：International Monetary Fund（2017b）。图由作者自制。

但是，反通胀的承诺是不是造成低通胀的主要原因，这一点值得怀疑。来自中国、东亚和东欧数以亿计的低工资工人进入全球劳动力市场之后，使得价格产生了巨大的下行压力。[17] 默文·金在谈到货币政策遇到的"良好"环境时，也承认这一因素的贡献。[18]

然而，就像房间里站着一头孤零零的大象一样，整个系统容易出现崩溃，这正是2008—2009年发生的事情。这头大象就是金融部门。政策制定者在保持低通胀方面取得了明显的成功，这迷惑了他们，使他们忽视了银行业正在酝酿的大麻烦。随着金融系统在2008—2009年出人意料地崩溃，货币政策面临着自大萧条以来前所未有的挑战。

为何采取量化宽松政策？

面对日益明显的银行业危机迹象,英格兰银行反应迟缓。用霍华德·戴维斯(Howard Davies)的话来讲,"当它还在就道德风险问题纸上谈兵时,银行系统已经被这个问题引爆了"。与美联储不同,欧洲央行还在担心"不切实际的通胀危险"。[19] 但是,在 2008 年 9 月雷曼兄弟倒闭之后,几家主要中央银行的基准利率迅速降到了零(见图 38)。

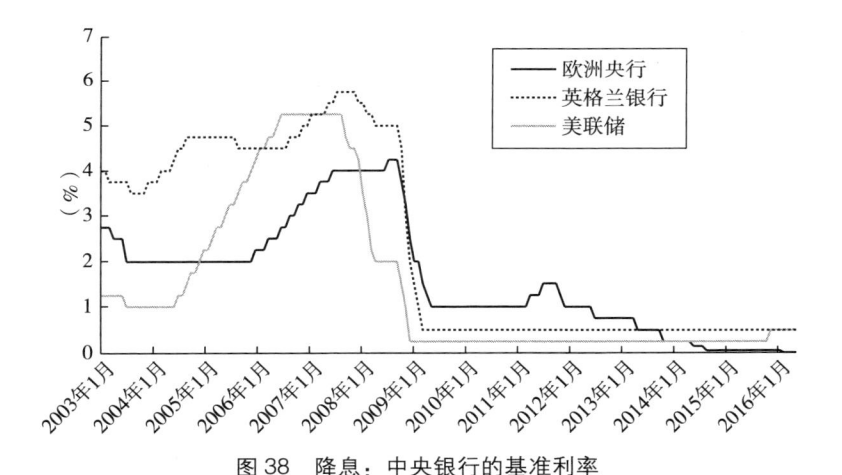

图 38 降息:中央银行的基准利率

注:每年的数值取自当年年底的央行利率;美联储的利率有 0.5% 的浮动范围,所以其利率由中间值来表示。
资料来源:Bank of England (2017b),"统计交互数据库:官方央行利率的历史";European Central Bank (2017b); Federal Reserve (2017a, 2017b,后者仅用到 2002 年的数值)。图由作者自制。

这是一种传统的应对措施。由于经济已然处于自由落体的状态,利率政策无法发挥作用,因而需要使用其他工具。2009 年 1 月 18 日,英国财政大臣阿利斯泰尔·达林宣布,英格兰银行将推出资产购买工具(asset purchasing facility,APF),这将"有助于实现通胀目标"。量化宽松政策粉墨登场。

两天之后，英格兰银行行长默文·金解释了出台这一政策背后的想法：

> 银行体系受到的扰动已经损害了传统利率工具的有效性。央行利率现在已经处于英格兰银行历史上的最低水平，因此，货币政策委员会可能需要超越央行利率这一传统工具，并考虑一系列非常规措施，为此做好准备是明智的。这些非常规措施采取的形式是，英格兰银行通过购买一系列金融资产，以扩大商业银行持有的准备金数量，并增加企业可以获得的信贷数量。这能够鼓励银行体系通过向私人部门发放贷款来扩大广义货币的供给，并帮助企业利用资本市场筹集资金。[20]

量化宽松的理论依据是流动性陷阱这个概念（见图39）。

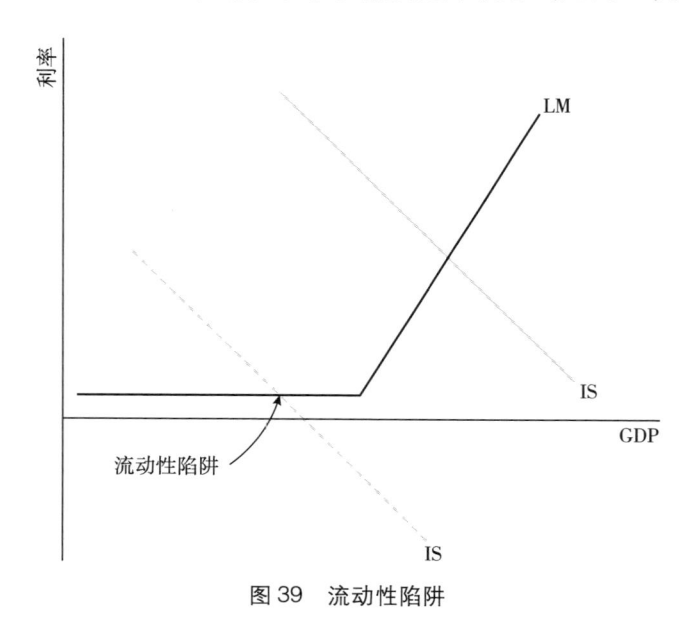

图39 流动性陷阱

如果投资的预期回报率或者说维克塞尔所谓的自然利率低于银行愿意为发放贷款而收取的最低利率,就会出现流动性陷阱。利率零下限是政策能够将商业银行贷款利率降到的最低值。当利率处于零下限时,持有货币的需求将具有完全的利率弹性,也就是说可以无限增加。[①] 这是因为即使利率为零,持有现金的安全感也胜过持有预期收益为负的金融资产。一旦利率达到零下限,中央银行就必须改用其他手段来降低市场上的贷款利率。

量化宽松之所以被称为非常规货币政策,是因为危机之前通过价格来控制信贷的传统政策已经失效。结果,中央银行不得不进行豪赌,重拾在20世纪80年代就已破产的费雪—弗里德曼版本的货币主义。不论是否情愿,中央银行家都变成了货币数量论者。

量化宽松计划:2008—2016年

美联储的步伐迈得最快。伯南克从弗里德曼和施瓦茨对大萧条的解释中吸取了教训,明白大规模实施量化宽松的必要性。就在2006年担任美联储主席之前,伯南克曾写道:"在20世纪20年代后期和30年代,美联储允许货币供给和价格水平持续下降,从

[①] 参见克鲁格曼(Krugman,1998)。虽然克鲁格曼和凯恩斯都指出了流动性陷阱的存在,但是两人的想法略有不同。根据克鲁格曼的观点,"当短期利率为零不足以产生充分就业时",就会出现流动性陷阱,因而需要使用量化宽松政策(Krugman,2014)。在图39中,预期利润率已大幅下降,只有负的名义利率降至一定的水平才能恢复充分就业。另一方面,当央行利率下降不能使长期利率降低时,就会出现凯恩斯定义的流动性陷阱,由于投资者预期长期利率将上升,因而持有债券会承受资本损失,因此他们将出售自己的债券以换取现金,这就会迫使长期利率上升。零利率下限是一种极限情形,但是,由于债券未来的收益具有不确定性,正统货币政策在达到这一极限之前可能就会失效。两类流动性陷阱都可以说明推出非常规货币政策的合理性,但是克鲁格曼的流动性陷阱避免了必须对不确定性进行建模的问题,因而成为采用量化宽松政策的理论依据。

而严重破坏了美国经济的稳定。"[21] 基于这一历史教训，在2008年危机爆发时，伯南克和其他大多数央行行长都下定决心避免重蹈覆辙。美联储在2008年11月宣布了第一项资产购买计划。[22] 伯南克宣称，"非常时期需要采取非常措施"。[23]

在从2008年11月至2010年3月的第一轮量化宽松期间，美联储购买了1.25万亿美元的抵押贷款支持证券、2 000亿美元由政府特许企业房利美和房地美发行的政府机构债券和3 000亿美元的长期国债，总金额占到美国2009年GDP的12%。从2010年11月至2011年6月实施的第二轮量化宽松期间，美联储购买了6 000亿美元的长期国债。第三轮量化宽松始于2012年9月，美联储计划每月购买一定数量的机构发行的抵押贷款支持证券。[24] 这项政策于2014年10月结束，此时美联储已经史无前例地积累了价值4.5万亿美元的资产，总金额略高于2014年美国GDP的四分之一。[25] 就像我们将会看到的那样，就其购买资产的构成而言，美联储比它的英国同行更加大胆。

在英国，量化宽松已经实施了三轮。在从2009年3月至2010年1月的第一轮量化宽松期间，英格兰银行向英国经济注入2 000亿英镑的电子货币，在2011年10月至2012年11月的第二轮和第三轮期间又注入1 750亿英镑，总金额达到3 750亿英镑，相当于英国2012年GDP的22.5%。尽管也购买了少量商业票据和公司债券，但是英格兰银行购买的大部分都是高流动性的金边债券。在2016年6月的英国脱欧公投之后，英格兰银行决定于同年8月恢复量化宽松政策。

对欧洲央行而言，在2015年开始实施资产购买计划之前，"回购"操作仍是其资产负债表扩张的主要方式。[26] 这种操作被称为长期再融资操作（long-term refinancing operation，LTRO），目的在于为银行提供再融资。也就是说,这是对银行的救助,而不是货币政策。2012年,欧洲央行行长马里奥·德拉吉承诺将"不惜一切代价"拯救欧元。这一承诺遭到了德国央行行长延斯·魏德曼(Jens Weidmann)的反对,但是它拯救了欧洲货币联盟。2015年3月,欧洲央行开始每月购买600亿欧元的欧元区公共部门债务。一年之后,每月的购买额度增加到800亿欧元,评级较高的企业债券也被纳入购买范围。2017年4月,购买额度降至600亿欧元,2018年1月又降至300亿欧元。2017年7月,欧洲央行持有的资产价值达到2016年欧元区GDP的40%。[27] 三大央行资产负债表扩张的规模都是史无前例的。[28]

有三个强有力的论据支持这些新计划。第一个论据是,所有中央银行在正常的货币市场管理工作中都采用了公开市场操作这一技术,而这些新计划不过是这一技术的简单扩展。公开市场操作是中央银行每天满足商业银行边际流动性需求的一种手段,它通过买卖政府证券或者回购交易,使银行间贷款的利率接近政策利率。然而,量化宽松是非常规的,因为它从未在日本以外的国家被用于解决流动性总供给面临枯竭的问题。尽管如此,人们仍然认为量化宽松并不意味着货币供给将会出现永久性扩张,因为一旦经济恢复正常状态,购买的债券就会被再次出售。

第二个论据则是出于实用主义的目的,由于危机前6个月公共赤字急剧扩大,财政政策已经"丧失了能力",而传统的货币政策则受到了零利率下限的限制。在越来越少的选项中,量化宽松是最佳选择。

第三个论据与意识形态有关。货币扩张比公共投资更为可取,因为它避免了"政府发挥资本配置的作用"。[29]

量化宽松应该如何运作？

蒂姆·康登引用费雪的圣诞老人的故事来解释预期的实际余额效应，即行为主体如果发现在目前的通胀状态下拥有过多的货币余额，就会通过增加购买量来花掉这些多余的货币。收到这些货币的人也会尽量用掉多余的货币，这些行为累积的结果就是导致所有价格都会上升，直至持有的货币与支出的比率恢复到理想水平。因此，通过增加名义收入，对实际余额的稳定需求将与增加的货币供给实现均衡。名义收入增加有多少表现为产出增加，又有多少表现为价格上涨，将取决于产出缺口的大小。[30]

为了实现特定的通胀目标，圣诞老人需要在社会上撒出多少额外的货币呢？在费雪的理论中，答案取决于货币乘数，这是指在部分准备金银行体系中，通过增加准备金或者基础货币可以创造出的新增银行贷款数量。如果准备金率是10%，注入1 000英镑能够额外产生900英镑的贷款，从而导致额外的支出和存款创造，而新货币的总额是最初注入金额的数倍。[31] 如果知道了货币乘数，那么就能知道特定数量的量化宽松对名义收入的影响，后者为实际产出变化与价格变化之和。然而，如果货币乘数机制存在漏洞，将名义收入提高到理想水平所需的新货币数量就是未知的。例如，"通过偿还银行贷款"，新增货币可以"被自动地消灭"，而"从银行购买能够带来收入的金融资产，也会产生相同的结果"，这都会使货币或者存款数量保持不变。[32]

凯恩斯曾经指出过这个问题，他在1936年警告说，"如果……我们试图断言货币就是刺激整个体系活跃起来的酒水，我们就必须提醒自己，将酒水从杯中送到我们的口中，还会有多种洒出的可能"。[33] 他指出了两种从循环流转中洒出或者"泄漏"的情形。首先，如果"公众对流动性偏好的增加超过了货币的数量"，创造出的额外的银行准备金就不会对支出产生影响。[34] 换句话说，货币对价格的影响取决于用于支出的货币数量，而不是创造出的货币数量。在其早期著作《货币论》中，凯恩斯指出了另外一种漏出的情形。即使注入的现金刺激了需求，它也可能不会成为对当前产出的需求。收到新货币的人可能会用它来购买现有的资产，比如证券交易所的证券、房地产或者绘画大师的作品。[35] 在这种情况下，量化宽松不得不依靠间接的财富效应来影响消费，以便将名义收入提高到理想水平。

正是出于这方面的考虑，凯恩斯得出了一个结论，即在经济不景气时要使新增货币被花出去，唯一稳妥的办法就是由国家来花掉这笔钱。

英格兰银行预期量化宽松在现实中将会如何发挥作用？答案是，他们也不太清楚。用英格兰银行自己的话来讲，它选定的路径是，"通过从私人部门直接购买资产，与对应的负债相比，这些资产的久期较长和/或信用风险较高……从而创造中央银行的准备金"。[36] 换句话说，它将通过购买商业银行风险较高的资产，为其创造无风险的现金准备金。

在英格兰银行看来，这样做能达到什么目的？在其最早的报告中，英格兰银行指出由这些准备金到支出有两个主要的传导机制。第一个是"投资组合替代"渠道，第二个是"银行融资"渠道。图 40 对这两种渠道进行了说明。

银行融资更常见的说法是信贷渠道，这是由于中央银行无法将基准利率降至零以下而采取的一种直接的替代方法。由于实施了量化宽松，商业银行持有的准备金显著增加。这促使它们降低贷款利率，增加自己的贷款组合，依靠贷款增加的支出有助于经

投资组合替代渠道
（经常进行操作）

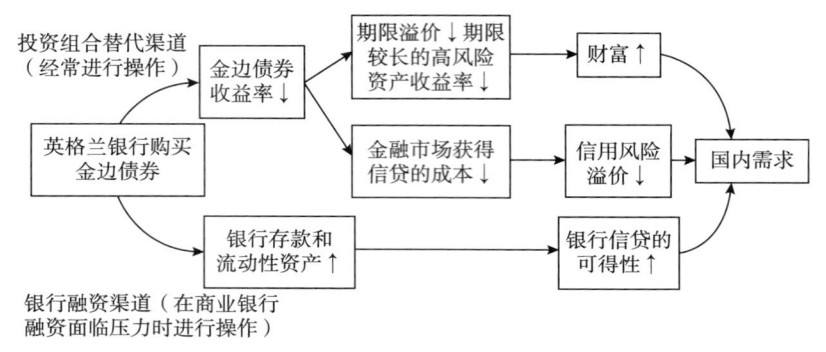

```
英格兰银行购买      金边债券      期限溢价↓期限        财富↑
金边债券            收益率↓        较长的高风险
                                  资产收益率↓
                                  金融市场获得     信用风险        国内需求
                                  信贷的成本↓      溢价↓
                   银行存款和                      银行信贷的
                   流动性资产↑                    可得性↑
```

银行融资渠道（在商业银行
融资面临压力时进行操作）

图 40　四项关键的货币争论

资料来源：Bank of England，摘自 Goodhart and Ashworth（2012，p.662）。

济扩张。

在实践中，英格兰银行并不太相信这一渠道，并且在经过短期尝试以后，对这一渠道的信心进一步降低。只有 30% 的政府债券是从银行购买的，其余都来自非银行机构或者个人。其中的原因不难理解。由于银行资产负债表严重受损，且借款人信心崩溃，无法指望银行贷款会迅速增加。因此，第一轮量化宽松的设计明显是为了绕过银行体系，而不是借助于银行体系发挥作用。

与美联储一样，但是与欧洲央行有所不同的是，英格兰银行主要寄希望于投资组合的再平衡或者替代。激活这一渠道靠的是从养老基金和保险公司等私人投资者那里购买政府债券。正如英格兰银行所说的：

> 只要投资者认为，相对于货币，企业债券和股票等其他资产更适合作为政府债券的替代品，我们就可以预期，如果他们的货币持有量因央行临时性的债券购买而增加，他们就会重新平衡自己的投资组合，并购买更多的这类资产……这倾向于促使这类资产的价格上涨。[37]

凯恩斯曾经认为，如果债券收益率降得太低，人们就会宁愿持有现金也不愿购买债券。但是，英格兰银行的理由是，旨在降低对债券的超额需求的政策会导致投资者不是转向持有现金，而是转向股票等金融资产，这些资产尽管风险更高，但是承诺的回报率也更高。新资产持有者的账面财富增加，将鼓励他们支出得更多。① 换句话说，英格兰银行按照弗里德曼的指引，暗中抛弃了凯恩斯流动性偏好函数中投机性货币需求的理念。对流动性资产的需求可能会上升，但是在货币循环流转中不存在漏出的现象。

随着时间的推移，英格兰银行发现了其他的传导机制。特别是，它开始越来越重视其公告对激发所需反应产生的影响。一开始，它希望利用这些公告的"惊奇"效应。当它发现这种"惊奇"效应很快就会消失时，又开始强调"发送信号"和"前瞻性指引"的作用。在英格兰银行采取行动时，这些行动就为它未来将会如何行动提供了线索，这些线索就是信号；"前瞻性指引"是在特定条件下以某种确定方式采取行动的明确承诺。在其最明确的形式中，"前瞻性指引"渠道通过政策制定者做出将利率长期保持在极低水平的承诺来发挥作用。该政策具有安慰剂效应，这是一种自我实现的预言，可以促进经济复苏，但是不用承担中央银行资产负债表扩张的重大风险。

因此，承诺在特定的时间内继续将央行利率保持在低水平并且采取购买资产的措施，被认为对于实现政策的预期效果，也就是提高通胀率，具有至关重要的作用。就像财政部宣布在有限时间内削减赤字的目标一样，"发送信号"和"前瞻性指引"是为了

---

① 英格兰银行还购买了一定数量的商业票据和企业债券。进行这些干预是为了增强货币市场的流动性。第二年，由于英格兰银行对已经实现的流动性水平感到满意，这些资产又被售出。

增强政策的可信度而进行的尝试。

2013年，英格兰银行新任行长马克·卡尼（Mark Carney）释放的信号表明，该银行有意将央行利率保持在当时0.5%的水平，直到失业率降至7%。

正如英国广播公司解释的：

> 英格兰银行只能直接控制短期利率，但是这一利率已经被降到它认为可以接受的最低水平……英格兰银行支持经济的另一种方式就是提供一种指引，根据这一指引，企业和抵押贷款借款人可以估计低利率将持续几个月或者几年的时间。因此，前瞻性指引是将短期低利率转变为长期低利率的一种方法。其中的想法是，如果高街银行*能够被说服，它们将能够在未来的许多个晚上，实际上是很多个月份或年度，仅以0.5%的利率从英格兰银行借入隔夜贷款，那么它们可能愿意以相应的较低利率向其他人借出期限更长的资金。[38]

可信度和实用主义之间存在权衡问题。在2016年8月之前，基准利率一直保持在0.5%，尽管英国的失业率在此前两年中已经降至7%以下。然而，如果情况表明要改变政策，在一段时间内保持政策不变的承诺就不再可信。2017年10月，基准利率开始脱离最低水平，这是危机开始以来的第一次。还要多久才能达到人们认为的正常水平，这取决于经济复苏的势头，对此没有人能够确定。但是，可以说2008年冬天设定的接近于零的紧急短期利率，

---

* 高街银行（High Street Bank），在英国主要指的是遍布在商业大街（High Street）上的银行，也被称为"零售银行"，主要提供便民服务。——编者注

现在已经远远低于一个已经复苏的经济所需要的均衡利率，它唯一的作用就是使原本应该退出经济活动的僵尸企业继续存活下去。

应该指出的是，整个行动的明确目的是将通胀率提高至2%的目标水平。实际上，预期更高的通胀是支出扩张机制的关键部分，如果家庭和企业预期价格会上涨，或者换一种完全等同的说法，即实际利率会下降，他们就会增加当前购买的商品和机器的数量，以便以更便宜的价格获得这些商品。如果预期明天的价格会上涨，何不在今天就买下来呢？然而，如果预期更高的价格会促进投资，人们很快就会意识到，如果真的实现了这一点，通胀将通过提高商品价格来抑制消费。就增加产出而言，提高通胀率是一把双刃剑。

评价

如何评价量化宽松的成效？与任何政策评估一样，一个根本问题在于很难（实际上是不可能）将这一政策的影响与外部因素的影响完全分离开来。评估量化宽松对金融变量的影响相对容易一些，比如利率、债券收益率和股票交易价格等。但是，这些变化对实际GDP有何影响？实现这类金融目标本身并没有什么特别的益处。利率或者资产价格是上升还是下降并不重要，除非这会影响产出和就业。这些金融领域的变动仅是影响实体经济的传导机制。如果它们不能促进经济复苏，这些政策就是无效的。

在图41中，深灰色的框是当局希望通过量化宽松政策实现的目标，而中度灰色框的影响是中介性的。他们不希望看到的是浅灰色框中的内容，比如银行坐拥准备金却不放贷，投资者购买金融资产而不是用于消费或者实际投资。显然存在出现资产泡沫的风

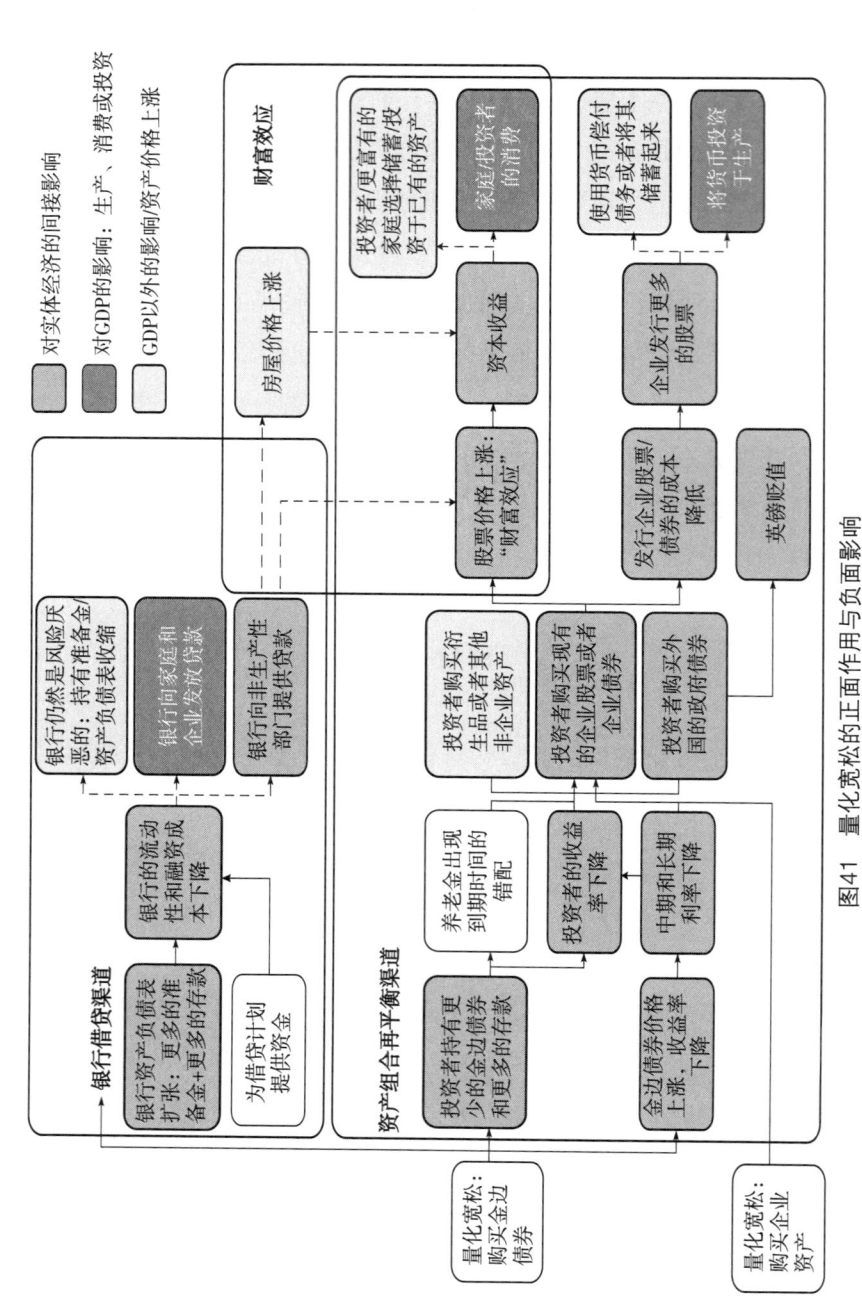

图41 量化宽松的正面作用与负面影响

资料来源：Ryan-Collins et al.（2013, p.15）。

险，但是英格兰银行希望资产价格上涨能够通过财富效应促进资本投资和消费支出的增加。在这份 2013 年对英国量化宽松经历的评估中，有五个浅灰色的框，而深灰色的框只有三个。

投资组合再平衡渠道

一开始人们认为这一渠道将通过压低金边债券的收益率来发挥作用。这将促使金边债券的持有者转而购买股票，"如果量化宽松成功地抬高了股票和企业债券的价格，我们就可以期望企业将更多地利用资本市场来筹集资金。换句话说，除了提高债券和股票的价格，量化宽松还会对债权和股权融资的数量产生积极影响"。[39]

乔伊斯（Joyce）等人估计，从 2009 年 3 月至 2010 年 1 月，英格兰银行第一轮价值 2 000 亿英镑的资产购买使金边债券的收益率下降了大约 1%，与短期利率下降 1% 的情形相当。[40] 米林和沃伦（Meaning and Warren，2015）估计，总共 3 750 亿英镑的量化宽松仅通过增加债券供给，也就是说不考虑预期因素的影响，就使债券收益率下降了大约 0.25%。[41] 这降低了整个经济的借贷成本。政府借贷成本的下降，以及支付的国债利息减少，改善了财政状况，在承诺要紧缩财政的情况下，这使得预算政策在一定程度上比原本的情形更为宽松。而且，它至少暂时降低了企业的融资成本，这一成本在 2008—2009 年曾经大幅飙升。[42] 货币政策委员会外部成员大卫·迈尔斯（David Miles）认为，"以英镑计价的公司债券利差下降，一个重要的原因就是英格兰银行购买了金边债券"。[43]

从 2009 年 3 月 4 日至 2010 年 1 月 22 日这段时期，英国富时指数（FTSE）上升了 50%。但是，即使没有受益于量化宽松，欧元区斯托克 50 指数（Euro Stoxx 50）和德国 DAX 指数（German DAX）也涨了这么多。甚至英格兰银行这位很难完全客观中立的观察者也承认,"将所有这些成果都归功于量化宽松,有些过于夸张了"。[44] 然而,"证据与投资组合再平衡渠道的效果是一致的",尽管"无法知道如果没有量化宽松会怎么样"。[45] 股票和房地产市场的恢复要比经济的其他部门快得多,但是现在还没有办法说明这在多大程度上应该归功于量化宽松。

银行借贷渠道

更为显而易见的是,量化宽松未能刺激银行贷款。虽然商业银行储存在英格兰银行的准备金或者说狭义货币急剧增加,从 2009 年 3 月的 300 亿英镑上升至 2013 年 11 月底的超过 3 000 亿英镑[46],但是银行贷款的年增长率从 2009 年 2 月的 17.6% 降至 2010 年 9 月的负值(参见图 42)。理论可以告诉我们何以如此。私人部门的储蓄增加了。银行不太愿意贷款,而企业和家庭也不愿意去借钱。央行增发的货币很难抵消流动性偏好的大幅上升。甚至时任欧洲央行行长马里奥·德拉吉也被迫承认,如果"银行……出于谨慎而持有大量余额,货币扩张将无法疏通银行贷款这一渠道"。[47]

普遍的共识是,英国银行贷款在 2012 年的"温和"复苏主要是由于政府的补贴计划,比如贷款融资计划(Funding for Lending)和帮助购买计划(Help to Buy),这是财政政策而不是货币政策。贷款融资计划于 2012 年 7 月推出,帮助购买计划则是在 2013 年 4 月推出。前者"通过向银行和建房互助协会提供资金……旨在激励银行和建房互助协会增加对英国家庭和私人非金融企业的贷款……为其提供的资金价格和数量与它们为实体经济提供的贷款挂钩"。[48] 后者旨在帮助只有 5% 首付款的人买房;政府通过保证偿还一定比例的贷款,鼓励银行批准这类抵押贷款的申请。但是,时至今日,银行贷款仍远低于历史平均水平。

图 42　英国银行贷款（M4）的增速

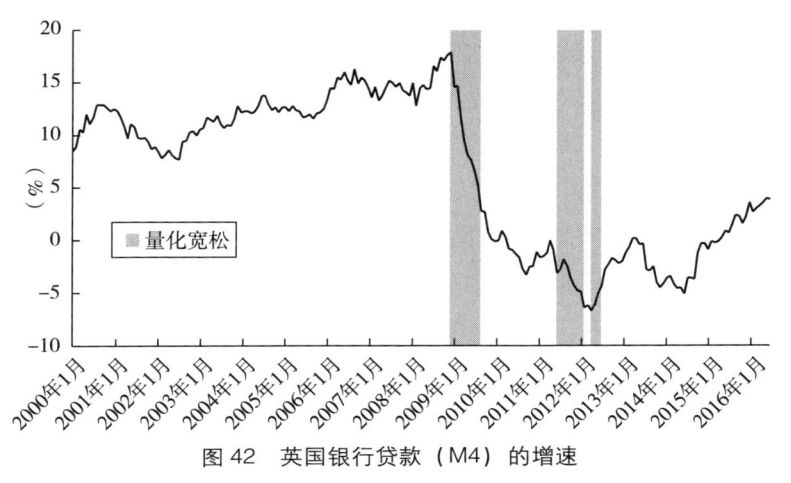

资料来源：Bank of England（2017b），交互数据库。序列号：LPMVWVP，经季节性调整。图由作者自制。

量化宽松未能重振银行贷款，从而导致了更多非常规政策的出台。2017 年 1 月，马里奥·德拉吉开始对商业银行在欧洲央行持有的超额准备金征税，以鼓励它们放贷。这一政策有其局限性，因为如果在中央银行储存准备金太过昂贵，商业银行就将转向其他储存货币的方法。2016 年初，巴伐利亚银行协会建议其成员银行开始储存实物现金。[49]

这种两难境地是显而易见的。如果对中央银行准备金实施的负利率无法影响贷款利率，那么它们就没有任何用处；如果它们真的影响了贷款利率，那么这将削弱银行的盈利能力，除非银行也开始对储户存在银行的存款收取利息。[50] 如果发生这种情况，人们就会把钱存进保险箱。[51]

汇率渠道

英格兰银行认为，它注入经济的额外现金有一部分将被用来购买外国证券，这将迫使汇率下降，进而扩大出口需求。

图 43 表明，英镑贬值发生在量化宽松之前；而且，它只是在极短的时间内改善了经常账户的状况。[52]

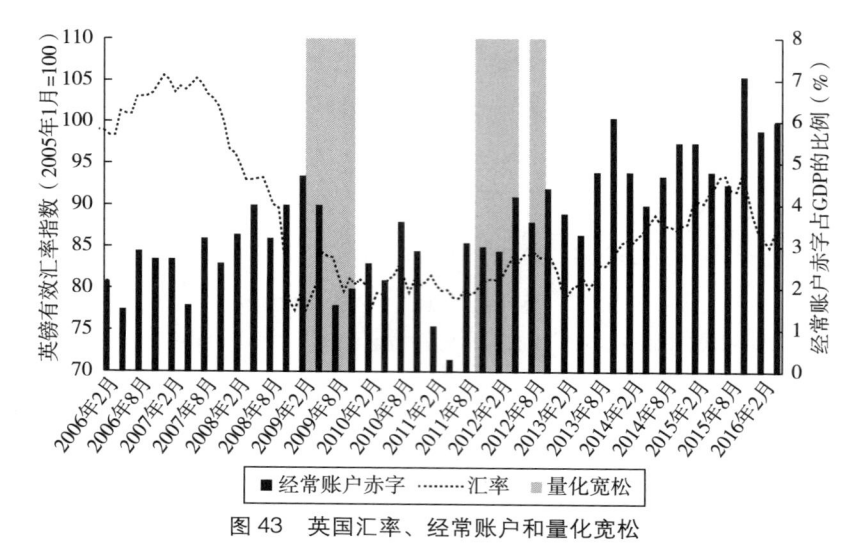

图 43　英国汇率、经常账户和量化宽松

资料来源：ONS（2017）。经常账户赤字占 GDP 的比例（季度）；时间序列 ID：aa6h。月度平均值、英镑有效汇率指数、英镑（2005 年 1 月 = 100）；时间序列 ID：bk67。图由作者自制。

信号渠道

要估计发送信号的影响是很困难的。一些分析采用了"事件研究"的方法，这种方法的灵感来自"有效市场假说"。这一假说主张市场价格会根据"新闻"而不是实际事件进行调整。根据这种方法，研究人员已经发现政策公告会对债券收益率、货币和股票价格产生影响。[53] 但是，那些致力于研究影响市场行为的"惊奇"理论的人必然会得出结论，中央银行的公告将会出现收益递减的现象，而实际情况似乎就是如此。市场参与者已经习惯了非常规货币政策，在猜测下一波政策的规模和时机时会变得越来越敏锐。因此，第二轮量化宽松的影响要远小于第一轮。然而，中央银行玩的是战略层面的游戏。通过宣布改变购买资产的构成，比如美联储的"扭转操作"（Operation Twist）和英格兰银行决定"增加期限更短的证券的购买数量"，它们能够令投资者感到意外，并继续影响收益率曲线，至少在它们自己看来是这样的。[54]

通过上述四个渠道，狭义货币（M1）的注入应该会影响广义货币的变化，并通过广义货币来影响名义 GDP 的增速。

广义货币

广义货币主要是指银行贷款。正如我们已经看到的，银行准备金增加了，而银行贷款则下降了。同样的故事也可以用广义货币再讲一遍。

原来设想的狭义货币和广义货币之间存在的关系，即货币乘数，并未出现，因为流通速度的下降抵消了量化宽松的影响。蒂姆·康登在给我的信中写道："我承认，执行量化宽松政策时期的货币增长比我希望的要低得多。但是，尽管如此，它还是阻止了一波更严重的经济衰退。"（见图 44 和图 45）

对产出和失业的影响

英格兰银行估计，第一轮量化宽松使得实际 GDP 提高了 1.5%~2%。[55] 但是，这一结论存在巨大的不确定性，我们可以对政策效果的符号抱有合理的信心，对其幅度则不然。表 3 清楚地表明，2009—2012 年这段时期注入的货币远没有像财政部预期的那样，能够抵消财政政策的紧缩效应。

2012 年，英格兰银行宣称，"如果没有英格兰银行的资产购买

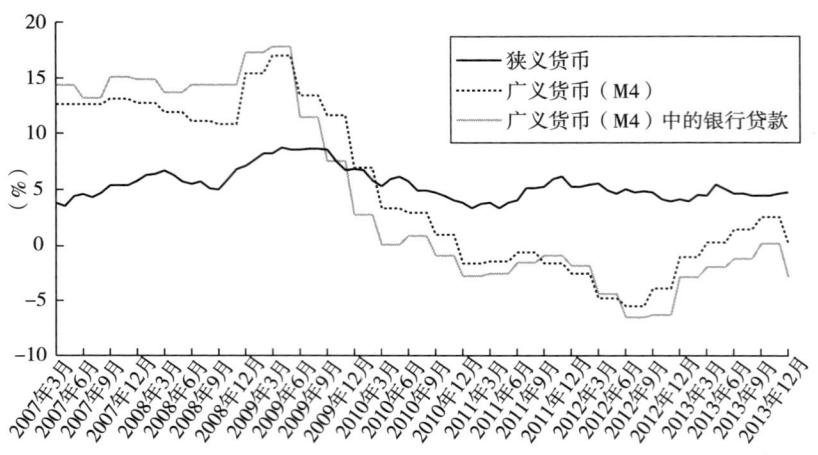

图 44　危机前后英国货币供给与银行贷款的增速

注：每月狭义货币和每季度 M4、M4 中的银行贷款的 12 个月增速（经季节性调整）。"狭义货币"是指在英格兰银行以外流通的英镑纸币和硬币的总额（经季节性调整）；"M4"是指货币金融机构向私人部门发放的英镑贷款（经季节性调整）；"M4 中的银行贷款"是指货币金融机构向私人部门发放的英镑净贷款（经季节性调整）。

资料来源：Bank of England（2017b），交互数据库。序列号：LPMVQUU、LPQVQJW、LPQVWVP。

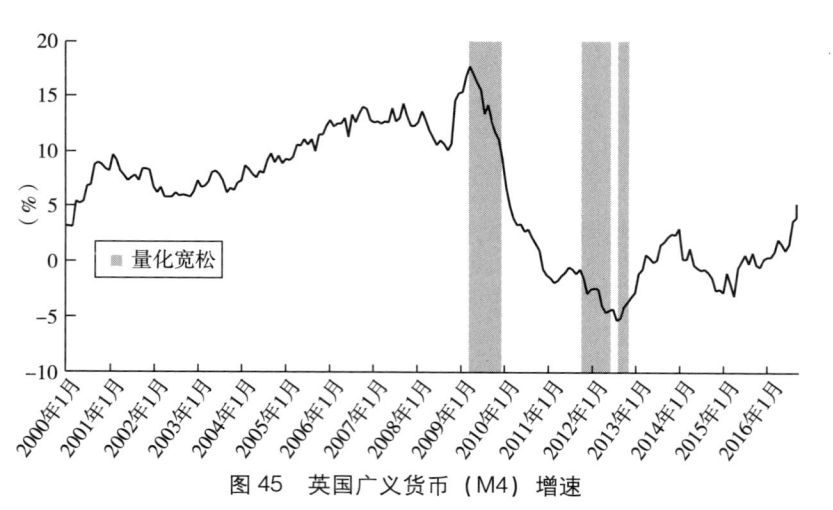

图 45　英国广义货币（M4）增速

注：M4 的每月同比增速未经季节性调整。
资料来源：Bank of England（2017b），序列编号：LPMVQLC。图由作者自制。

计划，大多数英国人的状况会变得更糟……失业率将会更高。倒闭的企业要多很多"。[56] 情况并非如此。

在2016年的一份评估报告中，英格兰银行得出的结论是，刺激经济活动的并非资产购买本身，而是它们对市场情绪产生的影响。[57] 凯恩斯也曾写道："一项货币政策……如果能让公众认为它是合理、可行、符合公众利益的，并对此深信不疑，而且这一政策由一个不太可能被他人取代的权威机构来实施，那么，它就很容易取得成功。"[58]

表3　英国的产出和失业

年份	实际GDP增速（%）	失业率（%）
2005	3.0	4.8
2006	2.5	5.4
2007	2.4	5.3
2008	−0.5	5.7
2009	−4.2	7.6
2010	1.7	7.9
2011	1.5	8.1
2012	1.5	8.0
2013	2.1	7.6
2014	3.1	6.2
2015	2.3	5.4
2016	1.8	4.9

资料来源：HM Treasury（2017）。

对通胀的影响

量化宽松旨在同时影响价格和产出，但是，对两者之间的关系，人们颇感困惑。是对产出的影响有助于实现通胀的目标？还是通胀的上升，或者更准确地说，预期通胀的上升，会增加产出？设定通胀目标的前提假设是通胀会影响产出，也就是说，如果人们预期价格上涨，他们就会增加消费。这就是为什么人们预计实际余额效应将会发挥作用。凯恩斯主义者将这种因果关系颠倒过来，即支出增加将导致价格上涨。因此，目标应该是产出，而不是通胀；实现目标的工具应该是财政政策，而不是货币政策。除了第一轮量化宽松可能发挥了作用，英格兰银行未能提升通胀，这是总支出不足造成的。

哪种观点是正确的？图 46 表明，从 2008 年至 2016 年这段时间，货币与通胀之间的相关性不如 20 世纪 80 年代货币主义实验时期密切，无论狭义货币还是广义货币都是如此。在大衰退期间与通胀关系最密切的是石油价格，如图 47 所示。

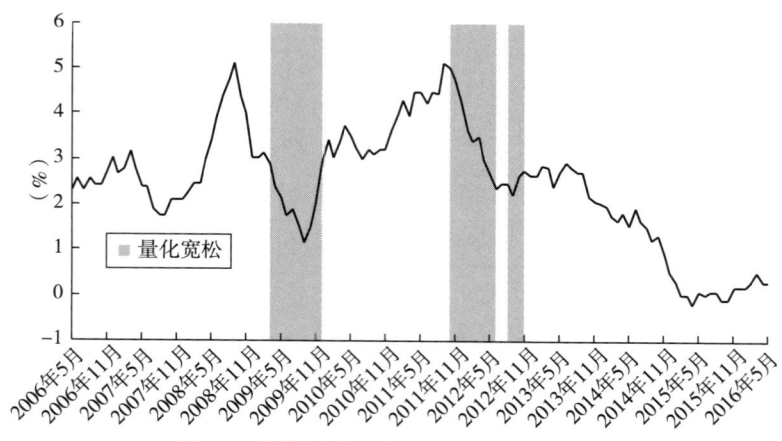

图 46　英国以 CPI 表示的通胀与量化宽松

注：CPI 为消费者价格指数（以百分比表示的变化率）。
资料来源：ONS（2017），序列号：d7g7。图由作者自制。

图 47　石油价格与英国以 CPI 表示的通胀

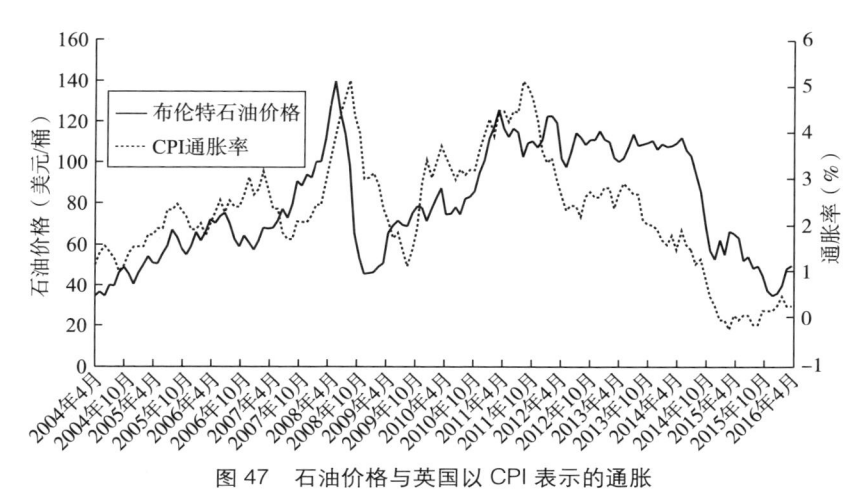

资料来源：ONS（2017），序列号：d7g7；Investing.com（2017），每月布伦特油价。图由作者自制。

凯恩斯主义的结论非常明确：量化宽松无法使通胀上升，以实现其中期目标，原因在于政府无法在短期内使产出提高至趋势值。不只是英国出现了这种情形，日本银行有将近四年的时间实行了量化宽松政策，但是从未使通胀接近 2% 的目标。在这种情况下，时任行长黑田东彦承诺将有意识地实现更高的目标，从而提高通胀预期，这多少有点不可行。

对分配的影响

量化宽松对分配的影响被认为应该是中性的。如果说储蓄者一定会由于量化宽松而受损，而资产持有者一定会获益，这种说法可能并不正确，因为许多储蓄者持有养老基金的份额。然而，收益的天平确实向富人倾斜了。英国中位数家庭或者一个普通家庭持有的总资产大约只有 1 500 英镑，而前 5% 家庭持有的资产平均为 175 000 英镑，此外，除了养老基金，大约 40% 的家庭部门金融资产由前5%的家庭持有（见图48）。[59] 通过使已经拥有了大量财富的人变得更加富有，量化宽松使私人财富进一步集中到少数人手中，有很多证据能够说明这一点。但是，更富裕家庭的边际消费倾向要低得多，也就是说，在新增收入中，他们花掉的比例要比穷人更低。因此，与使同样数量的资金流向低收入群体相比，让现有的富人变得更加富裕对总支出的影响要小得多。

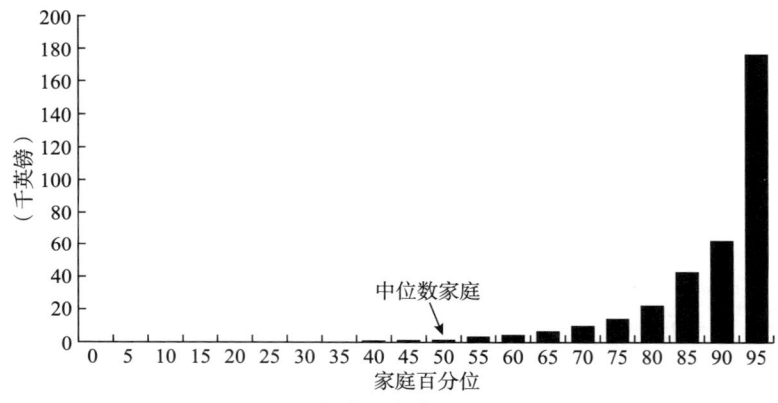

图 48　2011 年英国家庭金融资产的分配

资料来源：Bank of England（2012，p. 259）。

这种分配效应不是量化宽松的必然后果，而是与量化宽松的实施方式有关。英格兰银行保持中立的政治立场，这被视为它在执行宏观经济政策时的巨大优势，因为它不会为了政治目的，也就是确保政府的连任，而试图操纵货币。2017 年，马克·卡尼在伦敦政治经济学院的一次演讲中，再次宣称央行是"人民"的代理人。[60] 但是，其中的问责机制并不清晰。理论上，央行按照政府的指令行事，政府发出何种指令则取决于民意，并且民意是可以发生变化的。不过，这种更高层级的问责机制也会陷入困境，因为只有一小部分内部人士了解货币政策的技术细节。在实践中，央行对金融体系负责,这意味着现有的资产所有者可以对央行问责。

美国和欧元区

让我们再看一下英国、美国和欧元区经济复苏速度的差别。在上一章中,有人认为这与财政政策的影响有关。货币政策与经济复苏是否也存在类似的关系?或者说,一个更合理的问题是,财政政策和货币政策的组合是否能够解释这些不同的结果?

人们普遍认为,美国的量化宽松政策要比英国更为成功,而在欧元区的效果则比这两个国家都要更差一些(见图49)。对这些差异的一种宽泛解释是,美国财政政策和货币政策的"刺激力度"要比英国更大,而英国货币政策的"力度"要大过欧元区。

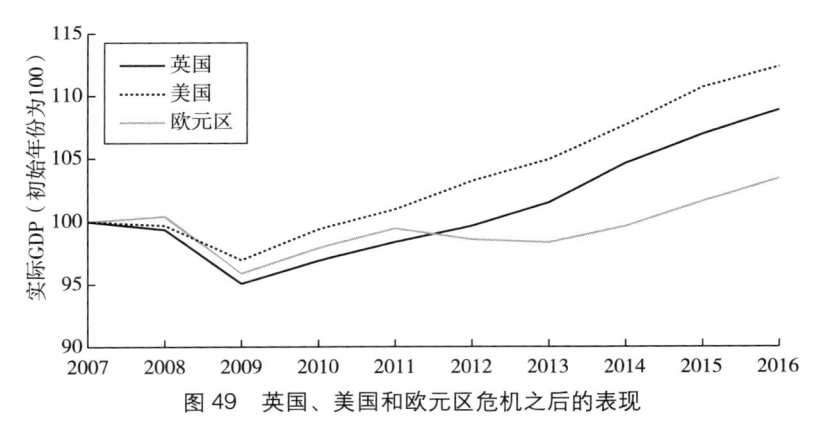

图49 英国、美国和欧元区危机之后的表现

注:在所示时期的初始年份,每个经济体的实际GDP指数化为100。因此该图显示了产出相对于危机之前峰值的变化。

资料来源:International Monetary Fund(2017b)。

对美国信贷宽松的研究表明,它比英国的资产购买拥有更高的性价比。虽然在两国从2008—2009年至2010年的第一轮量化宽松中,美联储注入的货币相对于GDP的比例仅为英格兰银行的一半,即7%对14%,但是据估计,美联储注入的货币对其GDP的影响是英国的两倍，即4%对1.5%~2%。[61] 如果确实如此，可能的原因在于，美联储的量化宽松计划绝大多数针对的是金融体系中受损最严重的部分，并且购买了风险较高的抵押贷款支持证券，而英格兰银行几乎只购买了财政部发行的金边债券。然而，我们不能将这种所谓的性价比更高的措施与奥巴马总统于2009年2月同时颁布的8 000亿美元的财政刺激计划区分开来。与英国和欧元区相比，美国政府愿意采取更大胆的货币政策和财政政策，以使美国经济重新运转起来，这似乎是显而易见的。

欧元区深受两个根本缺陷的折磨，即财政政策和货币政策的脱节以及新自由主义的"货币立宪"。根据有关规定，欧洲央行被禁止购买政府债券。因此，欧元区为了应对危机而采取的货币政策可以被总结为"力度太小，步伐太慢"。当暴风雨即将来临的迹象出现时，它的第一个反应实际上是在2008年7月提高了利率。然后，在大衰退降临时，它降低利率的速度要比英格兰银行和美联储更慢。同样，欧洲央行的量化宽松政策在2015年才达到英国和美国的规模。

在此之前，欧洲央行的消极应对造成了可怕的后果。英国有意识地利用货币政策来冲销财政紧缩的影响，而在欧元区，欧洲央行并没有采取这类冲销措施。至2011年，美国的实际GDP已经恢复到经济危机前的水平；英国紧随其后，在2013年也实现了这一点，然而欧元区在遭受了二次衰退的冲击之后，直到2015年GDP才恢复至危机之前的水平。直至2015年，随着容克投资计划的实施，扩张性的货币政策和财政政策才开始同时发挥作用。

为什么欧洲央行的行动如此迟缓？虽然这三家央行肩负的使命有些不同，但这并非决定性的。[62] 更重要的是制度约束，即欧洲央行的规则规定，它持有的任一债券不能超过该债券发行量的三分之一，持有的国家债务也不能超过任何一个国家债务的三分之一。由于缺少一个由所有成员国共同担保的单一欧元债券，这种局限性是不可避免的。

一个甚至更重要的解释是，欧洲央行误读了这场经济危机。它认为这场危机是暂时性的，比如，2008年2月，欧洲央行行长让-克罗德·特里谢（Jean-Claude Trichet）警告说，有可能会出现"通胀的螺旋式上升"。[63] 这在一定程度上反映了当时的理论框架，即把"通胀"视为实现市场主导的经济稳定增长的主要障碍。此外，在2010年主权债务危机重创欧元区之前，美国经济崩溃对欧元区金融业的影响是有限的。但是，欧洲央行的消极态度也反映了一种特殊的历史心态。欧洲央行作为德意志联邦银行的继承者，要避免的最大危险是20世纪20年代初的恶性通胀的重演。相比之下，对伯南克和其他美国政策制定者影响最大的历史经验，是1929—1932年的大萧条，以及避免重蹈覆辙的必要性。

在实施的政策未能实现预期结果时，政府总是声称，它们推行的政策之所以没有成功，是因为意外遭遇了"逆风"。因此，货币政策委员会委员斯宾塞·戴尔（Spencer Dale）在2012年发言时说道：

> 一些评论家指出，过去两年经济增长疲软，证明量化宽松的效果相对有限。但是，这似乎是一个愚蠢的结论。在这一时期，一些不利因素对我们的经济造成了非常严重的影响，比如大宗商品和其他进口品价格的上涨对家庭实际收入的挤压、财政整顿、信贷紧缩以及欧元区危机产生的不利影响。在评估为冲销这些不利因素而采取的政策行动的有效性时，我们必须将这些不利因素考虑在内。对于我们迄今为止的政

策行动究竟取得了多大成效，可以进行合理的争论。但是，如果没有采取这些行动，我们现在的经济状况会糟糕得多，对此我深信不疑。[64]

图50取自英格兰银行的一份报告，据称它表明了如果没有采取第一轮量化宽松政策，广义货币和产出增长将会如何。

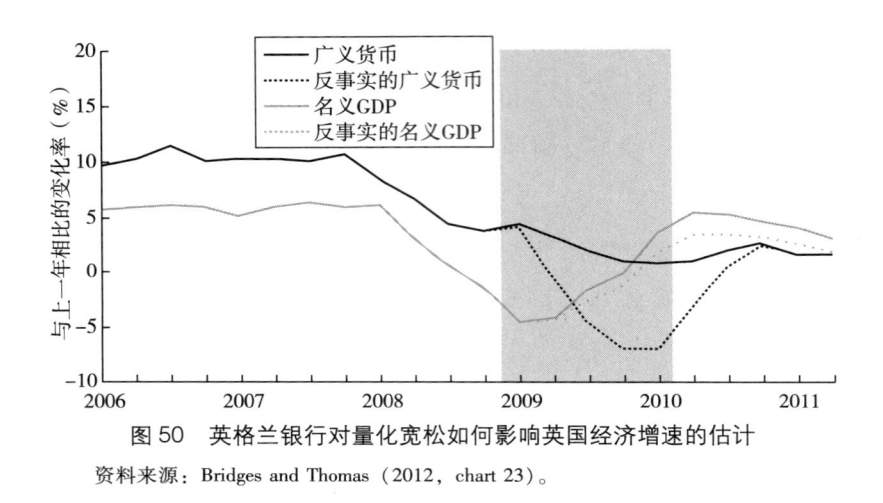

图50　英格兰银行对量化宽松如何影响英国经济增速的估计

资料来源：Bridges and Thomas（2012，chart 23）。

正如经济模型只能在其他条件不变的情况下才能得到证明一样，所有的经验评估都是相对于反事实而言的。但是，归咎于哪种不利因素，使用哪个模型，这都取决于一个人的经济理论。

蒂姆·康登从弗里德曼和施瓦茨关于1929—1932年大萧条的解释中得到了启发，他认为量化宽松的相对失败是由于没有发行足够的货币。他争辩说："我们知道，政府可以印制货币，而经济主体对实际货币余额的需求是有限的。因此，我们相信无论政策制定者选定的通胀率是多少，他们都是可以实现的。激发通胀和阻止通胀似乎都是极为简单的，只需印制适当数量的货币就可以了。"[65]

与之相反，至 2014 年，英格兰银行已经或多或少地放弃了量化宽松政策：

> 准备金和贷款之间的关系通常与一些经济学教科书描述的正好相反。银行首先会根据自己有多少有利可图的贷款机会来决定贷款数量，而这又主要取决于由英格兰银行设定的利率。正是这些贷款决策决定了银行体系会创造出多少银行存款。然后，银行存款的数量又会影响银行想要持有多少储存在中央银行的准备金，以满足公众的提款需求、向其他银行付款或满足有关流动性的监管要求，而在正常情况下，这些银行准备金是由英格兰银行按需提供的。[66]

因此，在 2008 年金融危机和经济复苏乏力这两件事上，英格兰银行都试图为自己开脱。

小结

量化宽松作为一种宏观经济政策实验，对我们而言可能是一种最佳选择，但是效果并没有那么好。对其效果进行经验评估的尝试，却因普遍存在的反事实问题而陷入困境。我们试图将实际发生的情况与采取不同政策时可能发生的情况进行比较，比如采取力度更大的量化宽松政策，以不同方式实施这些政策，根本没有实施这些政策，采取了其他措施，或者采取的财政政策不是紧缩性的。

因此，我们所能做的，最好就是比较该政策的目标与实际效果。在这样的检验中，结论非常清晰。量化宽松政策承诺通过提高通胀率来提高产出，同时在分配方面保持中性。实际上，从2011年至2016年，政策未能使通胀升至预定的目标，它最多对产出有轻微的影响，而且对分配的影响也远非中性。经过9年不断地注入应急资金，金融体系仍然像危机之前一样脆弱不堪，而经济也同样依赖于债务，形势岌岌可危。

经济理论有助于解释其中的原因。

第一代货币改革论者，比如费雪、维克塞尔和早期的凯恩斯，坚信阻止兴衰循环的方法就是稳定物价水平。货币数量论似乎为货币当局实现这一目标提供了科学依据。为了保障货币政策的自主性，改革论者愿意摆脱金本位变化无常的约束。但是与拥护金本位者相比，他们更不愿意将货币政策托付给政府。因此，货币政策应该既独立于金本位，也独立于政府。

这一阶段的主要争论涉及从货币到价格的传导机制。这又回到了早先关于货币性质的分歧。货币是现金还是信用？对费雪来说，货币就是现金，控制基础货币或者狭义货币是控制价格的关键。由于即便在那个时候，大多数交易都是由信用来提供资金的，所以货币和信用之间需要存在确定的关系，这在货币乘数中可以找到。这要靠实际余额效应来实现。于是费雪的"圣诞老人"出场了，他将人人渴望的现金等价物洒在房子周围。米尔顿·弗里德曼和美国货币主义者都继承了费雪的理论。

维克塞尔将货币视为信用，而非现金。控制货币供给的关键是控制银行信贷。这只能通过调节信贷价格或者利率以及银行提供贷款的条件来实现。早期的凯恩斯是维克塞尔主义者。21世纪初大缓和时期的中央银行政策遵循泰勒规则，这更多地归功于维克塞尔而不是费雪或弗里德曼。

然而，对于那些仅依靠货币手段来维持价格稳定的人，维克塞尔向他们提出了一个令人不安的问题。正如亨利·桑顿已经指出的那样，我们需要注意两种利率，而不是只有一种利率。第一种是央行利率，以及据称由央行利率决定的商业贷款利率结构。另一种是自然利率或者均衡利率，即预期的投资实际回报率。中央银行的任务是保持市场利率与自然利率持平。

这就是凯恩斯主义革命的切入点。凯恩斯发现，市场经济波动的关键因素不是价格水平的波动，而是维克塞尔所讲的自然利率的波动。因此，政策不应着眼于稳定价格，而应着眼于稳定投资。财政政策必须成为需求管理的主要工具，因为需要管理的是支出而不是货币。

2008—2009年的经济崩溃表明，以价格稳定作为唯一目标的货币政策既不足以维持经济稳定，也不足以使经济恢复稳定。尽管价格水平是稳定的，经济仍然崩溃了。

量化宽松试图将弗里德曼从大萧条中吸取的教训应用于名义利率达到零下限时的情形，比如伯南克就是如此。阻止货币供给崩溃依靠的货币政策，被委婉地称为"非常规的"，但实际上只是再次演绎了费雪的圣诞老人的故事。向经济中注入足够多的现金，由此产生的额外支出将很快使经济摆脱低迷。但是，这种供给侧的货币疗法没有考虑投资需求的崩溃。收到央行现金的人要么没有将其花出去，要么没有将其用于当前的产出，因此广义货币或者说银行存款下降了，即便狭义货币或者说准备金呈现爆炸式增长。用凯恩斯《货币论》中的术语来讲，货币被困在了"金融流通"中。它至多只实现了预期产出收益的20%~25%，而代价却是推高了不稳定的资产价格，形成了由融资引导的经济复苏。

这场危机未能解决有关财政政策和货币政策之间关系的问题。如果事态紧急，2009年的大多数政策制定者可能会说，财政整顿将恢复足够的"信心",使货币政策能够提高通胀率。实际上,信心并没有恢复。这使货币政策"负担过重"。现在,人们期待货币政策能同时推动产出和价格上涨,但是对于产出和价格之间的关系如何,仍与之前一样缺乏共识。

对量化宽松而言,最多只能说它是迫不得已的选择。中央银行将利率降至零,这是正确的。但是,量化宽松依靠投资组合再平衡渠道来提高产出,由此产生的主要结果是提高了富人投资组合的价值,但是对产出的影响却很小。其中的原因不言自明,并不需要借由不利因素来解释。

附录9.1　有关蒂姆·康登的说明

在货币思想史和当前关于货币政策的辩论中,康登教授具有重要的地位,但是鲜有共鸣。我们可以称其为一名秉持凯恩斯主义的货币主义者。

他是一名货币主义者,因为他相信名义国民收入水平是由货币供给决定的,即货币供给的变化是国民收入变化的主要原因。除了收入,他有时认为"财富"也是如此。而且,他认为货币供给变化对收入有等比例的影响;如果货币供给增加20%,那么收入也会增加20%。[67]

这一切都表明他相信货币数量论。但是,他是一个相信广义货币的货币主义者。他认为,广义货币大致相当于现金和银行存款,这是衡量货币供给的重要指标。因此,至少在他学术生涯的某些时期,他与费雪和弗里德曼形成了鲜明的对立,后者认为国民收入是由经济中的基础货币或者狭义货币的数量决定的,也就是现金和中央银行的准备金,而这些变量反过来又通过货币乘数效应决定银行存款的水平。①

就政策而言，康登认为：（1）央行可以直接控制经济中广义货币的数量；（2）只要央行保持货币稳定增长，就可以避免经济灾难。在他看来，2008年的经济崩溃是由货币数量下降造成的，只需要央行往经济中注入更多的货币，我们本可以避免经济衰退变得如此严重。

作为货币主义者的康登就讲到这里。康登也是一位特殊类型的凯恩斯主义者，因为他学习的凯恩斯是写作《货币论》时的凯恩斯，而不是写作《通论》时的凯恩斯。与凯恩斯一样，他相信货币供给有自发崩溃的可能，比如在投资受到冲击之后就会如此，这会导致名义收入下降。康登认为这些可以通过货币当局向经济中注入货币而成功地被冲销，如果有必要的话，可以注入无限的货币。康登的精神归宿是在欧文·费雪、拉尔夫·霍特里和20世纪20年代的货币改革论者这里，他们试图利用货币政策来阻止经济的周期波动。康登谴责凯恩斯主义者对"财政政策"的迷恋，认为这些政策在最好的情形下也不过是多此一举，在最糟糕的情形下则会产生有害的结果，而且后一种情形更为普遍。

因此，康登既反对大多数货币主义者强调的货币乘数机制，也反对凯恩斯主义革命强调的财政因素。所以，他在某种程度上成为一个局外人。与他的交流以及他出版的著作使我受益匪浅，但是，我总是不太理解他为何如此坚定而且如此充满激情地固守自己的立场。所以这部分内容的目的是想考察两个问题，康登的立场是否始终如一？他的处方是否有用？

---

① 关于广义货币与狭义货币的区别，更多的内容参见本书第1章中的"货币需求"一节，对货币乘数的讨论参见本书第9章中的"量化宽松应该如何运作？"一节。

考察可以分为三部分：康登对证据的使用，他理论中的缺陷以及他对任何形式的财政政策的反对。

证据的使用

证据对康登来说至关重要。他认为经济学的主流研究"不科学并且低劣"[68]，与此相反，货币主义的方法却是基于逻辑和事实的，而且他的观点拥有"压倒性"证据，因而货币主义可以被当作一个"真命题"。[69]因此，我们不妨先看看他提出的证据是否能满足这一高标准。

证实康登观点的核心证据是不同时期名义收入与广义货币增速之间的相关性。在我们的多次交流中，有一次康登写道，"所有国家所有时期多个季度的数据提供了压倒性证据，表明货币供给和名义收入变化是相关的"。[70]

仅凭这样的证据能否证实货币主义者的观点？当然不能。康登的主张是，货币供给变化引起了国民收入变化。但是我们知道，相关性并不意味着因果关系，在一个使用法定货币的经济中，我们完全有理由相信，因果关系的箭头指向相反的方向。在现代经济中，几乎所有货币都是由商业银行通过贷款创造的[71]，而银行的贷款行为是由实体经济的变化决定的，这一观点似乎是合理的。

康登知道这一点。与他在统计学方面的过度自信相反，他在其他地方承认，"引用数字并不能建立起明确的因果关系，或者证明一个严谨的理论不存在任何自相矛盾之处"。[72]此外，他对自己的证据并不总是信心满满。实际上，他可以在一页纸的篇幅内从确信无疑转向小心谨慎。在其《大衰退时期的货币》（*Money in the Great Recession*，2017）一书的引言中，在一张展示 21 世纪初期广义货币变化的图表下方，康登写道："很明显，货币数量增速的下降在经济大衰退中必定发挥了某种作用,就像在大萧条中一样。"[73] 然而,就在同一段落的后面部分,他又警告说,"在对因果关系进行坚定不移的陈述之前,需要进行更多的研究和分析"![74]

撇开如何解释不谈,证据本身又如何呢?供职于英格兰银行的经济学家赖兰·托马斯(Ryland Thomas)在为《大衰退时期的货币》撰写的评论文章中,对支持货币主义的证据提出了质疑。首先,他指出"在2008—2009年大衰退的最初几年,名义支出变化……并不符合简单的货币主义关系,即支出在经历一段滞后期之后,会随着广义货币增长而变化"。[75]

这一发现让康登感到不舒服。然而,他试图逃避这类批评,他承认广义货币和名义收入或名义财富之间的因果关系在短期内可能会被打破,这是由于凯恩斯所讲的"动物精神"。[76] 在这部著作的其他地方,他斥责这个概念是"含糊不清的""不精确的""道听途说的"。[77] 同样,他强调货币供给变化决定了名义收入和财富的"均衡"水平,但是它们的实际值可能会围绕这一点波动。[78]

凯恩斯那句反驳的话如果用在此处则正中要害,这就是"在长期,我们都死了"。短期究竟有多短,或者有多长呢?短期内发生的事情,比如经济衰退,会对人们的长期生活产生巨大影响。均衡理论在分析短期波动时派不上用场,因为它通过假设排除了短期波动。尽管货币数量论只是一个均衡理论,然而康登依然毫无顾忌地用它来支持自己的短期政策主张。[79]

实际上,托马斯提供的统计数据向康登提出了一个甚至更为根本的问题。基于从1870年至2010年的数据,托马斯注意到没有证据表明存在一种稳定的货币主义关系,即"货币收缩会先于名义GDP收缩出现……在很多时候,广义货币增长似乎与名义支出变化是同步的,或者甚至会滞后于后者"。[80]

第9章 新货币主义 305

也就是说，名义支出变化往往发生在广义货币变化之前。与康登的观点相反，托马斯正确地得出了结论，"在一次经济周期之内和不同的经济周期之间，也就是说无论在短期还是在长期，货币和支出之间的关系都是复杂的"。[81] 因此，证据并未像康登以为的那样，证明他的观点是正确的，但是也没有否定他的观点。像货币数量论这种高度抽象的定理，总是受到"其他情况相同"这一条件的保护，因而既不能被证实也无法被证伪。正因如此，我们总是可以说，由于错误地同时收紧了对银行的监管，英国在2009—2010年实施的量化宽松政策未能使广义货币增长达到预期的目标。[82] 一个稳健的理论不应该要求太多的限定条件。

理论缺陷

就像所有经济学家都必须做的那样，康登依靠理论论据来支持他的货币主义假说。具体而言，他基于实际余额效应提出了一个从货币到名义收入或名义财富的传导机制。[83] 康登称这一论据为"烫手山芋"[84]，他的理论如果成立，必须使用这一假设条件。

他的基本论点是经济主体对货币与支出有一个理想的比率。当出现货币冲击时，比如中央银行扩大了货币供给，那么相对于这一比率，经济主体就会拥有"太多"的货币。[85] 结果，他们将增加自己的支出，以消除这种过剩。这个过程会一直持续，直至"过多的货币由于销售或产出增加或者价格上升而消失"。[86] 具体出现哪种情形，取决于经济中是否有闲置的生产能力，但是，不管结果如何，名义收入都会增加。

人们对康登的这一传导机制的主要批评在于它存在漏出。以交易方程为例，货币数量论的核心等式为①：

$$MV = PT$$

康登认为，从非银行私人部门那里购买证券将直接增加广义货币或者存款，按照他的说法，这将导致名义收入等比例增长。换句话说，它对货币流通速度没有影响。但是，这种观点显然忽略了一些漏出。我在这里主要讨论以下三种漏出。

这些钱会被花掉吗？

为了使实际余额效应发挥作用，经济主体必须花掉自己多出来的货币来应对存款的增加；如果他们把货币囤积起来，传导机制就会失灵。从交易方程的角度来看，货币囤积倾向的提高会表现为货币流通速度下降。

康登可能会将这种流动性偏好的增强视为一种短期现象，从而对其置之不理。但是，量化宽松会进一步影响货币流通速度的变化。如果中央银行通过向私人部门经济主体购买证券和资产来实施量化宽松政策，大部分货币会流向拥有大量资产的少数富人。富人的消费倾向要比穷人低得多，他们会将更大比例的新增货币储存起来。因此，这种做法的结果就是减缓货币流通速度，因为任一给定单位的货币换手次数减少了。货币流通速度下降至少会部分抵消增加货币数量的努力。这样，等比例变化的条件就不成立了。

同样，富人更有可能将新增货币用于购买资产和金融投机。这会对康登的传导机制产生重要影响吗？

---

① 更多细节和解释，参见本书第 3 章。

如果货币被用于购买资产，将会如何？

在交易方程中，T 是由各种交易的组合构成的，这既包括与实体经济有关的交易，也包括主要由金融交易构成的其他交易。本章提出的证据让我们有理由相信，量化宽松新增的货币有很大一部分被用于金融投机，而非实体经济，这就意味着资产价格会上升。我们是否应该担心这一点？

康登认为无须担心。他的论点如下："资本主义经济存在一系列机制，凭借这些机制，不同资产市场之间的套利可以阻止一类资产的价格和收益率与另一类资产的价格和收益率脱节。"而且，"随着时间推移……过多的货币就像烫手的山芋，从一个资产市场流向另一个资产市场，并从资产市场流向商品和服务市场"。[87]

这一观点假定货币在不同生产要素之间的流动是完全畅通无阻的。这里没有黏性存在的空间。再一次地，凯恩斯那句"在长期，我们都死了"，正确地回应了这类观点。

最近的经验表明，资产泡沫无法简单地"自行解决"。货币供给的不定向扩张，即便本意是为了提高名义产出，也有可能助长下一波投机浪潮，不妨参考一下互联网泡沫。具有讽刺意味的是，康登的量化宽松不仅远未恢复均衡的名义收入，反而成为货币更加不稳定的来源。

如果货币流到国外，又会如何？

人们可以通过把多余的货币用于购买进口品或者类似用途，从而解决货币过剩问题，这样的话货币就会离开这一经济体。但是在康登看来，这种做法并不会阻碍均衡机制。当货币流出到国外时，汇率就会下降，这会导致购买外汇，从而冲销之前的漏出，这重现了休谟的物价—现金流动机制。最终，这种策略会"奏效"，因为这些货币最终会自行注入实体经济。正如休谟所讲的，人们无法让水往上流。

向经济注入大量货币，很难说是一种科学的货币政策。真相是货币主义者不知道他们需要往经济体中注入多少货币，才能使其摆脱衰退。没有理由认为私人部门希望持有的现金余额是独立于经济周期的。简而言之，实际余额效应是无法预测的。"满足货币囤积"的一个后果就是，当囤积者开始再次消费并且货币流通速度接近"正常"水平时，大量过剩货币将在经济体中流动，这为通胀的失控创造了条件。

拒绝财政政策

"忘记财政政策吧。它在短期对经济活动没有任何好处……而且在长期可能会造成很大的危害。"[88]

反对任何形式的财政政策，这是康登的观点中最难以理解的部分。他反对的并不是在经济不景气时增加支出。实际上，他认为这是不可或缺的。他也不太在意是政府还是中央银行"印制"了多余的货币，他经常把"政府"和"中央银行"这两个词交换使用。他反对的是政府花掉额外的货币。他的观点与阿代尔·特纳等人完全不同，后者赞同"财政赤字的货币化"。康登的基本观点是，国家不应该对额外货币的使用方式产生影响。这又是为什么呢？

再一次地，他认为证据是站在他这边的。在 2011 年出版的《自由社会中的货币》（*Money in a Free Society*）[89] 的统计附录中，康登提供了大量国家从 1981 年至 2008 年的数据，这些数据表明政府相机抉择性支出变化与产出缺口变化之间没有任何关系。相机抉择性支出是指由于减税或有意识地促进支出而产生的政府支出。凯恩斯主义理论认为,财政赤字增加会导致产出缺口缩小。但是,没有证据能够证明这种效果真的存在。因此,凯恩斯主义关于财政政策的论点就不攻自破。

但是,这个逻辑是有问题的。相机抉择性支出的变化与产出缺口并无关联,这一事实可被视为财政政策有效的证据。政府倾向于通过增加相机抉择性支出来应对负的产出缺口,那么在所有其他条件相同的情况下,人们可以预期相机抉择性支出与预算赤字之间存在负相关关系。但是,其他条件并不相同,这里并没有总体上的相关性,所以这种负相关关系一定被另一种不同的影响抵消了。这里缺少的一环就是政府支出对产出缺口的正向影响,也就是财政政策的有效性。

支持财政政策的经验证据至少与康登收集的反面证据一样有力。以更广泛的财政计划应对经济大衰退的国家,总体上比那些没有这样做的国家表现得要好一些。

如果证据无法得出明确的结论,我们就不得不求助于理论。但是,实际上康登似乎预先否定了财政政策。他写道:"公共赤字的出现导致了公共债务的增加,并不是国家财富的增加。"[90] 这是一种花言巧语,而不是科学的论证。如果这些货币被用于创造真正的资产,比如修建铁路和房屋,那又会怎么样?遵循李嘉图的观点,康登否认了政府生产性支出的可能性。

实际上,财政政策的一个主要优点就是政府可以引导经济中新支出的流向。当经济衰退来临时,私人投资支出的下降幅度远远大于消费支出的下降幅度,这无法完全解释为对投资长期风险回报率下降的合理反应,"动物精神"肯定在发挥作用。凯恩斯认识到了投资支出的这种心理因素。在这种情况下,政府可以利用财政政策来维持投资的"正常"水平，以避免经济的生产能力受到侵蚀。

即使政府为经常性支出提供资金而出现了赤字，这也可以促进经济中的财富积累。这可以从交易方程的角度来解释。如果政府从债券市场上借来原本不会花掉的货币，并且花掉这笔钱，总的货币流通速度就会加快。名义收入会因此增加，且无须事先扩大货币供给。

当然，如果货币数量论是正确的宏观政策理论，那就不需要相机抉择的财政政策，所有必要的稳定政策通过货币政策就可以完成。但是，货币数量论存在如此之多的问题，而且人们在尝试应用这一理论时又遇到了如此之多的"漏出"，所以对我而言，从科学的角度来看，教条式地拒绝财政政策是站不住脚的。

在《大衰退中的货币》一书的某处，康登嘲讽道，"在第三个千年之初，经济学家有时会假装在从事'科学'研究，或者至少属于某个自认为科学的知识领域"。[91] 在他看来，主流经济学还不够"科学"。比如，在解释大衰退时，"主流观点……是无法检验的，应该因其不科学和低劣而受到谴责"。[92]

我在与蒂姆·康登的交流中遇到的困难是，他在一个无法进行科学检验的领域中不断援引"科学证据"。他付出的科学努力来自一种注定要失败的尝试，那就是"证明"一些带有强烈感情色彩的价值判断。他是一个货币改革论者，因为他极为厌恶政府干预。因此，他否定了任何货币政策可能无效而财政政策可能有效的证据。与一个世纪以前的货币改革论者一样，他求助于货币来改善人类的命运，因为他不能接受求助于政府。

第10章
宏观经济视角下的分配问题

主流理论对不平等问题的漠视

分配对经济表现的影响是古典经济学的主要议题。亚当·斯密的《国富论》提出了国民产出在地主、资本家和工人之间的分配如何决定财富增长的问题。李嘉图和马克思继续研究这一问题。根据这些经济学家的观点，分配的阶级属性将会促进或限制经济增长。比如，在李嘉图看来，地主的地租不仅属于不劳而获，而且还会被浪费掉；他们获得的地租越多，留给资本家用于积累的数量就越少，而资本积累才是经济增长的真正源泉。政府被认为是地主阶级的主要代理人。

由于19世纪后期出现的边际革命，分配问题开始从宏观经济中脱离出来，被纳入关于配置效率的讨论。为了回应马克思关于资本家剥削工人的指控，美国经济学家约翰·贝茨·克拉克（John Bates Clark）在其1899年出版的《财富的分配》（*The Distribution of Wealth*）一书中，用一个简单的总量生产函数表明，在一个竞争性市场均衡中，资本和劳动这两种生产要素得到的报酬等于它们各自的边际产出，也就是说，与它们为满足个人偏好所做的贡献成正比。[1] 分配问题被排除在经济议程之外。

最近，关于分配问题的讨论集中关注20世纪70年代以来不平等加剧的事实及其含义，特别是在美国和英国。其中，最引人注目的研究包括托马斯·皮凯蒂（Thomas Piketty）的《21世纪资本论》（2013）和沃尔特·沙伊德尔（Walter Scheidel）的《不平等社会》（2017）*。[2] 前者详细记录了发达资本主义经济体财富和收入分配的长期趋势。皮凯蒂的数据显示，自20世纪70年代和80年代以来，收入分配差距扩大了，而且劳动者的工资份额也下降了。沙伊德尔将不平等的历史追溯至石器时代，他认为不平等是人类的自然状态，只有战争、革命、国家失败和致命的流行性疾病才能打破这一状态。两人都将20世纪中叶财富和收入的"大压缩"归因于两次世界大战和大萧条的影响。沙伊德尔所称的自1980年以来的"不平等化"只是恢复了常态。

当代经济学教科书忽略了日益严重的不平等对宏观经济的影响。对最近这次经济衰退的标准解释也没有关注不平等问题。其中的原因在于，标准增长模型将衰退视为对长期趋势的暂时偏离。

在1929—1932年大萧条和2008—2009年大衰退之前的那些年，富人在收入中所占的份额都大幅增加（见图51）。

不平等化在多大程度上是导致2008—2009年经济崩溃的结构性原因？有观点认为，财富和收入分配越不平等，经济的支出（依靠债务融资）基础就越脆弱，并且越容易受到金融体系信心崩溃的冲击。但是，首先让我们从微观经济角度考察一下分配问题。

---

* 这两本书的中文版均由中信出版集团出版。——编者注

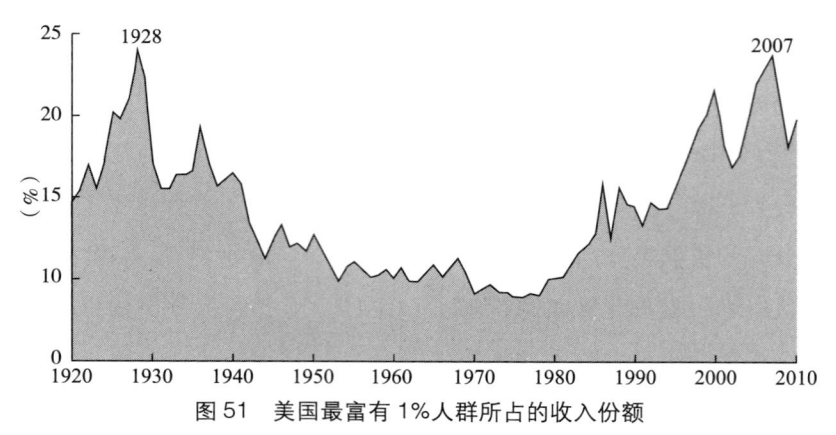

图51　美国最富有1%人群所占的收入份额

资料来源：*Inequality For All*（2013），基于Reich（2010）。

分配的微观经济学

这里的关键概念是帕累托效率。这是一种最优均衡状态，在这种状态下，没有人可以在不使别人变得更糟的情况下使自己变得更好。帕累托效率被认为是完全竞争市场的结果。但是，学生们也被告知，可以有一系列帕累托有效的配置，比如，我一个人拥有经济中99%的收入，这也是帕累托有效的，因为没有其他人可以在不使我的境况变得更糟的情况下变得更好。但是，这样经济就不复存在了。换句话说，帕累托效率留下了悬而未决的分配问题，选择哪种分配方式取决于政治或道德判断。

经济学家很容易同意，如果竞争市场的一个或多个条件得不到满足，再分配政策可以改善福利状况。比如，与竞争性市场相比，垄断者收取的服务费用可能会更高。这是对他们的"租金"征税或打破其垄断的理由之一。但是，如果不存在这种市场扭曲，是否能够说明再分配政策可以提高总效用？

在 20 世纪初期，有人勇敢地尝试证明这一点。关键的文献是剑桥经济学家庇古的《财富与福利》（*Wealth and Welfare*）。[3]

庇古假定经济主体拥有相同的偏好，但是收入有所不同。他进一步假设，额外 1 英镑或 1 美元带来的满足感与一个人已经拥有的英镑或美元数量成反比，这被称为货币边际效用递减定理。因此，把钱从富人转移到穷人手中，只会让富人的境况稍微变差，但是会让穷人的境况改善很多。这种转移应当一直持续，直至所有人的货币边际效用都相等。完全的收入平等是不可能实现的，但是庇古的证明指出了一种方法，可以使收入平等的程度远远大于完全市场能达到的水平。货币边际效用递减学说成为福利经济学的理论基础。

这种对再分配的"科学"论证出现的时候，政客们正忙于建设福利国家。边际主义经济学似乎为税收和社会保险这些再分配政策提供了科学依据。

可惜的是，庇古的证明失败了。即使假设人们有相同的偏好，也就是说他们都喜欢同样的东西，货币边际效用递减规律也不可能得到证明，因为人们无法用量化方式来比较货币对一个富人和对一个穷人的边际效用。经济学家梦想开发一种"快乐测量仪"，根据弗朗西斯·埃奇沃思（Francis Edgeworth）在 1881 年的描述，这是一种"持续记录个人快乐程度的心理物理学机器"。[4] 这种测量仪唯一明显的应用领域是极度的性快感或者恐惧，不适合作为衡量税收再分配政策的标准。

这种对庇古努力的正统批评过于严厉了。尽管个人之间的效用比较不甚严谨，但是我们还是可以而且也确实在做这种比较。显然，100 英镑对一个贫民要比对一个百万富翁更为重要；为了证明从一个人到另外一个人的某种再分配是合理的，我们并不需要精确地说出究竟会使效用提高多少。

但是庇古的方法并没有告诉我们需要进行多少再分配才能满足他的标准。为了获得另外一种科学依据的努力也失败了。根据卡尔多—希克斯标准（Kaldor-Hicks criterion），如果获益者获得的收益足以补偿损失者，则收入再分配就是一种帕累托改进，比如，如果再分配能使经济增长得更快，就属于这种情况。但是，分配和增长之间的联系过于薄弱，无法作为再分配性税收政策的科学依据。

由于没有一个确切的数字，通过这些方法得到一个最优社会效用函数的希望日益渺茫。再分配成为一个政治或道德目标，在完全竞争经济学中缺乏坚实的理论基础。

保罗·萨缪尔森在20世纪60年代对这一观点进行了总结：

> 在完全竞争条件下，所有价格最终都等于各自的边际成本，所有要素价格最终都等于各自的边际产品价值，所有的总成本都是最小化的，个人的真正欲望和福利都是由他们的边际效用表示的，这体现为他们用美元所作的投票。因此，由此产生的均衡具有这样的效率特征："你不可能使任何一个人在不伤害他人的情况下变得更好。"[5]

由于这种条件实际上并不成立，在20世纪中叶社会民主主义的全盛时期，基于社会正义或社会凝聚力的理由，更为平等的状况并没有受到严重挑战。但是，一旦政治气候转向反对累进税，再分配性税收政策缺乏坚实的经济理论基础就成了一个致命的弱点。[6]

20世纪80年代里根和撒切尔夫人执政时期就是如此。福利支出的范围有所缩减。税收体系的累进程度降低，以"增强"对现有富人的激励。在新古典经济学家交口称赞的完全市场中，资本家和工人同样获得各自的经济价值。在这样的世界中，没有租金，没有不劳而获的收入，也没有免费的午餐。或者，更确切地说，只有"寻租的政府"。

通过设定"代表性经济主体"的方法，可以得到反对再分配的理论依据。假设现在只有一个消费者，他生产的所有东西都归他自己所有。基于平等原则进行再分配的理由就不复存在。货币的边际效用仍然是递减的，但是它的作用只是让代表性消费者在收入和闲暇之间进行选择。就经济学紧跟政治风向而言，很难找到一个比分配问题更明显的例子了。2004 年，罗伯特·卢卡斯发表了如下观点："在对健全的经济学造成危害的所有倾向中，最具诱惑并且在我看来也是最有害的，就是关注分配问题。"[7]

这一立场反过来又受到来自经济学以外的挑战，比如罗尔斯（Rawls）的政治理论。[8] 最近，社会学家和心理学家已经获得了翔实的资料，表明社会不平等会造成社会和心理成本。主流经济学在很大程度上对这些考虑无动于衷。

但是，能否从宏观经济学的角度研究分配问题？是否有一种分配模式能够使经济更稳定，或者增长得更快？如果有，这是一种什么样的模式呢？

分配与宏观经济

在 20 世纪 50 年代和 60 年代的凯恩斯主义时代，实现充分就业的政策和使收入更平等的政策构成了社会民主共识的两大支柱，但是，这两者之间缺乏联系。两者的联系可以使分配成为一个宏观经济问题，而且这种联系可以在消费倾向的阶级差异中找到。

与穷人相比，富人将更多的收入储存起来。

根据新古典经济学中最简单的索洛增长模型，只要储蓄被用于投资，储蓄率就不会对长期产出的增长产生影响。然而，在凯恩斯主义的理论中，市场经济并没有一种能够使投资实现充分就业的自然倾向。

这就将分配问题引入了宏观经济。储蓄率越高，维持充分就业所需的投资就越多，但是，可以吸收新投资所生产产品的消费市场就越小。这种困境就是消费不足理论的核心内容。

消费不足理论也可以被称为过度储蓄理论，这种理论有着悠久的历史，可以追溯至19世纪早期，代表性人物包括西斯蒙第、马尔萨斯、马克思和罗莎·卢森堡（Rosa Luxemburg）[9]。令消费不足论者印象深刻的是，由生产带来的收入有一部分会被储蓄起来。然后他们过于仓促地得出结论，认为相对于总供给而言，储蓄会降低总需求的数量。

他们的推理是这样的。想象一个使用货币的经济，在这个经济中，所有生产出来的东西都将被消费掉，包括机器也会以稳定的速度磨损。萨伊定律是成立的，即需求等于供给。

但是，现在假设人们决定将额外增加10%的收入用于投资新机器，而不是仅仅更新旧机器。这样一来，对消费品的需求就会下降，同时，生产消费品的能力则会增加。相对于需求而言，现在存在过度储蓄或过度投资。萨伊定律被打破了，萧条随之发生。

正统经济学家指出，这一逻辑链条忽略了一个事实，即实际收入会随着新的投资而增加，从而能够买得起增加了的消费品。因此，过剩的资本存量并不会积累起来，萨伊定律仍然成立。

思想更为深刻的消费不足论者明白，储蓄并不是简单地减少了需求。他们反对的不是储蓄本身，而是过度储蓄。如果储蓄导致对新机器的投资超过与未来消费品的预期需求相当的水平，就会出现过度储蓄。他们认为，当储蓄不再是出于对更多消费品的渴望时，就会出现这种情况，但这是一部分人拥有过多财富的必然结果。富人比穷人有更多的闲钱；因此，财富越集中，越会出现更严重的过度储蓄和过度投资。

到目前为止，最有影响力的消费不足论者是英国自由主义思想家霍布森（J. A. Hobson，1858—1940），可以说他对凯恩斯和列宁都有影响。[10] 他的观点在其与企业家马默里（A. F. Mummery）合著的《工业生理学》（*The Physiology of Industry*，1889）一书中概括如下：

> 储蓄在增加现有资本总量的同时，也减少了公用事业和便利设施的消费数量；因此，这一行为习惯一旦过度，就会导致资本积累超过正常运转所需的数量，而这种资本过剩将以生产普遍过剩的形式存在。[11]

霍布森用他的理论来解释经济周期。在繁荣阶段，储蓄占收入的比例上升，导致过度储蓄和繁荣的崩溃。随着萧条的加深，储蓄阶层减少储蓄以维持消费，储蓄占收入的比例回落到"正常"水平，然后过度储蓄的长期倾向再次开启新一轮的经济周期。[12]

在随后的《帝国主义》（*Imperialism*，1902）一书中，霍布森用自己的理论来解释帝国主义；帝国主义为过剩资本提供了一个出口，从而为解决周期性的生产过剩危机提供了一种方法。[13] 因此，国内消费不足是帝国主义的"根源"所在。降低了国内消费的剩余储蓄被投资到海外，从而为资本家赚取收入。与此类似，德国马克思主义者罗莎·卢森堡认为，资本主义需要外部市场，比如由殖民地提供的这类市场或者政府的军事支出，借以抵消国内消费的不足。列宁的一些理论，比如相互竞争的资本主义国家之间爆发战争的必然性以及每个国家都在寻求输出其剩余资本，均直接源自霍布森。[14]

霍布森是如何解释过度储蓄的？在《失业问题》(*The Problem of the Unemployed*, 1896) 和《分配经济学》(*The Economics of Distribution*, 1900) 等著作中，他认为答案在于财富和收入的阶级分配。[15]

霍布森反对生产要素报酬的边际生产力理论。相反，他推广了李嘉图的租金理论，以涵盖资本家能够从工人身上榨取的成本之外的剩余收益。这种剩余源于他们垄断"生产必需品"的能力，即由于拥有土地、技能、原材料和技术等稀缺生产要素的所有权而获得"租金"或者超额利润。这使他们在与劳动者讨价还价时处于优势地位；在每个市场中，经济实力更强者拥有更大的权利。对稀缺资源所有权的垄断程度越高，榨取租金的机会就越多。由此产生的财富不平等由于继承而不断延续，并且不断加剧。经济学家一直对企业的垄断心存警惕，却对由生产资料所有权带来的垄断视而不见。

资产阶级对生产工具的所有权是消费不足理论的核心。这意味着生产率增长的成果过多地流向了储蓄阶层，而不是消费阶层。由于霍布森假设储蓄会自动用于投资，这会导致周期性的生产过剩，进而导致周期性衰退。解决办法是通过累进所得税和高额遗产税对"剩余"财富征税，并将其重新分配给那些消费倾向较高的人。这将终结生产过剩危机，也不再需要向国外输出过剩的资本。[16] 霍布森抨击低工资既不利于生产率的提高，又不利于生活质量的提升，而董事们的高收入则大大超过了他们的经济贡献。

因此，霍布森强调阶级权力，但是认为这是资本主义制度的偶然现象，而不是必然特征。这与马克思的观点相反，马克思认为对工人的"剥削",也就是说付给工人的工资少于他们生产的产品,是获得利润的必要条件。对霍布森而言,利润只有一部分是租金;而对马克思来讲,利润全部是租金。马克思的劳动价值论试图分离出产品价格中被资本所有者免费占有的那一部分。资本主义是由对利润的追逐驱动的,而利润来自剥削,即从工人那里榨取的"剩余价值"。但是,剥削使工人无法购买他们生产的所有产品。这就是资本主义的巨大矛盾。马克思写道:"一切现实的危机的最终原因始终是:群众贫穷和群众的消费受到限制,而与此相对立,资本主义生产却竭力发展生产力。"[17] 他的追随者认为,像霍布森这样在资本主义内部重新分配财富的社会民主主义计划只是乌托邦式的空想。只有消除"剩余价值",也就是消灭资本家这个阶级,才能终止剥削。

霍布森—马克思以消费不足理论解释资本主义危机,与奥地利学派的"过度消费"理论正好相反。哈耶克认为,问题不在于储蓄过多,而在于储蓄不足。引发衰退的危机是由于相对于人们想要推迟的消费数量,存在过度投资,而过度投资的资金来自银行体系的信贷创造。经济衰退只是一个清除"不当投资"的过程,即那些不是由真正的储蓄提供资金的投资。只要阻止银行创造的信贷超过人们想要储蓄的数量,就可以防止经济衰退。正如下面这段说唱歌曲所言:

你必须储蓄才能投资,不要使用印钞机,否则萧条必将紧随而至,经济也会陷入低迷。[18]

显然,这一论点源于维克塞尔主义。

众所周知,凯恩斯对马克思不屑一顾,但是他更偏向于霍布森的观点，而不是哈耶克。[19] 在《通论》中，他很好地改正了以前对霍布森的忽视，把他列入"勇敢的异端大军，他们遵循自己直觉的指引，宁愿探究晦暗不明和不甚完美的真理，也不愿意坚持错误，他们确实是以清晰、一致和简单的逻辑得出结论的，但是基于与事实不符的假设"。[20] 他对霍布森的批评是基于他认为霍布森推理中存在的一个技术性错误，这可以简述如下：

> 这是一种过度储蓄导致实际资本积累超过所需数量的情形，实际上，这是一种无伤大雅的过错，只有在对经济前景预判错误的情况下才会发生；而主要的过错在于，在充分就业的条件下，储蓄倾向超过了所需资本的相应数量，因此，除非出现误判，否则就会妨碍充分就业。[21]

凯恩斯认为，霍布森的问题在于他缺乏一个"独立的利率理论"。[22] 霍布森假定利率变化会使私人储蓄和投资自动相等，根据他的过度储蓄理论，这将导致系统性的过度投资，只有经济危机才能将其消除，而在凯恩斯看来，利率是货币而不是储蓄的价格，在充分就业的情况下，消除"过度储蓄"的唯一方法是国民收入下降。因此，霍布森的理论是一个过度投资的理论，而凯恩斯的理论则是一个投资不足的理论。

凯恩斯认为，在他那个时代，解决失业问题最重要的方法是提高而不是降低投资率。这就要求，除公共投资以外还需要使长期利率永久保持在低水平，这将导致"食利者的安乐死，从而导致资本家利用稀缺资本的权力安乐死"。因为"今天的利息并不比土地租金更能奖励真正的牺牲"。[23]

凯恩斯认为，当社会变得更富裕时，确保有足够的投资与能够实现充分就业的储蓄相匹配这个问题会变得越来越严重。储蓄倾向将会上升，即人们越富有，他们的消费在收入中所占的比例就越小，而投资的吸引力将随着资本的增加而下降。从这个角度来讲，他是一个长期消费不足主义者。一旦资本积累不再是优先事项，"对大额收入和遗产征收更高的税"的计划就会发挥作用，尽管对这一计划力度该有多大或者步伐该有多快，凯恩斯心存怀疑。[24] 他对收入分配的道德理由表示了适度的认同。他写道："收入和财富的显著不平等有其社会和心理方面的正当理由，但是像现在这样的巨大差距并非如此。"[25]

无论在当时还是后来，消费不足理论都影响了左翼对20世纪30年代大萧条的解释。消费信贷的爆炸性增长使美国的消费需求在1929年之前一直非常旺盛，而消费信贷的萎缩则使衰退变得更加严重。对于这种消费不足论的解释，于1934年至1948年担任美联储主席的马瑞纳·伊寇斯（Marriner Eccles）有一段非常经典的话：

> 大规模生产的经济必须伴随着大规模消费。大规模消费又意味着财富分配要为人们提供购买力。至1929年，一台巨大的抽水机并没有实现这种分配，反而将目前生产的财富越来越多地泵入少数人手中。这使他们能够进行资本积累。但是，通过将购买力从大众消费者手中夺走，储蓄者无法为其产品找到那种有效需求，而这种需求能够证明他们将资本积累再投资于新工厂是合理的。结果，就像在扑克牌游戏中，当筹码集中在越来越少的人手中时，其他人只有通过借贷才能留在游戏中。当他们的信用耗尽时，游戏就停止了。[26]

消费不足在马克思主义者对20世纪30年代大萧条的解释中也

有所体现。比如，詹姆斯·迪瓦恩（James Devine）认为，在美国，工资相对于劳动生产率停滞不前，意味着工人阶层消费的增加只能通过债务来融资。1929年，过度投资的繁荣最终结束了，只留下了闲置的工业产能和债务负担。一旦大萧条爆发，私人投资和消费的复苏就会受到价格下跌的阻碍，这增加了实际的债务负担。试图通过削减工资来恢复利润率，只会进一步降低价格和消费需求。迪瓦恩称此为消费不足陷阱。[27]

现代消费不足论的故事

现代消费不足论的故事始于不平等的急剧扩大，自20世纪70年代以来，这在所有发达国家都很明显。

托马斯·皮凯蒂的《21世纪资本论》详尽地记录了过去40年来不平等的加剧。[28] 在2008年经济崩溃之后，它重新激发了人们从道德和效率方面研究分配问题的兴趣。皮凯蒂重新表述了为人熟知的社会民主主义对资本主义的指控，后者的所有权制度违反了分配正义的原则。但是，有些人热切地探究2008—2009年大衰退的深层次原因，而不仅像人们熟悉的那样，将它归咎于掠夺成性的银行家，对这些人而言，皮凯蒂的分析让他们怀疑近些年来市场经济不稳定和不平衡的表现是否在某种程度上并非日益加剧的不平等的结果。

不平等程度的提高是无可争议的事实。即使经济持续增长，整个西方世界普通人的实际收入也停滞不前，甚至有所下降。这样的例子不胜枚举。一个经常被引用的美国统计数字是，在过去20年中，CEO（首席执行官）的薪酬与员工平均薪酬之比从1961年的20∶1上升到2011年的231∶1。[29] 有些公司甚至超过了1 000∶1。阿特金森（Atkinson）、皮凯蒂和赛斯（Saez）指出，在1929年华尔街崩盘之后的几十年，美国的不平等程度一直在降低，直至 20 世纪 70 年代才开始回升。如今，最富有的 1% 人群拥有美国 20% 以上的财富。英国和意大利也出现了类似变化。这与财富由公共部门向私人部门的转移同时发生。跨国研究表明，在过去 20 年中，发达国家增加的财富实际上全都流向了最富有的 1% 人群。富人与穷人渐行渐远，超级富豪与一般富人的差距也越来越大。

爱德华·勒特瓦克（Edward Luttwak）在《泰晤士报文学增刊》（*Times Literary Supplement*）上撰文称，服务型经济实际上正在变成仆人经济："忙得顾不上日常生活的高科技公司的员工，雇用保姆、管家、遛狗人、养猫人、泳池工和私人购物员等作为随从人员。"[30] 制造业的自动化将使越来越多的仆人可以为富人服务。

如图 52 所示，英国的基尼系数表明不平等程度从 1979 年到 1990 年显著加剧。图 53 表明美国的平均收入和中位数收入之间的差距不断扩大。如果只有富人变得更富，那么平均收入将会提高，而中位数收入则会停滞不前。

图 52 英国的基尼系数

注：基尼系数用扣除住房费用前的经等价调整的家庭净收入计算。绝对平等时基尼系数为零，绝对不平等，即一个人拥有所有收入时，基尼系数为 1。
资料来源：Institute for Fiscal Studies（2016）。图由作者自制。

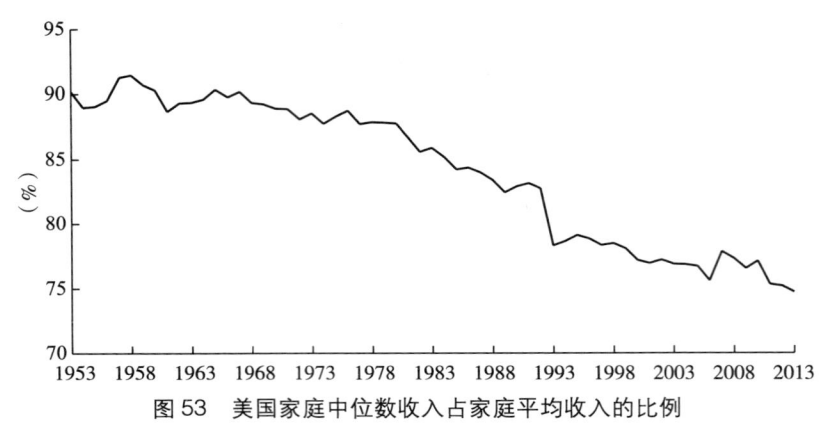

图 53　美国家庭中位数收入占家庭平均收入的比例

资料来源：Federal Reserve Bank of St Louis（2015）。图由作者自制。

造成这种分化的一个重要原因是国民收入中工资份额的下降。在战后大部分时期，这一份额稳定在三分之二左右，而在过去的 20 年中，这一份额下降至 55%（见图 54）。

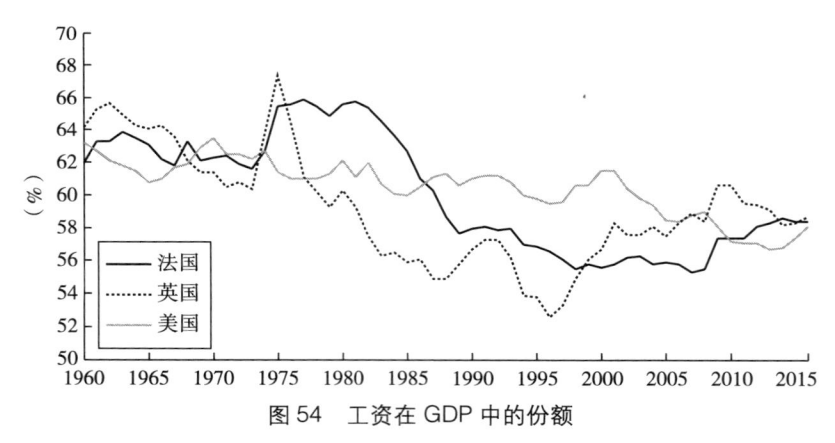

图 54　工资在 GDP 中的份额

资料来源：ILOSTAT（2017）。图由作者自制。

不平等化的原因一直存在争议。第一个最常被提及的原因是信息革命，拥有技术优势的人获益，而其他人的利益受损。第二个原因是全球化，来自亚洲国家廉价劳动力的竞争降低了西方工人中位数工资的水平。第三个原因是权力天平由工人倒向了雇主。这三个因素都可以解释日益扩大的不平等，但是只有第一个原因或许可以合理地解释为何最富有的1%人群获得了超高收益。

皮凯蒂的论点直截了当。无论出于何种原因，资本越来越多地集中在少数人手中，这使其所有者能够保持资本的相对稀缺，从而保持其价值。城市房地产已经取代土地成为租金的主要来源。

皮凯蒂认为，从1910年至1960年这段时期，由于两次世界大战和大萧条摧毁了大量继承的资本，而工会的压力、累进税和社会福利又使其难以恢复原状，因此资本主义制度固有的不平等加剧的趋势受到了抑制。但是，从20世纪70年代后期开始，随着这些反制力量的减弱，资本主义体系中不平等的自然趋势卷土重来，因此，现在的不平等几乎与1914年之前一样严重。[31]

上述经过煞费苦心的剖析方才得出的历史纪录，可以由皮凯蒂所谓的"分化的基本力量"来解释，他用 $r>g$ 这一公式来表示这种基本力量。当资本回报率（r）持续超过经济增长速度（g）时，继承的财富就会一直比产出和收入增长得更快，这意味着不平等程度持续提高，因为没有什么能阻止如今超高收入者的孩子们成为未来的食利者（见图55）。而部分由人口老龄化造成的经济低速增长，意味着不平等程度甚至会进一步加剧。皮凯蒂预测，从长远来看，经济增长率不会超过1%~1.5%，而资本的平均回报率将达到4%~5%。这与美国统计学家西蒙·库兹涅茨（Simon Kuznets）的预测形成了鲜明对比，后者始自1955年的数据显示，不平等程度会随着时间的推移呈下降趋势。

利用大量的数据集，皮凯蒂绘制了一条从19世纪后期直到今天的U形曲线，表明从1914年至1970年，不平等程度被"压缩"了。

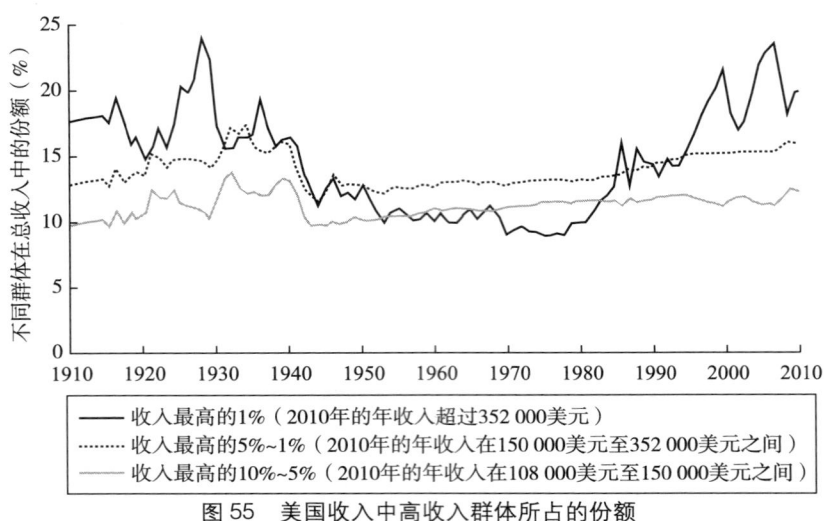

图55 美国收入中高收入群体所占的份额

资料来源：Piketty（2014/2013，p. 292）。

皮凯蒂的研究引起了激烈的争论，这也表明了这一研究的重要性。第一类攻击主要集中在他对数据的使用和他的理论框架上。《金融时报》的克里斯·贾尔斯（Chris Giles）率先从实证方面对皮凯蒂的研究发起了攻击，他断言，皮凯蒂使用的原始数据并没有显示1960—2010年英国前1%和前10%人群的财富份额有任何增加，反而有所降低。[32] 他对皮凯蒂的质疑并不成功，但是这表明皮凯蒂的研究触到了他的痛处。[33]

对皮凯蒂理论框架的第二类攻击是由左翼经济学家主导的，他们指责皮凯蒂使用了传统的边际生产力框架来解释资本回报。用美国经济学家托马斯·帕利（Thomas Palley）的话来讲："主流经济学家会宣称利润率是由技术决定的。然而，正如皮凯蒂偶尔暗示的那样，在现实中，利润率是由政治和社会因素决定的，这些因素会影响经济和政治权力的分配。增长也受到政策和制度选择的影响。"[34]

与之类似，詹姆斯·加尔布雷思（James Galbraith）也批评了皮凯蒂的观点，即工资在国民收入中的份额是由技术决定的，这使得政府只能对税后收入分配进行干预。皮凯蒂的错误在于，他将资本视为一种独立的"生产要素"，而对资本的"社会"分析表明，资本的决定因素包括基础设施支出、教育、监管、社会保险、全球化以及其他很多因素。[35]

正统的理论家将危机之前的债务、杠杆和金融脆弱性的累积归因于家庭、企业和银行对可持续借贷水平的"误判"。这当然是真的，但是流于表象。人们真正想知道的是这些错误观念的根源。消费不足理论提供了一个答案：不平等加剧。家庭债务增加，是因为工资下降了，但是他们仍然希望将消费保持在原来的水平。政府鼓励宽松的信贷环境，以此抵消实际收入停滞产生的影响。银行和企业"过度杠杆化"，因为它们夸大了预期利润，这些利润来自消费者凭借增加负债而获得的收入。政府借债过多，是因为它们高估了从过度借贷的金融体系中获得的收入。哈耶克学派认为，过度的信贷创造正是导致2007—2009年金融崩溃的罪魁祸首。而进一步的分析表明，过度信贷创造的根源可能在于收入引致的消费出现了停滞或下降。人们把这个游戏称为"消费平滑"，也就是现在消费掉预期的未来财富。

在这一理论传统中，一个关键论点是，在20世纪50—70年代的凯恩斯主义时代，资本和劳动的力量相对平衡；实际上，正是这一点使得凯恩斯主义政策成为可能。强大的工会能够促使工资与生产率一同提高；大规模的政府转移支付维持了大众的购买力。对充分就业的承诺为企业投资创造了有利的环境，从而提高了生产率，而政府的资本支出政策使投资在整个周期中保持了稳定。消费信贷受到限制。结果，经济周期得到了抑制，各经济体经历了史无前例的经济增长。

然而,这种良性的资本主义环境在20世纪70年代改变了。首先,由工会推动的工资上涨导致了通胀上升。政府试图通过价格和收入政策来控制通胀,但以失败告终。随着工资上涨超过利润上涨,在资本主义制度下,唯一可行的解决办法就是重建马克思所说的"产业后备军"。这是通过使国内经济向全球竞争开放来实现的。较高的失业率将收入从工资转向利润,同时降低了通胀,但代价是长期停滞。

根据帕利的说法,2001年互联网泡沫的破灭反映了现有总需求产生的过程存在深层矛盾。他认为这是收入分配恶化的结果。由此产生的抑制力量被一系列各种各样的需求补偿机制遏制了近20年,比如稳步上升的消费信贷、繁荣的股市和上涨的房价。然而,这些机制现在已经难以为继。财政政策只能暂时发挥作用,除非采取措施"从根本上纠正造成当前困境的结构性失衡"。如果不这样做,"需求不足的问题将再次出现,而在下一次应对这一问题时,公共部门的财政可能不会处于如此有利的状况"。[36]

帕利的这篇文章写于2001年,对2008年金融危机以后的财政政策失灵有先见之明。从2001年起,美国房地产泡沫真正开始膨胀。原因很明显,从2001年至2004年,联邦基金利率一直维持在1%的水平。因此,没有收入、没有工作、没有资产的借款人被可调利率抵押贷款几乎低至零的先期优惠利率所吸引,这刺激了次级抵押贷款的增长。结果,2004年美国的住房自有率达到了近70%。至2006年,在所有新增抵押贷款中,次级抵押贷款超过了五分之一,价值大约为6亿美元。三分之一的次级贷款相当于房屋价值的100%或者更多,是借款人年收入的6倍。在英国,一个巨大的房地产泡沫也在形成。至2007年底,抵押贷款债务达到可支配收入的132%，而家庭部门总债务达到可支配收入的177%。

2008年2月，就在美国经济崩溃之前，帕利写道："美国经济依靠资产价格通胀和不断上升的债务来推动增长。这里存在着深刻的矛盾。一方面，政策必须助推资产泡沫，以保持经济增长。另一方面，当这些泡沫最终破裂时，必然引发金融危机。"他说，有必要"恢复工资和生产率之间的联系。这样一来，工资收入而非债务和资产价格膨胀，可以再次提供需求增长的动力"。[37]

新的消费不足理论极为重视"金融化"这一诱因，认为金融化"将来自生产性活动的收入重新分配给非生产性的金融活动"。在这种转移中，只有富人才是赢家，因为它不涉及任何可能使我们其他人"受惠"的生产性活动。[38] 金融化是新自由主义模式的一个必要组成部分，其功能是"通过提供更多易于获得的信贷来刺激需求增长……二战之后基于中产阶级收入提高的旧增长模式被打破了，而新的新自由主义增长模式已经崩溃"。[39]

小结

本章的论点是，分配是一个宏观经济问题，因为购买力的分配严重向资本资产所有者倾斜，这会导致需求不足。经济的金融化允许以债务取代来自工作的收入，这加剧了经济的不稳定。量化宽松政策通过制造资产泡沫，进一步加剧了这一风险。

老一代消费不足论者关注的问题是，实际工资水平跟不上生产率提高的步伐。但是在危机之后的这些年，一个显著特征是生产率的下降，因为工人转向了生产率更低的工作。灵活的劳动力市场尽管受到传统观点的极力称赞，但是必然会减缓生产率的提高，因为对雇主来说，雇用廉价劳动力要比投资于物质资本或人力资本更有效率。这就形成了就业机会丰富、生产率低下的经济复苏。此外，工人生产率的下降必定导致更严重的收入不平等，因此，根据消费不足论的观点，未来的宏观经济甚至会更加不稳定，因为经济对债务的依赖更严重了。

用凯恩斯主义的术语来讲，投资动机下降而收入不平等加剧，这种状况为稳定和增长提供了最糟糕的基础，而这就是我们今天面临的处境。

第 11 章
银行出了什么问题？

这不是一颗烂苹果的问题，是整筐苹果都烂透了。

——谚语

我们应该清楚地认识到，对理性预期、市场效率和现代金融技术的过度信心是造成最近这场金融危机的原因之一。激发这种信心的部分原因在于巨额经济回报，这使得大幅借贷、经济失衡以及信用评级机构的粉饰和保证能够维持这么长时间。监管机构和立法者的宽容则反映了这种新金融思潮。

——保罗·沃尔克（2011）[1]

我们就是靠所谓的长期赚钱的。

——某交易员

影子银行、金融创新和金融机构之间的频繁交易……导致了这次吃了兴奋剂一般的信用周期。

——阿代尔·特纳（2016）[2]

对于本章提出的问题，一个最简单的答案就是，自 20 世纪 60 年代以来，政府逐渐放弃了对银行的控制，并转而相信市场纪律；银行利用它们新获得的自由开发了日益复杂的金融产品，以提高自己的利润，并将这些新产品出售给非银行机构或者在相互之间出售；这些复杂难懂的产品当时主要用于为美国、英国、西班牙和爱尔兰繁荣的房地产业提供资金，这导致了始于2007年的金融体系崩溃，然后这次危机又蔓延到了实体经济。

危机之前的正统理论

1958年，当我在牛津读本科时，我在当地的米特兰银行（现在的汇丰银行）开了一个账户，这时的银行业是安全而无聊的，就像我的那位令人尊敬的银行经理一样。

在那些遥远的日子里，银行业被分为三个部分：接受存款并向客户或企业发放贷款的零售银行，发放购房贷款的建房互助协会，以及将客户资金用于投资的商业银行。零售银行的状况可以用所谓的"3-6-3"规则来概括，即以3%的利率吸收存款，以6%的利率提供贷款，下午3点就到高尔夫球场打球。由建房互助协会提供的住房抵押贷款态度保守，借款人必须提供数量可观的首付款。商业银行或投资银行不那么"安全"，但是在一个压抑的金融体系中，它们的活动受到了限制。比如，汇率是固定的，所以外汇投机的规模很小，金融体系受到资本管制的束缚。由于驯服了银行业，金融危机很少发生，也不存在对金融体系的系统性威胁。

从20世纪60年代开始，发展趋势就是将金融从大萧条和第二次世界大战时穿上的"紧身衣"中解放出来。欧洲美元市场的发展是对资本管制壁垒的重大突破；在20世纪70年代，银行在回收石油贸易盈余的过程中发挥了主导作用。随着借贷需求扩张和感知的风险降低，资本金率和存款准备金率都在持续下降。

由于放松了管制，银行变得"全能化"了。它们被允许做任何事情：吸收存款，向购房者贷款，以及设立投资部门。银行的集中度提高了，与客户的距离也越来越远。资本获得了自由，在全世界通行无阻。在大缓和时期，银行信贷通过为企业提供资金获得了巨大收益，并且压缩了股票市场发行的规模。银行成为国际金融网络的一部分，互相持有对方的资产。这些资产变得越来越复杂和不透明。金融危机变得更加频繁和严重。

根据安·佩蒂弗的总结，正统理论将两大权力赋予了银行家：

> 第一，在缺乏有效监督或监管的情况下，创造、定价和管理信贷的能力；第二，在监管部门的视野之外……"管理"全球资金流动的能力。通过这种转变……可以问责的公共部门将其对经济的有效控制权，也就是对就业、福利和收入的控制权，交给了远在他方且不可问责的金融市场。[3]

正统经济学家在学术上为新出现的占主导地位的既得利益集团提供了辩护。

政府的作用并非完全是消极被动的。各国政府还鼓励银行为实现某些政治目的而放贷。2008—2009年金融危机的根源就在于美国的房地产市场，特别是政府试图让低收入家庭能够拥有自己的住房。基于1977年的《社区再投资法案》，克林顿总统于1994年签署了《国家住房所有权战略》（National Homeownership Strategy），旨在：

> 帮助支付高额租金但是无法存下足够的钱支付首付的中等收入家庭；帮助低收入的工薪家庭，他们准备通过贷款获得自己的住房，却由于无法承受抵押贷款的成本而止步不前；

帮助那些历来无力拥有自己住房的家庭。[4]

房利美和房地美这两家政府支持机构对促进"美国梦"的实现发挥了重要作用。多年来,它们被要求提高贷款组合中低收入地区的比例。事实证明,放松管制和政府为低收入家庭获得的银行信贷提供补贴这两者合在一起,产生了有害的结果。

理论

理论经济学中有三个命题,支持对银行业放松管制。

"只要有正确的货币政策就可以确保金融稳定"

中央银行的模型是基于一个新古典主义的幻想世界,其中既没有金融摩擦,也没有违约。[5]这样的世界不需要商业银行,结果,中央银行在其柏拉图式的模型中忽略了这些现实存在的实体。以英国为例,从2004年至2010年,英格兰银行使用的最重要的宏观经济模型在其关键的经济主体组别中忽略了银行体系(见图56)。

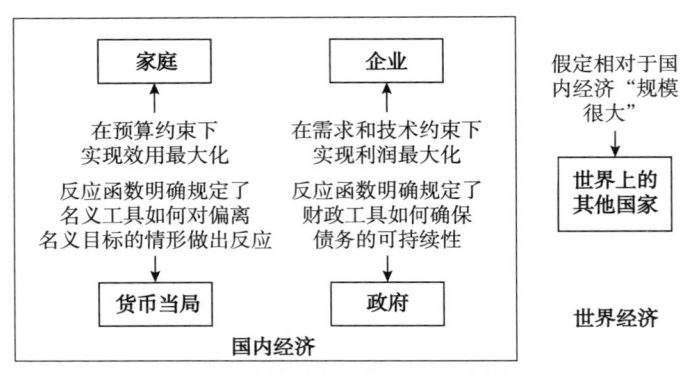

图56 英格兰银行的主要经济模型

资料来源:Harrison et al.(2005, p. 24, fig. 3.1)。

为了使主要模型"尽量简洁",中央银行更倾向于通过"独立的、更专业的模型"来考察金融问题。[6]但是,这种方法将理论的优雅置于正确的理解之上,使得英格兰银行无法及时识别迫在眉睫的金融危机,由此产生的是一系列不准确的预测和未能实现的目标。并非只有英国出现了这种情况,全世界的中央银行在其模型中都没有对作为信贷创造来源的商业银行给予足够的重视,默文·金认为这让经济学界"无论在学术上还是在实践中都羞愧不已"。[7]

这种疏忽特别有害,因为它为中央银行控制货币供给这一错误观念提供了支持。这导致原始货币数量论的复兴。结果就是很少有政客认识到每笔贷款都会创造存款或者货币。就连银行家自己也没有完全理解他们在经济中的关键作用。[8]

错误的理论导致了错误的实践。正是为了厘清这些货币的谜团,《货币从哪里来?》*的作者一针见血地写道:

> 考察一下当时的论点就能清楚地认识到,对这种放松管制的理论支持是基于新古典经济学不切实际的假设,在这种假设中银行……没有任何独特的功能,就像股票经纪人一样被归类为金融中介。这没有认识到他们作为货币供给的创造者在经济中扮演着至关重要的角色……自20世纪80年代以来,银行信贷创造已经与实体经济脱钩,扩张的速度比GDP要快得多……有证据表明,银行创造的信贷越来越多地被用于金融交易。这是不可持续的,而且会使社会付出高昂的代价,因为这相当于资源错配,并播下了下一次银行危机的

---

* 中文版由中信出版集团于2022年出版。——编者注

种子。⁹

仅仅将银行视为储蓄者和投资者之间的中介,会产生一个极其重要的宏观经济含义。这就是市场决定了能够实现充分就业的自然利率,而这正是凯恩斯试图反驳的观点。

"平均而言,金融市场对风险的定价是正确的"

"有效市场假说"由于尤金·法玛(1970,1976)而盛行,这是理性预期理论在金融市场的应用。理性预期假说指出,经济主体会充分利用所有可以获得的经济和政策信息,并立即调整他们的预期。这在金融市场上意味着股票的平均价格总是正确的,因为投资者会根据任何新发布的信息,即时而准确地调整他们的买卖行为。

因此,用法玛的话来讲,"我认为有效市场假说是证券价格充分反映所有可得信息的简单说法"。[10]

> "有效"市场的定义是,在市场上,有大量理性的追求利润最大化的行为主体积极参与竞争,每个人都试图预测单个证券的未来市场价值,所有参与者几乎可以免费获得当前的重要信息。在一个有效市场中,许多聪明的参与者之间的竞争会导致这样一种状况:在任何时点,基于已经发生的事件和此时市场预期未来将会发生的事件,单个证券的实际价格已经反映了所有信息的影响。换句话说,在一个有效市场中,在任何时点,某个证券的实际价格是其内在价值的良好估计。[11]

有效市场假说有不同版本。在"弱有效市场假说"中,投资者仅使用价格的历史信息来预测当前价格,这类似于适应性预期。在"半强有效市场假说"中,投资者会考虑所有公开信息,包括过去的价格。在"强有效市场假说"或其理想形式中,投资者会考虑所有可能获知的信息,包括内幕消息。

这就存在一些问题。首先,虽然人们认识到股价可能会围绕其"正确的"价值随机波动,但是它们不会永远如此。如果资产估值过高或过低,投资者试图通过出售或购买资产以获利的行为本身就是一种自我纠正机制。有效市场假说的这一重要特征假定市场是可以自我纠正的,因此也是可以自我监管的,而政府如果试图改善这一点,就必然会扭曲市场行为。[12] 这样,有效市场假说本质上就是亚当·斯密"看不见的手"的现代版本。

这里存在一个悖论。一方面,这一理论表明试图从投机中获利是没有意义的,因为股票的定价总是正确的,而且它们的走势是无法预测的。但是另一方面,如果投资者不试图获利,市场就不会有效率,因为这时就不存在自我纠正机制了。有一个笑话讲的是两位经济学家在地上发现了一张10美元的钞票。一个人弯腰捡起它,而另外一个人则提醒他:"别,如果这真的是10美元,它就不会在那里了。"因此,有效市场实际上依赖于参与者的信念,即市场是无效的,并且参与者试图战胜它。[13]

其次,如果股票的定价总是正确的,市场就不会产生泡沫和危机了。系统性市场失灵,比如格林斯潘事后解释股市崩盘的原因在于"全球风险定价过低",这是不可能发生的。正如尤金·法玛自己所讲的:"我不知道信贷泡沫意味着什么。我甚至不知道什么是泡沫。这些词已经成为流行语。但是我认为它们没有任何意义。"[14]

这种态度在政策中也有所体现:"从格林斯潘开始,政府官员不愿意使泡沫破裂，正是因为他们甚至不愿意断定这是一个泡沫。"[15] 有效市场假说使得识别泡沫成为一件不可能的事情，因为它先验地将这个概念排除了。

再次，在市场压力下，金融创新只会提高效率。随着银行和金融家建立起一个日益复杂的体系，试图控制他们的图谋毫无益处。

只要秉持现实主义的态度，甚至只要对历史有粗略的了解，就会让这些学者明白，市场并不是以这种方式运行的。[16] 此外，在理论上有充分的理由说明，不可信任一个不受约束的金融体系。经济学家海曼·明斯基的研究在危机之前完全被忽视了。他认为金融稳定必然会导致金融脆弱性，因为乐观情绪会让人"沉迷于投机"，"对市场情绪和动向的投机，而非资产基本价值"会主导市场。[17]

但是这些论点在新古典主义霸权中没有立足之地，因此，尽管存在明显的理论缺陷，有效市场假说仍然为金融市场放松管制提供了理论基础。

"按市值计价和风险价值框架提供了准确的价值衡量方法，因此是管理风险的适当方法"

按市值计价的目的是参考资产当前的市场价格，而不是投资者购买资产的成本来估计资产的"公允价值"。如果一名投资者持有以每股 4 美元购买的 10 股股票，而该股票现在的交易价格为 6 美元，那么其市值就会比账面价值高出 50%。

但是，只有在市场永远不会出错的情况下，按市值计价的会计方法才能提供衡量价值的准确方法。实际上，市场经常出错。在繁荣时期，信心增强推高了股票和其他资产的市场价格。随后账面财富的增加进一步提振了信心,并鼓励投资者承担更大的风险,借贷和投机活动进一步增加。投资者对经济的感知和他们的决策之间形成了一个反馈回路,增加了投机性泡沫产生的可能性。一旦泡沫破裂,资产价格就会回落,投资者会发现自己使用的"杠杆过高"。类似地,在泡沫破裂时按市值计价的会计方法可能会给银行带来过度的压力,因为由经济低迷引发的恐慌和不信任可能意味着市场低估了完全健康的资产。通过这种方式,按市值计价的会计方法通过人为地扩张和收缩资产负债表,增强了波动性。但是,它潜在的毁灭性却被人们轻率地忽略了。

风险价值模型被银行用来评估其投资组合面临的风险程度(见图57)。风险价值的度量依据既定的投资组合、时间范围和概率水平 p,并给出该投资组合的损失阈值,代表"现实的"最差情形。例如,如果你的投资组合一天的风险价值为100万美元的1%,这意味着你的投资组合在一天之内有99%的时间损失不会超过100

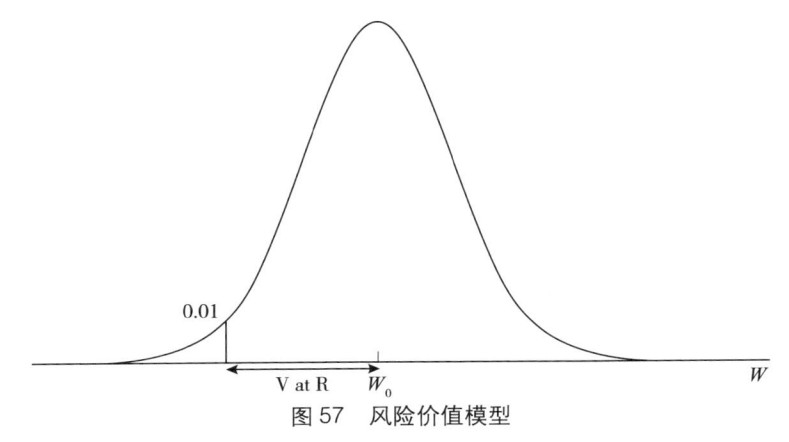

图 57 风险价值模型

注:横轴表明3个月内投资组合的一系列潜在价值(W)。W_0 代表投资组合当前的价值。曲线下的总面积为1。对于任何给定的 W 值,W 左侧曲线以下的面积是投资组合在3个月后价值低于 W 的概率。在 W 点,左侧的面积总计为总面积的0.01或者说1%,因此投资组合在3个月内价值低于 W 的概率为1%。相对于当前价值的风险价值,由当前价值(W_0)向 W 的移动来表示,也就是图57中用双箭头表示的移动。

万美元。风险价值度量很受欢迎,因为它们将很多风险模型浓缩为一个简单易懂的数字。

但是风险价值模型存在严重缺陷。它忽略了比某些武断的阈值更不可能发生的情景,从而忽视了最严重的风险,这诱使银行家和监管者产生了错误的安全感。正如一位著名对冲基金创始人所讲的,"这就像有一个可以一直工作的安全气囊,一旦发生车祸就失效了"。[18] 风险价值度量并没有告诉你超过这个阈值的风险有多大,这种风险可能处于损失 100 万美元至破产之间。它的"置信区间"是完全没有保障的。

风险价值度量假设我们知道未来所有结果的正确概率。这是一个可笑的假设。2007 年 8 月,高盛的首席财务官声称,他们"发现连续几天出现了 25 个标准差的波动"[19],这意味着高盛的模型估计,这种规模的单日损失每 1.309×10^{135} 年才会发生一次。通过比较就能知道,这个数字比宇宙中粒子数量的估计上限大了 52 个数量级。[20] 要么是高盛太不走运,要么是他们的模型过于疯狂。

如何解释这类失败呢?首先,风险价值和其他金融模型都是使用短期数据进行校准的,这些数据仅来自这场危机之前相对稳定时期,一旦繁荣消退,这些数据就被证明是无用的。但是更为根本的原因在于,人类并不知道可能结果的分布情况;我们面临的是真正的、极度的不确定性,或者说"未知的未知"。过度信任无法刻画这类不确定性的数学模型,使得金融部门无视正在面临的危险。世界末日的情景还不够恐怖。①

---

① 现在仍然存在对风险的系统性低估。银行世界末日冲击场景严重低估了现实生活中英国脱欧和特朗普当选引发的汇率波动风险。

理解银行业：一些基本术语

银行借短贷长。这使得它们很容易受到资产价值崩溃的影响。由于银行是现代经济的命脉，它们的借贷行为通常会受到国家的监管。银行的贷款对象和贷款额度都会受到限制。根据允许拥有的资产类型和允许承担的负债类型，银行在法律上与其他金融机构是分开的。这些监管旨在确保它们的偿付能力和流动性。

偿付能力和流动性

银行和任何企业一样，只要有足够的资产来偿还债务，就有偿付能力。如果一家银行的债务人开始拖欠贷款，该银行的资产价值就会下降，并有可能使该银行资不抵债。对于资本充足率的监管正是为了防范这一点。

另一方面，流动性是指履行短期义务的能力；银行必须能够获得足够的现金，以便按要求向储户和其他债权人付款。流动比率已经经历了持续下降。例如，在19世纪中叶，银行持有的现金必须占到自身债务的60%。1981年，这一比例被限定为12.5%。再后来这一规定就被废除了。因此，银行越来越依赖借款来满足对它们的付款要求。

如果一家银行拥有的资产超过它所欠的债务，但是存在现金流问题，无法及时借入现金或出售资产以履行付款义务，那么这家银行就缺乏流动性，但是仍拥有偿付能力。

偿付能力危机比流动性危机要严重得多；来自中央银行的临时性借款可以缓解流动性危机，但是如果该银行无力偿债，那么这种方法就无济于事了。

尽管如此，这两者还是存在某种关联。在2007—2008年金融危机期间，由于无法知道谁有偿付能力，谁没有偿付能力，银行停止了相互之间的借贷，这使银行流动性的主要来源枯竭了；这也导致了 2007 年对英国北岩银行的挤兑。类似地，如果一家银行的融资成本超过其资产的收益，或者为了按时偿还债务而不得不"甩卖"资产，流动性不足也可能会迫使该银行破产。

杠杆率

银行的杠杆率是其负债与股本的比率。它可以表示为资产与资本金的比率，比如 25∶1，或者资本金在资产中的百分比，比如 4%。因此，杠杆率几乎与资本充足率相同，但是没有考虑风险加权的因素，风险加权允许银行对假定更安全的资产持有更少的资本金。在危机的酝酿阶段，银行依靠借贷而非自己的资本为资产收购提供资金，从而提高了杠杆率。

银行有激励保持尽可能高的杠杆率。杠杆放大了获利的可能性；银行可以用较少的自有资本承担更多风险，从而获得更多回报。在经济繁荣时期，银行会提高杠杆率，因为借贷双方都对自己的业务持乐观态度。

然而，杠杆也放大了损失的危险。如果银行的杠杆率为 25∶1，那么资产价值下跌一旦超过 4%，就会耗尽资本金。因此，在经济低迷时期，如果对冲基金和银行大量持有的某项资产的价格出现了下跌，这些机构的资产负债表就会恶化。银行的应对措施是抛售资产，以便使自己"去杠杆化"。这会导致资产价格进一步下跌，并启动另一轮抛售，如此等等。

就在这场危机爆发之前，各大银行的杠杆率或者说债务与资本金的比率超过了 30∶1。这种状况在历史上屡见不鲜。这次危机的不同之处在于内嵌杠杆（embedded leverage）的程度。尽管在危机爆发之前，资产负债表上的杠杆率相对较低，甚至在经风险调整之后仍是如此，但是内嵌杠杆率要高得多。内嵌杠杆衡量的是一家银行与其持有股本相比的总风险敞口，无论该风险是否出现在资产负债表上。正是运用一系列创新手段，使持有的资产处于资产负债表之外，银行才能使杠杆率超过监管规定的水平。正如我们将在下文看到的，正是内嵌杠杆的大幅增加使金融体系陷入了困境。

放松监管

我们所说的放松监管，是指削弱对银行体系借贷活动的控制。在这条"去监管"的道路上，有三个重要的标志：

（1）逐步取消限制资金跨国流动的资本管制，即可以向世界上的任何国家发放贷款。这个想法是为了解放全世界的储蓄，以便使它们可以被用于"全球最具生产力的用途"。[21]

资本账户自由化是更广泛的金融全球化计划的一部分，该计划由一些实力日益增强的国际组织来管理。其中最重要的是国际货币基金组织。主要受富裕国家的利益和自由市场意识形态的影响，国际货币基金组织将"新自由主义"议程强加于发展中国家，迫使它们向外部世界"开放"资本市场。

结果，外国资金涌入较为贫穷的国家。尽管其中一些资金被用于基础设施投资，但是大部分资金都体现为投机性的资本流动。这些被称为"热钱"的资本流动，使金融家可以将资本从一个国家转移到另一个国家，从而赚取短期利润，但是这给发展中经济体带来了前所未有的金融动荡。由于遵从了国际货币基金组织的指令，许多国家经历了伴随着严重衰退的金融危机，最著名的就是东亚和拉丁美洲的危机。[22] 最近，国际货币基金组织的研究部门发布了一份道歉声明，承认"资本账户自由化对增长的益处是不确定的，但它带来的经济波动和危机频率增加的成本似乎更为明显"[23]，并且"完全的资本流动自由化并不总是一个合适的最终目标"。[24] 但是这一切来得太迟，而且在很久以前，秉持非正统立场的经济学家就得出了同样的结论。

（2）取消对国内银行贷款类型的管制。在大萧条爆发之后，美国国会于1933年通过了《格拉斯—斯蒂格尔法案》[25]，该法案将商业银行和投资银行业务分开，以保护吸收存款、发放日常贷款等关键的银行服务免受"赌场银行业"风险的影响。克林顿政府在1999年通过的《格雷姆—里奇—布里利法案》（Gramm-Leach-Bliley Act）推翻了上述法案，允许同一家银行同时从事这两类业务。在英国，撒切尔夫人20世纪80年代的"金融大爆炸"（Big Bang）也产生了类似的后果，它允许银行进入抵押贷款市场，允许商业银行与证券公司合并，能够从事所有业务的全能银行模式应运而生。监管的放松导致了道德约束的放松。传统银行业注重与客户建立长期关系，并为他们提供优质服务，而投资银行则注重短期机会主义和追逐风险的行为。[26]

放松贷款管制的影响是削弱了银行在公共事业方面的作用，银行可以自由地从事任何它们想做的金融业务。银行扩张的规模如此之大，以至于它们的倒闭将对经济的其他部分产生毁灭性的影响。因此，当金融业由于自身的贪婪而崩溃时，政府被迫花费数十亿美元来拯救它们。公众最终为这场危机买单，而这并非他们的过错。最令人恼火的是，得到政府救助的银行继续向高管支付高额奖金，而经济中的其他部门却以财政审慎的名义忍受紧缩。

"大而不能倒"的银行提供了道德风险的典型例证。如果人们知道在出事时他们不必为自己的冒险行为付出代价,他们就会承受过高的风险,这时就会产生道德风险。如果银行家知道国家会承担他们的损失,他们就会尽情地放手一搏,并因为自己的努力而获得奖赏,"在收益私有化和损失社会化方面,没有哪个行业能够与之匹敌"。[27]

(3) 弱化资本金要求和借贷的合格抵押品要求。《巴塞尔协议 I》(1988) 和《巴塞尔协议 II》(2003) 对风险程度不同的贷款规定了最低资本金要求。[28]其中的逻辑似乎令人信服。假设一家银行持有的资本金为其贷款组合的10%。10%的贷款违约将耗尽其资本金。根据《巴塞尔协议 I》,全球系统重要性银行被要求对其所有的无担保贷款持有8%的资本金,比如对小企业的贷款;而对有担保贷款要求持有的资本金比例则低得多,比如住房抵押贷款。如果判定特定贷款的违约风险较低,比如人们认为信用评级达到AAA级的抵押贷款支持证券就是如此,那么它们将被赋予20%的风险权重;银行因为持有这些贷款而需要拥有的资本金仅为其价值的1.6%,也就是8%的20%。对于由房利美和房地美这两家由美国政府提供补贴的抵押贷款经纪人发行的AAA级抵押贷款支持证券,要求的资本金仅为2%。

这些旨在降低贷款风险的尝试产生的不良影响显而易见。相比于其他资产,银行更喜欢抵押贷款支持证券,因为由此产生的不良贷款扰乱其资产负债表的风险似乎很小。信用评级机构出于同样的原因赋予它们AAA评级。各种类型贷款的风险是已知的,这一基本假设很少受到质疑。

与此同时,美国证券交易委员会的另一项关键举措是,AAA级抵押贷款支持证券有资格作为银行借款的抵押品。因此,它们既可以是与银行必须持有的资本金相对应的负债的一部分,也可以是与负债相对应的资本金的一部分。

放松各类监管措施的结果就是,受到低利率和低首付诱惑的购房者热切盼望获得贷款,而银行则通过大量借债来满足这些人的贷款需求。

理论和政策之间从来不是一对一的关系。政策是一门艺术,也是一门不纯洁的艺术,它深受意识形态、政治信仰和特殊利益游说的影响。放松监管也并非简单的单行线。很多时候,这是一个以间接控制替代直接控制的问题,或者是用一套监管措施替代另外一套监管措施的问题。

然而,有明确的证据表明,上文描述的金融理论影响了放松银行管制的政策。英国金融服务管理局以令人赞赏的诚实态度说明了在危机之前的酝酿阶段,有效市场假说如何为其提供了以下理论假设:

- "市场价格是合理评估经济价值的良好指标。"
- "由于创建了流动性更强的新市场,信贷证券化的发展提高了配置效率,增强了金融稳定性。"
- "金融市场的风险特征可以从数学分析中推断出来,为交易风险提供了可靠的量化测度。"
- "市场纪律可以作为限制有害的风险承担的有效工具。"
- "金融创新被认为是有益的,因为市场竞争会淘汰任何没有带来价值增值的创新。"

由此可以得出如下结论[29]:

- "市场通常可以自我纠正,市场纪律是比监管或监督更有效的工具……"
- "管理风险的首要责任在于各家企业的高级管理层和董事会,与银行监管机构相比,他们更适合评估商业模式的风险,并且可以依靠他们做出平衡风险和回报的正确决策……"
- "保护消费者权益的最佳方式不是产品监管或者直接干预市场,而是确保批发市场尽可能不受限制,并保持透明。"[30]

简而言之,监管体系的演变为金融部门创造了前所未有的宽松环境。政府相信金融创新的财富创造能力,却忽视了由于其产品可能变得过于不透明而无法被人理解,从而产生的风险。这些工具的结构变得如此复杂,以至于潜在的破坏性变得无法度量,也难以察觉。如果市场参与者无法理解他们正在交易的产品,这将削弱有效市场的整体架构。当危机来袭时,这些产品价值的不确定性以及不同金融机构之间复杂难解的关系,让整个行业陷入了困境。

金融创新

证券化使得提高内嵌杠杆成为可能。

证券化

证券化是运用金融工程将非流动资产转化为流动证券的通用名称。在这个过程中,汽车贷款、学生贷款、信用卡债务和抵押贷款等非流动资产被打包在一起,形成"资产支持证券",然后出售给各种投资者以"变现"。所有这些资产都有一个共同特征,即它们与一笔现金流有关,借款人必须向证券的购买者偿还贷款,而支持这一证券的正是这笔贷款。计算能力的大幅提高使证券化的爆炸式增长成为可能[31]，而证券化也是银行几乎凭空创造出信贷资金的典型案例。

不同种类的资产支持证券（ABS）包括：

抵押贷款支持证券

抵押贷款支持证券（MBS）是一种由一组抵押贷款作为担保的资产支持证券。这使得银行"发起并分销"抵押贷款的模式成为可能，这种模式对危机的爆发起到了决定性作用。银行发起一系列风险程度不同的各类抵押贷款，但是并没有把这些住房贷款留在自己的资产负债表中，而是将其出售给投资者，并且通常是作为长期投资。在这些证券中，有很多是由美国次级抵押贷款作为支持的，也就是向高风险借款人发放的贷款。

将抵押贷款打包在一起，背后的动机是降低整个投资组合的违约风险，即"分散"风险，并减少"统计异常值"的影响。总体而言，投资组合被认为风险很小，因为它们的回报来自种类多样的抵押贷款人。任何一个借款人违约都不会对整个投资组合产生巨大的影响，于是，投资者的回报被认为是由稳定的现金流支持的。因此，抵押贷款支持证券被赋予很低的风险权重，并被允许用作抵押品，上文曾详细说明过这一点。

然而，这依赖于一个假设条件，即抵押贷款违约相互之间不是高度关联的，而当时的抵押贷款违约率缺乏足够多的历史数据，尤其是次级抵押贷款的违约率。事实证明，抵押贷款违约是高度关联的，包括地理位置的关联性①。因此，在危机爆发之前，抵押

---

① 一个地区的违约被认为与另一个地区的违约是不相关的，但是如果全国房地产市场崩溃，这一点就不成立了。

贷款支持证券的风险被严重低估了。

担保债务凭证

担保债务凭证（CDO）构成了一种与 MBS 有所区别但又有所重叠的类别。CDO 可以以任何形式的债务作为支持，比如抵押贷款、公司债券，甚至其他的 ABS（资产支持证券），并被分成风险和期限各有不同的"层级"，以便为投资者提供更多的选择。最上层的部分被称为"优先级"，有权优先获得付款，尽管由于风险较低，它为投资者带来的回报也最低。最底层的部分产生的回报最高，但是只在其他部分获得偿付之后，剩余的款项才被用于这部分的偿付。

信用违约互换

信用违约互换（CDS）的发展显著扩大了证券化的范围和破坏力。CDS 与保险单类似，一方（买方）向另一方（卖方）支付一笔金额固定的费用，后者将在贷款违约的情况下进行偿付。因此，CDS 合约是另外一种从银行资产负债表中移除风险资产、释放资本金并将其用于其他用途的方法。

它与传统保险单的关键区别在于，一份 CDS 合约的买家不一定必须在其账面上持有相应的贷款，即任何人都可以购买一份 CDS 合约，即使不持有这一贷款工具的买家也可持有。这被称为"无实体"信用违约购买。因此，即使一家机构没有向另一家机构发放贷款，它也可以购买针对后者的 CDS，这基本上就是押注这笔贷款会违约。

这显然加剧了道德风险问题：银行得到了保障，因此它们没有防止贷款违约的激励。相反，它们有动机向信誉更低的客户放贷，因为这些客户将支付很高的利率。希腊前总理帕潘德里欧（Papandreou）将购买无实体CDS比作为陌生人的房子购买火灾保险，并盼着房子着火；这种购买激励了金融领域的"纵火"行为。

这是由于无实体CDS是"虚构的"，这意味着该机构的账面上并没有标的资产，因此对出售的数量没有限制。此外，这些合约也可以证券化；例如，高盛发行的"Abacus"CDO由信用违约互换组合构成。结果，2007年CDS的总值远远超过了支持它们的债券的"实际"价值："在2007年中期CDS市场达到巅峰时，CDS的余额至少为60万亿美元……标的债券，也就是CDS为其违约提供保险的债券或者说CDS允许对其违约进行押注的债券，只占这60万亿美元很小的一部分。"[32]

换句话说，大部分CDS衍生品是为了下注而购买的，而不是出于保险的目的，这使得金融市场极不稳定。这也是危机爆发之前金融业内部联系增强的一个例证，金融机构之间的交易活动增幅远远超过了金融机构与实体经济的互动。

CDS消除了卖空的大部分风险，卖空是指押注股价下跌，因为CDS提供了防止押注出错的保险。因此，它们鼓励了短线投机。不过，虽然购买CDS合约的风险有限，但是获得利润的潜力却是无限的，而"出售CDS的利润有限，但风险实际上是无限的"。[33]在危机爆发前，银行犯了一个极为严重的错误，即排除了提供保险者无力赔付的可能性。这就是保险公司美国国际集团（AIG）的遭遇：2008年，由于没有足够的资本金满足针对它的索赔要求，它不得不接受美联储1 820亿美元的救助。

保险人自己可能违约这一事实，意味着银行无法通过CDS有效地转移风险。

特殊目的实体

银行设立名为特殊目的实体（SPV）的法律实体，目的是由这些实体持有风险资产，并将其移出自己的资产负债表。从法律上讲，证券的发行人是 SPV，而不是银行。当时的想法是，一旦银行将其风险资产转移至自己的 SPV，它就可以有效地将风险资产计入表外资产，并在不违反杠杆规则的情况下承担更多的风险，比如发放更多贷款。SPV 使得银行能够隐瞒其内嵌杠杆。

包括 MBS 和 CDO 在内的资产支持证券在出售给投资者之前，必须使用 SPV 将这些证券移出银行的资产负债表。然后，SPV 将资产支持证券重新打包成不同层级，以创建更为复杂的证券。然而，投资者没有注意到的是，即使最安全的"优先级"债券也不是无风险的。这是因为特殊目的实体致力于"再证券化"。以 CDO 为例，SPV 可以从两个 CDO 中获得一部分份额，并将其打包在一起，形成一个以 CDO 为标的资产的新 CDO。结果产生了一种被称为"CDO 平方"（CDO-squared）的新金融衍生品，它持有两份原始 CDO 的资产偿还款。这个 CDO 平方有可能和另一个 CDO 组合在一起，而后者自己可能已经和另一个 CDO 组合过了，如此等等。因此，人们还可以有 CDO 立方（CDO-cubed），并以此类推。其结果就是产生了一种复合的内嵌杠杆，从而无法衡量特定 CDO 的风险并了解其风险所在。

特殊目的实体的资金来源本身就有问题。SPV 通常以"资产支持商业票据"（ABCP）的形式发行中短期债务，来为其购买贷款和抵押贷款等长期资产提供资金。投资者认为 ABCP 的风险较低，因为它由 SPV 持有的资产提供支持，因此利率较低。于是，SPV 利用借贷成本较低的短期贷款购买回报率较高的长期资产以获取利润。每当 ABCP 到期，SPV 通常会发行更多 ABCP 以对其债务进行"展期"。

但是，这种期限错配意味着 SPV 非常容易受到流动性危机的影响。2008 年，由于投资者失去信心，商业票据市场的需求枯竭，SPV 被迫求助于其他信贷来源，即由母银行设立的"滚动信贷额度"。这意味着母银行在危机期间面临双重压力：它本身的资产负债表蒙受了损失，并且不得不偿付其特殊目的实体蒙受的损失。

有一个例子可以说明分析某些 CDO 时涉及的复杂性。"Aquarius"CDO 的结构背后隐含着总共 180 次发行。每次发行在发起时平均有 6 500 笔贷款，因此，"Aquarius"CDO 一共包含大约 120 万笔贷款。

因此，沃伦·巴菲特大声疾呼，衍生品是"大规模杀伤性金融武器"。[34] 它们的结构变得如此复杂，以至于风险无法测度和察觉。整个金融体系都依赖于这种"未知的未知"的金融工具的激增。

信用评级机构的作用

信用评级机构（CRA）因向濒临违约的银行贷款授予 AAA 评级而臭名昭著。金融衍生品获得了最高评级，尽管它们的风险远高于获得相同评级的德国政府债券。这些虚假的评级产生的原因有很多（参见附录 11.1）。但是最主要的一点在于，这些机构的收入来自证券发行人或者说银行，而不是投资者。

这些具有误导性的评级对这场危机起到了推波助澜的作用。亚洲开发银行研究所解释说："如果没有信用评级机构，国际金融市场在过去 20 年的扩张是不可想象的。正是因为有了国际公认的明确的违约风险指标，投资者才愿意投资国际证券。"[35] CDO 和其他衍生品如此复杂，以至于投资者只能过度依赖信用评级机构。评级机构在经济态势良好时给出的评级过于慷慨，在经济态势恶化时给出的评级则过于悲观，这也加剧了市场的波动。

图58显示了英国出售的证券规模庞大，尤其是ABS、住宅和商业房地产MBS、CDO和担保贷款凭证（CLO）。

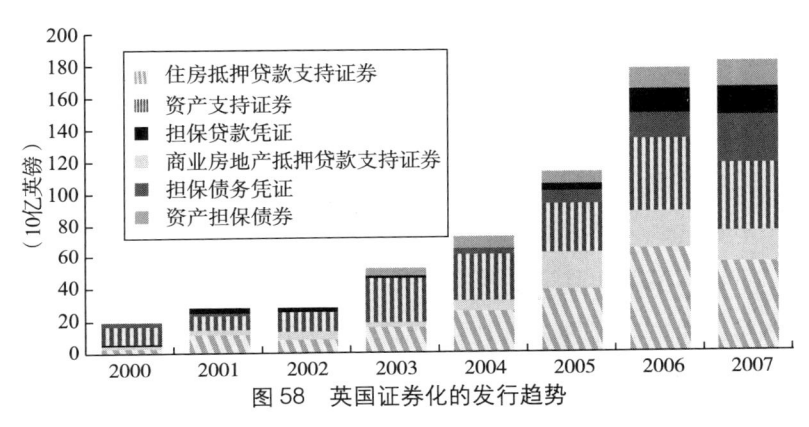

图58 英国证券化的发行趋势

资料来源：Davies（2010）。

小结

在大缓和时期创造的复杂金融工具网络本应使自我调节的金融体系免于崩溃的危险。但这是一个多么错误的想法！对于2007年的美国次贷危机、2010年的爱尔兰危机和2012年的西班牙危机而言，房地产的繁荣与崩溃都起到了至关重要的作用。比利时、法国、德国、爱尔兰、荷兰、瑞士和英国的主要银行都面临资不抵债的困境，因为它们持有的MBS的价格低于其负债的价值。

金融工具的不透明增加了欺诈的机会：伦敦的金融业讲究诚信的传统最为久远，现在却成了全世界的洗钱中心。擅长欺诈的审计师和律师被高薪雇用，以便在特殊账户中隐藏来路不明的资金。由于没有预见金融体系会崩溃，也就没有采取相应的预防措施，没有考虑金融体系崩溃和政府财政救助银行产生的影响。经济崩溃导致的预算赤字急速扩张是财政政策失效的关键原因，这一点我们已经在第 8 章讨论过了。

证券化背后的主要理论错误在于假设证券始终具有流动性，也就是说它们总是可以快速出售，而且不会出现太大的损失。因此，证券化将风险散播到了整个金融体系；风险的扩散降低了单个机构面临的风险，这使它们能够提供更多的贷款，使公众能够获得更多、更廉价的信贷。正如我们已经看到的，廉价信贷是工资上涨和社会保障的替代品。

理论、实践和政策之间的关系始终是政治经济学关注的议题。就银行业而言，这种关系被毒化了，因为在新古典经济学、放松监管和金融"创新"的共同作用下，金融危机爆发了。有效市场假说低估了金融危机爆发的可能性。监管者对银行体系面临的越来越大的压力视而不见，因为他们相信有效市场假说。银行利用新获得的不受控制的自由，创造了更加不透明的金融工具，也就是"证券化"。这三者都曾承诺要为人类服务。

在摆脱了控制之后，金融体系崩溃了。由于银行是经济所依赖的信贷来源，经济的崩溃也随之而来。

附录 11.1　信用评级机构为何失职？

信用评级机构原本的职责是对债务人的风险提供有用的评估，但是，在这项任务中它们一败涂地，令人震惊。

主要原因在于，它们的收入来自证券发行人或者说银行，而非投资者。银行四处寻找最佳的信用评级，这使得信用评级机构面临商业压力，不得不给银行产品更高的评级。在对其发行的证券进行评级时，发行人被赋予了太大的权力。评级机构在危机前将银行违约风险的评级降至最低水平，但是在危机之后却夸大了政府违约的风险。它们屈从于为其支付报酬的既得利益集团。

此外，信用评级市场由三家公司主导，穆迪占40%的市场份额，标准普尔占40%，惠誉占14%。信用评级市场的进入壁垒非常高，主要是因为评级机构需要有良好的声誉才能成功。因此，这些机构几乎没有压力重新审视自己使用的方法；更重要的是，市场集中导致了思维僵化。

评级机构被指控在招揽新业务时公然"勒索"。穆迪和德国汉诺威再保险公司的丑闻就是一个很好的例子。穆迪为后者提供了一个"未经请求"的评级，并向其发出了一封带有这一评级的信件，称其"期待着汉诺威愿意付款的那一天"。在汉诺威拒绝之后，穆迪继续提供评级，并在数年间逐渐降低了评级。2004年，穆迪将汉诺威的债券评为"垃圾债券"，这导致该公司的市值损失了1.75亿美元，而其他机构对它的评级是乐观的。[36]

除了由它们所评证券的卖家向其支付报酬，以下技术因素也是评级机构表现糟糕的原因。

（1）评级机构未能认识到高度复杂的结构性金融产品与更简单的企业债券和政府债券之间存在着重大区别。

（2）评级机构缺乏足够多的历史数据，尤其是与抵押贷款有关的数据。

（3）评级机构低估了违约的关联性。结果，评级机构认为由贷款组合支持的证券化产品几乎没有风险，实际上它们的风险比单独考虑这些底层贷款要低。许多抵押债务凭证被评为AAA级，尽管支持这些凭证的贷款仅为BBB级；CDO的优势被认为来自它的结构。此外，评级机构假设全国房价最多下跌5%。

（4）综上所述，风险价值模型中使用的正态分布更关注的是"细尾"，也就是不太可能发生极端事件，而不是"肥尾"，也就是更有可能发生极端事件。

（5）评级机构未能考虑道德风险对贷款标准的影响。

（6）由于金融部门了解它们的评级方法，这使得发行人更容易"针对评级来构建"证券化。英国金融服务管理局2009年的特纳报告表明，"发行证券的投资银行完全了解评级机构构建模型的方法，这也产生了一种风险，即发行人……设计证券结构的具体特征，以便使其恰好满足特定的评级标准"。[37]

第 12 章
全球失衡

在我看来，危机之前货币政策面临的严峻挑战是长期利率和汇率严重的定价错误，以及由此产生的失衡。

——默文·金（2012）[1]

如果一个国家的消费超过了产出，那么它的进口就必然超过出口。这不是抢劫，而是算术。

——乔治·舒尔茨（George P. Shultz）和马丁·费尔德斯坦（Martin Feldstein），《华盛顿邮报》，2017年5月5日

引言

全球失衡对这场危机的影响有多大？我们所说的全球失衡是指各国经常账户持续存在盈余和赤字。一个伪凯恩斯主义的答案是，中国和中东的经常账户盈余导致了全球"储蓄过剩"，这只能通过世界经济的衰退来消除。但是，这并不能解释资本流入国投资不振的现象。根据凯恩斯主义理论，"储蓄过剩"是投资不足的结果，而不是一个独立的因素。因此，需要解释的是为何投资动机不足。

以"全球失衡"来解释2007—2008年的经济崩溃还存在另一

个问题,即它与房地产市场的投机性繁荣和萧条之间的关系并不清楚。

相关的讨论受到同义反复和识别问题的困扰,因而很难分辨究竟什么是因,什么是果。

简单来讲,一个国家的国际收支就是其国民账户中显示的任何一年与外国人有关的收入和支出的部分。在国际收支中,经常账户包括实物商品和大部分金融服务的贸易余额,以及其他的收入转移;资本账户记录资产和负债的交换。

在休谟所处的时代,贸易平衡是最重要的平衡关系;休谟的物价—现金流动机制旨在说明国际贸易如何通过黄金流动实现自我平衡。在19世纪,资产的购买和出售更为重要,但是这并没有改变基本的理论,因为外国资本投资仅被视为推迟了对资本流入国商品的购买。资本将从储蓄充足、劳动力稀缺的国家流向储蓄稀缺、劳动力充足的国家。资本流入国将利用贷款投资带来的出口增长来偿还贷款,从而消除暂时的不平衡。实际上,借贷资本或者说储蓄在调整长期贸易余额的过程中代替了黄金的流动。

银行家向急需资金的其他主权国家放贷有着悠久的传统:正如我们前面提到的,罗斯柴尔德是国际银行家,在进行跨境借贷时并不考虑贸易平衡。然而,标准贸易理论否认货币有"自己的动机",认为这种流动只是起到润滑商品和资本实际交易的作用。

二战之后,贸易逐渐自由化,但是资本流动受到严重的抑制。大部分资本流动都是政治性的,或者带有"官方"的性质,比如美国对欧洲的马歇尔援助和对日本的同样性质的援助,以及世界银行对发展中国家的贷款。银行体系内的国际资本流动数量很少。经常账户或多或少都处于平衡状态。对资本流动的抑制终结了接二连三的银行危机(见图59)。

图 59　资本流动与银行危机

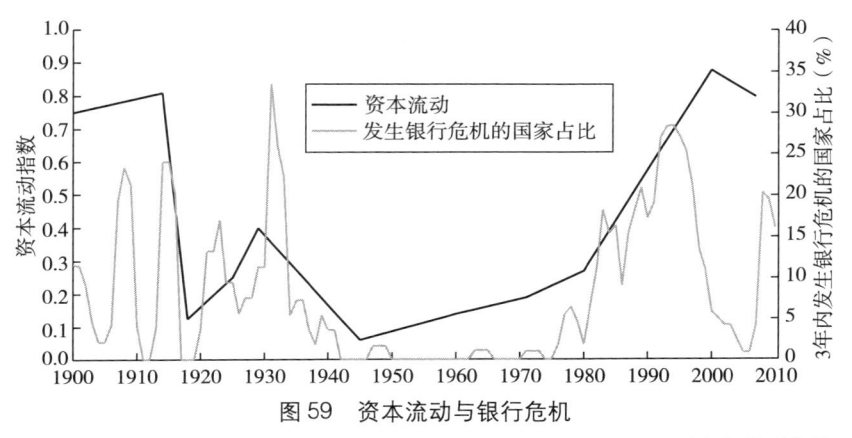

注：发生银行危机的国家占比是将截至给定年份前 3 年发生过金融危机的国家所占比例进行加总得出的。

资料来源：改编自 Reinhart and Rogoff（2011/2009，p. 156）。

银行体系的解冻始于 20 世纪 70 年代回收欧佩克（OPEC）的贸易盈余。现在有人认为，资本自由流动将使"资本配置更有效率"。资金流动量数倍于贸易流动量：2011 年，商品和服务贸易的总出口增加了 21.3 万亿美元，而一天的外汇交易量就达到了 4 万亿美元。银行贷款和股票等流动资产的交易让外国直接投资相形见绌。一个不受控制的银行体系可以在任何地方自由下注。只要有资金可以偿付经常账户赤字，就没有人关注它们。但是正如约翰·哈维（John Harvey）所写的，"从根本上来讲，驱动这些资金大规模流动的与决定贸易流动的是不同的因素——不同的人员、不同的议程、不同的目标和世界观"。[2] 所有这些并没有让放松金融监管的拥趸警觉起来。

至 2007 年，美国经常账户持续呈赤字状态，而且规模不断增加；在东亚地区，尤其是中国，也包括日本，还有中东的主要石油输出国，经常账户持续呈盈余状态，规模也在增加。在欧洲，德国经常账户持续出现盈余；欧元区外围国家经常账户则出现了赤字，特别是在危机之前的 5 年。例如，在这一时期，西班牙的赤字占 GDP 的比例从 4% 增至 10%。

由于以下三个原因，经常账户失衡可能带来麻烦：

（1）盈余国家可能会将盈余囤积起来，在固定汇率制度下，这会造成贸易伙伴国的通缩和失业，这可以被称为"凯恩斯难题"。

（2）如果赤字国家能够说服债权国为其支出提供资金，它们就可以以"入不敷出"的方式继续生活。但是，这迟早会导致违约。

（3）赤字国家尤其容易受到"资本外逃"的影响，因为它们更有可能对其贷款违约。

随着资本的国际流动变得越来越普遍，全球借贷的整体结构开始依赖于银行正确判断全球各地风险的能力。所有这些结构性因素都在危机酝酿和发展的过程中发挥了作用，导致世界经济更加不稳定，也更难从衰退中复苏。

危机之前的状况概览

图 60 和图 61 展示了在危机之前的几年间，经常账户失衡是如何形成的。图 60 展示了美国和中国之间日益增长的不平衡。在欧元区，以德国为首的西北欧是主要的盈余地区，地中海国家则持续出现赤字（参见图 61）。

这种失衡模式尽管有些令人担忧，但被认为是暂时性的。伯南克写道："从根本上来讲，我看不出整个再平衡过程为何不能顺利进行。"[3]

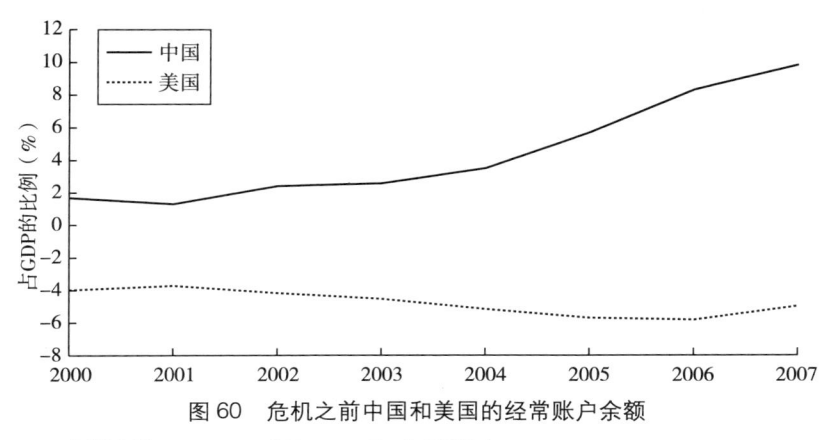

图 60　危机之前中国和美国的经常账户余额

资料来源：International Monetary Fund（2017a）。

图 61　危机之前欧元区核心国家和外围国家的经常账户余额

资料来源：International Monetary Fund（2017a）。

受人尊敬的《金融时报》专栏作家马丁·沃尔夫在 2004 年出版了一本书，书名为《全球化为什么可行》。他将全球化视为终结全球贫困的强大引擎，认为不平衡的贸易导致的宏观经济失衡不会带来任何问题。他在书中写道：

> 只有在资金由储蓄盈余国家流向储蓄赤字国家的中介机

制无法顺利运转时,这种盈余和赤字模式才会出现问题。但是,不会出现无法克服的困难。如果一些人(亚洲人)希望今天花的比挣的少一些,那么就需要鼓励其他人花得多一些。[4]

直至2007年年中,沃尔夫仍然认为世界金融市场爆发"巨大灾难"的可能性"看起来极为渺茫"。[5]两个月后,随着银行业危机的爆发,他的想法发生了改变:"今天的信贷危机……是……世界经济失衡的表现。"[6]

一些基本理论

在国民核算的标准表达式中,一国经常账户余额等于国内储蓄和投资之间的差额。

国民产出的方程式是:

$$Y = C+I+(X-M)$$

其中,Y是产出,C是私人和公共消费,I是私人和公共投资,而($X-M$)是出口减去进口或者说贸易余额,这通常就是构成经常账户余额(current account balance,CAB)的最主要项目。因此我们可以得到如下公式,其中≈表示近似相等:

$$CAB \approx (Y-C)-I$$

如果$Y= C+I$,S(储蓄)$= Y-C$,那么$S=I$。因此,

$$CAB \approx S-I$$

如果$S=I$,经常账户余额就处于平衡状态。因此,根据定义,一国出口和进口之间的不平衡就等于国内储蓄和投资之间的差额。一个有贸易顺差的国家需要消费更多,或者将储蓄(资本)出口到国外;有贸易逆差的国家需要减少消费或进口储蓄(资本)。实际

上，如果资金会像水那样流动，那么这些调整可以自动完成。

这是标准的观点。但是它受到一些经济学家的质疑，他们认为资金流动独立于经常账户。我们稍后再讨论这一观点。

经常账户失衡是经济崩溃的原因吗？

至少有四个原因让我们担心危机之前这些年经常账户的失衡是否可以持续。第一，图60表明，就中国和美国而言，资金的流向是错误的，也就是从一个资本不足的国家流向了一个资本丰富的国家，这被称为"逆流"，但是休谟否认存在这种可能性。中国没有从美国输入发展资本来填补国内"储蓄"的短缺。中国通过出口顺差积累了储蓄，并将其投资于美国国债。美国经济没有出现资金净损失。这使得美联储可以将利率保持在较低水平。

第二，就欧元区而言，资金确实流向了正确的方向，即从资本充足的西北欧流向了资本贫乏的地中海国家和爱尔兰，但是，这些资金中的一部分被用于非生产性目的：为消费和房地产投机提供资金，而不是用来发展借款国的竞争力。希腊就像一个商人，从银行获得贷款不是用于扩大业务，而是将其用于奢靡的生活。一旦房地产市场崩溃，偿付能力就成为一个至关重要的问题。

第三，在过去，大多数外国投资都采取了外国直接投资的形式：投资于无法转移的实物资产，比如矿山、种植园或铁路。近年来，大部分资金都是"热钱"，即可以迅速收回的短期贷款（见图62），资金的流动如此迅速，以至于由热钱导致的繁荣和萧条不再是"国际资本流动中的小插曲或小瑕疵，而是变成了主要问题"。[7] 因此，与19世纪相比，经济信心崩溃更有可能导致资本外逃，尽管在20世纪20年代恢复金本位时，这一问题已经开始显现。

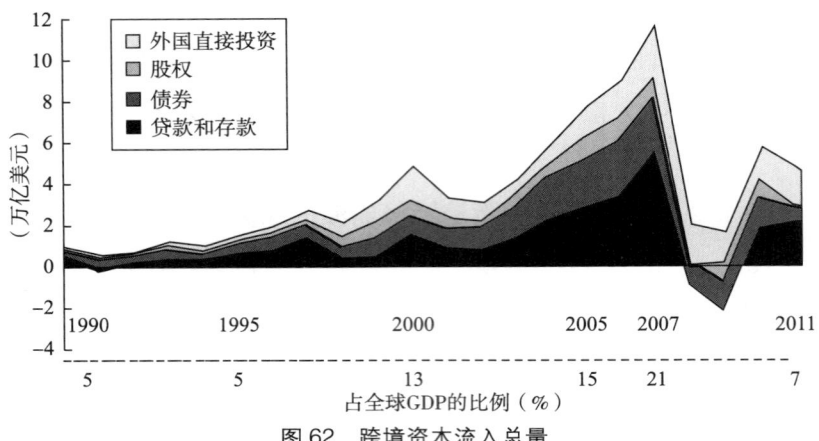

图 62　跨境资本流入总量

注：按 2011 年不变汇率计算。资本流动被定义为非居民购买国内资产的净值；资本流入总额包括对本国的外国直接投资、投资组合和借贷资金的流入。

资料来源：Working Group on Long-term Finance（2013，p. 42）。

最后，尽管储备黄金在 19 世纪已有先例，但是国际储备的积累在 2007 年之前成为一个更显著的特征。东亚和中东的很多国家表现得尤为突出。从 2003 年至 2008 年，国际储备总额以年均 17% 的速度增长，其中 90% 是外汇储备[8]，而同一时期全球 GDP 的年均增速仅为 5%。

在金本位下，这种储备的积累意味着通缩压力的大幅增加，因为这些以黄金形式持有的储备留在了央行的金库中。然而，危机之前的主要特点是美元作为主要储备货币享有"过度特权"。外汇储备主要由美元构成，这使得美国得以避免通缩，并且可以实施扩张性的货币政策。[①] 美元的国际储备地位，成为联结中国储备积累和美国扩张性货币政策的纽带。

---

① 由于不与黄金挂钩，美国能够像发行国债一样按照自己的意愿发行任意数量的美元。

储蓄过剩与资金过剩

现在考虑如下命题：

$$CA_A \equiv -CA_B$$

这表明 A 国的盈余与 B 国的赤字完全相等。但是，哪个是因，哪个是果？

A 国可能会出现经常账户盈余，因为 B 国用货币而非商品来支付 A 国部分商品的费用。这时可以说 B 国对 A 国的赤字是由 B 国浪费成性导致的。或者，B 国出现经常账户赤字，是因为 A 国的政策，比如限制消费或低估本币的币值，从而阻止 B 国向其出口足够多的商品，以偿付从 A 国进口的商品。这时可以说 B 国的赤字是 A 国"储蓄过剩"导致的。到底是哪种情况？你可以在中国的节俭和美国的奢靡之间做出选择。

"储蓄过剩"的论断是危机之前的正统观点。把世界想象成一个单一的经济体，所有的储蓄都是在中国完成的，而所有的投资都是在美国完成的。如果中国人事前想要储蓄的数量超过美国人想要投资的数量，凯恩斯主义理论告诉我们，事后储蓄 S 和投资 I 的相等并不是通过适当的利率调整，而是通过全球收入的下降。从这个角度来看，2008 年的危机是美国投资的崩溃造成的，随着世界经济的收缩，事后的储蓄和投资相等。

凯恩斯主义理论告诉我们为什么一定会这样。为投资提供资金的不是储蓄，而是银行信贷。如果银行信贷被用于投机而不是投资，这既不会减少储蓄，也不会增加投资。收入下降将减少两者之间的不平衡。凯恩斯主义者会说，解决这种"结构性"失衡的唯一方法是降低中国的储蓄倾向，增加美国的投资诱因。

在 2007 年经济衰退前夕，中国人将约一半的收入储蓄起来，但是只有40%用于国内投资,且大部分投资于亏损的国有企业。因此,10%的资金被存放在国外,主要用于购买美国国债。

中国储蓄率为何如此之高?经济学家迈克尔·佩蒂斯(Michael Pettis)给出了一个消费不足的解释。中国的高储蓄率是由收入分配不平等和缺乏社会安全网这些结构性因素决定的。国内消费不足导致了一种经济模式,其基础是通过低估货币实现出口导向型经济增长。购买美国国债是一种有意为之的政策,目的在于高估美元币值,以促进中国的出口。还有另外一种解释,可以将中国积累的国际储备视为一种预防性储蓄,以防止1997年东亚危机的重演。

根据这种解释,美国出现赤字的原因是中国的储蓄超过了国内的投资。正是因为中国愿意出于自己的目的来为美国的赤字提供资金,美国的消费者才得以继续大肆挥霍。中国购买美国政府债券为美国的信贷扩张创造了条件,中国人民银行成为美国银行体系的额外的准备金来源。

解决美国经常账户失衡的办法,是中国促进国内消费和国内生产性投资。这要求完善社会安全网,并对银行业进行改革。[9]

从另外一个方面来看,原因在于"货币过剩"或美国的挥霍无度。正是美国消费过多并投机于房地产,才迫使中国出现了贸易盈余。结构性问题的根源在于美国,而不是中国。

经济学家拉古拉迈·拉詹(Raghuram Rajan)用下面这段话描述了这种情况:

> 美国日益严重的不平等和薄弱的社会安全网产生了巨大的政治压力,鼓励宽松的信贷并积极创造就业机会,但未考虑这对经济长期健康发展会造成何种后果。在美国的金融

业，激励机制受到扭曲，导致美国刺激过度而整个世界则出现了消费不足的现象，两者之间存在至关重要但又不稳定的联系。[10]

或者，你可以从地缘政治的角度来解释美国持续存在的赤字：既需要枪炮，也需要黄油，这是美国所做承诺的部分内容，即在丝毫不会牺牲国内生活水平的情况下维持世界和平。[11]

因此，美国结构性赤字的根源在于实际收入的停滞。美国宽松的货币环境并没有导致国内投资激增。相反，在危机爆发之前的这些年，"企业内部现金流的使用发生了显著变化，从固定资产投资转向了回购公司股票和向股东支付现金股息"。[12] 结果，廉价资金几乎没有提高美国的投资占 GDP 的比例。何以如此？美国企业本来可以借钱用于投资，而不是投机于房地产和并购。它们为何不进行投资？

一种解释是，美国投资者可以接受的很多固定资产投资的预期回报率已经降至本已很低的利率以下。超低利率一度为建筑业和房地产投机提供了支持。当美联储在 2004—2006 年提高联邦基金利率时，这一活力的来源也遭到了致命的破坏。分析师可以径自将其归咎于缺乏投资机会或者说"长期停滞"、追求短期股东利益或者股票期权的税收优惠。[13]

显然，从不同的理论角度来看，中国的"过度储蓄"和美国的"投资不足"是一回事；孰"因"孰"果"无法凭经验确定。也许有人会说，中国的极高储蓄率或者说贸易盈余与美国的极低储蓄率或者说贸易赤字，使世界处于不稳定的均衡状态。这两种极端现象将世界经济联系在一起，直至美国的次贷危机将动荡的力量完全释放出来。

欧元区

　　欧盟单一货币区的结构性缺陷从一开始就显而易见，这是一个不存在政治联盟的货币联盟。大部分位于地中海地区的较贫穷成员国，经济增长在很大程度上依赖于资本不断从核心向外围的转移。2009年，在希腊、葡萄牙、爱尔兰、西班牙和意大利所欠的债务中，有30%的资金来自德国的银行。当欧洲银行受到由美国引发的证券化危机的影响时，银行间借贷市场崩溃了，私人资本的流向发生了逆转。资本外逃迫使外围国家的政府从债券市场借款，以偿付国内银行对北欧银行的债务。随着政府资产负债表的爆炸式增长，政府债务的风险溢价上升，保罗·德·格洛瓦（Paul de Grauwe）称之为银行资本重组与政府信誉受损之间的"恶性循环"。[14]

　　按照储蓄过剩理论，德国的经常账户盈余反映了德国有意识地采取了限制工资上涨的政策，以提高在生产成本上的竞争力。这拉开了德国和欧元区外围国家劳动力成本之间的差距。

　　但是，对于负债累累的欧洲国家而言，在生产成本方面缺乏竞争力似乎并不是主要问题。主要问题在于流入的资本没有被用于产生足够多的收入，以偿还外国贷款的本金和利息。相反，通过债务融资实现的建筑业繁荣和消费高涨导致爱尔兰、西班牙、希腊和葡萄牙在危机之前的经常账户赤字扩大，这就需要更多的融资。随后，资金流动出现了逆转，这不是因为经常账户赤字突然变得令人担忧，而是因为建筑业繁荣的戛然而止使这些国家的许多借款人破产。不断扩大的经常账户失衡是问题的症状，而不是问题的原因。

　　纵观事情发展的全貌，必然会得出如下结论，即总体而言，发达国家的政府已经把维持经济运转的职责转交给了银行家。它们允许资金在越来越大的金融赌博圈子中从一个中心转到另一个中心，同时说服自己，只要货币的车轮还能继续旋转，世界经济就不会出大问题。

从这个角度来看，有关储蓄过剩还是货币过剩的争论有些不着边际。是的，中国和德国确实应该增加消费，减少储蓄；美国则应该减少消费，增加储蓄。但是，只要经济学家和政策制定者相信应该由金融家来控制资本的流动，他们就没有动力对这两种失衡采取任何行动。

银行业失衡

在19世纪，谈到英国或法国的储蓄"流到国外"，为其客户的资本开发提供资金，这是有道理的，因为只有像英国和法国这样资本丰富的国家才拥有这种金融市场，能够筹集资金并向外国发放贷款。金融设施坐落于这些国家，这不是偶然的，因为这些国家的储蓄或者说未被消费的收入最为丰富。但是即便在那时，经常账户盈余与向外国发放贷款之间也没有必然的联系，比如罗斯柴尔德家族就是从不同的地方筹集资金的。如今，这种联系更为薄弱，因为我们现在有一个全球银行体系，基本上与具体国家的地理位置完全脱钩，这个体系掌控着作为全球精英的富裕投资者的资金。

正如国际清算银行的博里奥（Borio）和迪斯塔亚特（Distayat）指出的，资本流入不一定来自其他国家的储蓄。它是一个国家的金融机构向另一个国家的投资者或政府提供的信贷。因此，这两位来自国际清算银行的作者强化了凯恩斯经济学的一个核心论点，即储蓄只是决定了不消费，并没有决定要投资。投资不是靠储蓄来提供资金的，它的资金来自银行信贷。创造购买力的是银行提供的金融工具或者说存款，而不是储蓄。[15]这种存款可以在任何地方产生，即使在出现了贸易赤字的国家也可以。实际上，英国就是如此，它与许多欧元区外围国家一样，都存在经常账户赤字，但是，它仍然是提供信贷的主要国家。因此，尽管由于国民核算恒等式，经常账户余额几乎完全等于资本净流出，但是，在总的资本流量和经常账户余额之间并不存在必然联系。

决定投资水平的原因与人们想要储蓄多少无关。这取决于企业家为其投资筹集资金的能力，或者取决于借款国政府的信誉。在一个资本自由流动的体系中，资金来自何处取决于发起这笔贷款的银行坐落于何处。它不一定位于储蓄（国民收入核算意义上的收入中未消费的部分）最为充足的地方。因此，总资本流动和经常账户失衡之间不可能存在任何直接联系。由于同样的原因，经常账户失衡和2007—2008年金融危机也没有直接联系。

在2007—2008年，不可持续的并非经常账户失衡，而是银行的资产负债表。银行就像主权国家一样配置资金，它这样做通常是出于投机动机，并不会考虑经常账户的状况。只有当银行陷入困境时，资金流入国的经常账户状况才会受到严格审查，而债务国会面临最为严重的资本外逃风险。

小结

正如债务人和债权人之间的所有争论一样，责任的分配最终是一种价值判断，不能通过积累的事实来解决。在美国和欧元区，银行业崩溃的直接原因都在于银行本身；更深层次的原因在于富裕国家的政府依靠信用扩张来代替公共投资和再分配性质的税收政策；更进一步的原因，则是经济学界交口称赞银行业的不良做法，理由是它们促进了"资本的有效配置"。

至少在某些情况下，经济危机引发了由市场主导的调整，而政策制定者一直在逃避这样的调整。美国贸易赤字占 GDP 的比例从 2006 年的 5.8% 降至 2016 年的 2.4%。中国对世界其他地区的贸易盈余占 GDP 的比例从 2007 年 9.9% 的峰值缩小至 2016 年的 1.8%。2016 年，德国对欧元区其他成员国的经常账户盈余缩小至略低于 GDP 的 3%，尽管其全部盈余仍高达 GDP 的 8.3%。在上述每种情形下，贸易的"修正"更多地是通过债务国消费的减少，而不是债权国消费的扩张来实现的。因此，伯南克和沃尔夫所预见的"再平衡"正在发生，因为债务国的国民收入下降了。但是，由于失衡的结构性原因在很大程度上依然存在，西方经济体的任何强劲复苏都必然会重现这种失衡的局面。

第四篇

一部新的宏观经济学

第13章
重建政治经济学

引言

2008—2009年的经济崩溃本应将宏观经济学的注意力从稳定经济体的通胀问题转向经济不稳定的问题,尤其是金融不稳定的问题。但是,实际上经济学界很少考虑这样做,这就是我写作本书的主要原因。

我们今天面临的最重要的经济问题源于对货币和政府的错误认识。如果从这些错误观点出发,认为在没有货币的情况下,市场经济会进行最理想的自我调整,那么宏观经济政策的主要任务,实际上也是它唯一的任务,就是确保货币不会破坏实物经济建立的均衡。认为市场经济可以进行最理想的自我调整,这种观点通常与另外一个观点联系在一起,即经济失衡的主要原因在于政府印制了过多的货币,但是两种观点并无逻辑关系。从后一种观点出发,保持货币"井然有序",或者换一种完全等价的说法,即将价格水平维持在可预测的状态,这一任务需要"外包"给实施通胀目标制的中央银行。由此可以推论,政府应该受到财政规则的约束,以防止他们随意发行货币来支付政府的支出。如果建立起正确的货币体制,并辅之以正确的财政规则,那么市场经济通常是稳定的。

从 18 世纪科学经济学的诞生直至 20 世纪 30 年代经济崩溃，上述内容就是主导政治经济学的隐含模型。尽管实际情况证明并非如此，但是这种不一致不足以迫使人们重新思考该学科的基础或者政策原则。具体来讲，尽管危机频发，但是它们可以被解释为经济增长强劲上升势头的暂时中断。资本主义的这种强劲扩张阶段在 20 世纪 20 年代结束了，随后的经济崩溃和增长停滞催生了凯恩斯主义革命。

凯恩斯主义的观点直截了当：如果要继续增长，仅仅控制货币并使政府置身事外是不够的。政府必须作为经济增长富有活力的引擎介入经济生活：控制经济中的需求水平是控制货币的必要条件。30 年后，凯恩斯体系成为自身成功的牺牲品，它引入的有管理的资本主义被证明无法在实现充分就业的情况下控制通胀。这重新开启了回归凯恩斯主义之前的正统学说的道路。只要独立的中央银行能够管理好货币，就可以依靠稍加管制的市场体系来保持经济稳定增长。

从 20 世纪 90 年代初期开始的危机之前的大缓和时期，并不完全符合这幅美好的图景：与凯恩斯主义时代相比，发生了几次金融危机，失业率更高，增长速度更慢。但是，它并没有充分驳斥正统学术观点，从而挑战居于统治地位的范式。通胀保持在较低水平，增长相当稳定。人们可能认为繁荣与萧条轮番交替的时代已经结束了。

2008—2009 年的危机及随后的发展不能仅仅被视为持续上升过程中的暂时停顿。空气中弥漫着一股"长期停滞"的气息，人们有一种强烈的预感，认为在几轮暂时性的刺激之后，危机随后就会到来。"趁着阳光好，赶紧晒干草"，这就是市场分析师给我们的建议。

尽管当代的市场经济很脆弱,但是,由国家负责管理总支出水平并影响总支出方向的凯恩斯主义宏观政策理论并未得到恢复。货币和政府仍被视为冲击的源泉,会对原本可以平稳调整的市场体系造成破坏。对公共赤字和债务的攻击依旧压倒了对就业、经济增长和公平的担忧。

在过去的四分之一个世纪中,我们几乎创建了一个单一的世界经济体系。货币和政府应该扮演何种角色,在全球经济背景下,提出和解答这些问题变得越来越迫切。

政府应该做什么?原因何在?

考虑需要什么样的政策和制度框架才能使市场经济良好地运行,能够使我讨论的问题更加准确。

特伦斯·哈奇森(Terence Hutchison)富有启发性地将关于这个问题的观点划分为包含三条不同曲线的连续体,即学说、制度和历史。沿着第一条曲线的是一系列学说,在这条曲线的一端,一些人断言市场可以非常平稳和快速地自我调整到最优状态,在曲线的另一端,一些人则断言这种自我调整的趋势很微弱或者根本不存在。

沿着第二条曲线,争论的问题是维持自我调整所需的制度、规则和政策框架是简单、自然且易于实现的,还是非常复杂且几乎不可能建立起来的。最后一条曲线则与历史证据有关,即历史表明最优的自我调整过程是一种常态还是一种异常现象?[1]

简而言之,如果我们只考虑新古典经济学和凯恩斯主义经济学,我们就会发现在所有这三条曲线上,一端是芝加哥学派,而另一端则是凯恩斯主义学派。

芝加哥学派的支持者认为,在一个基于规则的货币政策和"轻度"监管的框架内,平稳而快速地自我调整到充分就业状态是一种常态。凯恩斯主义者则否认市场体系具有实现充分就业的自发趋势。它只有在"亢奋时刻"才能达到这种理想状态。在凯恩斯主义者看来,对"冲击"的动态调整将使经济远离而不是恢复到最优均衡状态。因此,政府应当积极推行充分就业政策,对私人部门活动进行必要的监管则是实现这一目标的必要条件。

奥地利学派、马克思主义和熊彼特主义与这场至关重要的辩论各有关联。

奥地利学派认为,市场自我调整所需的信息只存在于实际市场参与者的头脑中。因此,即使最低限度的宏观经济政策也没有实施的空间,因为中央机构永远不会"比市场了解得更多"。替代市场自我监管的唯一方法就是中央计划,但是这会产生极为糟糕的后果。如果对银行的准备金要求达到100%,就不需要货币政策。另一方面,一个运作良好的市场体系需要哈耶克所谓的"自由宪章",目的在于确保最大限度地实现市场的分散化,并且国家权力在一个可靠的法律框架内始终如一地执行。这种均衡从新古典的角度来看可能不是"最优的",但这是一个自由社会所能获得的最好结果。

马克思主义和熊彼特主义都应被视为非均衡理论。马克思和恩格斯的《共产党宣言》中的关键思想是,在资本主义无休止的竞争机制下,"一切等级的和固定的东西都烟消云散了,一切神圣的东西都被亵渎了……"。[2] 在马克思看来,在资本主义体系内,无法建立任何政策或制度来避免反复出现和日益严重的危机,这是因为资本主义的盈利能力取决于不断壮大的产业后备军。只有废除资本主义制度,才能实现均衡。

熊彼特主义经济学同样否认存在唯一的充分就业均衡或者凯恩斯提出的各种均衡状态。资本主义是一个动态非均衡系统,存在不同的阶段和时期,以及长波和短波。凯恩斯可能留下了25年的繁荣,但是这只是长周期的一个阶段,也许就是康德拉季耶夫的大规模生产周期。尽管如此,凯恩斯和熊彼特之间仍有可能存在某种程度的契合,因为就像所有老一辈真实经济周期理论家一样,熊彼特不会否认稳定政策可以使经济波动变得不那么剧烈。

哈奇森的框架需要进行一项重要的修正。上述所有经济学说都以某种国家的存在为前提,哪怕是规模最小的国家。我们将会看到,全球化的主要缺陷在于,试图在没有一个全球性国家的情况下在全球范围内整合市场。这使得市场活动变得更加不安全,有更多的犯罪活动,并且更加缺乏合法性。没有国家的市场与黑手党无异。

芝加哥学派最近一直是"执掌大权"的经济学流派。2008—2009年的经济崩溃及其影响是对其主要论点的一种检验。我们是否仍然认为只要使货币"井然有序",市场体系自然就是稳定的?答案当然是否定的。从当时的情况来看,如果以物价稳定作为主要的标准,货币是有序的,但是经济仍然崩溃了。是政府的不当干预扰乱了生产、贸易和金融的平稳运行吗?答案当然也是否定的。因为自20世纪80年代以来,政府大规模放弃积极的管理和监管,在2008—2009年崩溃的正是放松了监管的全球市场。

可以肯定的是,一场灾难不应该成为检验某种理论表现如何的标准,正如一场空难不会让空气动力学理论名誉尽失。然而,正如我们现在看到的,2008—2009年的"冲击"是在脆弱的繁荣表面之下积累起来的,它造成的巨大破坏需要很多年才能恢复。

换句话说，究竟哪种状态应该被视为"常态"，是21世纪初期所谓的大缓和时期，还是危机之后的十年，这个问题仍然悬而未决。

这些相当枯燥的学术问题已经转化为普通大众谈论的话题，并且成为当代政治亟待解决的问题。自2008—2009年全球崩溃以来，对新自由主义治国之道的敌意一直集中在全球化上。长期以来，全球化一直是新古典经济学和新自由主义政治学的明信片。在上流社会中，质疑全球化仍然被认为是不合时宜的。但是，全球化的压力导致了时而高涨的民众抗议活动，这令人难堪，并且威胁了自由民主社会的政治合法性。

在我看来，从我的陈述中得出如下结论是不可避免的：如果要维持一个得体的政治体系，就需要大幅度改善经济机器的运行，并减缓破坏性变化的速度，以便使社会的适应能力在一定程度上能够与之匹配。否则，民族主义甚至法西斯主义有可能死灰复燃。对自由主义政治的拥护急需与新自由主义经济学的辩护脱钩。对于以下提出的建议，凯恩斯有着深刻的认识，这也是他的思想精髓所在。

新宏观经济学宪则

财政理论

新宏观经济学宪则的基本要求是扭转当前财政政策和货币政策的平衡关系。关注的焦点应该是抗击增长停滞，而不是抗击通胀。这意味着用预算来重振增长的活力，用货币政策来支持财政政策。

恢复财政部对宏观经济政策的控制，并不意味着恢复20世纪50年代所讲的那种充分就业。我所说的充分就业是指在社会层面,或者说在政治层面和道德层面可以接受的失业水平。对于财富、工资和收入的不平等,我会同样以政治层面和道德层面的可接受性作为标准。尽管这些标准并不准确,但是经济政策要想摆脱使用统计数据的死胡同,就必须参考一些公众认为公平合理的准则。

赤字叙事仍然主导着公众的讨论。正统理论的故事仍在流传,它试图说明的是,如果允许政治家"玩弄"货币,政府就总会出现财政赤字。特朗普总统的减税政策受到了学院派宏观经济学家的攻击,不仅因为这会加剧不平等,这当然是一个正当的理由,还因为会增加赤字。英国财政大臣菲利普·哈蒙德无法投资于英国急需的社会保障住房,因为这有可能会使他突破自己设定的借款限制。

这种讨论基本上是错误的。预算平衡是次要的问题。重要的是经济是否实现了充分就业,以及政府的预算可以为此做出何种贡献。为了抵消私人支出的下降,预算赤字必须增加而不是减少。与之相反,2009—2010年,在私人支出尚未恢复之前,政府提高税收,削减支出,从而着手减少赤字。结果,数年来出现了就业不充分的现象。

根据李嘉图的世界观,政府支出就是一种浪费。它减少了生产性投资,因而应该仅限于政府的少数基本职能。这一观点声称,私人部门可以为社会提供它想要或需要的所有资本设备。这存在双重错误。甚至萨伊也认识到了,资本有时会"陷入沉睡"。亚当·斯密本人也承认国家有必要投资公共品。

凯恩斯主义经济学建立在萨伊的洞见之上。由于存在不确定性,私人投资的数量通常低于充分就业时公众储蓄的数量。由于存在流动性偏好,无论中央银行设定的政策利率是多少,名义利率都难以降低。因此，支持公共投资的第一个论点是，为了使一个不断增长的经济保持充分就业，公共投资需要一直发挥作用。当经济变得更加富裕时，公共投资需要不断增加，以填补私人储蓄和投资之间日益扩大的缺口，公共投资至少要增加到更多的社会资本设施不会带来更多收益的水平，这可能也是事实。

支持公共投资的第二个论点是，由于各种"失灵"，私人资本市场无法为社会提供所需的所有资本品。就像亚当·斯密指出的，当私人投资者缺乏提供供给的激励或手段时，投资能够给"伟大社会"带来很大的益处。

认为公共投资具有公共品功能的论点，强调某些物品除了会让私人获益，还会使公众获益。这些外部收益不易被私人企业"内部化"，因为它们本质上是"免费"物品，因此，没有资金愿意用于提供这些物品。当商品与服务对"伟大社会"的价值超过其市场价值时，对这类商品与服务的公共投资就具有合理性。人们可以将这些商品视为市场经济在政治、法律、物质和道德等方面的基础设施。国家本身就是主要的公共品。社会通过纳税"投资"于国家。人们愿意缴纳多少税，是衡量他们认为国家有多大价值的相当可靠的指标。只有极端的自由市场主义者才会声称私人保护机构可以提供充分的法律和秩序。借助自己的征税能力，国家提供一系列衍生的公共品，或者为其提供支持，比如交通系统、公用事业、医院、学校、住房，以及道德、法律和宗教秩序的要素。私人市场无法提供足够多的这类商品，或无法在正确的地方提供这些商品，以满足"伟大社会"的需求。如果完全由市场来进行资本投资，那么在其提高物质和精神福祉的潜力耗尽之前，投资早早就会结束。

玛丽安娜·马祖卡托（Mariana Mazzucato）以及其他一些人已

经正确地表明，国家在鼓励创新方面发挥了至关重要的历史作用。[3] 举一个特别明显的例子："使 iPhone 成为智能手机的所有技术都是由国家资助的，包括互联网、全球定位系统、触摸屏显示器和语音激活的个人助理 Siri。"[4] 国家对创新进行补贴是合理的，因为与私人部门相比，国家是一个更为"耐心"的投资者，更愿意押注于不确定的前景。因此，在驱动增长的资本积累过程中，它发挥着至关重要的作用，重商主义者承认这一点，但是"科学"经济学对此嗤之以鼻。在分析公共投资银行时，马祖卡托认为它们扮演了四种不同的角色，即传教士、风险投资家、基础设施投资者和逆周期的贷款人。最后一点在 2009—2010 年表现得非常明显，当时巴西的国家发展银行（BNDES）和德国的复兴信贷银行（KfW）等机构发挥了重要作用，以代替已经枯竭的私人银行贷款。[5] 欧洲投资银行已经开始在欧盟发挥同样的作用。

因此，出于不确定性和公共品的原因，凯恩斯在 1936 年期望看到"国家所处的地位使它能够从长远角度并基于社会总收益来计算资本品的边际效率，在直接组织投资方面负起越来越大的责任"。[6] 然而，事情却朝着相反的方向发展。

在英国，公共投资占总投资的比例从 20 世纪 50 年代和 60 年代的 20% 以上，降至 20 世纪 80 年代以后的 10% 左右，除了在戈登·布朗的领导下，曾经出现过短暂的飙升（见图 63）。意识形态将市场失灵的重要性降到最低，同时夸大了政府失灵的重要性。甚至所谓的严肃评论家也认为，国家注定会"选出失败者"。当然，问题不在于政府是否总会成功，而在于与它试图纠正的市场失灵相比，政府失灵可能更严重还是更轻微。

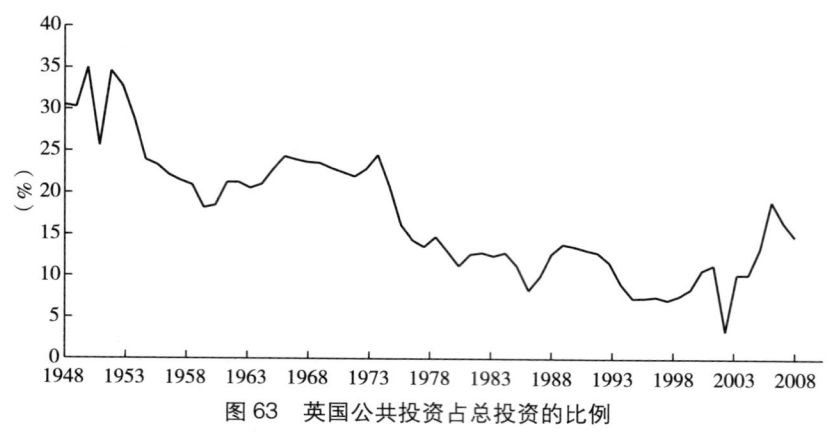

图 63　英国公共投资占总投资的比例

资料来源：ONS（2012）。图由作者自制。

财政政策

一份明智的财政宪则的基本原则可能包括如下几点：

经常性支出应该始终由税收支付。对于英国财政部的传统规则，即经常性支出预算每年都应保持平衡，预算平衡应该提供盈余（偿债基金）以偿还债务，有很多值得商榷之处。经常性支出预算应当包括所有的转移支付，即社会保障福利和养老金等。人们认为这些措施越可取，就需要征缴越多的税。在经济衰退时，偿债基金的付款将会减少或者暂停，由此产生的赤字可以用于资助公共工程。这类工程应该有用作缓冲的库存，在经济低迷时扩大，在经济好转时收缩。为人们提供工作，即使是暂时的工作，也比给他们钱却让他们无所事事要好。公共工程应该设于存在高失业的地区，并以最低工资提供就业机会。这类计划是否能够增加一国的资本存量并不重要，重要的是它们对维持就业状态发挥的作用。

对于资本预算而言，重要的财政规则是，在私人部门正常的资本支出之外，政府应该准备为任何有益的资本支出借款。中央银行的作用是使政府能够以尽可能低的成本借款。目标应该定在使公共投资占总投资的比例恢复至20%左右。这样做主要不是为了将公共投资作为一种逆周期工具，尽管房屋建筑能够很容易地随周期的变化而扩张和收缩，而是为了提供足够庞大且稳定的需求，以熨平私人投资的波动。

理论上，所有公共投资都可以由国家的资本预算承担。然而，如果项目可能有利可图，但是由于短视或者其他原因，对私人投资者没有吸引力，则有充分的理由将其外包给独立或者准独立的机构，比如国家投资银行，并以商业模式运作。这样做的部分原因是出于心理方面的考虑。这些机构的借款属于"预算外"，因此避免了由于政府赤字增加引发的反对意见。[7] 如果这些投资被认为独立于政治方面的考虑，公众对这些投资具有的价值将更有信心。但是，经济方面的理由也很充分。这种机构的管理人员和员工可以提供政府官僚机构所缺乏的技术服务和技能。国家投资银行的商业目标是赚取与投资成本相等的平均投资回报率。

它该如何运作？国家投资银行的资本金应当来自国家，并有权为经过批准的用途按照事前约定的倍数借入数倍于资本金的资金；也就是说，国家将决定该银行的战略方向，而管理者将完全独立地运营。根据该银行的授权范围，这些用途可能包括对能源效率的投资、通过当地银行网络为小企业和初创企业提供长期贷款，以及为金融科技等私人风险投资计划提供支持。作为国有机构，该银行隐含的由纳税人提供的担保将使它能够为一些项目提供资金，而普通的高风险贷款利率会使这些项目无法生存。尽管公共投资银行在英国和美国被视为一项几乎具有革命意义的创新，但是，许多欧洲国家已经建立了这种机构并投入运营，而且取得了良好的效果。[8]

法国、意大利和其他国家也有经营交通运输和公共事业的国有控股公司。意大利拥有工业复兴公司（IRI）和埃尼集团（ENI）等成功的国有控股公司，涉及范围广泛的行业，而不仅仅是自然垄断行业。如果英国的铁路、水务公司和部分能源部门能够按照工党的提议重新国有化，那么一家与政客"保持距离"的国有控股公司将是对这些行业进行公共投资的合适工具。不过，仍然需要证明对此类公司实施国有化要优于对其实施监管。

如果投资项目需要纳税人的长期承诺，新建医院、学校、学院和大学以及基础科学研究就是如此，那么国家应该自行筹集资金，在贷款期间，雇用额外员工的费用应该包含在资本预算中。尽管无法计算这些投资的社会回报率，但是正如亚当·斯密所言，这些投资仍然可以"给一个伟大社会带来最高的收益"。纳税人的承诺不一定意味着纳税人的负担越来越大。尽管这些项目无法直接"自力更生"，但是它们可以通过提高生产率间接做到这一点。借助征税的权力就能够获得这种无法通过价格衡量的收益，只有国家才能做到这一点，这可能是提高目前处于低水平的政府投资份额最有力的理由。[9]但是，正是由于政府投资缺乏雅诺什·科尔奈（János Kornai）所谓的"硬预算约束"，所以最好制定规定对其进行明确的限制。保持债务与GDP比例不变的戈登·布朗规则仍然是目前的最佳选择，尽管对于任何特定的比例都可以提出怀疑。可能会出现围绕既定比例的短期波动，但是，该比例的长期上升趋势表明，公共投资的社会回报率正在接近其极限值。

新的财政宪则似乎可以归纳如下（见表4）①：

表4 财政宪则的类型

支出类型	经常性支出	资本性支出		
相关机构	政府经常账户	政府资本账户	国家公共投资银行	国有控股公司
预算规则	年度预算平衡	借款的名义利率≤名义增长率	自己融资（投资组合收益率超过成本）	自己融资（用户缴费覆盖借款）
功能	薪酬、运营成本、转移支付等公共行政费用及其他费用	建设（1）学校，（2）医院，（3）铁路和公路等一些基础设施；基础科学研究	产业和创新项目；高效能源；风险投资；对创新企业的股权支持	公用事业投资（自然垄断）；在某些战略部门和经济活动中与其他企业竞争和合作；高风险的应用研究

通胀问题

1984年，时任英国财政大臣尼格尔·劳森宣称，宏观经济政策的目标是"驯服通胀"。在接下来的这些年，几乎所有中央银行接受的指令都体现了这一目标，即实现事先设定的"通胀目标"，通常是每年2%左右的通胀率。为了实现这一目标，中央银行被允许"独立地操纵"利率。现在，迫切需要"征服非充分就业"。在这种情况下，将"驯服通胀"作为宏观政策唯一留存的目标就无法与时俱进，实际上也是毫无意义的，因为在过去的十年中，问题在于通缩，而不是通胀。

---

① 感谢西蒙娜·加斯佩林（Simone Gasperin）提出了这张表上的内容。

明智的经济学家，包括一些非凯恩斯主义者，已经承认仅仅关注价格水平的宏观政策是荒谬的，并且建议修改赋予中央银行的使命。他们认为，应该明确赋予中央银行"双重职责"，既包括通胀，也包括产出。作为英国新凯恩斯主义的领军人物，西蒙·雷恩-刘易斯更进一步，他建议如果中央银行的政策利率触及"下限"，从而使得传统的货币政策失效，那么中央银行就应该有权告知政府需要采取财政政策。[10]

认为扩大中央银行的职责范围会使货币政策的未来路径更不确定，从而摧毁央行艰难取得的抵御通胀的信誉，这种观点已经遭到了驳斥。虽然这样的反驳有其道理。但是，不论是建议扩大央行的职责范围还是反对这样做，都没有触及问题的核心，即仅凭货币政策本身无法确保宏观经济的稳定。

主流的分析是，只要中央银行控制住信贷的价格，市场经济就可以周期性地稳定在充分就业的水平。这是一个维克塞尔式的承诺，介于货币主义与凯恩斯主义之间，因而被新凯恩斯主义者视为两者的折中，他们也接受了这一观点。按照维克塞尔的方法制定宏观经济政策，其诱人之处在于它承诺借助央行利率这一单一工具，就可以同时实现价格稳定和充分就业，因为央行利率会同时或者在经过短暂时滞之后影响价格和产出。

在1995—2007年的大缓和时期，这个简化之后的宏观经济管理机制似乎运行得像时钟一样精准。通胀稳定在低水平，失业也是如此。很少有经济学家能够抵制似乎与其理论相符的相关关系。在几年的时间里，利率与价格之间存在统计上的相关性，这一事实并没有告诉我们原因何在，这与之前"证明"货币数量论的尝试是一样的。对于这种相关性，一个更好的解释是，廉价的中国商品大规模进入世界市场，这抑制了通胀，并使中央银行能够将信贷成本维持在极低的水平。在各种有利事件的共同影响下，中央银行得以将大缓和归功于自己的聪明才智。

然后就来到了 2008 年。各经济体的"长期"最佳表现并非稳如泰山，它们突然发现出现了产出下降这一凯恩斯主义的"短期"现象，但是能够与之对抗的只有利率政策。当政策利率触及"下限"时，中央银行开启了量化宽松政策。危机之前的传统货币政策未能避免经济崩溃，而危机之后的非传统货币政策则未能带来经济复苏。自 20 世纪 80 年代以来的经历表明，尽管昂贵的货币会导致萧条，但廉价的货币却无力阻止萧条的发生。

那么，在未来的宏观经济学宪则中，中央银行和货币政策应该扮演何种角色？如果人们认为 2008—2009 年的经济崩溃不过是一次性事件，在我们的一生中不会再次发生，那么，就没有太多的理由修改中央银行的职责范围。根据这种观点，政策需要永远警惕的风险是由追逐选票的政客推动的通胀。这仍然是主流观点。

另一方面，如果市场经济总有可能发生像 2008—2009 年这种规模的经济崩溃，那么，就像马克思和凯恩斯认为的那样，将经济稳定在富有活力的水平就需要更多的工具，而不仅仅是利率政策，尽管两人给出的理由并不相同。中央银行只能通过设定借贷资金的价格来间接地影响需求，而政府能够借助税收和支出政策对其产生直接影响。简而言之，如果经济这部大戏更多是凯恩斯式的而不是弗里德曼式或者维克塞尔式的，那么中央银行家就不应该成为最闪亮的明星。

以下结论是不言自明的：

（1）今天，当务之急并非"驯服通胀"，未来很多年可能也是如此。政策利率停留在极为接近于零的水平。采取积极行动的监管者在短时间内不会使利率恢复至正常水平，而态度最认真的人明白，用货币漫灌经济是一种疯狂的举动，这些资金不会被用来购买当期的产出。简而言之，现在的货币政策失效了，这与2010年的财政政策是一样的。

（2）认为仅凭中央银行的利率政策就能够阻止通胀或者通缩，这不过是一个神话。大缓和时期的低通胀不是由于中央银行的智慧，而是由于有利的环境因素，特别是"中国价格"的影响。在2008年危机爆发之后，强大的通缩压力使得货币政策难凭一己之力"推高"通胀，即使中央银行向经济中注入了大量的现金。货币政策的力量变得相对薄弱，原因在于它对总需求的影响是间接的。

（3）应当使财政政策和货币政策协调一致，而不是相互独立。为了防止"财政过度扩张"，有必要实现"稳健的货币"，这一观点来自如下思想，即将政府视为问题产生的原因，而不是问题的解决方法。但是，如果问题在于市场体系的内在波动，政府就是解决方案中至关重要的组成部分。

（4）由于财政政策是最有力的武器，并且与中央银行家不同，政府要对选民负责，因此，政府应该成为宏观政策中级别更高的参与者。具体而言，权衡任何时期或者数年间通胀与失业的取舍关系，都应该取决于政府的判断。这不能外包给技术人员，这些人的工作是就政治选择的后果提出建议，而不是做出决策。

（5）中央银行将会失去独立控制利率的权力。它们的职责应该是支持政府的经济政策。它们就政策利率向政府提出建议，而不是决定利率的水平。作为一个独特的政府机构，它们有权公布自己的不同意见。对拥有自己的政府和货币的国家而言，央行职责范围的改变仅需要修改国内法律。这实际上是恢复20世纪90年代后期之前的普遍状态。对欧洲央行的职责范围进行这种修改，目前还无法实现，因为不存在一个中央政府能够告诉欧洲央行应该做什么。

（6）这种改革将会剥夺央行制定政策的权力，但是留给央行一项至关重要的责任，即确保银行体系的稳定。长期闲置的监管工具需要重新启用。鉴于金融体系对2008—2009年经济崩溃负有重要责任，需要优先考虑的不是央行在制定政策时发挥的作用，而是它在监管过程中发挥的作用。

确保银行业的安全

金融体系导致了大衰退，但这是由于缺乏监管。它做过的这些错事都是经过批准的。银行业改革如果不包含对银行业务范围的监管，那就是没有抓住要害。正如詹姆斯·加尔布雷斯教授所言：

> 这些机构拥有很高的固定成本，也拥有旨在便于逃税和监管套利的技术及跨国法律结构，而符合社会需要的经济活动能够持续盈利的前景非常渺茫。它们的整套结构在一个增长缓慢的世界中无法生存，只能促成短暂的繁荣，然后就是萧条和救助。简而言之，整个金融业就是我们负担不起的一个奢侈品。[11]

有人可能会补充说，已经腐败的资本主义也是一种政治奢侈品，但是这就走得太远了，因为这肯定会引起公众的强烈反对。

银行业崩溃对经济造成的危害引起了对银行业进行改革的普遍呼声。20世纪30年代大萧条以后，美国国会在1933年通过了《银行法案》，也就是为人熟知的《格拉斯—斯蒂格尔法案》，该法案将吸收存款的银行与投资银行分开，并为前者引入了存款保险。2008—2009年的银行业危机也引入了一项改革议程，旨在限制银行倒闭，以及由此引发的纳税人对银行的救助。这两项改革议程的不同之处在于，前一项议程被嵌入更广泛的经济改革计划中，而今天的共识是，只要使银行体系更能"抵御冲击"，其他一切都可以继续保持原样。我没有考虑源自银行体系之外的加密货币，使用数字技术来规避监管机构对加密货币交易活动的监管审查，截至目前，这些活动大多与投机或洗钱有关。

功能分离

最早的改革理念是将大银行拆分为更小的单位，如本地银行、社区银行和地区银行。这将消除"大而不能倒"的问题，并使银行与储户重新建立关系。实际上，金融危机增加了银行体系的集中度，而且这类危机总是如此。目前美国规模最大的前10家银行控制着该国75%的资产，而在1990年时这一比例仅为10%。因此，改革派的想法转向按照功能拆分银行。这可以追溯到《格拉斯—斯蒂格尔法案》。

将零售银行业务与投机性银行业务分开的原则，是美国保罗·沃尔克提出的《多德—弗兰克法案》、英国维克斯（Vickers）提出的《金融服务法案》以及欧盟委员会发起的《利卡宁报告》的重点内容。[12]这三者背后的主要理念是，吸收存款的银行不应该成为投资机构。这种分离将降低"道德风险"：公共保险机构不会对高风险借贷行为的损失提供担保。

问题在于，零售银行的核心业务已经变成了抵押贷款业务。引发2007年银行业危机的是零售业务，而不是"影子银行"部门：2008年初，英国政府不得不救助北岩银行并将其国有化，这家银行为英国四分之一的人口提供抵押贷款。证券化使这项原本安全的业务出现了始料未及的风险。功能分离本身对于遏制由抵押贷款引发的信贷周期波动或者限制纳税人为这种过度扩张承担责任，几乎没有作用。迫使银行将这些抵押贷款持有数年时间，再加上大力推动社会保障住房建设，将为这一特殊的"炎症"消炎。

宏观审慎监管

最近，改革的主要目标变成让银行在面对冲击时更具韧性。

2008年金融危机之后，G20（二十国集团）成立了金融稳定委员会，以增强全球金融的稳定性。在英国，英格兰银行成立了一个审慎监管机构，肩负的"首要目标是从保护和增强英国金融体系韧性的角度，识别、监控并采取行动，以消除或降低系统性风险"。欧盟金融稳定委员会的任务是实施资本金要求指令、银行复苏和处置指令以及单一处置机制。这些措施的主要目的是通过在事前强化资产负债表，增强银行抵御冲击的能力。这包括提高对银行资本金和流动性的要求、监管衍生品市场，以及强化债权人对银行倒闭的责任。

从1988年的《巴塞尔协议Ⅰ》开始，到1994年的《巴塞尔协议Ⅱ》，尽管银行资本金增加了，但是这很难激发人们对银行业的信心。《巴塞尔协议Ⅰ》和《巴塞尔协议Ⅱ》要求银行持有的"风险加权"[13]资本金达到其资产值的8%。当危机爆发时，一些大银行的实际股本仅占其资产的2%~3%。《巴塞尔协议Ⅲ》规定了新的最低资本金比率，对于系统重要性银行而言，最高可达30%，但是，这同样假定监管机构或者银行自己都可以衡量这些风险。如果这些风险是未知的和不可知的，那么在下一轮经济浪潮转向时，储备的资本金总是会过多或过少。为了解决这个问题，一些央行现在有权逆周期地修改对资本充足率的要求。但是，这假设监管者能够准确地知道经济或经济中任何特定部门处于周期波动中的哪个阶段。

可以预见的是，采用资本充足率的方法对银行进行监管，将会受到银行业发言人的谴责。一个典型的抱怨是，"更高的银行资本金要求加剧了大衰退，重新呼吁更严格的要求有可能使复苏乏力的经济再次陷入瘫痪"。[14] 一个更为可信的抱怨是，如果更严格的资本金要求限制了具有系统重要性的投资银行发放高风险的贷款，那么它将转向不受其约束的银行。因此，整个银行体系的脆弱性将继续存在。

银行业的韧性也将通过"压力测试"来增强。央行监管者测试银行在发生另一场危机时的状况如何。如果不能满足相对于风险加权资产的资本金要求，它们将不得不筹集更多的资本金。欧洲央行前行长马里奥·德拉吉表示，"（压力测试）的最终目的是恢复或增强私人部门对银行稳健状况以及资产负债表质量的信心"。[15] 在最近一次"压力测试"中遭到惨败之后，得到救助的苏格兰皇家银行宣布了"增强资本实力的重要举措"。[16] 作为欧洲历史最悠久的银行，锡耶纳蒙特帕斯基银行在未能通过2016年夏季的压力测试之后，试图筹集50亿欧元的资本金。压力测试的问题主要不在于银行会想方设法逃避它们，而在于它们依赖同样的风险评估技术，而这种技术未能发现2007年之前银行正处于风险之中。

一个听起来更激进的增强韧性的途径是，提高银行的准备金或流动性要求。在危机之前，银行存款的现金准备金几乎为零。当银行停止相互借贷时，这导致了信贷紧缩。《巴塞尔协议III》旨在确保银行在任何时候都拥有充足的流动性资产,以支付30天内应付的所有款项。自2009年以来,总部位于英国的各家银行被要求持有央行准备金或金边债券作为缓冲,缓冲金额取决于"压力测试"。美国和中国实施的流动性比率要求分别为10%和20%。这种方法的问题在于,它假设准备金决定了贷款金额,然而更准确地说,是贷款决定了准备金金额;也就是说,央行将始终向银行体系提供充足的准备金,以防止流动性危机和利率波动。

为了应对破产的威胁,各国央行建立了处置机制。这样做的目的是允许监管机构尽早介入对问题银行的处置,以确保该银行能够继续开展业务,同时避免由纳税人来支付账单。这要求当局有权在破产之前对银行进行重组,并拥有"自救工具",以确保在任何重组中,银行的损失由股东和债权人而不是由纳税人承担。[17]这些措施拥有雄心勃勃的双重目标,即预先阻止像雷曼兄弟这样的破产清算,同时避免困扰葡萄牙、爱尔兰和希腊政府的主权债务危机,这些国家的政府在救助本国银行时都陷入了困境。

美国、英国和欧盟都实施了这类体制。欧盟在德国的坚持下走得最远。欧盟的单一处置委员会于2016年1月1日成立,它将决定在任何一家银行的损失中,有多少应由其股东和债权人承担。与此同时,欧盟委员会同意设立一家基金,该基金将在8年之内利用银行业的预缴费用来积累资金,且缴费比例取决于风险,欧盟将通过这种方式来重组存款保险公司。

一家压力重重的大型国际银行拥有数百个分支机构和子公司,拥有很多不同类别的股东、债权人和债务人,并且这些机构和个人位于数十个不同的司法辖区,单一处置委员会付出最大努力可能也无法完成对这种银行的"处置",因此,系统重要性银行被要求提交"生前遗嘱",以确保它们的死亡不会令公众付出代价。根据美国的《多德—弗兰克法案》，任何资本金总额超过 500 亿美元的银行都必须清晰描述公司在破产时快速而有序的处置方案或者清算方案。

监管机构认为，美国大银行提交的第一批一共 11 份此类"遗嘱"是不充分的。不出所料，联邦存款保险公司前副主席托马斯·霍尼格（Thomas Hoenig）评论道，"这些计划没有提供一条可靠的或清晰的路径，不需要……直接或间接的公众支持就可以破产"。[18]

改变银行文化

2014 年 7 月，智库 ResPublica 发表了一份题为《道德银行：将精神和宗旨作为金融业的核心》的报告。它认为，"我们的银行机构缺乏内在的美德"，这是"金融危机的根源"。它指出，欺诈行为有增无减。银行"自私自利"的文化需要受到挑战，否则银行将会逃避监管。[19] ResPublica 提出了一份银行家的誓言，仿照医生宣誓所用的希波克拉底誓言，要求银行家肩负起对客户的责任。

有人提议使银行家的薪酬水平与股价的短期表现脱钩，对有不道德行为的银行家处以罚款，并限制或收回奖金。尼克·利森（Nick Leeson）是最早的"流氓交易员"，他的所作所为在 1995 年搞垮了巴林银行。正是他突破了这些预防措施的薄弱环节："如果我们想要尝试改变银行家的奖金结构，我想在 15 分钟内他们就会有一个新的结构，并以完全相同的方式运作。他们有最好的会计师和律师。"[20] 问题的根源是对金钱的贪婪。只要银行家仍然相信他们可以通过灵活多变的道德标准逃脱惩罚，他们就会这样做。银行家轻易就能逃脱惩罚。银行因欺诈而被处以巨额罚款，如果是在其他行业，这样的欺诈会使当事人面临刑罚，但是很少有银行家被判入狱。

金融密集度

全球金融体系的增长速度要快于贸易，而贸易增长要快于产出的增长。这就是阿代尔·特纳所讲的"金融密度"提高的含义，这是指金融交易与全部经济交易的比例。在发达经济体，银行存款余额占 GDP 的比例这一衡量金融交易的指标从 1980 年的 70% 上升至 2011 年的 450% 以上。因此，金融密度是衡量信贷创造超过非金融业务需求状况的指标。这一指标的增长就意味着经济生活的"金融化"。

特纳写道："没有证据表明，从总体上来看，发达经济体由于 1970 年之后金融密度的提高而变得更有效率……金融体系变得规模更庞大、更具创新性，这导致了 2007—2008 年的危机和严重的衰退。"[21] 其中的原因在于，由银行创造的大部分信贷并没有用于资助新的投资，或者说创造新的生产性资产，而是用于扩大消费以及在房地产、外汇和股票市场上的投机。这导致了一个波动剧烈、充满破坏性的信贷周期。[22]

降低金融化的建议包括迫使银行对其贷款持有 100% 的准备金，以及取消存款保险。这种哈耶克式限制信贷创造的措施将同时打击过于乐观的情绪和道德风险的累积。然而，这两项改革都没有触及"过度信贷"问题的根源。正如我们主张的，问题的根源在于实际收入停滞。这导致投机性投资代替了生产性投资，宽松的消费信贷代替了消失的福利待遇。金融全球化放大了这两种趋势，因为它为银行提供了几乎无限的监管套利机会。

在上层社会，很少讨论金融化与犯罪活动的联系。在全世界游荡的资金中，有相当一部分源自通常发生在俄罗斯和中东地区的犯罪活动，然后通过在海外避税天堂设立的特殊目的实体，以伪造的身份进行"洗钱"。大部分洗钱活动是通过伦敦进行的，而伦敦吹嘘自己拥有世界上最先进的金融服务业。监管者对存款的来源进行审查，但是交易量往往让他们望而却步。关闭离岸存款业务，或要求以其真正所有者的名义进行登记，将遏制这类犯罪。

银行家抱怨这些监管是不必要的，这一直困扰着各种改革方案。尽管监管不足的银行已经造成了很大的损失，这些抱怨仍然经久不息。银行家自以为是地宣称："批发资本市场有助于提高资本配置的效率。国际银行在全球范围内将储蓄者与借款人匹配在一起，这降低了融资成本，促进了跨境投资和金融交易。"[23] 有人认为，质疑银行业带来的益处在政治上是不恰当的，因为它确实产生了利润。事实上，这些针对改革措施的建议以及数量更少的已经出台的改革举措，显然不足以实现使银行更能抵御冲击的目标。这是因为它们尚未成为更广泛的经济改革战略的一部分。

应该规定银行持有抵押贷款的最短期限，金融创新应该受到控制，资本在全球范围内的自由流动应该受到约束。但是，如果不减少社会对银行信贷的依赖，这些改革就无法实施。对普通人来说，经济运行状况不佳，于是他们不得不求助于借贷以满足惯常的期待。更稳定的经济是使银行业变得更加安全的关键。使国家放弃经济管理职责的新自由主义计划，已经使经济生活变得更不安全；结果就是形成了更具投机性的金融体系。尚未解决的问题是，金融监管能否实现充分的全球化，以支持全球金融体系。

不平等问题

我已经表明，2007—2008 年银行业崩溃的深层原因是日益严重的不平等问题。面对实际收入和收益的下降，维持大规模消费并且投机于高风险资产，需要"金融流通"或者说债务的大规模扩张。几乎没有证据表明这些趋势已经逆转。

在1945年给艾略特（T. S. Eliot）的一封晦涩难懂的信件中，凯恩斯设想了战后经济政策可能采取的三种形式：

> 通过投资实现充分就业的政策只是某个学术定理的特定应用。通过更多的消费或更少的工作，你也可以产生同样的结果。我个人认为投资政策是一种急救措施。在美国，这几乎不会奏效。减少工作量是最终的解决方案，如果在美国每周工作35小时，可以起到立竿见影的效果。如何将这三种成分混合在一种治疗方法中，这取决于偏好和经验，即取决于你的道德标准和知识储备。[24]

在写下这段话时，凯恩斯采取了标准的观点，即任何社会都不存在"最优"的投资率。投资率取决于社会的富裕程度。新古典经济学理论告诉我们，资本越稀缺，资本投资回报率就越高。因此，穷国应该减少消费，增加储蓄。现在的牺牲将在未来获得回报。富裕国家的道德观似乎恰好相反：少储蓄，多消费，少工作，多享受生活。超脱烦恼的极乐境界主要是一种无欲无求的状态，而不是一个人已经拥有了什么。

19世纪"稳态"的理念是基于资本饱和的概念。它设想了这样一种状况，即人口和资本"存量"是恒定的，因此经济只是简单的自我复制。在李嘉图的悲观版本中，土壤肥力的边际递减导致增长远在人类需求得到满足之前就结束了。生产效率的提高可以推迟这一状态的到来，但是无法改变最终的结果。现代生态经济学有关"自然极限"的论点是李嘉图这一观点的当代版本,尽管它是基于高得多的富裕程度提出的。

约翰·斯图亚特·穆勒的乐观版本在凯恩斯 1930 年的《我们后代的经济前景》(Economic Probabilities for Our Grandchildren)一文中得到了呼应,约翰·希克斯也赞同这一观点,即人类的需求得到完全满足时,稳态就会到来。这种稳态是可取的,因为它将使人类从繁重的劳动中解脱出来。在凯恩斯对未来的想象中,社会的道德观念将不再由积累资本的需要驱动:历史上首次大多数人能够致力于从事"生活的艺术",而不是挣扎于"生活的手段"。

在过去的 30 年中,富裕社会的平均增长率已经放缓,如图 64 所示。在标准的增长模型中,这反映了发达国家资本存量的增速出现了下降。从表面上看,这表明西方社会正在接近它们的"极乐状态"。增长减速不应被视为一个问题,而应该被视为巅峰状态。将日本的"停滞"解释为一个富裕社会的社会选择,这是有可能的。[25]

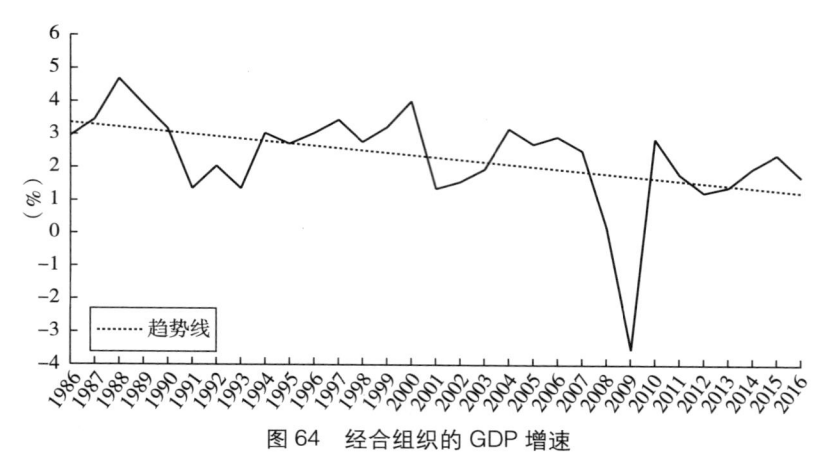

图 64 经合组织的 GDP 增速

资料来源:World Bank (2017d)。

然而，克鲁格曼和萨默斯等现代"长期停滞"理论家持更为悲观的观点。[26]

对克鲁格曼来说，新资本品"持续的需求不足"可以用收入分配的日益不平等来解释。由于和穷人相比，富人将收入中更大的比例储蓄起来，所以，在资本主义社会，储蓄"超越"投资的趋势将持续存在，这会导致凯恩斯主义的非充分就业。补救的方法是公共投资计划和收入再分配。前者可以填补投资缺口，后者可以缩小消费缺口。时间将会决定两种补救措施的相对权重。

和克鲁格曼一样，萨默斯否认生产率的提高出现了长期崩溃，也就是说，今天的富裕社会接近了穆勒和凯恩斯所讲的"饱和"或"极乐"状态。实际上，如果像大多数经济学家认为的那样，人类的需求是非餍足的，那么极乐状态必然是一个不断变化的目标：人们拥有的越多，他们想要的就更多。只是以目前这种方式组织起来的资本主义阻止了大多数人拥有他们想要的东西。萨默斯特别重视由于2008—2009年经济崩溃而产生的"磁滞效应"。因此，长期停滞理论是消费不足理论的当代版本。

市场乐观主义者认为这个问题是个假命题：如果不受政府的约束，技术和全球化将使经济增长与不断扩大的消费需求保持一致。市场悲观主义者敦促进行实质性的再分配，将富人的财富和收入转移给穷人，这既是出于社会正义的考虑，也是为了减少对债务驱动增长的依赖。

乐观主义者和悲观主义者都忽略了自动化的问题，而凯恩斯在1930年就已经预见自动化将减少对人类工作的需求。正如他所讲的，我们需要"把面包抹上一层薄薄的黄油，以便尽可能广泛地分享仍有待完成的工作"。[27]国家的任务不是保证当前意义上的充分就业，而是有序地过渡到更短的工作时长，这是他在1945年给艾略特的信中提出的观点。

凯恩斯的预言尚未实现,但是最终他可能是对的。在过去,新技术使一些工作变得过时,但同时也使其他工人的生产率有所提高。[28] 同样,新技术创造了并且仍在创造全新的工作领域,比如网页设计、高科技工程、编程、数据分析等。老年人口需要更多的看护。但是,现在的机器智能发展速度如此之快,以至于资本和劳动之间的区别变得模糊不清。实际上,新技术创造的就业机会可能与其破坏的就业机会一样多,但是新工人将会是机器,而不是人类。有史以来第一次,人类劳动力被裁员的速度可能快于为其找到新就业机会的速度;也就是说,瓦西里·列昂惕夫1979年预测的"技术性失业"[29]可能正在变成现实。

如果事实证明确实如此,原本服务于现代长期停滞论者狭隘目标的收入均等化,就有必要成为未来政策的重要组成部分。需要确保被机器取代的工人能够拿到一笔替代性收入。在向工作密集度更低的未来过渡的过程中,可能需要提供无条件的基本收入保障,而相关的资金应来自税收。这将引发一系列问题,这些问题已经超出了本书的范围,但是,在设计长期宏观经济政策时不应忽略这些问题。

超级全球化及其不满

在20世纪90年代初期,人们通常会说世界经济正在经历"再全球化",或者说在走了70年保护主义的弯路之后又回到了1914年之前的状态。三方面的变化打破了这种乐观的预测。第一个事件是1997—1998年出人意料的东亚金融崩溃,这发生在1995年墨西哥比索危机之后,这场金融崩溃凸显了全球金融市场的不稳定和世界金融体系的缺陷。第二个事件是 1998 年在日内瓦和 1999 年在西雅图爆发的大规模抗议活动，反对成立世界贸易组织（WTO）。这标志着民众反对全球化的开始。由经济民族主义者、反资本主义者、环保主义者、无政府主义者和工会主义者组成的松散联盟发出了一个一致的信号，即世界贸易组织已经将权力由民选的政府转给了跨国公司。这是一场以富裕国家为主抗议自由贸易的活动，尽管经常以抗议西方大企业剥削贫穷国家作为说辞。[30] 第三个事件是 2008 年发达国家 "成熟的" 金融体系崩溃了，这甚至更令人感到意外。这使得全球化会伤害富裕国家的感觉更为强烈。自 2008—2009 年大衰退以来，这些反对全球化的行动已经分裂为既包括左翼也包括右翼的民粹主义运动。结果，全球化导致了全球民粹主义。[31] 我们的政治语言很难跟上事态的发展。右翼和左翼之间仍然存在政治分歧，但是日益被民族主义和全球主义之间的分歧掩盖。

大约 20 年前，人们普遍认为全球化是一个一体化的过程，不仅涉及经济和技术转型，也涉及政治和文化转型。互联网被认为决定性地改变了这两个领域的游戏规则。通过改变人们相互交流的技术手段，它将改变人们相互联系的方式。现在，人们越来越明白，经济和技术变革始终领先于政治和文化变革。这就是传统民族主义兴起的原因。

全球主义者通常希望文化能够适应经济相互依存的迫切需要，当它以不和谐的方式，甚至通常是以丑陋的方式予以回击时，他们会感到惊讶和失望。法国总统马克龙将民粹主义描述为 "落后分子" 的政治理念。确实如此，因为落后不仅体现在经济层面，还体现在文化层面。在内心深处，全球主义者认为反全球主义情绪是一种需要加以解释的社会病态，而不是对令很多人感到痛苦的事件做出的合理反应。全球主义者要求人们适应貌似不可逆转的经济变革，却不理解这其实是一种需要相互适应的过程。社会有很强的适应能力，但是它们并不像面团一样具有无限的可塑性。

因此，认为反全球化仅仅是由经济方面的不满情绪推动的，这是错误的观点。社会学、人类学和历史学使经济学家对人性的理解越来越站不住脚。经济人这个只为"面包"而活的人，已经让位于将人类作为一种社会动物这种更复杂的理解，对他们来讲，归属感和物质财富是相互关联的生存要素。因此，身份政治的兴起不仅是对丢失工作、工资下降和不平等加剧的抗议，同样重要的是，这也是对文化变革的抗议，因为这种文化变革使人们熟悉的正常生活发生了根本性变化。一种经济学如果既难以实现精神层面的繁荣，又无法兑现实现物质繁荣的承诺，这就必然导致来自民粹主义的毁灭性打击。

唐纳德·特朗普是迄今为止赢得最高职位的民粹主义者中最为重要的一位，而匈牙利总理欧尔班·维克托（Orbán Viktor）则是欧洲最重要的掌握大权的民粹主义者。但是，对商品、资本和劳动力自由流动的普遍反对已经使全球化脚步放缓。贸易和资本流动从2008—2009年危机中恢复过来的速度与产出差不多，但是没有超过后者。自1993年以来，没有签订进一步的多边贸易协定；相反，双边协议数量激增。特朗普承诺废除1992年的《北美自由贸易协定》以及奥巴马提出的跨大西洋和跨太平洋贸易条约。特朗普宣布对来自中国和欧盟的进口商品加征关税，这很可能开启了新一轮贸易战。出于安全考虑，资本流动实际上受到了限制。在北美和欧洲，劳动力的自由流动也受到限制。2016年英国投票脱离欧盟，这是对国民经济学最令人震惊的回归。

问题的核心在于，正如马克思认识到的那样，市场体系的存续不仅要靠激发经济关系的系统性剧变，还要靠激发社会关系的剧变。剧变带来了更好的生活，至少有人声称会这样。但是在这一过程中，存在大量的人为破坏，在短期内则会产生许多失败者。这就是为什么市场体系如果要被普遍接受，就需要有国家遏制其过度行为，以一种公平合理的方式分配其果实，并缓解人们遭受的苦难。创建民族国家就是为了实现这一点，然后国家会创造并促成统一的国内市场。我们一直在试图通过削弱民族国家来建立一个统一的全球市场，却从来没有建立一个全球性国家，甚至没有认识到有必要这样做。难怪会遭到民众的强烈抵制。

卡尔·波兰尼出色地分析了19世纪同时出现的两种变化，即更高程度的市场化和国家针对市场化的后果提供的保护，工业革命初期为了保护儿童和限制劳动时间而制定的不计其数的工厂法案，就是他使用的主要案例之一。19世纪晚期的第一次全球化浪潮见证了这一双重变化的进一步扩展，即国际市场的扩张导致了福利国家的诞生，恢复了保护性关税，并且为了最大限度地减少金融危机而建立了中央银行。

然而，这种针对全球化后果的国家防护措施从未被纳入一个基于规则的国际秩序中。这一缺陷导致了第一次全球化浪潮在1914年戛然而止。随着世界经济在20世纪30年代分崩离析，同盟国作为二战中胜利的一方，建立了一套更为健全的国际机构和规则，即所谓的布雷顿森林体系，以支撑自由市场秩序的复苏。值得注意的是，它在寻求放松管制的同时，也允许各国对贸易、资本和人员的跨国流动实施保护性的控制，而这种流动在20世纪30年代一度停滞不前。当时建立的是一个"嵌入式"的自由贸易体系，这是1945年以后国内政治中的凯恩斯主义的社会民主主义在国际上的反映。然而，它远远不能提供一个主管世界经济的政府，正如联合国未能提供一个主管世界政治的政府一样。实际上，美国在经济上和政治上都充当了自由世界的代理政府，苏联在其势力范围之内也是如此。这种代理行为或多或少有其正当性，因为美国的霸权部分地被掩盖起来，而且美国提供的服务被受益者认为是不可或缺的。这种由国家领导力、国际机构和市场组成的自由组合，在必要时由硬实力作为支撑，为30年的和平与繁荣奠定了足够坚实的基础。

资本主义胜利了，这使全球化卷土重来成为可能。尽管苏联在20世纪90年代的经济表现无法媲美西方资本主义国家，但是很多年来，其吸引力遏制了商业阶层的力量。然而，自1990年以来，新自由主义的治国方略一直没有受到挑战。它废除或者削弱了战后秩序的保护主义特征，而正是这些特征使战后秩序在政治上可以被接受。由于受到乌托邦式理论的束缚和对历史的无知，自由市场思想家一直在为世界末日的到来做准备。

两难或三难困境

跨境经济一体化和国家政治体系之间的冲突是丹尼·罗德里克（Dani Rodrik）"不可能三角"这一有趣概念的核心。他认为，民主、国家主权和经济一体化是互不相容的：我们可以拥有其中的任何两项，但是无法三者兼得。如果没有民主，国家主权可以与经济一体化结合在一起，19世纪就是如此，因为当时的选民太少，无法发起反抗。我们可以以牺牲经济一体化为代价，拥有国家主权和民主。我们也可以同时拥有经济一体化和民主，前提是有一个民主化的、可问责的超国家机构。这一观点太不现实了，因为在任何时候，统治者都必须关注自己的人民，而19世纪的大多数国家都实施了保护主义政策。罗德里克这一提法的价值在于挑战了经济一体化不可逆转的普遍观点。他的三难困境解释了为何第一次全球化浪潮在1914年严重受挫，并向我们提出了警告：如果无视民族国家及其选民这一现实状况并坚持对全球化的幻想，就会产生灾难性后果。经济学已经走向了全球化，但是政治学仍然停留在国家层面。这两个行动领域之间的矛盾可以解释民粹主义的兴起。要么我们创造国际性的社会契约，要么民族主义经济学卷土重来。

以欧洲为例

欧盟是当前经济一体化的努力遭遇失败的典型例子。1957年的《罗马条约》使创始国致力于"四大自由"，即商品、服务、资本和人员的流动自由。这些是经济与货币同盟的基石，并被认为是不可分割的。欧盟的创立者将这一点铭记在心，这意味着他们拥有创建一个国家或"政治联盟"的雄心壮志。但是，创建国家的目标并未实现。欧盟中央机构的权限及其统治范围不断扩大，但问责机制没有跟上步伐。建立起来的不是民主问责制，而是限制货币创造、财政赤字和不公平竞争等行为的规则。但是，强大的规则和弱势的国家明显相互矛盾。对"民主赤字"的抱怨不断增加，并爆发了声势浩大的反欧盟的民粹主义运动。

这些规则在2008—2010年经受考验时，一触即溃。欧洲货币同盟这顶皇冠上的宝石始于1997年的单一货币区。保罗·德·格洛瓦指出欧盟存在两大设计缺陷，即缺乏财政转移机制和银行体系缺乏最后贷款人。结果，流动性危机演变成偿付能力危机，偿付能力危机又演变成主权债务危机。[32]"这种变化可能会迫使各国进入一种糟糕的均衡状态，其特征是利率上升，从而引发过度的紧缩措施，进而导致通缩螺旋，而这又会加剧财政危机。"格洛瓦认为，唯一的补救办法是建立一个"预算联盟"。通过"将部分国家预算集中到由一个共同的政治机构管理的共同预算之中，各国预算赤字差异的扩大……就可以在经济衰退时转变为联盟层面的预算赤字"。但是，这样一种构造所需的"共同的政治权威远未实现"。[33] 格洛瓦提到的两个设计缺陷可以归结为一个，即缺少一个具有合法性的国家。凯恩斯主义者从一开始就发现了这一设想的缺陷。[34]

在建立经济和货币联盟的同时，人们一直期待着能够建立政治联盟或者说一个国家。实际上，更为悲观或者更为现实的欧洲主义者将欧洲货币联盟不可避免的危机视为对"国家"创建的一种鞭策，这是一场豪赌，将要证明的是一体化的力量要比分化的力量更强大。

在今天看来，未来如何发展仍悬而未决。为了应对这次危机以及由此激起的民粹主义，欧盟委员会提议成立一家欧洲货币基金并设立欧洲财政部长一职。但是德国人反对这样做，他们更喜欢通过严格的规则来预防风险，而不是通过货币政策和财政转移支付来分担风险，这从他们的角度来看是可以理解的，因为大部分风险都会转嫁给他们。出于同样的原因，他们反对建立财政联盟。一位没有预算可用的欧洲财政部长只是一个毫无用处的摆设而已。

欧盟特别是欧元区有效运转所需的明智的改革措施，很少具有可行性，因为欧盟和欧元区是以一种特别僵化的方式建立起来的。自相矛盾的一点是，这一固定规则体系的运转依赖于处于领导地位的成员国德国根据其判断采取的行动。德国拥有这样的地位，但是还没有担任金德尔伯格式"保险人"的意愿。

在国家缺位的情况下，这场世界上最雄心勃勃的经济一体化实验面临内爆的威胁,对此有两种可能的反应。根据格洛瓦的观点,"一种是陷入绝望,并得出结论认为解散这一货币联盟是更好的选择。另一种反应是,确实,这将非常困难,而且成功的机会很渺茫,但是无论如何我们都要试试"。[35]

格洛瓦教授未能解释的是,在存在如此明显的设计缺陷的情况下,欧元区是如何建立起来的。标准答案是,这是允许德国统一的政治协议的一部分。但同样重要的是,它反映了新自由主义经济学的观点,即市场需要的是规则,而不是国家。

重新审视保护主义的理由

自19世纪以来,赞同自由贸易的一般假设条件很少受到质疑。蒂姆·康登的话简单明了,他告诉我们,"自由贸易对你有好处,采取自由贸易政策的国家不断发展并实现了繁荣,它们的表现优于那些限制进口并限制与世界其他地区接触的国家"。[36]历史并非如此,因为很多实施了保护主义政策的国家也实现了繁荣。

目前对保护主义的定义是,"设置足够高的贸易壁垒以抑制来自外国的进口商品,或者将其价格提至足够高的水平,从而使效率相对较低的国内生产商能够成功地与外国人竞争"。[37]显而易见的是,这一定义的根源在于比较优势理论。保护主义者会说,国家的首要职责是保护本国人民免遭危险和不幸。如果在这样做的同时还能造福他人,善莫大焉。这是亚当·斯密关于自由贸易的有力论据。但是,政府当选的原因不是以牺牲本国人民为代价来"造福全世界"。如果它试图这样做,很快就会感受到民众的怒火。贯穿自由贸易争论的是这样一种信念,即从长远来看,自由贸易是最好的选择。它忘记了短期发生的事情会伤害一代人的生活,甚至会影响他们的子孙后代。

贸易保护主要有七个理由：

（1）我们前面曾经提到过"幼稚产业"的观点。弗里德里希·李斯特驳斥了李嘉图理论的静态性质。初始条件不一定是最终条件。国家政策可以通过培育最初没有竞争力的制造业，有意识地创造比较优势。张夏准对此进行了生动的说明："如果日本政府在20世纪60年代早期遵循自由贸易经济学家的理论，就不会有雷克萨斯了。今天的丰田最多只是一些西方汽车制造商的低级合作伙伴，而更糟糕的情况则是被扫地出门。整个日本经济也是如此。"[38] 李斯特并不认为保护主义是一种永久性的制度：在试图保护的"幼稚产业"成熟以后，自由贸易应该成为通行的规则。然而，他忘记了经济发展是永无止境的，因为技术进步永远不会停止。今天的发达国家到处都是夕阳产业和朝阳产业，它们都吵吵嚷嚷着要求获得保护。[39]

（2）新贸易理论或战略性贸易理论是幼稚产业论的一个分支。在标准的自由贸易模型中，要素禀赋作为比较优势的决定因素是模型的外生变量，并且模型假定规模报酬不变。尼古拉斯·卡尔多和保罗·克鲁格曼等新保护主义者通过假设规模报酬递增，将这些因素"内生化"了。简而言之，在一个不完全竞争的世界中，先发者的优势不断累积。那些最先使用新工艺或生产新产品的人获得的报酬是递增的，这使得他们此后几乎不可能被淘汰。理论上，这可以证明发达国家和发展中国家对"幼稚产业"的保护都具有合理性。[40] 可以看出，这一论点在很大程度上依赖于持续的垄断。这在当今世界是毫无意义的，就现在来看，率先建立一种交通运输系统可能会使一个国家锁定在一种过时的工业技术上。

（3）失业问题。自由贸易模型假设贸易前后都可以实现充分就业。因此，处于失业状态是贸易保护的理由之一。这是一个很好的论点。

（4）李嘉图提出的自由贸易的例子假定资本在国家内部是流动的，但是在国家之间是不流动的。他承认，如果资本可以在全球自由地流动以实现利润最大化，那么比较优势理论就不成立了，"因为在这种情况下，国际专业化将由绝对成本决定，就像一个国家的专业化一样"。如果这些地区的成本没有竞争力，那么这些地区甚至整个国家的人口都必然会减少。李嘉图甚至希望财产所有者把他们的资本留在国内，并满足于适当的利润。[41] 两位作者在评论李嘉图的观点时写道："这也是资本主义文化的问题。李嘉图表达的'本土主义'传统已不再符合赌场资本主义及其金融衍生品的世界。"[42]

时至今日，资本输出与技术输出导致的就业机会流失密切相关。这可能迫使资本输出国的高工资工人与国外使用相同技术的低工资工人竞争，这场竞争要么让他们失去工作，要么迫使他们降低工资。我们不应忘记，全球化的目的就是抑制发达国家工资的增长。

（5）"战略性产业"的观点。赞同保护主义政策是为了保障发动战争的能力。相比之下，自由贸易以永久和平为前提条件，并且声称这有助于实现永久和平。

（6）保护多样性的观点。李嘉图的理论要求葡萄牙集中生产葡萄酒，而由英国生产布料。能够正确评价文化多样性的自由主义者，却没有理解文化多样性需要有经济多样性。

（7）将保护作为报复或者谈判的筹码。关税或征收关税的威胁可能被用于达成"公平贸易"协议的谈判。只有在世界贸易中垄断某种筹码的国家或国家集团，才有希望通过展示自己的力量来实现这一目标。美国经常使用保护主义工具，促使其他国家限制对美国的出口或降低自己的贸易壁垒。特朗普的保护主义声明可能有意无意地被用于同中国和欧洲达成的"有利的"贸易协议。欧盟也宣布针对特朗普《减税法案》实施保护主义的反制措施。[43]

根据正统观点，所有支持贸易保护的有效论点都是"次优选项"，也就是说它们预先假定不具备能使自由贸易有益于各方的政治条件或者经济条件。但是也可能是这些条件多半不存在，此时支持自由贸易的一般前提也就不复存在了。

尽管自由贸易仍然是公认的原则，但是很多变相的保护主义仍在盛行。富国的目标是打着保护消费者的幌子保护自己的生产者，手段是对进口产品实施健康和安全标准，或者坚持进口商品要符合最低劳工标准，而穷国往往无法达到这一标准。中国和德国等国依靠低估币值来维持永久性的贸易顺差，这与传统的重商主义治国方略是一致的。

要求实施贸易保护的压力越来越大。主要原因在于，随着金融投机力量的扩大，国内对教育程度较低者和低技能者的保护在逐渐削弱。结果就是不安全感大大增加。民粹主义者希望自己的国家在保护民众方面更有作为，同时限制金融势力对民众的伤害。传统的美国经济民族主义被重新点燃，因为他们认识到继续依赖来自中国和其他贸易盈余国家的信贷来资助美国购买其商品，正在掏空曾经强大的美国经济。

在不破坏世界经济的情况下，实现真正意义上的国家"边界控制"，这样的政治要求能否得到满足？

国际贸易体系和国际货币体系改革

凯恩斯在1941年的清算联盟计划中提出了一个支付系统，以确保世界能够安全地进行自由贸易。这一计划的主要目的在于防止一些国家出现持续的贸易顺差。在他看来，这会使有贸易赤字的国家出现通缩，而这些国家将通过提高关税或者货币贬值来应对。1944年成立的国际货币基金组织否定了凯恩斯的"债权人调整"逻辑。但是，作为对这位英国人的一种安抚，它在《布雷顿森林协定》第7条中加入了一项"稀缺货币"条款，允许国际货币基金组织成员国限制从货币被宣布为"稀缺"的国家或者说经常账户出现了持续盈余的国家购买商品。债务国还将受到限制国际资本流动的保护，以避免资本外逃。凯恩斯明白，一个良好的支付体系对"有益的"贸易至关重要。

今天，美国可以合理地援引第7条来打压中国，而欧盟的一些成员国也可以合理地援引第7条来对付德国。长期以来，削减对中国的贸易逆差一直是美国政策的目标，但是在特朗普政府中，这种言辞正在更积极地转化为实际行动。2017年末，美国公布了有关国家安全、国防和贸易的战略文件，首次将中国定义为战略竞争对手。随后，特朗普对洗衣机征收50%的进口关税，对太阳能电池板征收最高30%的关税。2018年2月中旬，美国商务部提议对美国进口的钢铁和铝材征收关税，钢铁为25%，铝材为10%，而中国是世界上这两种商品的最大生产国。[44]

经济学家弗拉基米尔·马施（Vladimir Masch）为"明智"的特朗普政府提出了一个更符合逻辑的补偿性自由贸易战略，这实质上相当于美国单方面启动《布雷顿森林协定》第7条。[45] 美国政府将决定自己每年贸易赤字理想的最大数额。为了实现这一目标，它将对每个重要贸易伙伴的贸易盈余施加限制。这将主要影响中国、日本、德国和墨西哥；在美国2016年6 770亿美元的贸易逆差中，中国为3 190亿美元，日本为620亿美元，德国为600亿美元，墨西哥为590亿美元。

然后，盈余国将其对美国的出口限制在规定的数量内。各国可以超过其"配额"，只要它们支付实际出口的价值与允许它们出口的价值之间的差额。如果它们试图超过各自的配额并且不支付"罚金"，那么它们出超的部分将被阻止。

正如罗念慈（Chi Lo）总结的那样：

> 从长远来看，中国和美国似乎都在努力将过去 30 年建立的全球化生产链转移至本土，为了实现这一点，中国通过进口替代来最大限度地降低其工业基础中外国所占的份额，而美国则是利用美国优先政策。这些举措即使能取得部分成功，也会造成伤害。[46]

如果拟议中的欧洲货币基金包含一个类似《布雷顿森林协定》第 7 条这样的条款，比如允许希腊、意大利和葡萄牙限制来自德国的进口，这是不可想象的，因为这将严重破坏欧洲的关税同盟。

1941 年，凯恩斯在支持"永久"控制资本流动的同时，继续说道：

> 这并不意味着应该结束目前这个国际投资的时代。这一目标，也是一个至关重要的目标，是要有一种方法来区分（1）游资的流动和真正用于开发全球资源的新投资的流动；以及（2）从盈余国家到赤字国家有助于保持均衡的流动，与从赤字国家到盈余国家或者从一个盈余国家到另一个盈余国家的投机性或者逃离性资金流动。在未来，没有哪个国家会轻易允许资金由于政治原因、逃避国内征税或者其所有者预计会沦为难民而逃往国外。同样，也没有哪个国家会轻易接收四处流窜的资金，因为这些资金不但无法被安全地用于固

定资产投资，反而有可能让资金接受国事与愿违地陷入困境。[47]

时至今日，这些考虑仍然像在1941年一样有效，1997—1998年的东亚危机和2010—2011年的欧洲金融危机都是热钱流动可能造成伤害的例子。当然，各国之间的热钱流动与热钱在国内的流动是相同的，只是主权国家有中央银行可以作为其银行体系的监管者和最后贷款人。最好的办法是拥有一套议定的规则，允许在特定条件下对资本跨境流动实行不同类型的限制。

前进、后退还是另辟蹊径？

当前的普遍观点是，不管民粹主义者如何反对，全球化的势头不可逆转，已经没有回头路了。全球供应链将我们锁定在自由贸易中。这种论调不足为信。转移到海外的产能都可以重新本土化。正如哈罗德·詹姆斯（Harold James）提醒我们的：

> 高度发达和高度一体化的国际社会已经出现了……但是，从各个方面来看，这种势头都已减弱；钟摆正在回摆。例如，在欧洲，文艺复兴时期伊拉斯谟式的大同世界被宗教改革与天主教的反宗教改革摧毁了，随后出现了分离主义、地方主义和乡土观念。一个更直接可能也更熟悉的先例，就是19世纪末期紧密联系在一起的世界解体了。[48]

关键在于"解体"这个词。如果你认为未来将遵循全球渐进式"一体化"的线性模式，那么很有可能出现某种解体。但是，某些地区以及出于某些目的已经实现了的一体化并不会就此消失。如果说"解体"意味着回归到威斯特伐利亚的势力均衡体系或者

20世纪30年代的民族主义政治经济，那么欧盟不太可能出现这种意义上的"解体"。随着时间推移，不同地区如何团结起来并最终团结一致地解决全球性问题，在这方面，欧盟仍将是一个履行自己承诺的典范。

  现在从来不仅仅是过去的简单重复。2018年的民粹主义并非法西斯主义的翻版。首先，我们并没有经历大规模的战争，而战争是两次世界大战间隔期军事化政治的真正温床。其次，从以前的历次灾难中，我们已经学到了很多东西。其中一个表现就是，全球领导人协调一致采取行动，阻止了2008—2009年的大衰退演变成另一场大萧条。最后，全球性问题已经出现，比如全球变暖和自然资源枯竭，这在100年前是完全不存在的，这些问题亟待共同应对。尽管对移民的限制肯定会加强，但是在犹太人大屠杀之后针对种族主义的禁忌依然存在。尽管出现了令人遗憾的倒退，但是，甚至与刚刚过去的这些年相比，我们的政治和社会制度变得更加复杂，也更具韧性。民众受教育程度更高，不那么顺从统治者的肆意妄为。这本身就会阻止回归到更原始的政治风格。

  所有这些都不意味着全球化应该或者能够无视国民情绪而继续。身份政治告诉我们，追求利润最大化的资本主义规则有其局限性，而我们忽视了这一点，这使我们处于危险之中。经济学可以帮助我们理解这些局限是什么，但它必须是另外一种有所不同的经济学。具体而言，那些研究经济学的人应该详细说明一项体面的移民政策需要具备哪些经济条件。

改造经济学[49]

  经济学有一个至关重要的作用，即维护自由主义政治体制。

但是，如果要做到这一点，就必须将政治自由主义与新自由主义经济学分离开来。

经济政策是治国之道的核心内容。如果制定的经济政策有助于社会实现充分就业，提高生活水平，促进机会和回报的公平分配，这就可以极大地减少民粹主义政治带来的麻烦。这种民粹主义政治会利用对经济的不满来反复推动自己的政治议程。

除了经济方面的不幸遭遇，选民还会因为很多其他事情而感到愤怒。很多人不尊重移民或者同性恋者的权利，但是，他们通常不会因为对这些事情感到愤慨而将选票投给承诺要取消这些人的权利的那些政党，除非这时的经济也陷入了困境。

最近几十年，主流经济学在关于政治合法性的斗争中没有提供什么帮助。这是因为它的核心教义是鼓励对市场，特别是对金融市场，放松监管和去制度化，这会加剧波动和不平等。具体而言，主流经济学对失业水平和不平等的加剧视而不见，坚持认为这些都是市场竞争的合理结果，"纠正"这些现象只会让事情变得更糟。

本书深入研究经济学某些方面的内容，这些内容对政策制定至关重要。在凯恩斯之前，经济学的主干是微观经济学，研究经济系统中各个独立的部分如何在市场上相互作用，进而产生整体性的经济结果。货币理论被有些笨拙地附加在这个结构上，其作用是解释价格水平，而经济活动的水平是由实物交易决定的。

如果货币仅作为"一层面纱"发挥作用，就需要将经济过程分为短期和长期。在主流经济学中，短期的功能是表明经济偏离其长期均衡状态的程度。因此，它保护了均衡这一核心思想免受一些人的攻击，这些人否认经济将会趋向于某种有序的结果。短期是表象的世界，长期才是真实的世界。在19世纪初期，李嘉图向马尔萨斯解释说,他将把扰动的"短期直接影响完全放在一边,把全部注意力集中在这些变化导致的事物的永久变化上"。对混乱的现实进行抽象,这一李嘉图恶习在经济学中发挥着主导作用。在整个19世纪,经济学一直在等待数学水平能够迎头赶上,从而实现自己透过现象看本质的雄心壮志。

凯恩斯创建了宏观经济学,并将其地位提升到与微观经济学同等的水平。凯恩斯的基本主张是,无论是短期还是长期,被打乱的经济粒子都不会自动排列整齐。因此,从"看不见的手"这样的微观构造中推断宏观结果,是没有意义的。"看不见的手"意味着只要让许多经济主体的自利发挥作用,就能确保实现最优的市场均衡。

凯恩斯反复指出,未来具有极大的不确定性,它不能被简化为已知的概率分布。我们创造未来的方式过于复杂,以至于无法用精确的逻辑来把握。正是由于存在极大的不确定性,这才使货币具有独特的经济属性。当未来不确定时,货币提供了一种处于支出和不支出之间的选择。因此,实际经济并不会遵循由瓦尔拉斯的逻辑确定的路径。

相比之下,正统经济学通过声称经济可以像自然世界一样预测,从而抽象掉了不确定性。如果确实如此,那么货币除了作为中介就没有任何其他的作用。凯恩斯的洞见是人们持有货币的态度将现在与未来联系起来,而这一洞见被抹除了。

通过抽象掉不确定性,标准的经济学也得以将国家的作用最小化。它专注于揭露国家的掠夺性,而忽视了国家在限制市场的掠夺性中所发挥的作用。实际上,如果按照新古典经济学的观点,预期是理性的,那么国家就没有任何积极的作用。国家的宏观经济干预注定是无效的,甚至会适得其反。

凯恩斯将宏观经济学与微观经济学分离，而且更进一步指出，不仅货币会"失控"，储蓄和投资之间的关系也会如此。宏观和微观之间的分歧变成了巨大的鸿沟。

从理论上讲，将宏观经济学与古典微观经济学联系起来的尝试必须被视为一种失败。这两种方法源自不同的精神世界，无法一致。微观经济学旨在展示市场是如何奏效的，而宏观经济学则要展示市场为何会失败。

如果认同本书的论点，即货币和政府是经济这场大戏中的明星，那么经济学就应该让它们适当地担当起主要角色。但是，目前的情况远非如此。

自20世纪80年代以来，人们坚定地要把宏观经济学从经济学中排挤出去。正统经济学坚持认为，宏观经济学应当具有适当的"微观基础"，这源自消息灵通、具有前瞻性的理性行为主体的最优化决策，并且仅受竞争市场逻辑的约束。这样做的问题在于，如果它具有上述意义上的适当的"微观基础"，那么根本就不需要宏观经济学。微观经济学可以解释一切。

重塑宏观经济学需要将社会纳入经济学的研究之中。与凯恩斯一样，马克思非常理解这一点，而且在某些方面甚至理解得更深入，因为他懂得个人是阶级的一分子，他们的行为需要从阶级成员身份的角度来解释。

因此，我们应该这样讲，经济学的任务与其说是建立具有"微观基础"的宏观经济学，不如说是建立具有"宏观基础"的微观经济学。也就是说，使宏观经济成为分析的主要单位。因此，我们应该从个人决策借以发生的社会结构、关系、规范和制度入手，就像凯恩斯本人在《通论》中所做的那样。凯恩斯的方法是假定存在不确定性，然后试图理解一个不确定的世界中的个人行为。他特别强调了规范和习俗，而不是正确的信息对确立信念的作用。这种讨论会把我们引向一门正确的社会经济学。凯恩斯是一个很好的出发点，因为他不是提出了一个模糊的概念，即个人行为是由社会"形塑的"或者"铸就的"，而是将个人行为与宏观经济的一个特定属性联系起来，这就是不确定性。

卡尔·波兰尼强调个人行为的"嵌入性"、个人行为对共同信念、行为规范、社会生态和制度的依赖性，简而言之，个人行为依赖于定义了集体生活的共同"游戏规则"或者"经验法则"，从而让我们朝着社会经济学的方向又迈进了一步。所有的个人选择都是在集体背景下做出的，无论这一集体背景是家庭、社区、公司、宗教、阶级还是国家，现实世界没有鲁滨孙·克鲁索。社会不可能被市场化，反而是社会塑造了市场。正如约翰·哈维所说："我们成群结队地生活、进食、繁殖、生长和死亡。在任何物种中，单个动物与其他动物一起生活，这并非它自己的选择。它们彼此之间紧密相连，这是在生存机制的作用下自然演化的结果。"[50]

大多数人，即便显然不是新古典主义经济学家，也明白有一个"系统"可以为你提供帮助，也可以让你变得一团糟，但是他们无法准确地界定这一"系统"是什么。很少有人将其生活的成功或失败完全归因于自己理性的预见，认为宏观经济结果可以用理性的预见来解释，这体现了经济学的自负。

人们不需要了解整个经济是如何运行的，也可以解释各个部分是如何运转的。经济学在微观方面是有效的，但是在宏观方面是无效的。家庭主妇知道自己想要什么、知道自己买得起什么、对价格了如指掌并且会得到自己想要的东西，她可以作为一个完全适用的分析单位。错误在于将家庭主妇按比例扩大为一个"代表性主体"，并试图从她的购物篮中提炼出一个合乎逻辑的宏观故事。一般均衡模型无法洞察总体失灵的根源，比如不确定性对很多市场相互作用的影响、货币作为不确定性的预防措施的重要性、普遍存在的羊群行为、企业家精神在创造新需求和新产品中的作用、广告在操纵个人选择方面所起的作用、我们依赖的信息系统传播谣言和假新闻的事实。这些模型也没有阐明作为创造和破坏原动力的市场体系发挥作用的动态过程。

这种错误的推理有一个特殊的原因，这就是借用了物理学、工程学和力学的语言来描述经济过程。因此，呈现给我们的是一幅完美市场（机器）的图景，尽管它可能会表现出"不完美"的迹象，例如不完全竞争和不完全信息。经济学家通常从最优均衡开始，引入干扰均衡的"冲击"（外部干预），但是将这些冲击的影响视为"暂时性的"。在冲击之后，由于存在"黏性"工资等"摩擦"，向新的最优均衡的调整可能会延迟，尽管最终不会有任何阻碍。这种"黏性"或黏性物质的存在，意味着我们必须区分任何冲击的"短期"和"长期"效应。这种黏性物质实际上就是社会，即使有人注意到这一点，也只是会感到遗憾而已。社会本身确实是相当令人遗憾的，它阻碍了市场更加完美的整合。经济理论家渴望逃离现实世界的不完美，逃向一个更为精妙的世界。现实把你困在当下，但数学可以为你开启通往永恒之路。

许多经济学家会认为这是一种夸张的描述，充其量只适用于一小部分专业经济学家，而不能无条件地适用于任何经济学家。它以通俗的方式描述经济学，非经济学家（包括政客和没受过良好经济学训练的官员）就是这么看待经济学的，但与专业经济学家的思想世界相去甚远。他们还是会看到经济学研究的进步方面。

行为经济学的先驱罗伯特·希勒早在 1984 年就已经将有效市场假说称为"经济思想史上最明显的错误之一"，尽管所谓的"行为经济学"是在最近这场危机之后才真正兴起的。[51]

行为经济学利用实证心理学来解释为什么个人行为不符合新古典的理性模型。如果不是因为经济学家对心理学的认识还处于初步阶段,人们可能会认为这是一种异常行为。因此,行为经济学研究的是投资者购买股票时涉及的情感因素,毫不奇怪,这会聚焦于"羊群效应"。羊群效应会导致投机泡沫,因为投资者的购买行为依赖不断高涨的市场情绪,而不是股票的基本价值。因此,虽然理性预期理论认为投资者在总体上总是正确的,例外的情况过于轻微而无足轻重,但是行为经济学告诉我们,他们可能都错了。

行为经济学还有其他的启示。我们知道,人们会表现出认知偏差,比如过度自信。罗伯特·尼尔森(Robert Nielsen)解释了为什么"很多人会有'这种事不会发生在我身上'的想法。尽管很明显有些人会在股市上赔钱,但是每个人都相信自己智慧超群,这意味着赔钱的不会是他们。这……导致了人们承担不必要的风险"。还有"代表性偏差",即人们对最近的经历过于重视。尼尔森解释了为何"人们通常认为事情会以现在这种方式继续,看不到未来的变化。例如,上次经济崩溃和衰退已经过去很久了,以至于人们认为不会再次发生危机。他们认为,由于市场在上涨,它将继续上涨"。还有另外一种出人意料的行为。行为经济学家和研究博弈论的学者所做的实验表明,"作为一个物种,我们的合作性与竞争性一样强烈"。[52]

无须强调的一点是,只有那些真正失去理智的人才会对上述异常现象感到意外。博弈论是主流经济学试图与凯恩斯提到的合成谬误达成妥协的一种尝试,即个人的理性决策不一定能够加总为集体理性。通过类似于囚徒困境这样的博弈,经济学家已经证明了尽管作弊可能在单次博弈中对个人有利，但是在重复博弈中诚实会得到更高的回报，而这种重复博弈可以视为正常的社会条件。因此，我们知道诚实确实有回报。

这些知识进展的不利之处在于，它导致对此感到惊讶的从业者把在这种情况下可能完全合理的行为贴上"非理性"或者"不理性"的标签。罗曼·弗雷德曼（Roman Frydman）和迈克尔·戈德堡（Michael D. Goldberg）正确地指出，经济学家的模型应该努力"在不假定市场参与者行为不理性的情况下将心理因素整合进来"。[53] 或者，换句话说，在许多情况下，"不理性"就是一种理性的行为方式。[54]

经济学课程应该从令人感兴趣的特定情形、社会或者时期的"游戏规则"开始，研究它们的起源，然后尝试根据这些集体形成的行为规范来理解产生的结果。它不会对个人行为提出很强的先验主张，既不称之为理性行为，也不称之为非理性行为，而是假设人们在他们成长或者所处的环境中将尽最大努力追逐自己的利益。而且，它肯定不会声称总体的经济结果通常可以被认为是个人最大化行为的总和。有一种说法会导致荒谬的结论，即失业总是自愿的。

我认为，从这样的起点出发，是让经济学具有实际意义的唯一途径。现在经常被用于实践的经济学，已经成了由抽象概念构成的一座日渐干涸的蓄水池。为了再次充盈起来，它需要找到新的水源。回归凯恩斯是一条途径；将这门学科向社会学、历史学、政治学和伦理学重新开放，则是另一条路径，即使这将以牺牲经济学家所珍视的专业精神为代价。在经济学的早期历史中，所有这些学科都是政治经济学这座宏伟殿堂的组成部分。这些学科包含着对经济运行的丰富见解，应该成为公共政策讨论必不可少的一部分。如果想要这些学科在接下来的 100 年仍为我们提供帮助，经济学专业的学生应该以亚当·斯密、卡尔·马克思、约翰·斯图亚特·穆勒、托尔斯坦·凡勃仑（Thorstein Veblen）、卡尔·波兰尼、弗里德里希·哈耶克、约瑟夫·熊彼特和约翰·梅纳德·凯恩斯等思想家为榜样，尽管他们的观点有分歧，但是其伟大之处在于他们都不仅仅是经济学家。否则，经济学将彻底消亡，人们将转向别处寻求思想养分和实践指导。

注　释

导　论

1. Norman Tebbit 在 1981 年提出的建议，2011 年他又重复了这一点。

2. 女王提出的问题更准确的表述可能是"为什么主流经济学中没有人预见它的到来？"。接下来是经济学家中的"主流派"的观点。在 William Black、Stephen Keen、Randall Wray 和 James Galbraith 等非主流经济学家看来，金融体系明显处于不可持续的运行状态。在主流经济学家中，Raghuram Rajan 和 Robert Shiller 可以基于各种理由，宣称自己预见了这场危机。Hyman Minsky（1992）在其"金融不稳定假说"中预见了金融崩溃的一般原因。

3. 引自 Kynaston（2017，p.358）。蒙塔古·诺曼（Montagu Norman）致亨利·克莱（Henry Clay）的信。

4. 原文要比上述为人所熟知的表述更冗长一些。里根（1981）的原话是："在当前的危机中，政府不是解决我们问题的方法，而是产生问题的原因。"

5. Hicks（1976，pp.208-9）.

6. Keynes（1973a/1936，pp.383-4）.

7. Dasgupta（1985，pp.1-2）.

8. Marx and Engels（1962，p.52）.

9. Dasgupta（1985，p.4）.

10. Lukes（1974）.

11. "文化"马克思主义者希望，20 世纪 60 年代的反文化运动将取代工人阶级，成为社会主义的先驱。在现实中，资本主义制度擅长将文化产品

"商品化"。

12. Saul（2004）。

第一篇　经济思想史

1. Mill（1967/1844，p. 266）。

2. Ibid., pp. 276-8；参见 Keynes（1979，pp. 84-5）："如果确实可以很容易地将产出转为黄金，并且增加的黄金产量也足够大，从而弥补对当前其他产出形式的支出不足，那么就不会出现失业……"

第1章　货币的奥秘：简短的历史回顾

1. Mill（1965/1848，p. 506）。

2. 对笛卡儿经济学思想起源的影响，参见 Mini（1974，ch. 2）的精彩论述。

3. Keynes（1973b，pp. 408-9）。

4. Smith（1976/1776，p. 38）。

5. Samuelson（1970/1948，p. 50）。

6. Innes（1913），引自 Shaikh（2016，p. 682）。

7. Smith（1976/1776，p. 328）；Innes（1914，p. 161）。

8. Mosler（1997/8）；introduction，pp. 4-5，to Wray（2015）。

9. Martin（2014，chs. 2 and 3）。他将抽象的普遍价值概念的发明归功于希腊人，这种概念源于"部落中每个成员都有同等的价值"（p. 58）。这使得分散化的价值协商成为可能。

10. Graeber（2011）。

11. Keynes（1971/1923，p. 36）。

12. Ricardo（2005/1810，p. 97）。

13. Petty（1899/1682，p. 441）。

14. Thomas Aquinas' *Sententia libri Ethicorum*，引自 Martin（2014，p. 131）。

15. Sedláček（2011，p. 81）。

16. Graeber（2015）。

17. 1675 年，威尔士人 Rice Vaughan（1856/1675）计算出英格兰的物价水平在 16 世纪上涨了 6~8 倍，但是现在认为这一结果有所夸大。

18. Bodin（1924/1568，p. 127）。

19. David Laidler 将货币数量论的起源追溯至 1520—1580 年波兰和普鲁士的货币政策，当时波兰国王的顾问发现了这一理论的"核心教义"，即为了抑制通胀，必须限制铸币的数量。他探究了 13 世纪阿奎那和 16 世纪哥白尼之间更早的分歧。对阿奎那来说，商品的供给是其价格的决定因素。哥白尼则认为，金块有其"自身"的价值，这与它在市场交易中的功能无关（Volckart，1997）。其他历史学家将货币数量论的起源追溯至同一时代的 16 世纪 50 年代中期萨拉曼卡学派的西班牙作者（Dempsey，1935；Hamilton，1935）。值得注意的是，两件现实世界的大事同时发生，即黄金和白银从新大陆流入和价格上涨，这是现代货币理论的开端。

20. Martin（2014）。

21. Felix Martin（2014，pp. 20-5）给出了一个 1970 年爱尔兰经济依靠"记账"运转了 6 个月的例子。一场产业冲突导致银行系统关闭。现金供应减少了，但是记账货币的流通弥补了这一点。在这个案例中，记账货币指的是不可兑现的支票。

22. Hicks（1969，p. 78）。

23. Kaldor（1985，p. 5）。

24. 对于定义，参见 Ryan-Collins et al.（2014/2011，pp. 60-1）。

25. McLeay et al.（2014）。

26. 引自 Arendt（1998/1958，p. 102）。

27. 传说中，酒神狄奥尼索斯满足了国王的愿望，让他触碰的一切东西都变成了金子。但是后来米达斯发现他既不能吃也不能喝，因为他所有的食物和水都变成了金子，于是他饥渴而死。或者，在一个更为圆满的结局中，狄奥尼索斯把他赐予的祝福收回了。

28. Say（1821，p. 49）。

29. Mill（1967/1844）.

30. Heckscher（1935，p. 103）.

31. Hume（1987/1752）.

32. 重商主义者对等价悖论感到迷惑不解。"公平"贸易要求交换的商品是等价的。因此，这不可能成为财富增加的原因。财富增加需要货币有所增加。对于一个国内没有货币来源的国家来说，这就需要"不公平"的贸易（Mirowski，1999/1989，pp. 148-9）。

33. Hume（1987/1752，¶ II. V. 12）. 休谟假定由于以黄金为基础，汇率是固定的。但是，他的观点同样适用于浮动汇率。货币的进口和出口影响的不是国内的价格，而是汇率。休谟的观点贯穿着这样一种信念，即货币总会找到自己的"适当水平"。

34. 休谟承认，一个国家通过只卖不买可以积累大量财富，只要它将货币囤积起来，以阻止货币流入使价格产生恢复贸易平衡的影响。但是，他相当傲慢地否定了这种可能性，"一个拥有巨额财富的弱国很快就会成为一些更穷但更强大的邻国的猎物"，因此货币将再次流出（Hume，1987/1752，¶ II. V. 28）。

35. 斯密不认为货币流入会降低利率。利率是由贷款人和借款人之间的竞争决定的，而这是由利润率调节的。既然货币数量的增加会提高所有的价格和成本，那么利率就不会下降，因为存货的利润没有变化。这是一个很好的例子，可以说明一个关于长期的观点如何用于反驳一个有效的短期命题。

36. 斯密（1976/1776，p. 321）写道："银行的明智做法，即用纸张来代替黄金和白银，能够使国家将大量的闲置金银转变为活跃的、有利于生产的存货。"

第 2 章　金本位之争

1. Congdon（1980）.

2. Longaker（2015）.

3. Locke（1824/1691，p. 103）.

4. Ibid., p. 145. 另见 Eltis（1995）。

5. Ibid., p. 189.

6. Martin（2014，p. 129）。

7. 1716—1914年消费者价格指数来自 Bank of England（2017a）。

8. Martin（2014，p. 145）。

9. 我们可以比较一下法国的一个与之类似但要剧烈得多的通胀事件。1789年，法国革命政府以指券的形式发行了4亿里弗（法镑）的债务，以从神职人员手中没收的土地作为担保，或者"指定"相应的土地。按照最初的计划，土地将逐步出售，政府用出售土地的收入偿还债务。然而，一旦政府未能收回第一期土地出售的全部收入，对政府财政的信心就会下降。随着黄金被囤积起来，债务的应付利息飙升。这就需要政府发行越来越多的指券，并宣布这些指券为法定货币。至1796年，共发行了450亿里弗的指券，其中360亿里弗正在流通，这对应的是最初价值30亿里弗的资产，通胀率达到了300%。这些指券变得一文不值。拿破仑在1803年创造了一种新的货币，也就是法郎。然而，政府获得了资金，投机者以最低价买下了没收的财产，其他人的实际收入都出现了灾难性下降。

10. Ricardo（2005/1810，p. 76）.

11. Ibid., p. 78.

12. Ricardo（2005/1817，p. 364）.

13. Asso and Leeson（2012）.

14. 关于该银行的主张，参见 Kynaston（2017，p. 93）。投机商约翰·劳（John Law，1671—1729）提出了真实票据论的雏形，他建议土地银行的贷款将以"土地生产力"作为担保。

15. Thornton（1802）.

16. Schumpeter（1954，p. 720）.

17. Thornton（1802，p. 287）.

18. Ibid.

19. Select Committee on the High Price of Gold Bullion（1810），Abstract.

20. Peel（1819，c. 680）。

21. Fisher（1922/1911，p. 241）。

22. Attwood，引自 Wright and Harlow（1844，p. 383）。

23. Ricardo（2005/1815，p. 55）。为了提高货币的效率，李嘉图认为本可以在国内流通中用纸币代替黄金。英格兰银行的纸币只能兑换成金块，不能兑换成硬币。这被认为过于激进了。

24. Ricardo（2005/1816，p. 120）。

25. Laidler（1991，pp. 21-2）。18 世纪不受监管的乡村银行发行自己的纸币，扩大了贷款规模，并为工业革命提供了资金。Liam Brunt 认为他们是风险投资资本家的雏形（Brunt，2006）。

26. Congdon（1980）。

27. 一项相关的措施要求继续发行自己纸币的苏格兰银行，以其持有的英格兰银行的纸币作为支持。

28. Kynaston（2017，p. 141）。

29. 正统观点认为，由于在法国的白银去货币化的同时发现了黄金，尽管进入市场的黄金数量有所增加，但是没有导致大规模的通胀。

30. 德国于 1871 年采用了金本位，斯堪的纳维亚货币联盟是在 1873 年，荷兰是在 1875 年。至 1905 年，意大利、西班牙、埃及、澳大利亚、印度、智利、委内瑞拉、哥斯达黎加、俄罗斯、日本、秘鲁、厄瓜多尔和墨西哥都采用了金本位。

31. Giffen（1892，p. 98）。

32. Fisher（1922/1911，p. 325）。

33. 在 1914 年之前，1 英镑的黄金被定义为 113 格令的优质黄金；1 美元的黄金是 23.22 格令，因此 1 英镑兑换 4.87 美元。同样，1 英镑价值 20 法郎或 20 里拉，也就是说，1 英镑可以兑换的黄金是 1 法郎或 1 里拉的 20 倍。

34. Rodrik（2011，p. 35）。

35. 坎利夫机制排除了对经常账户赤字的长期融资。在极端情况下，当没有任何国家能够借款时，经常账户余额必然为零。

36. Eichengreen（1995，pp. 5-6）.

37. 这是一张简化了的图。随着各国放弃和回归金本位，并且各国央行限制和扩大可兑换性，金本位在边缘国家摇摇欲坠，特别是在拉丁美洲。

38. Eichengreen（1995，p. 6）.

39. Ibid., ch. 2；Kindleberger（1986/1973）.

40. Cain and Hopkins（2016，p. 224）.

41. Statistical Office of the United Nations（1962）.

42. Michie（2003，p. 258）.

43. Kindleberger（1986/1973，p. 11）.

44. Cairncross（1953，p. 209）.

45. Ibid., p. 208.

第3章 货币数量论：从历史到科学

1. Wicksell（1936/1898，p. 4）.

2. Leijonhufvud（1979，p. 1）.

3. Fisher（1922/1911，p. 172）.

4. Ibid., p. 157.

5. Ibid., pp. 280-315.

6. Marshall（1923）.

7. Congdon（2007，p. 282）.

8. Fisher's *Elementary Principles of Economics*（1912），引自 Congdon（2007，p. 282）。

9. Eshag（1963，p. 54）.

10. 如果一家银行被要求将其存款的10%作为准备金，当它收到额外的100英镑时，它可以贷放1 000英镑：货币乘数为10。同样，如果银行体系的准备金总体上增加了，贷款总额将是最初注入金额的数倍，其数值是可以计算出来的。

11. 引自 Eshag（1963，p. 16）。

12. Fisher（1922/1911，p. 56）.

13. Ibid., p. 66.

14. Ibid., p. 329.

15. Ibid., pp. 329-30.

16. Gårdlund（1996，p. 269）.

17. Wicksell（1936/1898，p. 96）.

18. Ibid., pp. 105-6.

19. Ibid., pp. 120-1.

20. Leijonhufvud（1979，p. 27）.

21. Humphrey（1997，pp. 81-5）.

22. Ibid., p. 83.

23. Wicksell（1936/1898，pp. 192-4）.

24. 在一战以前，英格兰银行试图将短期利率控制在略低于央行利率的水平，以限制对其贴现机制的依赖。它利用公开市场操作将央行利率与短期市场利率的利差保持在1%（Bindseil，2004，p. 15）。

25. Eshag（1963，p. 24）.

26. Fisher（1922/1911，ch. 2）.

27. Ibid., p. 6.

28. 在重新表述货币数量论时，弗里德曼将总交易 T 粉饰为实际收入 Y。但是，资金被用于许多并不增加实际收入的交易，例如那些涉及金融投机的交易。

29. Fisher（1922/1911，ch. 3）.

第4章　国家的作用：扶持之手还是掠夺之手

1. Ricardo（2005/1817，p. 244）.

2. Ferguson（2001，pp. 16-23）.

3. 这一问题在中国的《盐铁论》中得到了讨论，参见 de Bary and Bloom（1999，pp. 360-3）的 "Record of the Debate on Salt and lron"。至于 Khaldûn

的研究，请特别参见 Khaldûn（1967）。

4. Smith（1755）.

5. O'Brien（1975，p. 27）.

6. 引自 Whittaker（1940，p. 291）。

7. Ferguson（2001）.

8. Weir（1989）.

9. 关于汉诺威王朝的史料，参见 Daunton（2012）和 O'Brien（2011）。

10. Daunton（2012，p. 112）.

11. Ibid., p. 130. 在18世纪的大部分时间里，法国都支付了"违约溢价"。它在18世纪甚至在和平时期一直有赤字，因为它的政治制度使"支出的特权和纳税的义务完全分离，同时又使公众有足够的政治权力抵制征税"（Ibid., p. 124）。

12. 永续债券是指无到期日的债券；发行人一直支付债券的利息，但是不必向债券持有人支付本金（也就是产生利息的借款金额）。

13. Ferguson（2001，p. 130）.

14. Ibid., p. 193.

15. Smith（1976/1776，pp. 464-5, 881）.

16. Ibid., p. 660.

17. 斯密将储蓄和投资看作一回事，来自生产的利润会形成"存货"，它可以被用于消费，也可以用于生产的"改进"。

18. Smith（1976/1776，p. 687）.

19. Ibid., pp. 723-4.

20. Ibid., p. 912.

21. Ibid., p. 861.

22. Ibid., p. 921.

23. Ibid., p. 929.

24. Ibid., p. 932.

25. Ibid., bk V, ch. III.

26. Ibid., p. 929. 这里有一个隐含的反事实假设，尽管无法予以证明，即英国以及其他国家如果没有将如此多的钱浪费在战争中，原本会更富有。

27. Ibid., p. 947.

28. Ricardo（2005/1817, p. 247）.

29. 我们把现代的李嘉图等价定理归功于罗伯特·巴罗。李嘉图等价可以概括如下：政府可以通过税收或发行债券来为自己的支出筹集资金。债券必须偿还，因此它代表了未来某个时期的税收。根据李嘉图等价，消费者知道这一点，于是对于由发行债券来融资的政府支出，消费者的反应是减少消费，这样他们就可以为未来更高的税收而积蓄资金。因此，政府如何为支出筹集资金并不重要，不管以哪种方式筹集资金，消费和投资都会下降（Barro, 1974）。

30. Ricardo（2005/1817, p. 248）.

31. 但是，斯密的观点并不完全一致：在《国富论》中，他提到了苏格兰城镇和乡村建立银行公司的情况，并认为"苏格兰的贸易和工业……已经大幅增加了……毫无疑问，银行对这一增长做出了很大贡献"（Smith, 1976/1776, p. 297）。他把这归因于苏格兰银行愿意以"现金账户"的形式提供贷款，以及它们"特别宽松的还款条件"，这意味着在其他条件相同的情况下，爱丁堡的商人可以"比伦敦商人从事更多的交易，并为更多的人提供就业机会"（pp. 299-300）。

32. Mill（1967/1844, p. 262）.

33. Stigler（1986/1962, p. 87）.

34. Peden（2000, p. 38）.

35. Crafts（2014）.

36. H. C. G. Matthew's *Gladstone 1809—1898*，引自 Daunton（2012, p. 135）。抵押是保证将不同的收入用于不同的用途。这鼓励了剩余基金的挪用，即利用一个"基金"的盈余来弥补另一个"基金"的赤字。格莱斯顿政府拒绝了这两项原则，取而代之的是，收入被视为一个单一的资金池，每年由下议院投票进行分配和管理（p. 134）。

37. Peacock and Wiseman（1961，p. 190）。

38. Peden（1984，2002）。从1887年起，英国财政部坚持认为，除了战争，部门借款应与国家债务分开，利息偿付和年度还款由财政部的年度投票来决定（Peden，2002，p. 360）。正如佩登明确指出的那样，维多利亚时期的债务削减记录有不实之处：尽管国家债务从1887年的人均20.11英镑降至1911年的16.18英镑，但是地方当局的债务则从1887年的人均6.21英镑增至1911年的14.02英镑（Peden，2002）。

39. Middleton（1982，p. 51）；另见Morgan（1952）对维多利亚时期和爱德华时期战时财政的描述。还应注意的是，米德尔顿声称平衡预算规则还有第二个例外，即在会计意义上预期会有报酬的资本项目。鉴于与地方政府相比，中央政府公共投资的规模较小，这种例外的情况只存在理论上的可能，实际上并没有发生过（Middleton，1982，p. 51）。

40. Mallet（1913，p. 509）。

41. Tomlinson（1990，p. 24）。

42. O'Brien（2011）。

43. List（1909/1841，p. 108）。

44. Ibid.，p. 37.

45. Ibid.，p. 141.

46. Ibid.，p. 295.

47. Plumpe（2016，p. 169）。

48. Aaronson（2001，pp. 32-5）。

49. 经济史上一个悬而未决的典型问题是，德国和美国的关税是促进还是阻碍了经济增长，或者说没有起到任何作用。对于支持保护主义的观点，参见Bairoch（1993）；另外一种观点，参见Irwin（2000）。

50. Ferguson（1999b）。

51. Ibid.，p. 123.

52. Ibid.

53. Ibid.，p. 6.

54. James Rothschild to Gerson Bleichröder，引自 Ferguson（1999b，p. 91）。

55. North（2015，p. 163）.

56. 在其 1781 年 4 月 30 日给 Robert Morris 的信中。另见 Brock（1974/1957）。

57. Henderson（2006/1961，p. 45）.

第二篇 凯恩斯的兴起、辉煌与衰落

1. Keynes（1982，p. 239），来自他的论文"National Self-Sufficiency"。

2. Eichengreen（1985，p. 22）.

3. Webb and Webb（1923，p. 136）.

4. Josiah Stamp 爵士在 1931 年 6 月 11 日的《泰晤士报》上报告了法国经济学家 Jacques Rueff 的观点，引自 Grant（2015，p. 208）。

5. The Financial Resolutions of the Genoa Conference，1922，参见 Brown（1940，p. 343）的总结。

6. Laidler（1999）.

第 5 章 凯恩斯干预

1. Keynes（1971/1923，p. 148）.

2. 引自 Peden（1983，p. 281）。

3. Keynes（1981，p. 189）.

4. Cannan（1969/1925，p. xli）.

5. 引自 Skidelsky（1992，p. 164），关于凯恩斯与坎南辩论的总结在 162—164 页。凯恩斯是正确的。银行持有大量由政府发行的短期国库券，政府的目的是为战争支出提供资金，这些国库券将在战争结束之后到期。"这意味着在战争结束以后，银行可以通过在旧的国库券到期时不认购新的国库券，以补充其现金准备金。结果，在 1919—1920 年的战后繁荣时期，货币当局无力阻止信贷的大幅扩张。"（Peden，1993，p. 228）

6. Keynes（1971/1923，pp. 61-9）.

7. 凯恩斯认为，公众持有"一定数量的货币，其购买力可以购买 k 个消费单位"，后者"由特定数量的标准消费品或其他支出对象组成"，比如价格指数中包含的物品；因此，k 是衡量一个经济以货币形式持有的实际购买力的指标，它"部分取决于他们的财富，部分取决于他们的习惯"（Keynes，1971/1923，pp. 62-3）。

8. Ibid., pp. 35, 148.

9. Ibid., p. 138.

10. Kindleberger（1986/1973，p. 289）。

11. Keynes（1971/1930a，1971/1930b）。

12. Keynes（1983，pp. 424-5），参见该卷的"信贷控制"（pp. 420-7），以及 Keynes（1981，pp. 188-90）在1924年对国际联盟发表的演讲中"信贷控制的双重方法"部分。凯恩斯认为，尽管央行利率政策可能最适合维持国际均衡，但是公开市场操作是影响投资利率的最强有力的工具（Keynes，1971/1930b，p. 225）。

13. Keynes（1971/1930a，p. 153）。

14. Bindseil（2004，pp. 19-20）。

15. 关于这两种截然不同的立场，参见 Skidelsky（1992，pp. 340-1）。

16. Friedman and Schwartz（1965，p. x）。

17. Congdon（2017a，p. 2）。

18. Keynes（1971/1930b，p. 347）。凯恩斯倡导的公开市场操作与2009年的那种将名义利率降至零的做法毫无关系。相反，这一操作是为了应对未能对低央行利率做出反应的经济。这种政策的目标是将长期利率降至"下限"，也就是让央行利率和投资利率之间的利差降至衰退前的正常水平。

19. 引自 Kaldor（1970，p. 13）。

20. Ibid., pp. 14-5.

21. Laidler（2014）。

22. Peden（2000，p. 148）。

23. Niemeyer（1921），引自 Skidelsky（1981，pp. 171-2）。

24. 对"格迪斯斧头"的背景和效果的说明,请参见 Burrows and Cobbin (2009)。削减开支的影响有一部分被所得税的降低抵消了。

25. Middlemas and Barnes (1969, p. 127).

26. 20 世纪 20 年代,英国财政部通过财政"粉饰账面"假装在"平衡预算"。例如,参见 Peden (2000, pp. 148-9)。

27. 详见 Sloman (2015) 和 Skidelsky (1994/1967, pp. 52-5)。2.5 亿英镑略高于名义 GDP 的 5%。

28. Keynes (1978, pp. 86-125).

29. Hawtrey (1925).

30. Hawtrey (1913, p. 260).

31. Pigou (1913).

32. Hawtrey (1925, p. 40).

33. Ibid., p. 44. 如果政府借入原本会到外国进行投资的资金,就不会出现这种情况(p. 46),这一观点也得到了凯恩斯的支持。Hawtrey 的观点预先假定中央银行有能力"创造信贷",且不受信贷需求的影响。

34. 丘吉尔 1929 年的预算演讲,引自 Peden (2004, p. 57)。

35. "The Means to Prosperity", in Keynes (1978, pp. 335-66).

36. Crafts and Mills (2013).

37. 纳粹德国与英国有一个很大的区别,即纳粹德国更接近于一个封闭经济,从而公共支出的乘数效应不会被进口削弱。

38. 引自 Peden (2000, p. 226)。另见 Skidelsky (1994/1967)。

39. 五月委员会对赤字的预测与 2010 年的类似预测一样,都是不准确的,并且在意识形态方面危言耸听。它将所有用于失业和道路基金的借款都算作经常性支出,而在当时这并不是预算的一部分,情况相同的还有每年用于偿还债务的 5 000 万英镑。

40. Middleton (1985, pp. 85-6).

41. Ibid., p. 82. 另见 Clarke (1998, pp. 66-7) 和 Tomlinson (1990, p. 77)。

42. Macmillan Committee（1929-31, pp. 3382,7690,7783,7647,7653,7836, 7662,7835, 7841-3,7847）. Clay 的评论见 Clay（1930），引自 Skidelsky（1992, p.357）。

43. 凯恩斯在 1932 年 2 月 4 日的 Halley-Stewart 讲座，引自 Skidelsky（1992, p.441）。

44. 这些叙述和引文来源的详细细节，参见 Skidelsky（1992, pp.356-62）。关于财政部观点的辩论，另见 Clarke（1998, ch.3）。

45. Krugman（2010）.

46. 1934 年 11 月 22 日写给 Alick de Jeune 的信，引自 Skidelsky（1992, p.511）。

47. Keynes（1973a/1936, ch.11），"The Marginal Efficiency of Capital", esp. pp.143-6.

48. Krugman（2007, p.xxx）.

49. Keynes（1973c, pp.115-6）. 这句话原文出自凯恩斯于 1937 年 2 月发表在《经济学季刊》上的文章《就业通论》，这篇文章是凯恩斯"真正含义"的重要证明，因为他在文中总结了"作为我的理论基础的相对简单的思想"。

50. Keynes（1973c, pp.114-5）.

51. Keynes（1973a/1936, pp.161-2）.

52. Ibid., pp.155-6.

53. 保罗·戴维森一直坚定地认为，凯恩斯经济学的根源在于知识问题。戴维森拒绝接受他所谓的"遍历各态假设"（Davidson, 1978）。

54. Keynes（1973a/1936, p.167）; Keynes（1973c, p.110）.

55. Keynes（1973a/1936, pp.293,294）.

56. Ibid., p.9.

57. Ibid., p.12.

58. Ibid., p.265.

59. 凯恩斯本人对货币或者说名义工资向下黏性的解释依赖于如下判断，即工人习惯于将相对工资保持在一定的范围内，因此没有任何群体会第一个接受降薪（Keynes，1973a/1936，pp. 13-5）。但是，在现实世界中，这一事实取决于决定工资的特定制度结构。

60. Ibid., pp. 378-9.

61. Keynes（1979，p. 179）。他的论点是，只有在衰退到达谷底时，利率才会发挥作用，此时资本变得如此廉价，从而投资前景得以改善。这导致了流动性偏好的下降，也正是由于这个原因，利率才会下降。但是，这将不足以恢复对利润的预期，从而将经济拉回到充分就业的状态。因此，经济将在"非充分就业均衡"的状态下徘徊不前。

62. 在其前瞻性的文章《我们后代的经济前景》中，凯恩斯认为，每天工作3小时就足以"满足我们内心的欲望"（Keynes，1978，pp. 321-32）。

63. Keynes（1982，p. 389）.

64. Keynes（1973a/1936，pp. 199-201）.

65. "The Means to Prosperity", in Keynes（1978，p. 346）.

66. Keynes（1973a/1936，pp. 129-31）.

67. Keynes（1980a，p. 28）.

68. Ibid., p. 74.

69. Ibid., esp. pp. 1-144.

70. 可以说，凯恩斯的思想本身来自前科学时代的常识经济学。在《通论》中，他把第23章献给了各位先驱，这导致罗伊·哈罗德（Roy Harrod）指责他颂扬怪人和蠢人。

71. Roosevelt（1936）。有一种说法是站得住脚的，即罗斯福的赤字规模太小，在二战之前无法带来全面的复苏，却严重打击了商界的信心，由此产生的净效应几乎为零。因此，尽管有大量未使用的资源，但是一些"挤出"可能一直存在。

72. Lowe（1965，p. 192）.

73. Viner（1936，p. 149）.

74. Keynes（1945，p. 385）.

75. Allsopp and Mayes（1985，pp. 374,370）.

76. 这是简单的新古典理论的直接结果，但也是当 LM 曲线不处于水平状态或者说没有处于"流动性陷阱"时，或者货币政策没有根据财政扩张政策进行调整时，IS-LM 模型的结果。

第 6 章 凯恩斯主义的崛起

1. 参见 1935 年 1 月 1 日给萧伯纳的信，引自 Skidelsky（1992，pp. 520-1）。

2. 更准确地说，AD=AS 的平衡应该包括充分就业和外部平衡，即稳定的外汇储备。

3. Tobin（1987，p. 41）.

4. Hicks（1937）. 要了解更多细节，请参见第 7 章。

5. 凯恩斯并不热衷于国有化，但是他认为国家应该在指导生产和为生产提供资金方面发挥更大的作用，并成为"最后保险人"。

6. Schumpeter（1997/1952，ch. 10，esp. pp. 274-5）.

7. 这个首字母缩略词来自 Maddison（1983）。

8. Gerber（1994）. 安迪·斯托雷写道，德国的经济政策是一个混合体，包含秩序自由主义……俾斯麦的国家计划主义、凯恩斯主义经济思想以及莱茵—天主教社团主义，后者在一定程度上与很大程度上同为社团主义的工会运动结合在一起（Andy Storey, The Myth of Ordoliberalism, draft paper, 2017）。

9. 这是一个非常普遍的结论。另一方面，战时英国的充分就业是一个奇怪的例子。与 1938 年相比，平民的就业机会更少，而且外部平衡并不重要，只要美国人通过租借法案来解决这个问题就可以。这清楚地表明，在战争状况下取得的成果，无法轻易保证在和平时期也能获得同样的效果。

10. Ministry of Reconstruction（1944，foreword，¶ 39,55-6）.

11. Ibid.，¶ 74.

12. Tomlinson（1990，p. 246）.

13. J. C. R. Dow，引自 Congdon（2007，p. 88）。

14. Stein（1948，p. 475）.

15. Samuelson（1970/1948, pp. 332-4）.

16. Chantrill（2017）.

17. Phillips（1958）.

18. Holmans（1999, pp. 41-51）.

19. 来自 Treasury & Bank memo,"Monetary Organisation",日期为 1956 年 6 月 25 日。引自 Holmans（1999, p. 244）。

20. Radcliffe Committee（1959）. 该报告接受了通胀的成本推动理论,但否认央行利率和银行贷款之间存在任何密切联系。参见¶489,498。

21. Holmans（1999, pp. 248-9）.

22. Samuelson（1991/1966, pp. 1329-30）.

23. McCracken et al.（1977, p. 42）.

24. Labour Party Statement,引自 Beckerman（1972, p. 44）。

25. 20 世纪 60 年代成立的促进增长的机构包括 1962 年成立的国家经济发展委员会、根据 1964 年《工业培训法案》成立的工业培训委员会、1964 年成立的经济事务部和 1967 年成立的工业重组公司。

26. Kaldor（1966）.

27. Constantini（2015）.

28. Tobin（1966, p. 19）.

29. Tobin（1987, p. 5）.

30. Matthews（1968, p. 556）.

31. 引自 Clarke（1998, p. 65）。

32. Zweig（1976, p. 7）.

33. Abramovitz（1986, p. 385）.

34. Ibid., p. 395.

35. Ibid., pp. 395-6.

36. Hicks（1974, p. 3）.

37. 引自 Skidelsky（2000, pp. 502-3）。

38. Kaldor（1971）.

39. Triffin（1960）.

40. McCracken et al.（1977）.

41. Ibid., p. 47.

42. Ibid., p. 56.

43. Ibid., pp. 60-5.

44. Ibid., p. 66.

45. Ibid., pp. 11-14, 37-80.

46. Goodhart（2014, p. 11）.

47. Balogh（1972）.

48. Callaghan（1976）. 该演讲是由他的女婿、《泰晤士报》的经济编辑 Peter Jay 起草的。

49. 凯恩斯主义政策并不是一夜之间就过气了。一个晚些的例子是法国 1981—1983 年无疾而终的密特朗扩张政策，它以法郎贬值和实施紧缩措施而告终（Arnone, 1995）。

第 7 章　货币主义的理论与实践

1. Samuelson（1964/1963, p. 332）.

2. Muth（1961, p. 316）.

3. Constantini（2015, p. 34）.

4. 其中最主要的是庇古效应。货币工资和价格的下降会增加金融财富的真实价值，包括储蓄。为了实现他们的"实际储蓄"目标，个人需要少储蓄一些，因此他们会消费得更多。假设工资是灵活的，由价格下降引起的消费增加将会使经济重新实现充分就业。对庇古效应更为详细的解释，参见 Morgan（1978, pp. 48-57）。

5. 有关这些早期争论的精彩描述，参见 Leijonhufvud（1993/1969）。

6. Hicks（1937）.

7. Coddington（1983, pp. 66-7）.

8. 引自 Skidelsky（2003, p. 547）。

9. Samuelson（1955/1948, p. 212）.

10. Hayek（2001/1944, pp. 110,126,213）.

11. Keynes（1980b, pp. 385-8）.

12. 引自 Cherrier（2011, p. 1）。

13. 在货币需求中，弗里德曼的"永久性收入"是财富的一个代理变量。

14. 参见 Friedman（1957, esp. ch. 3, pp. 20-37），"永久性收入假说"。实际上，凯恩斯也认为在短期内，人们的收入下降可能导致消费超过收入，因为他们会动用储备资金（Keynes, 1973a/1936, p. 98）。他也认可货币价格下降会产生"意外之财效应"，这与庇古效应类似。但是，他并不认为这些效应与人们试图平滑一生的消费有关。他认为，对人们来讲，未来收入的不确定性太大了，以至于他们无法依靠计算永久性收入来决定如何消费。当收入下降时，人们维持消费的行为更多地与习惯性的消费模式有关。更多讨论参见 Keynes（1973a/1936, pp. 89-106）。

15. Friedman（1956）. Wood（1995）讨论了弗里德曼与货币数量论的早期版本之间的联系。

16. Friedman and Schwartz（1963）.

17. Friedman and Schwartz（1982）.

18. Hendry and Ericsson（1991）.

19. 弗里德曼和施瓦茨写道，"一个比简单的货币数量论更为复杂的分析表明，在我们考察的整个时期，存在一个稳定的货币需求函数"（Friedman and Schwartz, 1982, p. 624）。亨德利和埃里克森发现，相同的证据"驳斥了弗里德曼和施瓦茨报告的模型的稳定性"（Hendry and Ericsson, 1991, p. 14）。至于货币的外生性，弗里德曼和施瓦茨在其之前的研究中声称，他们的数据表明"货币变化通常有独立的缘由，而不是简单地反映经济活动变化"。后来，他们又说，"名义货币数量……是一个外生变量"（Friedman and Schwartz, 1982, p. 35）。亨德利和埃里克森回应道，"货币存量似乎由私人部门的决策外生决定的，因为英格兰银行实际上扮演了最初贷款人的角色，它随时准备按照现行的央行利率为一级商业票据提供再贴现服务"（Hendry and Ericsson,

1991，p. 27）。

20. Friedman 引自 Wood（1995，p. 107）。

21. Friedman（1970，p. 24）。

22. Friedman（1968，p. 6）。

23. 同上。对凯恩斯主义菲利普斯曲线的攻击是弗里德曼和爱德华·菲尔普斯共同的杰作。

24. Friedman（1968，p. 8）。

25. Ibid., pp. 12-3.

26. Friedman（1951）。

27. Coddington（1983，p. 43）强有力地说明了这一点。

28. 比较一下康登的说法："相信经济中货币的重要性和经济学家对市场机制的支持，从本质上来讲，这两者之间的关系……几乎就是一个经验规律。"（Congdon，2007，p. 17）

29. Wood（1995，p. 97）。

30. Ibid.

31. 正如 Hawtrey（1938）所支持的那样。

32. Congdon（2007，p. 150）。

33. Ibid.

34. Silber（2012）。

35. Laidler（1985）。

36. Minford（1988，p. 97）。

37. 在美国，1978 年的《充分就业和平衡预算法案》（也被称为 Humphrey-Hawkins 法案），赋予美联储稳定价格和实现充分就业的双重职责。这符合美国的传统。

38. 关于拉弗曲线的讨论，参见 Fullerton et al.（1994，pp. 174-7）。

39. Blyth（2013，esp. pp. 165-7）。

40. 引自 Clarke（1998，p. 77）。

41. 在他 1984 年 6 月 18 日的第五次梅斯讲座中，引自 Lawson（1992，

pp. 414-5）。

42. Ibid., p. 298.

43. Ibid., p. 813.

44. 引自 Clarke（1998, p. 62）。

45. Lucas（1972）.

46. Lucas（1976）. 这就是所谓的"卢卡斯批判"。

47. 从某种角度上来看，这使它更接近凯恩斯关于多重均衡的观点，但是这并不意味着一个均衡要优于另外一个均衡。

48. 引自 Skidelsky（1992, p. 457）。

49. 美国经济学会的主席演讲（Lucas, 2003, p. 1）。

50. 新凯恩斯主义模型包含了以下某个因素或者所有因素，即效率工资、交错的工资设定、不完全市场、搜寻和讨价还价、不完全竞争、流动性约束和协调失败。

51. Wren-Lewis（2012）.

52. 因此市场利率将会对中央银行将如何行动，而不是对中央银行实际做什么做出反应，这意味着它需要做的很少。然而，如果要让这一规则奏效，人们不仅必须相信这一规则会得到遵循，而且要相信这一规则是正确的。

53. Congdon（2007, p. 14）.

54. Jones（2012, p. 262）.

55. Lindbeck（1976, p. 31）.

56. North and Thomas（1970）.

57. 有关公共选择理论的总结，参见 Mitchell and Green（1988）。

58. 改编自 Woodford（2009）。

59. Lucas（1980）.

60. Haberler 引自 Shaw（1984, p. vii）。

61. Blume et al.（1982, p. 314）.

62. Evans and Honkapohja（2005, p. 4）.

63. Wickens（2012, p. 4）.

64. Romer（2011，p. 204）.

65. Blanchard（2008，pp. 8-9）. 他描述了三个关键的新凯恩斯主义方程。

66. Wren-Lewis（2012，p. 278）.

67. Woodford（2003）.

68. Taylor（1993）.

第三篇　危机时期和危机之后的宏观经济学：2007 年及以后

1. International Monetary Fund（2016）. 国内总产出的增长率按不变价格计算，通胀为"发达经济体"消费价格的平均值。

2. Minsky（2008/1986，p. 237）.

3. 欧盟委员会基于《马斯特里赫特条约》第 107 款（3B）实施了法律豁免，在成员国经济遇到严重困难时，允许国家提供援助。

4. Giles（2017）.

5. G20（2009，pp. 1-2）.

第 8 章　财政政策失灵

1. Cameron（2013）.

2. HM Treasury（2006，p. 18）.

3. 相关数据和讨论，参见 Sawyer（2007）。

4. 详细信息参见 Skidelsky（2010）对 Gordon Brown 的 *Beyond the Crash* 一书的评论。

5. Darling（2011，p. 264）.

6. International Monetary Fund（2010，p. 9）.

7. 引自 Wolf（2010b）。

8. 引自 Beattie and Giles（2010）。奥巴马："我们必须……从过去犯下的错误中吸取教训，以往过早撤回刺激计划造成了恶果。"关于 Schäuble 的部分，参见 Bibow（2010）。

9. 新闻报道中反对"财政整顿"的例子，参见 Wolf（2010a，2010b），

Stiglitz（2010）、Shiller（2010）和 DeLong（2010），后者主张采取"极大规模的扩张性财政、货币和银行政策"。《泰晤士报》的经济专栏作家 Anatole Kaletsky 指出，政府未能解决医疗和养老金责任对其偿付能力的长期威胁，这一观点并未给他带来多少荣誉。参见《泰晤士报》，2010 年 7 月 12 日。

10. Wolf（2010b）。

11. 关于"巡航导弹"的引文，参见 Watt（2008）；关于邀请来投机的内容，参见 Stephens（2010）。

12. Office for Budget Responsibility（2017）。

13. Blanchard and Leigh（2013，p. 6）。

14. 金融危机爆发之后，政策利率达到了零下限，这导致了乘数的"重新发现"。Christiano et al.（2011）在《政治经济学杂志》上发表了一篇被广泛引用的文章，认为如果无法使利率进一步降低以诱导私人消费者增加支出，财政政策就应发挥作用。他们估计的乘数值为 3.7。

15. 萨默斯得意地称之为"矛盾论"（Summers，2011）。

16. Blyth（2013，p. 175）。

17. Alesina（2010）。

18. Reinhart and Rogoff（2011/2009，p. xxv）。

19. Reinhart and Rogoff（2010b，p. 573）。

20. Krugman（2015）对 Herndon et al.（2014）的总结。

21. Reinhart and Rogoff（2010a）。

22. 对作者在上议院委员会提问的回应。

23. *Evening Standard*（2009）。

24. 引自 Skidelsky（2009，p. 49）。

25. 他特别提到："企业和个人都会着眼于未来。虽然他们并非李嘉图等价定理假设的那种完全理性的生物，但是，税率和政府支出未来路径的不确定性确实会对他们的行为产生显著的影响。"也许人们并非"完全理性"这一限制条件是由他的专家顾问加入的。http：//www.totalpolitics.com/print/speeches/35193/george-osborne-mais-lecture-a-new-economicmodel.html。

26. 这个童话是保罗·克鲁格曼（Krugman，2010）的讽刺性说法，用于描述这一论点缺乏事实根据。

27. Mackenzie（2010）。Mackenzie 标题中的"短视"准确地描述了债券市场交易者的观点。

28. 2008 年 10 月，默克尔在回答某个关于雷曼兄弟倒闭的问题时说："你只要问问一个施瓦本的家庭主妇就能得到答案。"

29. 也许人们认为分配效应是不理想的，但是，总体上看，这不会给后代带来净负担。

30. Office for Budget Responsibility（2012，p. 33）。

31. HM Treasury（2010，p. 8）。

32. Blanchard and Summers（1986）。在这篇论文中，布兰查德和萨默斯使用了一个新古典主义框架，其中持续的失业源自黏性工资。而黏性工资的产生又是由于"局内人"的话语权大于"局外人"，前者希望维持工资，后者则愿意接受降薪，以增加就业的机会。

33. 从 2008 年至 2015 年，23 个经合组织国家潜在产出的平均损失估计为 8.4%；参见 Ollivaud and Turner（2014，p. 10）。

34. Council of Economic Advisers（2010）。

35. 美国相对扩张的财政记录反映了美国财政宪则的特殊性。总统可以提出议案，但是国会有决定权。由于法案规定的时间较长，小布什 2008 年的经济刺激计划一直延续到奥巴马时期，直到在 2012 年底遭遇"财政悬崖"。

36. Heimberger（2017），另见 Radice（2014）。

37. 自 2010 年欧元区危机以来，财政规则得到了加强。预算必须处于平衡或者盈余状态，结构性赤字最高为 0.5%，对违规行为会进行自动制裁。

38. Parker and Barker（2010）。

39. Bland（2016）。

40. Wren-Lewis（2017）。

41. Carney（2016，p. 12）。这建立在 Blanchard and Leigh（2013）的估计之上。

42. 2016 年，英国 6.3%的就业者处于"与时间相关的非充分就业状态"（ILOSTAT，2017）。由于失业率为 4.9%，这意味着 0.063×（1-0.049），即大约 6%的全部潜在劳动力处于与时间相关的非充分就业状态。再加上那些失业的人，这一比例就达到了 11%。

43. 借由阿瑟·拉弗的研究，"供给侧凯恩斯主义"在 20 世纪 80 年代流行起来。拉弗曲线表明，如果削减最高边际税率，便可以诱导富人更加努力地工作，从而提高政府的收入。不过，美国偏爱减税而不是支出的凯恩斯主义，正如 Herbert Stein 在 *The Fiscal Revolution in American*（1969）中表明的那样，这可以追溯到新政时期的 Beardsley Ruml。这方面的最新成果是克里斯蒂娜·罗默和戴维·罗默的一篇论文，该论文估计美国的税收乘数为 3，即每减税 1 美元，GDP 增加 3 美元（参见 Romer and Romer，2010）。

44. Bernanke（2016）。

45. Turner（2015）；Pettifor（2017，p. 122）。

46. Shaikh（2016，p. 680）。

第 9 章 新货币主义

1. Brittan（2010）。

2. Brookings Institution（2014）。

3. May（2016）。

4. Draghi（2016）。

5. Section 11 of the Bank of England Act 1998；Bank of England（2015，p. 50）。

6. "央行利率""基准利率""官方利率""政策利率"可以互换使用。它们的意思是一样的。在美国，对应的是"联邦基金利率"。

7. King（2012，p. 2）。

8. Bank of England Monetary Policy Committee（1999，p. 11）。

9. "虽然官方利率的变化会明确地使其他短期利率向同一方向变动……但是对长期利率的影响可能是正向的，也可能是负向的……比如，官方利率上

升会产生未来利率降低的预期,在这种情况下,长期利率可能会随着官方利率上升而下降。"(Ibid., p.4)

10. The Pensions Regulator (2016, p.5).

11. Ibid., p.6.

12. King (2005). 如果通胀从任何一个方向偏离目标超过1%,英格兰银行行长就必须给财政大臣写一封公开信,解释为什么会这样。

13. Ibid., p.12.

14. 摘自 Carney (2017)。

15. 卡尼最近提议,鉴于目前这场金融危机,这个等式应该增加一项以代表金融稳定(Ibid.)。

16. 欧洲央行的任务是不对称的。它将价格稳定定义为"低于但接近2%"。

17. Roger Bootle 在 *The Death of Inflation* 一书中特别关注"中国价格"(Bootle, 1996)。

18. 在大缓和时期的多数时间里担任英格兰银行行长的默文·金用中央银行家惯用的密语总结道:"在大缓和时期,新凯恩斯主义模型被证明可以预测产出和收入相对较小的波动,在危机之前,这是经济波动的典型特征。但是在这场危机时,这些模型表现不佳。"(King, 2016, p.305)

19. 引自 Cohen (2017)。

20. King (2009, p.7)。

21. Bernanke (2004).

22. 美国在量化宽松政策实施前不久推出的《问题资产救助计划》(TARP),是由财政部而非美联储发起的。

23. Bernanke (2009).

24. Ricketts and Waller (2014).

25. Wolfers (2014).

26. 在"回购"交易中,中央银行向商业银行发放短期抵押贷款。

27. 欧洲央行资产负债表参见 European Central Bank (2017a),欧元区

GDP 参见 Eurostat（2017），以当期价格计算，单位为百万欧元。

28. 我们在此集中讨论这三家中央银行。中国注入流动性是通过各种短期逆回购程序，以及一种西方世界早已遗忘的工具，即降低银行准备金率来实现的。由于准备金率达到 20%，远远高于西方银行接近零的水平，这使得中国人民银行拥有很大的政策空间。日本银行在 2001 年至 2006 年曾经尝试过量化宽松政策，但是没有成功。直到 2013 年，日本银行才重新启动量化宽松政策，并以此作为"安倍经济学"的一部分，当时它宣布"通过致力于持续实施近乎为零的利率政策，并且只要日本银行认为合适，就会购买金融资产"，从而推行"积极的货币宽松政策"，以实现 2% 的通胀目标（Morimoto，2013，p. 5）。

29. Robert Lucas，引自 Skidelsky（2009，p. 47）。

30. Congdon（2007，p. 282）.

31. Ryan-Collins et al.（2014/2011，p. 19）给出了一个简单的说明。

32. Kaldor（1983a，p. 21）. 这是卡尔多对"回流定律"的重新表述（p. 46）。

33. Keynes（1973a/1936，p. 173）.

34. 同上。或者，正如新古典经济学家所讲的，假设在囤积货币时不存在明显的机会成本。

35. 在《货币论》中，凯恩斯将金融活动定义为"持有和交换现有财富所有权的业务"，并指出它"与产出数量并无密切联系"（Keynes，1971/1930a，pp. 217, 222）。如果我们考虑一下最初的货币数量论方程式 $MV = PT$，就能更清楚这一点。其中 T 代表任意给定时期所有的交易，比如它可能包括购买早期绘画大师的作品。

36. Haldane et al.（2016，p. 5）.

37. Haldane et al.（2016，p. 13）.

38. BBC（2014）.

39. Haldane et al.（2016，p. 17）.

40. Joyce et al.（2011a）.

41. Meaning and Warren（2015）。关于量化宽松政策影响的进一步定量研究，参见 Gagnon et al.（2011a，2011b），Neely and Dey（2010），以及 D'Amico and King（2013）。

42. Wright（2012）。Wright 强调这种影响只是暂时的。

43. Miles（2012，p. 6）。

44. Haldane et al.（2016，p. 15）。

45. Ibid., p. 17.

46. Bank of England（2017b）。

47. Draghi（2011）。

48. Churm et al.（2012，p. 306）。

49. *Der Spiegel*（2016）。

50. 这里有一个例外。如果负利率导致货币贬值，即使它们不影响贷款利率，也可以起到扩张作用。卡尼说，"从单个国家的角度来看，这也许是促进经济活动的一个有吸引力的方法……但是对整个世界来讲，这种出口过剩储蓄并将需求疲软转嫁给其他地区的方法，最终只能是一种零和博弈"（Schomberg，2016）。

51. Bech and Malkhozov（2016）。

52. 对后者的解释，参见 Skidelsky（2016）。

53. 比如，参见 Joyce et al.（2011a），Christensen and Rudebusch（2012）。

54. "扭转操作"是一个绰号，指的是美联储通过卖出短期国债并用所得资金购买长期国债，从而降低长期收益率的一种策略。这个术语是对 Chubby Checker 的歌曲"Let's Twist Again"的致敬。

55. Joyce et al.（2011b）。

56. Bank of England（2012，p. 254）。

57. Haldane et al.（2016，p. 23）。

58. Keynes（1973/1936，p. 203）。

59. Bank of England（2012，p. 259）。

60. Carney（2017）的文章多处提到类似的观点。

61. Driffill and Miller（2013）.

62. Kang et al.（2016）.

63. Ibid.

64. Dale（2012）.

65. Congdon（2011，pp.100-1）.

66. McLeay et al.（2014，p.2）.

67. "在货币数量减少 20%~25% 的情况下，大体说来，国民收入和财富名义值的均衡水平也将减少 20%~25%。"（Congdon，2017a，p.58）

68. Ibid.，p.24.

69. 私人通信。

70. 私人通信。

71. McLeay et al.（2014）.

72. Congdon（2017a，p.40）.

73. Ibid.，p.5.

74. Ibid.，p.6.

75. Thomas（2017，p.90）.

76. Congdon（2017a，p.41）.

77. Ibid.，p.23.

78. 同上，文章多处提到类似的观点。

79. 例如，他批评了"从 2008 年 10 月开始急剧而匆忙地收紧了银行监管"，并且"赞扬从 2009 年春季开始中央银行采取的增加货币数量的行动"（Ibid.，p.47）。

80. Thomas（2017，p.90）.

81. Ibid.

82. Congdon（2017a，p.47）. 康登特别指出了 2008 年 10 月强制提高了资本金与资产的最低比例。参见 Congdon（2017b）："如果银行的资本金与资产的比例匆忙提高，并且资本金的数额是给定的，那么银行的资产，也就是它们的存款负债或者货币必然下降。"

83. 参见第 3 章中费雪的观点。

84. Congdon（2017a，p. 38）.

85. Ibid.

86. Ibid.

87. Ibid.，pp. 41-2.

88. 私人通信。

89. Congdon（2011，pp. 405-6）.

90. Ibid.，p. 204.

91. Congdon（2017a，p. 24）.

92. Ibid.

第 10 章　宏观经济视角下的分配问题

1. Clark（1899）.

2. Piketty（2014/2013），Scheidel（2017）.

3. Pigou（1912）.

4. Edgeworth（1961/1881，p. 101）.

5. Samuelson（1970/1948，p. 609）.

6. 实际上，上面引用的萨缪尔森的理论总结在 20 世纪 60 年代和 70 年代的"剑桥资本争论"中受到了挑战，这一争论发生在英国剑桥学派与马萨诸塞州"剑桥"学派之间。英国剑桥大学的经济学家（如 Piero Sraffa、Joan Robinson 和 Nicholas Kaldor）否定了在这场争论中马萨诸塞州剑桥镇的萨缪尔森和其他人提出的新古典理论，即资本是独立的生产要素，对边际产品有独立的贡献，应该获得自己的回报。英国剑桥学派认为，虽然不同种类的资本的价格反映了相对稀缺性，但是总利润率反映了资本所有者的权力。然而，尽管他们被认为赢得了这场论战，但是当时并没有人注意到这一点。

7. 引自 Córdoba and Verdier（2007，p. 3）.

8. Rawls（1971）. 罗尔斯认为，只有在有助于改善福利最差者的状况时，不平等才是合理的。

9. 尽管 Michael Bleaney 否认 Malthus 和 Luxemburg 是真正的消费不足论者（Bleaney，1976）。

10. 关于 Hobson，参见 Nemmers（1956）。

11. Hobson and Mummery（1889，p.v）.

12. Hobson（1922，p.12）；Hobson（1910/1909，p.303）.

13. Hobson（1902）.

14. Lenin（1970/1917）.

15. Hobson（1896，1900）.

16. 对霍布森的学说最详细的研究，参见 Lee（1970）。有学者发现，在 1914 年之前的英国、法国、德国和美国这四大资本输出国中，只有美国和德国表现出明显的资本集中的迹象（Fieldhouse，1973，pp.47-53）。

17. Marx's *Das Kapital*（vol.III，ch.30），引自 Blaug（1996，p.270）.

18. "Fear the Boom and Bust"，一首有关哈耶克与凯恩斯的说唱歌曲（2010），引自 Durand（2017，p.43）。

19. Skidelsky（1992，pp.454-9）。"The Wildest Farrago of Nonsense Yet"是凯恩斯对哈耶克用德文发表的论文"Capital Consumption"草稿的评论。另见 Durand（2017，pp.46-8）。

20. Keynes（1973a/1936，p.371）.

21. Ibid., pp.367-8.

22. Ibid., p.370.

23. Ibid., p.376.

24. Ibid., pp.376-7.

25. Ibid., p.374.

26. Eccles（1951，p.76）.

27. Devine（1994）.

28. Piketty（2014/2013）.

29. Mishel et al.（2012）.

30. Luttwak（2015）.

31. Piketty（2014/2013）. 这也是 Walter Scheidel（2017）的论点，他认为战争是历史上"伟大的均平机"。

32. Giles（2014）. 另见 Noah Wright（2015）对皮凯蒂用图表展现数据的方法的批评。

33. Reed（2014）.

34. Ibid., p. 145.

35. Galbraith（2014）. 更具体地说，皮凯蒂掩盖和曲解了剑桥资本争论，参见上面注释6。

36. Abstract，Palley（2001）.

37. Ibid.

38. Weeks（2011）.

39. Palley（2009）.

第11章 银行出了什么问题？

1. Volcker（2011）.

2. Turner（2016，p. 87）.

3. Pettifor（2017，p. 11）.

4. Clinton（1995，p. 808）.

5. van Steenis（2016）.

6. Harrison et al.（2005，p. 43）.

7. King（2016，p. 315）.

8. Skypala（2015）.

9. Ryan-Collins et al.（2014/2011，p. 51）.

10. Fama（1991，p. 1575）.

11. Fama（1995/1965，p. 76）. 正式的表述如下："市场效率要求在任何 $t-1$ 期设定证券价格时，市场正确地使用了所有可得的信息。为简单起见，假设 $t-1$ 期的价格仅取决于 t 期价格联合分布的特征。然后，市场效率要求在设定 $t-1$ 期的价格时，市场正确地使用所有可得的信息来估计价格在 t 期的联合

分布。正式的表述是，在一个有效市场中，$f(P_t | \varphi_{t-1}) = f_m(P_t | \varphi_{t-1}^m)$，其中 $P_t = (p_{1t}, \cdots, p_{nt})$ 是 t 期证券价格的向量，φ_{t-1} 是 $t-1$ 期可用的信息集，φ_{t-1}^m 是市场使用的一组信息，$f_m(P_t | \varphi_{t-1}^m)$ 是市场估计的 P_t 的密度函数，$f(P_t | \varphi_{t-1})$ 是 φ_{t-1} 隐含的实际密度函数。"

12. 除非政府有私人信息，但是根据有效市场假说，政府最好向公众公布这些信息，以便由市场这个更高级的"大脑"来处理。

13. 达成的折中意见是，"市场距离完全效率仅一步之遥，利用任何低效率产生的回报都等于发现这一低效率所需技能和努力的成本"。这使得有效市场假说和繁荣时期金融业的巨额回报可以共存（Quiggin，2010，p.41）。

14. Cassidy（2010）。

15. Nocera（2009a）。

16. 我们不需要回忆太久远的事情，也能明白这一点。在大衰退之前的十年间，西方国家的互联网泡沫破裂了，实施金融市场自由化的新兴市场国家爆发了一系列金融危机，阿根廷和东亚尤为明显；仅凭这些事例就应该对有效市场假说产生更多的疑问。

17. Quiggin（2010，p.22）。参见 Minsky（2008/1986）。

18. David Einhorn，引自 Nocera（2009b）。

19. Larsen（2007）。

20. Dowd et al.（2008）。

21. Ostry et al.（2016，p.39）。

22. 关于国际货币基金组织资本自由化计划产生后果的一个早期评述，参见 Stiglitz（2002）。

23. Ostry et al.（2016，p.39）。

24. Ibid., p.41.

25. 1933 年《银行法案》的技术部分。

26. Reed（2015）。

27. Wolf（2008）。

28. "巴塞尔银行监管委员会（BCBS）已经制定了有关银行资本金要求

的建议。该委员会是由中央银行和监管机构组成的私人团体,与国际清算银行有关联。巴塞尔银行监管委员会制定的规则通常被称为《巴塞尔协议》,尽管它对任何国家的监管机构都不具有正式的约束力,但实际上已被各国和欧盟的金融监管机构采用,因此对银行具有约束力。"(Ryan-Collins et al., 2014/2011, p. 93)

29. Turner(2009, p. 39).

30. Ibid., p. 87.

31. "如果没有功能强大的电脑,就不可能创造出这些奇异的衍生品。"(Ford, 2009, p. 46)

32. Buiter(2009).

33. Soros(2009b).

34. 引自 BBC News(2003)。

35. Utzig(2010).

36. Kingsley(2012).

37. Turner(2009, pp. 77-8).

第12章 全球失衡

1. King(2012).

2. Harvey(2009, p. 2),引自 Kishore(2014, p. 49)。贸易和资本流动的数据来自 Kishore(pp. 46-7)。

3. 引自 Balls(2005)。

4. Wolf(2004, p. 184).

5. Wolf(2007a).

6. Wolf(2007b).

7. Dani Rodrik,引自 Ostry et al.(2016, p. 39)。

8. International Monetary Fund(2009, Appendix I, p. 1).

9. Pettis(2013),另见 Chi Lo(2015)。简而言之,罗念慈的观点是,中国原有的发展模式已经走到终点,这种模式通过汇率低估和抑制金融体系来促进出口，并由此带动经济增长。受到抑制的金融体系将中国的储蓄用于持续亏损的国有企业。它需要重新平衡，以满足国内消费者的需求。

10. 出版商对 Rajan 的介绍（2010）。

11. Calleo（2009）.

12. Greenspan（2007，pp. 471-2）.

13. Lazonick（2015，p. 36）.

14. de Grauwe（2011）.

15. Borio and Disyatat（2015）.

第13章 重建政治经济学

1. Hutchison（1978，p. 125）.

2. Marx and Engels（1967，p. 83）.

3. Mazzucato（2013）.

4. Mazzucato（2016，p. 104）.

5. 英国财政部成立了一个"耐心资本"部门，尽管行动迟缓，但最终还是承认了有设立启动资金的必要性。"耐心资本审查是由英国财政部资助的一项倡议，旨在考虑金融体系的各个方面如何影响为快速成长并寻求扩大规模的创新型企业提供的长期融资。"（Report，2017年8月）这是一次姗姗来迟的尝试，旨在克服风险投资短缺的问题，即1931年《麦克米伦金融与工业报告》指出的所谓"麦克米伦缺口"（Macmillan gap）。

6. Keynes（1973a/1936，p. 164）.

7. 将某些类型的公共投资排除在"预算外"，应该区别于将实施这类投资的机构私有化，这在英国很常见；例如，建房互助协会被重新归类为私人机构，从而将超过600亿英镑的债务从政府的资产负债表中移除（*Financial Times*，2017年11月16日）。

8. 详情参见 Skidelsky et al.（2012）。欧洲投资银行是风险投资的主要来源，这主要是在欧盟地区。英国已经有两家公共投资银行，即绿色投资银行和英国企业银行，但是它们没有借贷能力，这严重影响了它们的投资潜力。

9. Atkins et al.（2017）.

10. https://mainlymacro.blogspot.com/2018/06/a-new-mandate-for-monetarypolicy.html.

11. Galbraith（2017）.

12.《多德—弗兰克法案》于2010年通过。根据所谓的沃尔克规则，它禁止吸收存款的银行进行自营交易，即用客户存款以银行老板和所有者的名义进行投资。2013年的《金融服务法案》实施了John Vickers爵士的报告中提出的建议，即在不分割所有权的情况下，为银行的零售部门"竖起栅栏"，使之免受投资部门的风险。《利卡宁报告》建议欧盟为银行建立类似的防护体系，但是尚未立法。

13. 与现金或者政府债券等"更安全"的资产相比，"风险更高"的资产被赋予更高的权重，比如银行持有的借款人违约概率较高的贷款。

14. Congdon and Hanke（2017）.

15. Riecher and Black（2013），另见Wallace（2013）。

16. Prynn（2016）.

17. Foreword to "The Bank of England's approach to resolution"（Bank of England，2017d）.

18. Hoenig（2014）.

19. 恢复银行业中的"美德"被定义为"重新将经济需要和道德需要作为银行业的目的"，并形成一种风气，以便将该目的贯彻到"所有行业的运营和行为"中。

20. Nick Leeson，引自Baxter（2014）。

21. Lord Turner，引自Private Debt Project（2015）。

22. 对于单个银行而言，针对房地产的贷款似乎更安全，但是整个银行体系"针对房地产的贷款，特别是针对供给不易增加的现有房地产的贷款，会产生信贷供给、信贷需求和资产价格的自我强化循环"（同上）。

23. Woods（2017）.

24. Keynes（1980b, p.384）.

25. 稳定状态后来发展成为平衡增长的思想，即人口和财富以相同的速度增长，并且偏好不变。

26. Summers（2013，2014），Krugman（2013a，2013b）。

27. Keynes（1978，p.328）。来自凯恩斯的《我们后代的经济前景》一文。

28. 这自然会对分配产生影响，参见 Autor et al.（2015）。

29. Leontief（1952，1979）。

30. 详细说明参见 Aaronson（2001，ch.1）和 Stiglitz（2006）。

31. "民粹主义"最初描述的是19世纪末期美国农民反对实业家和"强盗大亨"的金钱权力。后来，拉美的反美政治风潮被贴上了这个标签。民粹主义受到了两次世界大战之间欧洲法西斯主义的影响，极为强调强人领袖和右翼与左翼言论的混杂。庇隆主义和查韦斯主义是最著名的例子。现在，它通常指的是建制派政党之外蛊惑人心的政治风格。荷兰政治学家 Cas Mudde 称之为"针对非民主自由主义的非自由主义民主反应"。

32. de Grauwe（2011），de Grauwe and Ji（2016）。

33. de Grauwe and Ji（2016）。

34. 一位有先见之明的批评家是 Giorgio La Malfa，参见 Malfa（2000）。

35. de Grauwe and Ji（2016）。

36. Congdon（2017c）。

37. 1982年由美国贸易代表办公室批准。请注意，该定义依赖于比较优势理论。

38. Chang（2007，p.3）。

39. 关于现代幼稚产业论，参见 Ho（2012）。

40. 对新贸易理论的评述，参见 Sen（2010）。另见 Davey（2017）。

41. Ricardo，引自 Went（2002，pp.15-6）。另见斯蒂夫·基恩，他写道，李嘉图"做出了一个至关重要的错误假设，即实物机器和货币资本是等价的，这个假设从那以后一直困扰着经济学，它将不同国家的专业化机器设备视为具有流动性……就像由这些设备赚的钱一样"（Keen，2017）。

42. Alvater and Mahnkopf, *Grenzen der Globalisierung：Ökonomie，Ökologie und Politik in der Weltgesellschaft*，1996，p. 206，引自 Went（2002，p. 16）。

43. *Financial Times*，12 December 2017.

44. Lo（2018）.

45. Masch（2017）.

46. Lo（2018）.

47. Keynes（1980a，p. 53）.

48. James（2002，p. 1）.

49. 关于经济学中需要重新思考的问题，有一份精彩的研究，请参见 Lavoie（2018）。

50. Harvey（2015，p. 111）.

51. Milner（2009）.

52. Nielsen（2012）.

53. Frydman and Goldberg（2011）.

54. 理查德·塞勒教授因"助推"理论获得了 2017 年诺贝尔经济学奖。这种理论识别了各种远非理性的行为：当给人们一个退出选项而不是加入选项时，加入私人养老金计划的人数就会增加，如果可以对这一计划的收益进行客观评价，这显然是不理性的。很久以前人们就知道存在与惯性有关的行为偏差，并将其用于政策目的。例如，英国工会在工党政府的支持下，在为工党提供政治献金时，总是倾向于强加给工会成员"退出"选项；保守党政府已通过立法，迫使他们使用"加入"选项。根据英国《金融时报》2017 年 10 月 10 日的报道，"塞勒教授的笼统建议是，无论你是一家企业还是一个政府，如果你想让人们做点什么，那就让它变得容易"。人们不免会猜测，他获得诺贝尔奖不是因为有任何新的洞见，而是因为拥有非凡的技术造诣，使经济学界能够接受某种古老的见解。

参考文献

Aaronson, S. A. (2001), *Taking Trade to the Streets: The Lost History of Public Efforts to Shape Globalization*. Michigan: Michigan University Press.

Abbas, S. A., Belhocine, N., El Ganainy, A. and Horton, M. (2010), A historical public debt database. *IMF Working Paper* (WP/10/245).

Abramovitz, M. (1986), Catching up, forging ahead, and falling behind. *Journal of Economic History*, 46 (2), pp. 385–406.

Alesina, A. (2010), Fiscal Adjustments and the Recession. Available at: http://voxeu.org/article/fiscal-adjustments-and-recession [Accessed 5 July 2017].

Allen, K. (2017), Employment statistics tell us skewed story about UK jobs market. *Guardian*, 6 August.

Allsopp, C. J. and Mayes, D. (1985), Demand management policy: theory and measurement. In: D. Morris (ed.), *The Economic System in the UK*. Oxford: Oxford University Press, pp. 366–97.

Arendt, H. (1998 (1958)). *The Human Condition*. 2nd edn. Chicago, Ill.: University of Chicago Press.

Arnone, M. (1995), French macroeconomic policy under President Mitterrand: an assessment. *Rivista Internazionale di Scienze Sociali*, 103 (4), pp. 743–56.

Asso, P. F. and Leeson, R. (2012), Monetary policy rules: from Adam Smith to John Taylor. In: E. F. Koenig, R. Leeson and G. A. Khan (eds.), *The Taylor Rule and the Transformation of Monetary Policy*. Stanford, Calif.: Hoover Institute Press.

Atkins, G., Davies, N. and Bishop, T. K. (2017), *How to Value Infrastructure: Improving Cost Benefit Analysis*. London: Institute for Government. Available at: https://www.instituteforgovernment.org.uk/publications/value-infrastructure-september-2017 [Accessed 21 December 2017].

Autor, D., Dorn, D. and Hanson, G. (2015), Untangling trade and technology: evidence from local labour markets. *The Economic Journal*, 125 (May), pp. 621–46.

Bagehot, W. (1873), *Lombard Street: A Description of the Money Market.* London: Henry S. King & Co.

Bairoch, P. (1993), *Economics and World History: Myths and Paradoxes.* New York: Harvester Wheatsheaf.

Baldwin, R. and Giavazzi, F. (2015), Introduction. In: R. Baldwin and F. Giavazzi (eds.), *The Eurozone Crisis: A Consensus View of the Causes and a Few Possible Solutions.* London: CEPR Press, pp. 18–62.

Balls, A. (2005), Bernanke likely to be tough on inflation. *Financial Times*, 27 October.

Balogh, T. (1972), Unemployment: the real cause. *New Statesman*, 28 January.

Bank of England (1933), *Bank of England Papers*, EID 4/103, 30 June, s.l.: s.n.

Bank of England (2012), *Quarterly Bulletin, 2013 Q3: The distributional effects of asset purchases*, pp. 254–66. Available at: https://www.bankofengland.co.uk/quarterly-bulletin/2012/q3/the-distributional-effects-of-asset-purchases [Accessed 9 May 2018].

Bank of England (2015), *The Bank of England Act 1998: The Charters of the Bank and related documents.* Available at: http://www.bankofengland.co.uk/about/Documents/legislation/1998act.pdf [Accessed 10 July 2017].

Bank of England (2016), *Monetary Policy Summary.* Available at: http://www.bankofengland.co.uk/publications/minutes/Documents/mpc/mps/2016/mpsaug.pdf [Accessed 10 July 2017].

Bank of England (2017a), *Dataset – Three Centuries of Data, Version 3.* London: Bank of England.

Bank of England (2017b), *How Does Monetary Policy Work?* Available at: http://www.bankofengland.co.uk/monetarypolicy/Pages/how.aspx [Accessed 10 July 2017].

Bank of England (2017c), *Statistical Interactive Database: Bank of England.* Available at: http://www.bankofengland.co.uk/boeapps/iadb/newintermed.asp [Accessed 11 July and 23 November 2017].

Bank of England (2017d), *The Bank Return: Bank of England.* Available at: http://www.bankofengland.co.uk/publications/Pages/bankreturn/default.aspx [Accessed 11 July 2017].

Bank of England (2017e), *The Bank of England's Approach to Resolution.* Available at: https://www.bankofengland.co.uk/financial-stability/resolution [Accessed 19 December 2017 – page updated periodically].

Bank of England Monetary Policy Committee (1999), *The Transmission Mechanism of Monetary Policy.* Available at: http://www.bankofengland.co.uk/publications/Documents/other/monetary/montrans.pdf [Accessed 10 July 2017].

Barro, R. J. (1974), Are government bonds net wealth? *Journal of Political Economy*, 82 (6), pp. 1095–117.

Baxter, D. (2014), The big interview: Nick Leeson, the original rogue trader. *Business Reporter*. 3 August. Available at: https://staging.business-reporter.co.uk/2014/08/03/the-big-interview-nick-leeseon-the-original-rogue-trader-on-regrets-and-revival/ [Accessed 6 December 2017].

BBC (2010), Irish deficit balloons after new bank bail-out. Available at: http://www.bbc.co.uk/news/business-11441473 [Accessed 4 July 2017].

BBC (2014), Q&A: What is 'forward guidance'? Available at: http://www.bbc.co.uk/news/business-23145755 [Accessed 10 July 2017].

BBC News (2003), Buffett warns on investment 'time bomb'. Available at: http://news.bbc.co.uk/1/hi/2817995.stm [Accessed 31 July 2017].

Beattie, A. and Giles, C. (2010), Obama urges G20 to boost demand. *Financial Times*, 18 June.

Bech, M. and Malkhozov, A. (2016), How have central banks implemented negative policy rates? *BIS Quarterly Review*, March, pp. 31–44.

Beckerman, W. (1972), *The Labour Government's Economic Record: 1964–1970*. London: Duckworth.

Bernanke, B. (2004), Remarks by Governor Ben S. Bernanke at the H. Parker Willis Lecture in Economic Policy, Washington and Lee University, Lexington, Va. Available at: https://www.federalreserve.gov/boarddocs/speeches/2004/200403022/ [Accessed 10 July 2017].

Bernanke, B. (2005), The Global Saving Glut and the U.S. Current Account Deficit: Sandridge Lecture, Virginal Association of Economists. Available at: https://www.federalreserve.gov/boarddocs/speeches/2005/200503102/ [Accessed 01 August 2017].

Bernanke, B. (2009), Speech at the National Press Club Luncheon, National Press Club, Washington DC. Available at: https://www.federalreserve.gov/newsevents/speech/bernanke20090218a.htm [Accessed 10 July 2017].

Bernanke, B. (2016), What Tools Does The Fed Have Left? Part 3: Helicopter Money. Brookings: Blogs. 14 April. Available at: https://www.brookings.edu/blog/ben-bernanke/2016/04/11/what-tools-does-the-fed-have-left-part-3-helicopter-money/ [Accessed 14 December 2017].

Bernstein, J. (2010), Deficit reduction is not the enemy of jobs. *Financial Times*, 28 June.

Bibow, J. (2010), It is worrying that the German view of austerity is now Europe's. *Financial Times*, 28 June.

Bindseil, U. (2004), *The Operational Target of Monetary Policy and the Rise and Fall of Reserve Position Doctrine*. European Central Bank Working Paper Series No. 372.

Blanchard, O. (2008), *The State of Macro*. NBER Working Paper No. 14259.

Blanchard, O. and Leigh, D. (2013), Growth forecast errors and fiscal multipliers. *IMF Working Paper* (WP/13/1).

Blanchard, O. J. and Summers, L. (1986), *Hysteresis and the European Unemployment Problem*. NBER Working Paper No. 1950.

Blanchflower, D. (2013), Decoding the unemployment figures exposes the truth behind the coalition's spin. *New Statesman*, 28 February.

Bland, A. (2016), George Osborne meets Yuval Harari: 'I didn't show enough vulnerability'. *Guardian*, 26 November.

Blaug, M. (1996), *Economic Theory In Retrospect*. 5th edn. Cambridge: Cambridge University Press.

Bleaney, M. (1976), *Under-Consumption Theories: A History and Critical Analysis*. New York: International Publishers.

Blume, L. E., Bray, M. M. and Easley, D. (1982), Introduction to the stability of rational expectations equilibrium. *Journal of Economic Theory*, 26, pp. 313–17.

Blyth, M. (2013), *Austerity: The History of a Dangerous Idea*. New York: Oxford University Press.

Bodin, J. (1924 (1568)), The dearness of things. In: A. E. Monroe (ed.), *Early Economic Thought: Selections from Economic Literature prior to Adam Smith*. Cambridge, Mass.: Harvard University Press.

Bootle, R. P. (1996), *The Death of Inflation*. London: Nicholas Brealey.

Borio, C. and Disyatat, P. (2015), *Capital Flows and the Current Account: Taking Financing (More) Seriously*. Bank for International Settlements, Working Paper No. 525.

Boyer, G. R. and Hatton, T. (2002), New estimates of British unemployment, 1870–1913. *Journal of Economic History*, 62 (3), pp. 643–75.

BP (2016), *BP Statistical Review of World Energy Workbook*. Available at: http://www.bp.com/content/dam/bp/excel/energy-economics/statistical-review-2016/bp-statistical-review-of-world-energy-2016-workbook.xlsx [Accessed 4 July 2017].

Bridges, J. and Thomas, R. (2012), *The Impact of QE on the UK Economy – Some Supportive Monetarist Arithmetic*. Bank of England Working Paper No. 442.

Brittan, S. (2010), Are these hardships necessary? *Financial Times*, 17 June.

Brock, H. W. (2012), *American Gridlock: Why the Right and the Left are Both Wrong*. Hoboken: John Wiley & Sons.

Brock, W. R. (1974 (1957)), The ideas and influence of Alexander Hamilton. In: L. W. Levy and C. Siracusa (eds.), *Essays on the Early Republic: 1789–1815*. New York: Holt, Rinehart & Winston.

Brookings Institution (2014), A Discussion with Federal Reserve Chairman Ben Bernanke. Available at: https://www.brookings.edu/wp-content/uploads/2014/01/20140116_bernanke_remarks_transcript.pdf [Accessed 10 July 2017].

Brown, W. A. (1940), *The International Gold Standard Reinterpreted 1914–1934*. New York: National Bureau of Economic Research.

Brunt, L. (2006), Rediscovering risk: Country banks as proto-venture capital firms in the first industrial revolution. *Journal of Economic History*, 66 (1), pp. 74–102.

Buiter, W. (2009), Should you be able to sell what you do not own? *Financial Times*. Available at: http://blogs.ft.com/maverecon/2009/03/should-you-be-able-to-sell-what-you-do-not-own/#axzz4oQNGTIje [Accessed 31 July 2017].

Burrows, G. and Cobbin, P. (2009), Controlling government expenditure by external review: the 1921–2 'Geddes Axe'. *Accounting History*, 14 (3), pp. 199–220.

Cain, P. J. and Hopkins, A. G. (2016), *British Imperialism: 1688–2015*. 3rd edn. Oxford: Routledge.

Cairncross, A. K. (1953), *Home and Foreign Investment, 1870–1913: Studies in Capital Accumulation*. Cambridge: Cambridge University Press.

Callaghan, J. (1976), Political Speeches. Available at: http://www.britishpoliticalspeech.org/speech-archive.htm?speech=174 [Accessed 27 June 2017].

Calleo, D. (2009), *Follies of Power: America's Unipolar Fantasy*. Cambridge: Cambridge University Press

Cameron, D. (2013), Speech on the Economy: Available at: https://www.gov.uk/government/speeches/economy-speech-delivered-by-david-cameron [Accessed 4 July 2017].

Cannan, E. (1969 (1925)), *The Paper Pound*. 2nd edn. London: Frank Cass & Co.

Carney, M. (2016), The Spectre of Monetarism. Roscoe Lecture: Liverpool John Moores University, 5 December.

Carney, M. (2017), Lambda: Speech given at the London School of Economics. Available at: http://www.bankofengland.co.uk/publications/Documents/speeches/2017/speech954.pdf [Accessed 10 July 2017].

Cartwright, N. (1999), *The Dappled World*. Cambridge: Cambridge University Press.

Cassidy, J. (2010), Interview with Eugene Fama. *New Yorker* Magazine, 13 January.

Chang, H.-J. (2007), *Bad Samaritans: The Myth of Free Trade and the Secret History of Capitalism*. London: Bloomsbury.

Chantrill, C. (2017), *US Government Debt*. Available at: usgovernment-debt.us [Accessed 26 June 2017].

Cherrier, B. (2011), *The Lucky Consistency of Milton Friedman's Science and Politics, 1933–1963*. Available at: https://beatricecherrier.files.wordpress.com/2011/11/friedman-cherrier-final.pdf [Accessed 3 July 2017].

Christensen, J. H. E. and Rudebusch, G. D. (2012), The response of interest rates to US and UK quantitative easing. *The Economic Journal*, 122, pp. F385–414.

Christiano, L., Eichenbaum, M. and Rebelo, S. (2011), When is the government spending multiplier large? *Journal of Political Economy*, 119 (1), pp. 78–121.

Churm, R. et al. (2012), The funding for lending scheme. *Bank of England Quarterly Bulletin*, Q4, pp. 306–19.

Clark, J. B. (1899), *Distribution of Wealth*. London: Macmillan.

Clark, T. and Heath, A. (2015), *Hard Times: Inequality, Recession, Aftermath*. New Haven, Conn.: Yale University Press.

Clarke, P. F. (1988), *The Keynesian Revolution in the Making, 1924–1936*. Oxford: Clarendon Press.

Clarke, P. F. (1998), *The Keynesian Revolution and its Economic Consequences*. Cheltenham: Edward Elgar.

Clay, H. (1930), Memorandum: bank rate, credit, and employment. 17 May. Bank of England Papers (Archive), EID 1/2.

Clinton, W. J. (1995), *Public Papers of the Presidents of the United States: William J. Clinton, 1995. Book I – January 1 to June 30*. Washington, DC: United States Printing Office.

Coddington, A. (1983), *Keynesian Economics: The Search for First Principles*. London: George Allen & Unwin.

Cohen, B. J. (2017), How Stable is the Global Financial System? *Project Syndicate: On Point*. 29 September. Available at: https://www.project-syndicate.org/onpoint/how-stable-is-the-global-financial-system-by-benjamin-j-cohen-2017-09?barrier=accesspaylog [Accessed 15 December 2017].

Collini, S. (2009), Impact on Humanities, *Times Literary Supplement*, 13 November.

Congdon, T. (1980), The monetary base debate: another instalment in the Currency School vs Banking School controversy. *National Westminster Bank Quarterly Review*, August.

Congdon, T. (2007), *Keynes, the Keynesians and Monetarism*. Cheltenham: Edward Elgar.

Congdon, T. (2011), *Money in a Free Society: Keynes, Friedman, and the New Crisis in Capitalism*. New York: Encounter Books.

Congdon, T. (2017a), *Money in the Great Recession: Did a Crash in Money Growth Cause the Global Slump?* Gloucester: Edward Elgar.

Congdon, T. (2017b), Monthly monetary update: were big banks to blame for the Great Recession? And what are the implications for banks' capital requirements? *Institute of International Monetary Research.* September. Available at: https://www.mv-pt.org/viewdocument.php?Filename=38_iimr_monthly_newsletter_september_2017 [Accessed 15 December 2017].

Congdon, T. (2017c), Our Best Brexit Policy is All-Out Free Trade. *Standpoint*, June 2017. Available at: http://standpointmag.co.uk/node/6854 [Accessed 18 December 2017].

Congdon, T. and Hanke, S. (2017), More bank capital could kill the economy. *Wall Street Journal*, 13 March.

Constantini, O. (2015), *The Cyclical Adjusted Budget: History and Exegesis of a Fateful Estimate.* Institute for New Economic Thinking, Working Paper No. 24.

Corbett, D. (1991), The nature of unemployment in interwar Germany. In: Unemployment in Interwar Germany. Unpublished PhD thesis, Harvard University. Available at: http://davidcorbettlaw.com/yahoo_site_admin/assets/docs/Dissertation--chapter_one.118160805.pdf [Accessed 8 January 2018].

Córdoba, J.-C. and Verdier, G. (2007), Lucas vs. Lucas: on inequality and growth. *IMF Working Paper* (WP/07/17).

Council of Economic Advisers (2010), *Recovery Act Fourth Quarterly Report – Executive Summary.* Available at: https://obamawhitehouse.archives.gov/administration/eop/cea/factsheets-reports/economic-impact-arra-4th-quarterly-report/summary [Accessed 5 July 2017].

Crafts, N. (2014), *Reducing High Public Debt Ratios: Lessons from UK Experience.* The University of Warwick Centre for Competitive Advantage in the Global Economy, Working Paper No. 199.

Crafts, N. and Mills, T. C. (2013), Rearmament to the rescue? New estimates of the impact of 'Keynesian' policies in 1930s Britain. *Journal of Economic History*, 73 (4), pp. 1077–104.

Dale, S. (2011), Prospects for monetary policy: learning the lessons from 2011. Speech at Bloomberg, London. Available at: http://www.bankofengland.co.uk/archive/Documents/historicpubs/speeches/2011/speech537.pdf [Accessed 12 July 2017].

Dale, S. (2012), Spencer Dale warns on QE: full speech. *Daily Telegraph.* Available at: http://www.telegraph.co.uk/finance/economics/9530138/Spencer-Dale-warns-on-QE-full-speech.html [Accessed 12 July 2017].

D'Amico, S. and King, T. (2013), Flow and stock effects of large-scale treasury purchases: evidence on the importance of local supply. *Journal of Financial Economics*, 108 (2), pp. 425–48.

Darby, M. R. (1976), Three-and-a-half million U.S. employees have been mislaid: or, an explanation of unemployment, 1934–1941. *Journal of Political Economy*, 84 (1), pp. 1–16.

Darling, A. (2011), *Back From the Brink: 1000 Days at Number 11*. London: Atlantic Books

Dasgupta, A. K. (1985), *Epochs of Economic Theory*. Oxford: Basil Blackwell.

Daunton, M. (2012), The politics of British taxation, from the Glorious Revolution to the Great War. In: B. Yun-Casalilla and P. K. O'Brien (eds.), *The Rise of Fiscal States: A Global History, 1500–1914*. Cambridge: Cambridge University Press, pp. 111–42.

Davey, B. (2017), Specialisation and trade: David Ricardo versus Fredrich List. *Credo*. Available at: www.credoeconomics.com/specialisation-and-trade-david-ricardo-versus-frederich-list/ [Accessed 7 May 2018].

Davidson, P. (1978), *Money and the Real World*. 2nd edn. London: Palgrave Macmillan

Davidson, P. (1999), The case for capital regulation. In: R. Skidelsky, M. Lawson, J. Flemming, M. Desai and P. Davidson, *Capital Regulation: For and Against*. London: Social Market Foundation.

Davies, H. (2010), Regulation since the crisis: what has changed and is it enough? *ICEF Seminar, HSE Cultural Centre*, 29 November.

de Bary, W. T. and Bloom, I. (1999), *Sources of Chinese Tradition*, Vol. 1: *From Earliest Times to 1600*. 2nd edn. New York: Columbia University Press. Relevant exerpt available online: http://afe.easia.columbia.edu/ps/cup/debate_salt_iron.pdf [Accessed 8 March 2018].

de Grauwe, P. (2011), Eurozone bank recapitalisations – pouring water into a leaky bucket. *Centre for European Policy Studies*. Available at: https://www.ceps.eu/system/files/book/2011/10/Oct_PDG_on_Bank_recapitalisation.pdf [Accessed 1 August 2017].

de Grauwe, P. and Ji, Y. (2016), *How to Reboot the Eurozone and Ensure its Long-Term Survival*. VoxEU.org – CEPR's policy portal. Available at: http://voxeu.org/article/how-reboot-eurozone-and-ensure-its-long-term-survival [Accessed 18 December 2017].

DeLong, B. (2010), It is far too soon to end expansion. *Financial Times*, 19 July.

Dempsey, B. W. (1935), The historical emergence of Quantity Theory. *Quarterly Journal of Economics*, 50 (1), pp. 174–84.

Denman, J. and McDonald, P. (1996), *Unemployment Statistics from 1881 to the Present Day*. Available at: http://www.ons.gov.uk/ons/rel/lms/

labour-market-trends--discontinued-/january-1996/unemployment-since-1881.pdf [Accessed 2017 June 20].

Der Spiegel (2016), *Bayerische Sparkassen wollen überschüssiges Geld vor EZB verstecken* (Bavarian savings banks want to hide excess money from the ECB). *Der Spiegel*, 3 March.

Devine, J. (1994) The causes of the 1929–33 Great Collapse: a Marxian interpretation. *Research in Political Economy*, 14, pp. 119–94.

Dobbs, R., Lund, S., Koller, T. and Shwayder, A. (2013), QE and ultra-low interest rates: distributional effects and risks. *McKinsey Global Institute*. Available at: http://www.mckinsey.com/global-themes/employment-and-growth/qe-and-ultra-low-interest-rates-distributional-effects-and-risks [Accessed 12 July 2017].

Dowd, K., Cotter, J., Humphrey, C. and Woods, M. (2008), *How Unlucky is 25-Sigma*. Available at: https://arxiv.org/ftp/arxiv/papers/1103/1103.5672.pdf [Accessed 31 July 2017].

Draghi, M. (2011), The Euro, Monetary Policy and the Design of a Fiscal Compact: Ludwig Erhard Lecture, Berlin. Available at: https://www.ecb.europa.eu/press/key/date/2011/html/sp111215.en.html [Accessed 11 July 2017].

Draghi, M. (2016), Stability, Equity and Monetary Policy. 2nd DIW Europe Lecture, Berlin, 25 October.

Driffill, J. and Miller, M. (2013), Liquidity when it matters: QE and Tobin's q. *Oxford Economic Papers*, 65, pp. i115–45.

Durand, C. (2017), *Fictitious Capital: How Finance is Appropriating Our Future* (trans. David Broder). London: Verso.

Eccles, M. S. (1951), *Beckoning Frontiers, Public and Personal Recollections*. New York: Alfred A. Knopf.

Edgeworth, F. Y. (1961 (1881)), *Mathematical Physics: An Essay on the Application of Mathematics to the Moral Sciences*. New York: Augustus M. Kelly.

Eichengreen, B. (1985), *The Gold Standard in Theory and History*. London: Methuen.

Eichengreen, B. (1995), *Golden Fetters: The Gold Standard and the Great Depression, 1919–1939*. Oxford: Oxford University Press.

Eichengreen, B. and O'Rourke, K. (2010). What do the new data tell us? *Vox*, 8 March. Available at: http://voxeu.org/article/tale-two-depressions-what-do-new-data-tell-us-february-2010-update [Accessed 8 January 2018].

Eltis, W. (1995), John Locke, the quantity theory of money and the establishment of a sound currency. In: M. Blaug (ed.), *The Quantity Theory of Money: From Locke to Keynes to Friedman*. Aldershot: Edward Elgar, pp. 4–26.

Eshag, E. (1963), *From Marshall to Keynes: An Essay on the Monetary Theory of the Cambridge School.* Oxford: Blackwell.

European Central Bank (2017a), *Consolidated Financial Statement of the Eurosystem.* Available at: https://www.ecb.europa.eu/press/pr/wfs/2017/html/ecb.fs170705.en.html [Accessed 10 July 2017].

European Central Bank (2017b), *Key ECB Interest Rates.* Available at: https://www.ecb.europa.eu/stats/policy_and_exchange_rates/key_ecb_interest_rates/html/index.en.html [Accessed 23 November 2017].

Eurostat (2017), *Eurostat.* Available at: http://ec.europa.eu/eurostat [Accessed 10 July 2017].

Evans, G. W. and Honkapohja, S. (2005), An Interview with Thomas J. Sargent. *UCL Economics.* Available at: http://www.econ.ucl.ac.uk/downloads/denardi/Sargent_Interview.pdf [Accessed 4 July 2017].

Evening Standard (2009), Darling forecast savaged by IMF's dire predictions. *Evening Standard*, 22 April.

Fama, E. F. (1991), Efficient capital markets: II. *Journal of Finance*, 46 (5), pp. 1575–617.

Fama, E. F. (1995 (1965)), Random walks in stock market prices. *Financial Analysts Journal*, 51 (1), pp. 75–80. Reprinted from *Financial Analysts Journal*, September/October 1965, 21 (5), pp. 55–9.

Fazi, T. (2015), QE in the Eurozone has failed. *Pieria*. Available at: http://www.pieria.co.uk/articles/qe_in_the_Eurozone_has_failed [Accessed 11 July 2017].

Febrero, E. and Uxó, J. (2013), *Understanding TARGET2 Imbalances from an Endogenous Money View.* Universidad de Castilla-La Mancha, Working Paper DT-DAEF 2013/2.

Federal Reserve Bank of St Louis (2015), *The Mean vs. the Median of Family Income: FRED blog.* Available at: https://fredblog.stlouisfed.org/2015/05/the-mean-vs-the-median-of-family-income/ [Accessed 28 July 2017].

Federal Reserve [US] (2017a), *Monetary Policy: Open Market Operations.* Available at: https://www.federalreserve.gov/monetarypolicy/openmarket.htm [Accessed 23 November 2017].

Federal Reserve [US] (2017b), *Monetary Policy: Open Market Operations Archive.* Available at: https://www.federalreserve.gov/monetarypolicy/openmarket_archive.htm [Accessed 23 November 2017].

Feinstein, C. (1972), *National Income, Expenditure and Output of the United Kingdom 1855–1965.* Cambridge: Cambridge University Press.

Ferguson, N. (1999a), *The House of Rothschild: Money's Prophets 1798–1848.* London: Penguin.

Ferguson, N. (1999b), *The House of Rothschild: The World's Banker 1849–1999.* New York: Viking.

Ferguson, N. (2001), *The Cash Nexus*. New York: Basic Books.

Ferguson, T. and Galbraith, J. K. (1999), The American wage structure, 1920–1947. *Research in Economic History*, 19, pp. 205–57.

Fieldhouse, D. K. (1973), *Economics and Empire 1830–1914*. Ithaca, NY: Cornell University Press.

Fisher, I. (1922 (1911)), *The Purchasing Power of Money*. 2nd edn. New York: The Macmillan Co.

Ford, M. (2009), *The Lights in the Tunnel: Automation, Accelerating Technology and the Economy of the Future*. United States: Acculant.

Friedman, M. (1951), Neo-Liberalism and its prospects. *Farmand*, 17 February, pp. 89–93.

Friedman, M. (1956) The Quantity Theory of Money – a restatement. In: M. Friedman (ed.), *Studies in the Quantity Theory of Money*. Chicago, Ill.: University of Chicago Press, pp. 3–21.

Friedman, M. (1957), *A Theory of the Consumption Function*. Princeton, NJ: Princeton University Press.

Friedman, M. (1968), The role of monetary policy. *The American Economic Review*, 58 (1), pp. 1–17.

Friedman, M. (1970), *The Counter-Revolution in Monetary Theory*. London: The Wincott Foundation for the Institute of Economic Affairs.

Friedman, M. and Schwartz, A. (1963), *A Monetary History of the United States, 1867–1960*. Princeton, NJ: Princeton University Press.

Friedman, M. and Schwartz, A. (1982), *Monetary Trends in the United States and the United Kingdom*. Chicago, Ill.: University of Chicago Press.

Friedman, M. and Schwartz, A. J. (1965), *The Great Contraction: 1929–1933*. New York: National Bureau of Economic Research.

Frydman, R. and Goldberg, M. (2011), *Beyond Mechanical Markets*. Princeton, NJ: Princeton University Press.

Fullerton, D., Walker, C. E. and Long, R. B. (1994), Tax policy. In: M. Feldstein (ed.), *American Economic Policy in the 1980s*. Chicago, Ill.: University of Chicago Press, pp. 165–233.

Gagnon, J. E., Raskin, M., Remache, J. and Sack, B. P. (2011a), Large-scale asset purchases by the Federal Reserve: did they work? *Federal Reserve Bank of New York Economic Policy Review*, 17 (1), pp. 41–59.

Gagnon, J. E., Raskin, M., Remache, J. and Sack, B. P. (2011b), The financial market effects of the Federal Reserve's large-scale asset purchases. *International Journal of Central Banking*, 7 (1), pp. 3–43.

Galbraith, James K. (1998), *Created Unequal: The Crisis in American Pay*. New York: Free Press.

Galbraith, James K. (2014), 'Kapital' for the twenty-first century. *Dissent*. Spring.

Galbraith, James K. (2017), Can Trump overcome secular stagnation? *Real-World Economics Review*, 78, pp. 20–27.

Galbraith, John K. (1952), *American Capitalism: The Concept of Countervailing Power*. London: Harper Publications.

Gårdlund, T. (1996), *The Life of Knut Wicksell*. Cheltenham: Edward Elgar.

Gasperin, S. (2016), *Integration is Disintegrating: Financial and Structural Causes of the Eurozone Crisis*. Available at: https://etd.adm.unipi.it/t/etd-09122016-222239/ [Accessed 1 August 2017].

Gerber, D. J. (1994), Constitutionalizing the economy: German neoliberalism, competition law and the 'new' Europe. *American Journal of Comparative Law*, 42 (1), pp. 25–84.

Giffen, R. (1892), *The Case Against Bimetallism*. London: George Bell & Sons.

Giles, C. (2014), Data problems with capital in the 21st century. *Financial Times*. Available at: http://blogs.ft.com/money-supply/2014/05/23/data-problems-with-capital-in-the-21st-century/ [Accessed 28 July 2017].

Giles, C. (2017), Setting policy in the dark. *Financial Times*, 12 October.

Goodhart, C. A. E. (2014), Competition and credit control. *LSE Financial Markets Group Special Paper No. 229*.

Goodhart, C. A. E. and Ashworth, J. P. (2012), QE: a successful start may be running into diminishing returns. *Oxford Review of Economic Policy*, 28 (4), pp. 640–70.

Graeber, D. (2011), *Debt: The First 5,000 Years*. New York: Melville House Publishing.

Graeber, D. (2015), The meaning of money. In: E. Skidelsky and R. Skidelsky (eds.), *Are Markets Moral?* London: Palgrave Macmillan, pp. 125–37.

Grant, J. (2015), *The Forgotten Depression*. New York: Simon & Schuster.

Greenspan, A. (2007), *The Age of Turbulence: Adventures in a New World*. London: Allen Lane.

G20 (2009), Leaders' statement, Pittsburgh, 24–25 September. Available at: https://www.treasury.gov/resource-center/international/g7-g20/Documents/pittsburgh_summit_leaders_statement_250909.pdf [Accessed 14 December 2017].

Guardian (2010), The austerity agenda must not go unopposed (Editorial). *Guardian*, 20 June.

Haldane, A. G., Roberts-Sklar, M., Wieladek, T. and Young, C. (2016), *QE: The Story So Far*. Bank of England Staff Working Paper No. 624.

Hamilton, E. (1935), Comments. *Quarterly Journal of Economics*, 50 (1), pp. 185–92.

Hammond, G. (2009), *Inflation Targeting in the UK: Bank of England presentation at the Banco Central do Brasil*. Available at: http://www.bcb.gov.br/pec/depep/seminarios/2009_xisemanualmetasinflbcb/arquivos/2009_xisemanualmetasinflbcb_gillhammond.pdf [Accessed 4 July 2017].

Harrison, R. et al. (2005), *The Bank of England Quarterly Model*. Available at: https://www.researchgate.net/publication/247789825 [Accessed 31 July 2017].

Harvey, J. (2009), *Currencies, Capital Flows and Crises: A Post Keynesian Analysis of Exchange Rate Determination*. Abingdon: Routledge.

Harvey, J. (2015), *Contending Perspectives in Economics: A Guide to Contemporary Schools of Thought*. Cheltenham: Edward Elgar.

Hawtrey, R. G. (1913), *Good and Bad Trade: An Inquiry into the Causes of Trade*. London: Longmans.

Hawtrey, R. G. (1925), Public expenditure and the demand for labour. *Economica*, 13, pp. 38–48.

Hawtrey, R. G. (1938), *A Century of Bank Rate*. New York: Longman, Green.

Hayek, F. A. (2001 (1944)), *The Road to Serfdom*. London: Routledge.

Heckscher, E. F. (1935), *Mercantilism, Vol. II*. London: George Allen & Unwin.

Heimberger, P. (2017), Did fiscal consolidation cause the double-dip recession in the euro area? *Review of Keynesian Economics*, 5 (3), pp. 439–58.

Heller, W. W. (1966), *New Dimensions of Political Economy*. Cambridge, Mass.: Harvard University Press.

Henderson, W. O. (2006 (1961)), *The Industrial Revolution on the Continent: Germany, France, Russia 1800–1914*. Oxford: Routledge.

Hendry, D. F. and Ericsson, N. R. (1991), An econometric analysis of U.K. money demand in *Monetary Trends in the United States and the United Kingdom* by Milton Friedman and Anna J. Schwartz. *American Economic Review*, 81 (1), pp. 8–38.

Herndon, T., Ash, M. and Pollin, R. (2014), Does high public debt consistently stifle economic growth? A critique of Reinhart and Rogoff. *Cambridge Journal of Economics*, 38 (2), pp. 257–79.

Hicks, J. (1935), A suggestion for simplifying the theory of money. *Economica*, 2 (5), pp. 1–19.

Hicks, J. (1969), *A Theory of Economic History*. Oxford: Oxford University Press.

Hicks, J. (1974), *The Crisis in Keynesian Economics*. New York: Basic Books.

Hicks, J. (1976), 'Revolutions' in economics. In: S. Latsis (ed.), *Method and Appraisal in Economics*. New York: Cambridge University Press, pp. 207–18.

Hicks, J. (1977), *Economic Perspectives: Further Essays on Money and Growth*. Oxford: Oxford University Press.

Hicks, J. R. (1937), Mr. Keynes and the 'Classics'; a suggested interpretation. *Econometrica*, 5 (2), pp. 147–59.

Hirschman, D. (2016), Stylized facts in the social sciences. *Sociological Science*. Available at: https://www.sociologicalscience.com/articles-v3-26-604/ [Accessed 5 July 2017].

HM Treasury (2006), *Budget 2006 (HC 968)*. London: The Stationery Office.

HM Treasury (2010), *Budget 2010 (HC 61)*. London: The Stationery Office.

HM Treasury (2014), *Autumn Statement 2014 (Cm 8961)*, December. London: The Stationery Office.

HM Treasury (2017), *Pocket Databank, October*. London: The Stationery Office.

Ho, P. (2012), Revisiting Prebisch and Singer: beyond the declining terms of trade thesis and on to technological capability development. *Cambridge Journal of Economics*, 36 (4), July, pp. 869–93.

Hobson, J. A. (1896), *The Problem of the Unemployed*. London: Methuen & Co.

Hobson, J. A. (1900), *The Economics of Distribution*. London: Macmillan.

Hobson, J. A. (1902), *Imperialism*. New York: James Pott Co.

Hobson, J. A. (1910 (1909)), *The Industrial System: An Inquiry into Earned and Unearned Income*. 2nd edn. London: Longman, Green & Co.

Hobson, J. A. (1922), *The Economics of Unemployment*. London: George Allen Unwin.

Hobson, J. A. and Mummery, A. F. (1889), *The Physiology of Industry*. London: John Murray.

Hoenig, T. M. (2014), Credibility of Living Wills. Federal Deposit Insurance Corporation, 5 August. Available at: https://www.fdic.gov/news/news/speeches/spaug0514a.pdf [Accessed 19 December 2017].

Holmans, A. E. (1999), *Demand Management in Britain 1953–58*. London: Institute for Contemporary British History.

Hume, D. (1987 (1752)), Political Discourses. In: E. F. Miller (ed.), *David Hume: Essays, Moral, Political and Literary*. Indianapolis, Ind.: Liberty Fund.

Humphrey, T. M. (1997), Fisher and Wicksell on the Quantity Theory. *Federal Reserve Bank of Richmond Economic Quarterly*, 83 (4), Fall, pp. 71–90.

Hutchison, T. W. (1978), *On Revolutions and Progress in Economic Knowledge*. Cambridge: Cambridge University Press.

ILOSTAT (2017), *SDG Labour Market Indicators*. Available at: http://www.ilo.org/ilostat/faces/ilostat-home/home?_adf.ctrl-state=c04kb9iu4_4&_afrLoop=196666878792954#! [Accessed 23 November 2017].

Inequality for All (2013), [Film] Directed by Jacob Kornbluth. United States: 72 Productions.

Innes, A. M. (1913), What is money? *Banking Law Journal*, May, pp. 377–408.

Innes, A. M. (1914), Credit theory of money. *Banking Law Journal*, January, pp. 151–68.

Institute for Fiscal Studies (2016), *Living Standards, Inequality and Poverty Spreadsheet*. Available at: https://www.ifs.org.uk/tools_and_resources/incomes_in_uk [Accessed 28 July 2017].

International Monetary Fund (2008), *World Economic Outlook October 2008*. Washington, DC: IMF.

International Monetary Fund (2009), *IMF Annual Report*. Washington, DC: IMF.

International Monetary Fund (2010), Global Economic Prospects and Policy Challenges: Meetings of G-7 Finance Ministers and Central Bank Governors. Iqaluit, Canada. Available at: https://www.imf.org/external/np/g7/020510.pdf [Accessed 4 July 2017].

International Monetary Fund (2012), *World Economic Outlook October 2012*. Washington, DC: IMF.

International Monetary Fund (2016), *World Economic Outlook April 2016 Dataset*. Available at: https://www.imf.org/external/pubs/ft/weo/2016/01/weodata/index.aspx.

International Monetary Fund (2017a), *World Economic Outlook April 2017 Dataset*. Available at: https://www.imf.org/external/pubs/ft/weo/2017/01/weodata/index.aspx.

International Monetary Fund (2017b.) *World Economic Outlook October 2017 Dataset*. Available at: http://www.imf.org/external/datamapper/datasets/WEO.

Investing.com (2017), *Brent Oil*. Available at: https://uk.investing.com/commodities/brent-oil-historical-data [Accessed 11 July 2017].

Irwin, D. (2000), *Tariffs and Growth in Late 19th Century America*. Hanover: Dartmouth College. Available at: http://www.dartmouth.edu/~dirwin/docs/Growth.pdf [Accessed 8 March 2018].

James, H. (1996), *International Monetary Cooperation Since Bretton Woods*. Washington, DC: International Monetary Fund and Oxford: Oxford University Press.

James, H. (2002), *The End of Globalization: Lessons from the Great Depression*. Cambridge, Mass.: Harvard University Press.

Johnson, P. (2016), *Autumn Statement 2016: IFS Briefing*. Available at: https://www.ifs.org.uk/uploads/budgets/as2016/as2016_pj.pdf [Accessed 5 July 2017].

Jones, D. S. (2012), *Masters of the Universe: Hayek, Friedman and the Birth of Neoliberal Politics*. Princeton, NJ: Princeton University Press.

Jordà, Ò. and Taylor, A. (2013), *The Time for Austerity: Estimating the Average Treatment Effect of Fiscal Policy*. National Bureau of Economic Research, Working Paper 19414.

Jowett, A. and Hardie, M. (2014), *Longer-term Trends – Public Sector Finance: Office for National Statistics*. Available at: http://webarchive.national-archives.gov.uk/20160105160709/http://www.ons.gov.uk/ons/dcp171766_386187.pdf [Accessed 27 June 2017].

Joyce, M., Lasaosa, A., Stevens, I. and Tong, M. (2011a), The financial market impact of quantitative easing. *International Journal of Central Banking*, 7 (3), pp. 113–61.

Joyce, M., Tong, M. and Woods, R. (2011b), The United Kingdom's quantitative easing policy: design, operation and impact. *Bank of England Quarterly Bulletin*, Q3, pp. 200–212.

Kaldor, N. (1966), *Causes of the Slow Rate of Economic Growth of the United Kingdom*. Cambridge: Cambridge University Press.

Kaldor, N. (1970), The new monetarism. *Lloyds Bank Review*, July, pp. 1–18.

Kaldor, N. (1971), The sea-change of the dollar. *The Times*, 6 September.

Kaldor, N. (1983a), Keynesian economics after fifty years. In: D. Worswick and J. Trevithick (eds.), *Keynes and the Modern World*. Cambridge: Cambridge University Press, pp. 1–28.

Kaldor, N. (1983b). *The Economic Consequences of Mrs. Thatcher: Speeches 1979–82*. London: Fabian Society.

Kaldor, N. (1985), How monetarism failed. *Challenge*, 28 (2), pp. 4–13.

Kang, D. W., Ligthart, N. and Mody, A. (2016), *The ECB and the Fed: A Comparative Narrative*. Bruegel. Available at: http://bruegel.org/2016/01/the-ecb-and-the-fed-a-comparative-narrative/ [Accessed 12 July 2017].

Keen, S. (2017), Ricardo's vice and the virtues of industrial diversity. *American Affairs*, 1 (3), Fall, pp. 17–30.

Keynes, J. M. (1945), Letter to S. G. Macfarlane, 5 June 1945, reproduced in the *Collected Writings of John Maynard Keynes*, Vol. XXVII, 1980. Cambridge: Cambridge University Press for the Royal Economic Society.

Keynes, J. M. (1971 (1923)), *The Collected Writings of John Maynard Keynes (IV) Tract on Monetary Reform*. London: Macmillan.

Keynes, J. M. (1971 (1930a)), *The Collected Writings of John Maynard Keynes (V) A Treatise on Money: The Pure Theory of Money*. London: Macmillan.

Keynes, J. M. (1971 (1930b)), *The Collected Writings of John Maynard Keynes (VI) A Treatise on Money: The Applied Theory of Money*. London: Macmillan.

Keynes, J. M. (1973a (1936)), *The Collected Writings of John Maynard Keynes (VII) The General Theory of Employment, Interest and Money*. Cambridge: Cambridge University Press for the Royal Economic Society.

Keynes, J. M. (1973b), *The Collected Writings of John Maynard Keynes (XIII) The General Theory and After, Part I: Preparation*. Cambridge: Cambridge University Press for the Royal Economic Society.

Keynes, J. M. (1973c), *The Collected Writings of John Maynard Keynes (XIV) The General Theory and After, Part II: Defence and Development*. Cambridge: Cambridge University Press for the Royal Economic Society.

Keynes, J. M. (1978), *The Collected Writings of John Maynard Keynes (IX) Essays in Persuasion*. Cambridge: Cambridge University Press for the Royal Economic Society.

Keynes, J. M. (1979), *The Collected Writings of John Maynard Keynes (XXIX) The General Theory and After: A Supplement*. Cambridge: Cambridge University Press for the Royal Economic Society.

Keynes, J. M. (1980a), *The Collected Writings of John Maynard Keynes (XXV) Activities 1940–1944: Shaping the Post-War World, The Clearing Union*. Cambridge: Cambridge University Press for the Royal Economic Society.

Keynes, J. M. (1980b), *The Collected Writings of John Maynard Keynes (XXVII) Activities 1940–1946, Shaping the Post-War World: Employment and Commodities*. Cambridge: Cambridge University Press for the Royal Economic Society.

Keynes, J. M. (1981), *The Collected Writings of John Maynard Keynes (XIX) Activities 1922–1929: The Return to Gold and Industrial Policy*. Cambridge: Cambridge University Press for the Royal Economic Society.

Keynes, J. M. (1982), *The Collected Writings of John Maynard Keynes (XXI) Activities 1931–1939: World Crises and Policies in Britain and America*. Cambridge: Cambridge University Press for the Royal Economic Society.

Keynes, J. M. (1983), *The Collected Writings of John Maynard Keynes (XI) Economic Articles and Correspondence: Academic*. Cambridge: Cambridge University Press for the Royal Economic Society.

Khaldûn, I. (1967 (1377)), *The Muqaddimah: An Introduction to History*. Abridged and ed. by N. J. Dawood, trans. Franz Rosenthal. Princeton, NJ: Princeton University Press.

Kindleberger, C. P. (1986 (1973)), *The World in Depression, 1929–1939*. London: University of California Press.

King, M. (2005), Monetary Policy: Practice Ahead of Theory. Mais Lecture. Available at: http://www.bankofengland.co.uk/archive/Documents/historicpubs/speeches/2005/speech245.pdf [Accessed 10 July 2017].

King, M. (2009), Speech given to the CBI Dinner, Nottingham. Available at: http://www.bankofengland.co.uk/archive/Documents/historicpubs/speeches/2009/speech372.pdf [Accessed 10 July 2017].

King, M. (2011), Global imbalances: the perspective of the Bank of England. *Banque de France Financial Stability Review*, 15, pp. 73–80.

King, M. (2012), *Twenty Years of Inflation Targeting*. Available at: http://www.bis.org/review/r121010f.pdf [Accessed 10 July 2017].

King, M. (2016), *The End of Alchemy*. London: Little, Brown.

Kingsley, P. (2012). How credit ratings agencies rule the world. *Guardian*, 15 February.

Kishore, V. (2014), *Ricardo's Gauntlet: Economic Fiction and the Flawed Case for Free Trade*. London: Anthem Press.

Knapp, G. F. (1924 (1905)), *The State Theory of Money*. London: Macmillan.

Krugman, P. (1998), It's baaack: Japan's slump and the return of the liquidity trap. *Brookings Papers on Economic Activity*, 2, pp. 137–205.

Krugman, P. (2007), Introduction to new edition. In: J. M. Keynes, *The General Theory of Employment, Interest and Money*. 2nd edn. Basingstoke: Palgrave Macmillan, pp. xxv–xxxviii.

Krugman, P. (2010), Myths of austerity. *New York Times*, 2 July. Available at: http://www.nytimes.com/2010/07/02/opinion/02krugman.html [Accessed 21 June 2017].

Krugman, P. (2013a), Bubbles, regulation and secular stagnation. *New York Times*, 25 September. Available at: https://krugman.blogs.nytimes.com/2013/09/25/bubbles-regulation-and-secular-stagnation/?_r=0 [Accessed 21 December 2017].

Krugman, P. (2013b), Secular stagnation, coalmines, bubbles, and Larry Summers. *New York Times*, 16 November. Available at: https://krugman.blogs.nytimes.com/2013/11/16/secular-stagnation-coalmines-bubbles-and-larry-summers/?_r=3 [Accessed 21 December 2017].

Krugman, P. (2014), Nobody understands the liquidity trap, still. *New York Times*, 4 October.

Krugman, P. (2015), The austerity delusion. *Guardian*, 29 April.

Kynaston, D. (2017), *Till Time's Last Stand: A History of the Bank of England 1694–2013*. London: Bloomsbury.

Laidler, D. (1985), Monetary policy in Britain: successes and shortcomings. *Oxford Review of Economic Policy*, 1 (1), pp. 35–43.

Laidler, D. (1991), *The Golden Age of the Quantity Theory*. Princeton, NJ: Princeton University Press.

Laidler, D. (1999), *Fabricating the Keynesian Revolution: Studies of the Inter-war Literature on Money, the Cycle, and Unemployment*. Cambridge: Cambridge University Press.

Laidler, D. (2014), *Reassessing the Thesis of the Monetary History*. University of Western Ontario Economic Policy Research Institute Working Paper #2013-5.

Larsen, P. T. (2007), Goldman pays the price of being big. *Financial Times*, 13 August.

Lavelle, A. (2016 (2008)), *The Death of Social Democracy: Political Consequences in the 21st Century*. Abingdon: Routledge.

Lavoie, M. (2018), Rethinking macroeconomic theory before the next crisis. *Review of Keynesian Economics*, 6 (1), pp. 1–21.

Lawson, N. (1992), *The View from No. 11: Memoirs of a Tory Radical*. London: Bantam Press.

Lazonick, W. (2015), How maximising shareholder value stops innovation. In: Mariana Mazzucato and Caetano C. R. Penna (eds.), *Mission-Oriented Finance for Innovation: New Ideas for Investment-Led Growth*. London: Rowman & Littlefield, pp. 31–8.

Lee, A. J. (1970), The Social and Economic Thought of J. A. Hobson. PhD thesis, University of London.

Leijonhufvud, A. (1979), *The Wicksell Connection: Variations on a Theme*. UCLA Economics Working Paper No. 165.

Leijonhufvud, A. (1993 (1969)), Keynes and the Classics. In: W. Allan (ed.), *A Critique of Keynesian Economics*. Basingstoke and London: Macmillan, pp. 81–114.

Lenin, V. I. (1970 (1917)), Imperialism, the Highest Stage of Capitalism. In: *V. I. Lenin, Selected Works (I)*. Moscow: Progress Publishers, pp. 667–768.

Leontief, W. (1952), Machines and man. *Scientific American*, 187 (3), pp. 150–60.

Leontief, W. (1979), Is technological unemployment inevitable? *Challenge*, 22 (4), pp. 48–50.

Lindbeck, A. (1976), *Stabilization Policy in Open Economies with Endogenous Politicians*. Seminar Paper 54, Institute for International Economic Studies, University of Stockholm.

List, F. (1909 (1841)), *The National System of Political Economy*. London: Longman, Green & Co.

Lo, C. (2015). *China's Impossible Trinity: The Structural Challenges to the 'Chinese Dream'*. Basingstoke: Palgrave Macmillan.

Lo, C. (2018), *Implications of Sino-US trade frictions*. BNP Paribas Asset Management.

Locke, J. (1824 (1691)), *The Works of John Locke in Nine Volumes (IV) Economic Writings and Two Treatises of Government*. 12th edn. London: Rivington.

Lohr, S. (2004), An elder challenges outsourcing's orthodoxy. *New York Times*, 9 September.

Longaker, M. G. (2015), *Rhetorical Style and Bourgeois Virtue: Capitalism and Civil Society in the British Enlightenment*. University Park, Pa.: Penn State University Press.

Lowe, A. (1965), *On Economic Knowledge: Toward a Science of Political Economics*, New York: Harper & Row.

Lucas, R. (1990), Why doesn't capital flow from rich to poor countries? *American Economic Review*, 80 (2), pp. 92–6.

Lucas, R. E. (1972), Expectations and the neutrality of money. *Journal of Economic Theory*, 4 (2), pp. 103–24.

Lucas, R. E. (1976), Econometric policy evaluation: a critique. In: K. Brunner and A. Meltzer (eds.), *Carnegie Rochester Conference Series on Public Policy, Vol. 1*. New York: Elsevier, pp. 19–46.

Lucas, R. E. (1980), The death of Keynesian economics. *Issues and Ideas*, Winter.

Lucas, R. E. (2003), Macroeconomic priorities. *American Economic Review*, 93 (1), pp. 1–14.

Lukes, Steven (1974), *Power – A Radical View* (reissued 2005). London: Palgrave Macmillan.

Luttwak, E. N. (2015), Too high a bill. *Times Literary Supplement*, 23 September.

McCracken, P. W. et al. (1977), *Towards Full Employment and Price Stability*. s.l.: OECD.

Mackenzie, M. (2010), The short view. *Financial Times*, 21 July.

McLeay, M., Radia, A. and Thomas, R. (2014), Money creation in the modern economy. *Bank of England Quarterly Bulletin*, Q1, pp. 14–27.

Macmillan Committee (1929–31), T 200. Committee on Finance and Industry: Minutes of evidence. Held by The National Archives, Kew. Available at: http://discovery.nationalarchives.gov.uk/details/r/C1851843.

Maddison, A. (1983), Economic stagnation since 1973, its nature and causes: a six country survey. *De Economist*, 131 (4), pp. 585–608.

Madjd-Sadjadi, Z. (2015), China: 2,500 years of economic thought. In: V. Barnett (ed.), *Routledge Handbook of the History of Global Economic Thought*. New York: Routledge, pp. 294–305.

Malfa, G. L. (2000), *L'Europa legata, i rischi dell'Euro*. Milano: Rizzoli. Recently re-edited as: Malfa, G. L. (2011), *La crisi dell'Euro, Bagno a Ripoli*. Florence: Passigli Editori.
Mallet, B. (1913), *British Budgets 1887/88 to 1912/13*. London: Macmillan.
Marshall, A. (1923), *Money, Credit and Commerce*. London: Macmillan.
Martin, F. (2014), *Money: The Unauthorised Biography*. London: Vintage.
Marx, K. (1909 (1894)), *Capital: A Critique of Political Economy (III) The Process of Capitalist Production as a Whole*. Chicago, Ill.: Charles H. Kerr & Co.
Marx, K. and Engels, F. (1962), *Selected Works*. London: Lawrence & Wishart.
Marx, K. and Engels, F. (1967), *The Communist Manifesto* (intro. A. J. P. Taylor). Harmondsworth: Penguin.
Masch, V. (2010), An application of risk-constrained optimization (RCO) to a problem of international trade. *International Journal of Operations and Quantitative Management*, 16 (4), pp. 415–65.
Masch, V. (2015), Shifting 'the dodo paradigm': to be or not to be. *World Journal of Social Sciences*, 5 (3), September, pp. 123–42.
Masch, V. A. (2017), Balancing global trade: 'compensated free trade'. *World Journal of Social Sciences*, 7 (1), March, pp. 49–63.
Matthews, R. C. O. (1968), Why has Britain had full employment since the war? *The Economic Journal*, 78 (311), pp. 555–69.
May, T. (2016), Keynote speech to Tory party conference, 5 October.
Mazzucato, M. (2013), *The Entrepreneurial State: Debunking Public vs Private Sector Myths*. London and New York: Anthem Press.
Mazzucato, M. (2016), 'Innovation, the state and patient capital', in M. Jacobs and M. Mazzucato (eds.), *Rethinking Capitalism: Economics and Policy for Sustainable and Inclusive Growth*. Chichester: The Political Quarterly Publishing Co. and Wiley-Blackwell.
Meaning, J. and Warren, J. (2015), The transmission of unconventional monetary policy in UK government debt markets. *National Institute Economic Review*, 234, pp. R40–R47.
Michie, R. C. (2003), The City of London and British banking, 1900–1939. In: C. Wigley (ed.), *A Companion to Early Twentieth-Century Britain*. Oxford: Blackwell, pp. 249–69.
Middlemas, K. and Barnes, A. J. L. (1969), *Baldwin: A Biography*. London: Weidenfeld & Nicolson.
Middleton, R. (1982), The Treasury in the 1930s: political and administrative constraints to acceptance of the 'new' economics. *Oxford Economic Papers*, 34 (1), pp. 48–77.
Middleton, R. (1985), *Towards the Managed Economy*. London: Methuen.

Miles, D. (2012), Government debt and unconventional monetary policy: Speech at the 28th NABE Economic Policy Conference, Virginia. Available at: http://www.bankofengland.co.uk/archive/Documents/historicpubs/speeches/2012/speech559.pdf [Accessed 11 July 2017].

Mill, J. S. (1965 (1848)), *The Collected Works of John Stuart Mill (III) Principles of Political Economy with Some of Their Applications to Social Philosophy, Part II*. London: Routledge & Kegan Paul.

Mill, J. S. (1967 (1844)), Essays on Some Unsettled Questions of Political Economy. In: J. M. Robson (ed.), *The Collected Works of John Stuart Mill (IV) Essays on Economics and Society, Part I*. London: Routledge & Kegan Paul, pp. 229–341.

Milner, B. (2009), Sun finally sets on notion that markets are rational. *The Globe and Mail*, 3 July. Available at: http://www.theglobeandmail.com/globe-investor/investment-ideas/features/taking-stock/sun-finally-sets-on-notion-that-markets-are-rational/articlel4301916.

Minford, P. (1988), Mrs. Thatcher's economic reform programme. In: R. Skidelsky (ed.), *Thatcherism*. London: Chatto & Windus, pp. 93–106.

Mini, P. V. (1974), *Philosophy and Economics: The Origins and Development of Economic Theory*. Gainesville, Fla.: University Presses of Florida.

Ministry of Reconstruction (1944), *Employment Policy (Cmd. 6527)*. London: HMSO.

Minsky, H. (1992), *Financial Instability Hypothesis*. Levy Economics Institute of Bard College, Working Paper No. 74.

Minsky, H. (2008 (1986)), *Stabilizing an Unstable Economy*. New York: McGraw-Hill Education.

Mirowski, P. (1999 (1989)), *More Heat than Light: Economics as Social Physics, Physics as Nature's Economics*. Cambridge: Cambridge University Press.

Mishel, L., Bivens, J., Gould, E. and Shierholz, H. (2012), *The State of Working America*. 12th edn. Ithaca, NY: Cornell University Press.

Mitchell, W. C. and Green, D. G. (1988), *Government As It Is*. London: Institute for Economic Affairs.

Morgan, B. (1978), *Monetarists and Keynesians: Their Contribution to Monetary Theory*. London: Macmillan.

Morgan, E. V. (1952), *Studies in British Financial Policy, 1914–25*. London: Macmillan.

Morimoto, Y. (2013), *Economic Activity and Prices in Japan and Monetary Policy*. BIS. Available at: http://www.bis.org/review/r130319b.pdf [Accessed 20 July 2017].

Mosler, W. (1997/8), Full employment and price stability. *Journal of Post-Keynesian Economics*, 20 (2), Winter.

Muellbauer, J. (2014), *Combatting Eurozone Deflation: QE for the People*. Available at: http://voxeu.org/article/combatting-Eurozone-deflation-qe-people [Accessed 12 July 2017].

Muellbauer, J. (2016), *Helicopter Money and Fiscal Rules*. Available at: http://voxeu.org/article/helicopter-money-and-fiscal-rules [Accessed 5 July 2017].

Munchau, W. (2010), Even Eurozone optimists are not optimistic. *Financial Times*, 11 July.

Muth, J. F. (1961), Rational expectations and the theory of price movements. *Econometrica*, 29 (3), pp. 315–35.

Neely, C. J. and Dey, S. R. (2010), A survey of announcement effects on foreign exchange returns. *Federal Reserve Bank of St. Louis Review*, 92 (5), pp. 417–63.

Nemmers, E. E. (1956), *Hobson and Underconsumption*. Amsterdam: North Holland.

Nielsen, R. (2012), *The Nonsense of the Efficient Market Hypothesis*. Whistling in the Wind, 9 August. Available at: https://whistlinginthewind.org/2012/08/09/the-nonsense-of-the-efficient-market-hypothesis/ [Accessed 10 January 2018].

Niemeyer, O. (1921), Memorandum to Chancellor. PRO T 172/1208, 5 October.

Nocera, J. (2009a), Poking holes in a theory of markets. *New York Times*, 5 June.

Nocera, J. (2009b), Risk mismanagement. *New York Times*, 2 January.

North, D. C. and Thomas, R. P. (1970), An economic theory of the growth of the western world. *Economic History Review*, 23 (1), pp. 1–17.

North, M. (2015), Finances and power in the German state system. In: B. Yun-Casalilla and P. K. O'Brien (eds.), *The Rise of Fiscal States: A Global History, 1500–1914*. Cambridge: Cambridge University Press, pp. 145–63.

O'Brien, D. P. (1975), *The Classical Economists*. Oxford: Clarendon Press.

O'Brien, P. K. (2011), The nature and historical evolution of an exceptional fiscal state and its possible significance for the precocious commercialization and industrialization of the British economy from Cromwell to Nelson. *Economic History Review*, 64 (2), pp. 408–46.

Office for Budget Responsibility (2012), *Economic and Fiscal Outlook, December*. Available at: http://obr.uk/efo/economic-and-fiscal-outlook-december-2012/ [Accessed 7 May 2018].

Office for Budget Responsibility (2016), *Forecast Evaluation Report – October 2016*. s.l.: s.n.

Office for Budget Responsibility (2017), *Historical Official Forecasts Database*. Available at: http://budgetresponsibility.org.uk/data/ [Accessed 28 August 2017].

Ollivaud, P. and Turner, D. (2014), *The Effect of the Global Financial Crisis on OECD Potential Output*. OECD Economics Department Working Paper No. 1166.

ONS (2012), *United Kingdom National Accounts: The Blue Book, 2012 Edition*. Newport: Office for National Statistics. Available at: http://webarchive.nationalarchives.gov.uk/20160106152309/http://www.ons.gov.uk/ons/rel/naa1-rd/united-kingdom-national-accounts/the-blue-book--2012-edition/index.html [Accessed 10 January 2018].

ONS (2017), *Office for National Statistics*. Available at: https://www.ons.gov.uk/ [Accessed 10 July 2016].

Osborne, G. (2013), *Autumn Statement*, 5 December. s.l.: s.n.

Ostry, J. D., Loungani, P. and Furceri, D. (2016), Neoliberalism: oversold? *IMF Finance and Development*, 53 (2), pp. 38–41.

Palley, T. (2001), *Contradictions Coming Home to Roost? Income Distribution and the Return of the Aggregate Demand Problem*. Levy Economics Institute of Bard College, Working Paper No. 332.

Palley, T. (2008), The debt delusion. *Guardian*, 8 February.

Palley, T. (2009), *America's Exhausted Paradigm: Macroeconomic Causes of the Financial Crisis and Great Recession*. Institute for International Political Economy Berlin, Working Paper No. 02/2009.

Palley, T. (2014), The accidental controversialist: deeper reflections on Thomas Piketty's 'Capital'. *Real-World Economics Review*, Issue 67, pp. 143–6.

Palley, T. (2015), The Federal Reserve and shared prosperity: a guide to the policy issues and institutional challenges. *Real-World Economics Review*, Issue 70, pp. 27–48.

Parker, G. and Barker, A. (2010), Osborne tells Commons recovery is on track. *Financial Times*, 29 November.

Patinkin, D. (2008), John Maynard Keynes. In: S. N. Durlauf and L. E. Blume (eds.), *The New Palgrave Dictionary of Economics, Second Edition (IV)*. Basingstoke: Palgrave Macmillan, pp. 687–716.

Peacock, A. T. and Wiseman, J. (1961), *The Growth of Public Expenditure in the United Kingdom*. Princeton, NJ: Princeton University Press.

Peden, G. C. (1983), Sir Richard Hopkins and the 'Keynesian Revolution' in employment policy, 1929–1945. *Economic History Review*, 36 (2), pp. 281–96.

Peden, G. C. (1984), The 'Treasury View' on public works and employment in the interwar period. *Economic History Review*, 37 (2), pp. 167–81.

Peden, G. C. (1993), The road to and from Gairloch: Lloyd George, unemployment, inflation, and the 'Treasury View' in 1921. *Twentieth Century British History*, 4 (3), pp. 224-49.

Peden, G. C. (2000), *The Treasury and British Public Policy, 1906–1959*. Oxford: Oxford University Press.

Peden, G. C. (2002), From cheap government to efficient government: the political economy of public expenditure in the United Kingdom, 1832–1914. In: Donald Winch and Patrick K. O'Brien (eds.), *The Political Economy of British Historical Experience, 1688–1914*. Oxford: Oxford University Press, pp. 351–78.

Peden, G. C. (2004), *Keynes and His Critics: Treasury Responses to the Keynesian Revolution, 1925–1946*. Oxford: Oxford University Press.

Peel, R. (1819), HC Deb. 24 May 1819. London: Hansard.

Pettifor, A. (2017), *The Production of Money: How to Break the Power of Bankers*. London: Verso Books.

Pettis, M. (2013), *The Great Rebalancing: Trade, Conflict, and the Perilous Road Ahead for the World Economy*. Princeton, NJ: Princeton University Press.

Petty, W. (1899 (1682)), Quantulumcunque concerning Money. In: C. H. Hull (ed.), *The Economic Writings of Sir William Petty II*. Cambridge: The University Press, pp. 437–48.

Phillips, A. W. (1958), The relation between unemployment and the rate of change of money wage rates in the United Kingdom, 1861–1957. *Economica*, 25 (100), pp. 283–99.

Pigou, A. C. (1912), *Wealth and Welfare*. London: Macmillan.

Pigou, A. C. (1913), Review of R. G. Hawtrey, *Good and Bad Trade*, *The Economic Journal*, 23, pp. 580–83.

Piketty, T. (2014 (2013)), *Capital in the Twenty-First Century*. Cambridge, Mass.: Harvard University Press.

Piketty, T. (2017), *Chronicles: On our Troubled Times*. London: Penguin.

Plumpe, W. (2016), *German Economic and Business History in the 19th and 20th Centuries*. London: Palgrave Macmillan.

Private Debt Project (2015), *Conversation with Lord Adair Turner*. Available at: http://privatedebtproject.org/view-articles.php?An-Interview-With-Lord-Adair-Turner-6 [Accessed 6 December 2017].

Prynn, J. (2016), RBS forced to draw up £2bn action plan after spectacular 'stress test' failure. *Evening Standard*, 30 November. Available at: https://www.standard.co.uk/news/uk/rbs-forced-to-draw-up-2bn-action-plan-after-spectacular-stress-test-failure-a3408381.html [Accessed 19 December 2017].

Quiggin, J. (2010), *Zombie Economics*. Princeton, NJ and Oxford: Princeton University Press.

Radcliffe Committee (1959), *Report of the Committee on the Working of the Monetary System*. London: HMSO.

Radice, H. (2014), Enforcing austerity in Europe: the structural deficit as a policy target. *Journal of Contemporary European Studies*, 22 (3), pp. 318–28.

Rajan, R. G. (2010), *Fault Lines: How Hidden Fractures Still Threaten the World Economy*. Princeton, NJ: Princeton University Press.

Rawls, J. (1971), *A Theory of Justice*. Cambridge, Mass.: Belknap.

Reagan, R. (1981), Inaugural Address, 20 January. In: G. Peters and J. Woolley, *The American Presidency Project*. Available at: http://www.presidency.ucsb.edu/ws/?pid=43130 [Accessed 01 December 2017].

Reed, H. (2014), Piketty, Chris Giles and wealth inequality: it's all about the discontinuities. *Guardian*, 29 May. Available at: https://www.theguardian.com/news/datablog/2014/may/29/piketty-chris-giles-and-wealth-inequality-its-all-about-the-discontinuities [Accessed 28 July 2017].

Reed, J. (2015), We were wrong about universal banking. *Financial Times*, 11 November.

Reich, R. (2010), *Aftershock: The Next Economy and America's Future*. New York: Alfred A. Knopf.

Reinhart, C. M. and Rogoff, K. S. (2010a), *Debt and Growth Revisited*. Available at: http://voxeu.org/article/debt-and-growth-revisited [Accessed 5 August 2017].

Reinhart, C. M. and Rogoff, K. S. (2010b), Growth in a time of debt. *American Economic Review*, 100 (2), pp. 573–8.

Reinhart, C. M. and Rogoff, K. S. (2011 (2009)), *This Time Is Different: Eight Centuries of Financial Folly*. Princeton, NJ: Princeton University Press.

Ricardo, D. (2005 (1810)), The High Price of Bullion, A Proof of the Depreciation of Bank Notes. In: P. Sraffa (ed.), *The Works and Correspondence of David Ricardo (III) Pamphlets and Papers 1809–11*. Indianapolis, Ind.: Liberty Fund, pp. 47–128.

Ricardo, D. (2005 (1815)), *The Works and Correspondence of David Ricardo (IV) Pamphlets and Papers 1815–1823*. Indianapolis, Ind.: Liberty Fund.

Ricardo, D. (2005 (1816)), *The Works and Correspondence of David Ricardo (VII) Letters 1816–1818*. Indianapolis, Ind.: Liberty Fund.

Ricardo, D. (2005 (1817)), *The Works and Correspondence of David Ricardo (I) On the Principles of Political Economy and Taxation*. Indianapolis, Ind.: Liberty Fund.

Ricketts, L. R. and Waller, C. J. (2014), *The Rise and (Eventual) Fall in the Fed's Balance Sheet*. Federal Reserve Bank of St. Louis. Available at: https://www.stlouisfed.org/publications/regional-economist/january-2014/the-rise-and-eventual-fall-in-the-feds-balance-sheet [Accessed 10 July 2017].

Riecher, S. and Black, J. (2013), Draghi says ECB won't hesitate to fail banks in stress tests. *Bloomberg*, 13 October. Available at: https://www.bloomberg.com/news/articles/2013-10-23/draghi-says-ecb-won-t-hesitate-to-fail-banks-in-stress-tests [Accessed 19 December 2017].

Robbins, L. (1971), *Money, Trade and International Relations*. London: Palgrave Macmillan.

Robinson, J. and Wilkinson, F. (1985), Ideology and logic. In: F. Vicarelli (ed.), *Keynes's Relevance Today*. London and Basingstoke: Macmillan, pp. 73–98.

Rodrik, D. (2011), *The Globalization Paradox*. Oxford: Oxford University Press.

Rogers, S. (2013a), Budget 2013 datablog. Tax receipts since 1963. *Guardian*, 18 March. Available at: https://www.theguardian.com/news/datablog/2010/apr/25/tax-receipts-1963#data [Accessed 9 January 2018].

Rogers, S. (2013b), Budget 2013 datablog. UK public spending since 1963. *Guardian*, 18 March. Available at: https://www.theguardian.com/news/datablog/2010/apr/25/uk-public-spending-1963#data [Accessed 9 January 2018].

Romer, C. D. and Romer, D. H. (2010), The macroeconomic effects of tax changes: estimates based on a new measure of fiscal shocks. *American Economic Review*, June, 100 (3), pp. 763–801.

Romer, D. (2011), *Advanced Macroeconomics*. 4th edn. New York: McGraw-Hill.

Roosevelt, F. D. (1936), Address at Forbes Field, Pittsburgh, Pa. *The American Presidency Project*. Available at: http://www.presidency.ucsb.edu/ws/?pid=15149 [Accessed 21 June 2017].

Ryan-Collins, J., Greenham, T., Werner, R. and Jackson, A. (2014 (2011)), *Where Does Money Come From?* 2nd edn. London: New Economics Foundation.

Ryan-Collins, J., Werner, R., Greenham, T. and Bernardo, G. (2013), *Strategic Quantitative Easing: Stimulating Investment to Rebalance the Economy*. Available at: http://neweconomics.org/2013/07/strategic-quantitative-easing/ [Accessed 10 July 2017].

Samuelson, P. A. (1955 (1948)), *Economics*. 3rd edn. New York: McGraw-Hill.

Samuelson, P. A. (1964 (1963)), A brief survey of post-Keynesian developments. In: R. Lekachman (ed.), *Keynes' General Theory: Reports of Three Decades*. London: Palgrave Macmillan, pp. 331–47.

Samuelson, P. A. (1970 (1948)), *Economics*. 8th edn. New York: McGraw-Hill.

Samuelson, P. A. (1973), *The Samuelson Sampler*. Glen Ridge, NJ: Thomas Horton.

Samuelson, P. A. (1991 (1966)), *The Collected Scientific Papers of Paul A. Samuelson (II)*. Cambridge, Mass.: MIT Press.

Samuelson, P. A. (2004), Where Ricardo and Mill rebut and confirm arguments of mainstream economists supporting globalization. *Journal of Economic Perspectives*, 18 (3), Summer, pp. 135–46.

Sandbu, M. (2015), Free lunch: Germany's incredible shrinking surplus. *Financial Times*, 9 December.

Saul, J. R. (2004), The collapse of globalism. *Harper's Magazine*, March.

Sawyer, M. (2007), Fiscal policy under New Labour. *Cambridge Journal of Economics*, 31 (6), pp. 885–99.

Say, J. B. (1821), *Letters to Mr. Malthus on Several Subjects of Political Economy and the Cause of the Stagnation of Commerce*. London: Sherwood, Neely & Jones.

Scheidel, W. (2017), *The Great Leveler: Violence and the History of Inequality from the Stone Age to the Twenty-First Century*. Princeton, NJ: Princeton University Press.

Schlesinger Jr, A. (1986), *The Cycles of American History*. Boston, Mass.: Houghton Mifflin.

Schomberg, W. (2016), Bank of England's Carney warns of zero-sum game from negative rates. Reuters. Available at: http://uk.reuters.com/article/uk-g20-china-carney-idUKKCN0VZ14A [Accessed 11 July 2017].

Schumpeter, J. A. (1954), *History of Economic Analysis*. London: Routledge.

Schumpeter, J. A. (1997 (1952)), *Ten Great Economists: From Marx to Keynes*. London: Routledge.

Sedláček, T. (2011), *Economics of Good and Evil: The Quest for Economic Meaning from Gilgamesh to Wall Street*. New York: Oxford University Press.

Select Committee on the High Price of Gold Bullion (1810), *Report of the Select Committee of the House of Commons on the High Price of Gold Bullion*. London: House of Commons.

Sen, S. (2010), *International Trade Theory and Policy: A Review of the Literature*. Levy Economics Institute of Bard College, Working Paper No. 635, November. Available at: http://www.levyinstitute.org/pubs/wp_635.pdf [Accessed 18 December 2017].

Shaikh, A. (2016), *Capitalism: Competition, Conflict, Crisis*. Oxford: Oxford University Press.

Shaw, G. K. (1984), *Rational Expectations: An Elementary Exposition*. Brighton: Wheatsheaf Books.

Shiller, R. J. (2010), What would Roosevelt do? *New York Times*, 31 July.

Silber, W. (2012), *How Volcker Created a Gold Standard Without Gold*. Bloomberg View. Available at: https://www.bloomberg.com/view/articles/2012-08-21/how-volcker-created-a-gold-standard-without-gold [Accessed 3 July 2017].

Skidelsky, R. (1981), Keynes and the Treasury View: the case for and against an active unemployment policy, 1920–1929. In: W. J. Mommsen (ed.), *The Emergence of the Welfare State in Britain and Germany, 1850–1950*. Beckenham: Croom Helm, pp. 167–87.

Skidelsky, R. (1992), *John Maynard Keynes: The Economist as Saviour 1920–1937*. London: Macmillan.

Skidelsky, R. (1994 (1967)), *Politicians and the Slump*. London: Papermac.

Skidelsky, R. (2000), *John Maynard Keynes: Fighting for Freedom, 1937–1946*. London: Penguin.

Skidelsky, R. (2003), *John Maynard Keynes 1883–1946: Economist, Philosopher, Statesman*. London: Penguin.

Skidelsky, R. (2009), *Keynes: The Return of the Master*. London: Allen Lane.

Skidelsky, R. (2010), *Beyond the Crash: Overcoming the First Crisis of Globalization* by Gordon Brown – review. *Guardian*, 12 December.

Skidelsky, R. (2015), *The Essential Keynes*. London: Penguin.

Skidelsky, R. (2016), *The Case for UK Import Substitution*. Project Syndicate. Available at: https://www.project-syndicate.org/commentary/case-for-uk-import-substitution-by-robert-skidelsky-2016-10 [Accessed 11 July 2017].

Skidelsky, R., Martin, F. and Wigstrom, F. M. (2012), *Blueprint for a British Investment Bank*. Centre for Global Studies. Available at: http://globalstudies.org.uk/publications/blueprint-for-a-british-investment-bank/ [Accessed 21 December 2017].

Skypala, P. (2015), The reality gap in the role of the banks. *Financial Times*, 8 June.

Sloman, P. (2015), *The Liberal Party and the Economy, 1929–1964*. Oxford: Oxford University Press.

Smith, A. (1755), *Adam Smith on the need for 'peace, easy taxes, and a tolerable administration of justice'*. Online Library of Liberty. Available at: http://oll.libertyfund.org/quote/436 [Accessed 25 August 2017].

Smith, A. (1976 (1776)), *The Glasgow Edition of the Works and Correspondences of Adam Smith (Vol. II) An Inquiry into the Nature and Causes of the Wealth of Nations (Vols. I & II)*. Oxford: Clarendon Press.

Soros, G. (2009a), General theory of reflexivity. *Financial Times*, 26 October.

Soros, G. (2009b), One way to stop bear raids. *Wall Street Journal*, 24 March.

Statistical Office of the United Nations (1962), *International Trade Statistics: 1900–1960*. New York: United Nations.

Stein, H. (1948), The C.E.D. on Budget Policy. *Proceedings of the Annual Conference on Taxation under the Auspices of the National Tax Association*, 41, pp. 472–80.

Stein, H. (1969), *The Fiscal Revolution in America*. Chicago, Ill.: University of Chicago Press.

Stephens, P. (2010), The tensions behind Cameron's puff and PR. *Financial Times*, 14 June.

Stigler, G. (1986 (1962)), The Intellectual and the Marketplace. In: K. R. Leube and T. G. Moore (eds.), *The Essence of Stigler*. Stanford, Calif.: Hoover Institution Press, pp. 79–88.

Stiglitz, J. E. (1989), On the economic role of the state. In: Arnold Heertje (ed.), *The Economic Role of the State*. Oxford: Blackwell.

Stiglitz, J. E. (2002), *Globalization and its Discontents*. London: Penguin.

Stiglitz, J. E. (2006), *Making Globalization Work*. New York: W. W. Norton.

Stiglitz, J. E. (2010), Needed: a new economic paradigm. *Financial Times*, 19 August.

Stieglitz, J. E. (2012), *The Price of Inequality*. New York: W. W. Norton.

Stiglitz, J. E. (2014), *Europe's Austerity Zombies*. Project Syndicate. 26 September. Available at: https://www.project-syndicate.org/commentary/joseph-e--stiglitz-wonders-why-eu-leaders-are-nursing-a-dead-theory?barrier=accessreg [Accessed 23 March 2018].

Summers, L. (2011), Five grim and essential lessons for world leaders. *Financial Times*, 2 November.

Summers, L. (2013), Speech given in the IMF Fourteenth Annual Research Conference in Honor of Stanley Fischer. Washington, DC, 8 November. Available at: http://larrysummers.com/imf-fourteenth-annual-research-conference-in-honor-of-stanley-fischer/ [Accessed 21 December 2017].

Summers, L. (2014), U. S. economic prospects: secular stagnation, hysteresis, and the zero lower bound. *Business Economics*, 49 (2), pp. 65–73.

Taylor, J. B. (1993), Discretion versus policy rules in practice. *Carnegie-Rochester Conference Series on Public Policy*, 39, pp. 195–214.

The Economist (2012), *The Lo Down*. Available at: http://www.economist.com/node/21542781 [Accessed 31 July 2017].

The Maddison Project (2013), *The New Maddison Project Database*. Available at: http://www.ggdc.net/maddison/maddison-project/home.htm [Accessed 27 June 2017].

The Pensions Regulator (2016), *An Introduction to Investment: Tutorial 5 of 9, Capital Markets and Economic Cycles*. Available at: https://trusteetoolkit.thepensionsregulator.gov.uk/pluginfile.php/133/mod_data/content/2543/intro-to-investment-tutorial-five.pdf [Accessed 23 March 2018].

Thomas, R. (2017), UK broad money growth and nominal spending during the Great Recession: an analysis of the money creation process and the role of money demand. In: T. Congdon (ed.), *Money in the Great Recession: Did a Crash in Money Growth Cause the Global Slump?* Gloucester: Edward Elgar, pp. 78–100.

Thornton, H. (1802), *An Enquiry Into the Nature and Effects of the Paper Credit of Great Britain*. London: J. Hatchard.

Tieben, B. (2009), *The Concept of Equilibrium in Different Economic Traditions: A Historical Investigation*. Amsterdam: Rozenberg Publishers.

Tobin, J. (1966), *The Intellectual Revolution in U.S. Economic Policy-Making: The Second Noel Buxton Lecture of the University of Essex*. London: Longmans for the University of Essex.

Tobin, J. (1987), *Policies for Prosperity: Essays in a Keynesian Mode* (ed. P. M. Jackson). Cambridge, Mass.: MIT Press.

Tomlinson, J. (1990), *Public Policy and the Economy Since 1900*. Oxford: Clarendon Press.

Triffin, R. (1960), *Gold and the Dollar Crisis*. New Haven, Conn.: Yale University Press.

Turner, A. (2009), *The Turner Review: A Regulatory Response to the Global Banking Crisis*. London: Financial Services Authority.

Turner, A. (2014), Too Much of the Wrong Type of Capital Flow. Speech in New Delhi, 13 January.

Turner, A. (2015), The Case for Monetary Finance – An Essentially Political Issue. Washington, DC: IMF. 16th Jacques Polak Annual Research Conference, 5 November. Available at: https://www.imf.org/external/np/res/seminars/2015/arc/pdf/adair.pdf [Accessed 15 December 2017].

Turner, A. (2016), *Between Debt and the Devil: Money, Credit, and Fixing Global Finance*. Princeton, NJ and Oxford: Princeton University Press.

Turner, G. (2008), *The Credit Crunch: Housing Bubbles, Globalisation and the Worldwide Economic Crisis*. London: Pluto.

UK Public Revenue (2018), *Total Direct Revenue: Fiscal Years 1900–2020*. Available at: https://www.ukpublicrevenue.co.uk/revenue_chart_1900_2020UKp_XXc1li111tcn_Fot#copypaste [Accessed 8 February 2018].

UK Public Spending (2017), *UK Public Spending Data Series 1692–2020*. Available at: http://www.ukpublicspending.co.uk/download_raw [Accessed 15 June 2017].

Utzig, S. (2010), *The Financial Crisis and the Regulation of Credit Rating Agencies: A European Banking Perspective*. Asian Development Bank Institute, Working Paper No. 188.

van Steenis, H. (2016), Why central banks need some friction in their models. *Financial Times*, 1 November.

Vaughan, R. (1856 (1675)), A Discourse of Coin and Coinage. In: J. R. McCulloch (ed.), *A Select Collection of Scarce and Variable Tracts on Money*. London: Printed for the Political Economy Club, pp. 4–120.

Viner, J. (1936), Mr. Keynes on the causes of unemployment. *Quarterly Journal of Economics*, 51 (1), November, pp. 147–67.

Vives, V. (1969), *Economic History of Spain*. Princeton, NJ: Princeton University Press.

Volckart, O. (1997), Early beginnings of the quantity theory of money and their context in Polish and Prussian monetary policies. *Economic History Review*, 50 (3), pp. 430–49.

Volcker, P. (2011), Financial reform: unfinished business. *New York Review of Books*, 24 November.

Walker, F. A. (1878), *Money*. New York: Henry Holt & Co.

Wallace, T. (2013), States blocked from tweaking EU stress tests. *City AM*, 22 October. Available at: http://www.cityam.com/article/1382402969/states-blocked-tweaking-eu-s-stress-tests [Accessed 19 December 2017].

Walras, L. (1874), *Éléments d'économie politique pure; ou, Théorie de la richesse sociale*. Lausanne: L. Corbaz.

Watt, N. (2008), Britain 'faces harder bump than in 1990s'. *Guardian*, 1 November.

Webb, S. and Webb, B. P. (1923), *The Decay of Capitalist Civilisation*. 3rd edn. Westminster: The Fabian Society.

Weeks, J. (2011), Mean, median and mode of impoverishment: why to Occupy Wall Street. *Social Europe*. Available at: https://www.socialeurope.eu/mean-median-and-mode-of-impoverishment-why-to-occupy-wall-street [Accessed 28 July 2017].

Weir, D. R. (1989), Tontines, public finance, and revolution in France and England, 1688–1789. *Journal of Economic History*, 49, pp. 95–124.

Went, R. (2002), *The Enigma of Globalization: A Journey to a New Stage of Capitalism*. London: Routledge.

Whittaker, E. (1940), *A History of Economic Ideas*. London: Longman, Green & Co.

Wickens, M. (2012), *Macroeconomic Theory: A Dynamic General Equilibrium Approach*. 2nd edn. Princeton, NJ: Princeton University Press.

Wicksell, K. (1936 (1898)), *Interest and Prices*. New York: Sentry Press.

Wolf, M. (2004), *Why Globalization Works*. New Haven, Conn. and London: Yale University Press.

Wolf, M. (2007a), Risks and rewards of today's unshackled global finance. *Financial Times*, 26 June.

Wolf, M. (2007b), The Federal Reserve must prolong the party. *Financial Times*, 21 August.

Wolf, M. (2008), Regulators should intervene in bankers' pay. *Financial Times*, 15 January.

Wolf, M. (2009), *Fixing Global Finance*. Baltimore, Md: Johns Hopkins University Press.

Wolf, M. (2010a), Fear must not blind us to deflation's dangers. *Financial Times*, 8 June.

Wolf, M. (2010b), Why the battle is joined over tightening. *Financial Times*, 18 July.

Wolfers, J. (2014). The Fed has not stopped trying to stimulate the economy. *New York Times*, 29 October.

Wood, G. E. (1995), The quantity theory in the 1980s: Hume, Thornton, Friedman and the relation between money and inflation. In: M. Blaug (ed.), *The Quantity Theory of Money: From Locke to Keynes and Friedman*. Aldershot: Edward Elgar.

Woodford, M. (2003), *Interest and Prices: Foundations of a Theory of Monetary Policy*. Princeton, NJ: Princeton University Press.

Woodford, M. (2009), Convergence in macroeconomics: elements of the new synthesis. *American Economic Journal: Macroeconomics*, 1 (2), pp. 267–79.

Woods, S. (2017), Speech: Geofinance. 4 October. London: Bank of England. Available at: https://www.bankofengland.co.uk/-/media/boe/files/speech/2017/geofinance-speech-by-sam-woods.pdf?la=en&hash=1B7B8C099846ED4D305128BBB265F7BB71A354BA [Accessed 18 December 2017].

Working Group on Long-term Finance (2013), *Long-term Finance and Economic Growth*. Washington, DC: Group of Thirty.

World Bank (2017a), GDP (current US$). Available at: http://data.worldbank.org/indicator/NY.GDP.MKTP.CD [Accessed 5 July 2017].

World Bank (2017b), GDP per capita (constant 2010 US$). Available at: http://data.worldbank.org/indicator/NY.GDP.PCAP.KD [Accessed 4 July 2017].

World Bank (2017c), Unemployment, total (% of labor force) (modeled ILO estimate). Available at: http://data.worldbank.org/indicator/SL.UEM.TOTL.ZS [Accessed 5 July 2017].

World Bank (2017d), GDP growth (annual %). Available at: https://data.worldbank.org/indicator/NY.GDP.MKTP.KD.ZG [Accessed 21 December 2017].

Wray, L. R. (2015), *Modern Money Theory: A Primer on Macroeconomics for Sovereign Monetary Systems*. 2nd edn. Basingstoke: Palgrave Macmillan.

Wren-Lewis, S. (2012), *What Have Microfoundations Ever Done For Us?* Available at: https://mainlymacro.blogspot.co.uk/2012/03/what-have-microfoundations-ever-done.html [Accessed 4 July 2017].

Wren-Lewis, S. (2017), *Could Austerity's Impact be Persistent?* Available at: https://mainlymacro.blogspot.co.uk/2017/06/could-austeritys-impact-be-persistent.html [Accessed 5 July 2017].

Wright, J. H. (2012), What does monetary policy do to long-term interest rates at the zero lower bound? *The Economic Journal*, 122, pp. F447–F466.

Wright, N. (2015), *Data Visualization in 'Capital in the 21st Century'*. The University of Texas Inequality Project, WP #70.

Wright, T. B. and Harlow, J. (1844), *The Currency Question: The Gemini Letters*. London: Simpkin, Marshall & Co.

Zweig, K. (1976), *Germany Through Inflation and Recession: An Object Lesson in Economic Management, 1973–1976*. London: Centre for Policy Studies.

译后记

尽管一代又一代的经济学家致力于将经济学发展成一门精确度能够与物理学相媲美的"科学",但是,总体而言,这样的努力并不成功。这当然不是因为经济学家不够聪明,相反,无论是过去还是现在,经济学可能汇聚了人类最具智慧的大脑,由此才会创造出如此丰富和深邃的思想,深化了对极为复杂的经济活动的理解,形塑了经济运行的规则,直接或间接地对每个人的日常生活产生深刻的影响。然而,时至今日,经济学仅仅在形式上徒有"科学"的外表,其实质内容与真正的科学仍然相去甚远。这主要是因为经济学是以人类的经济行为为研究对象的一门社会科学,而人类的经济行为又取决于每个个体的思想以及形塑个体思想的社会理念,当个体和社会的思想理念发生改变时,经济行为和经济运行规律也必然随之改变。因此,作为一门社会科学,经济学中的任何理论都难以被永久性地或者决定性地证实或者证伪,理论思潮的周期反复是经济思想发展的重要特征之一。

凯恩斯的经济思想就是一个明显的例证。诞生于20世纪30年代大萧条的凯恩斯理论不仅要解释资本主义经济为何会产生有效需求不足的倾向,并由此导致不充分就业和经济危机,还要在保留资本主义民主社会的前提下给出一个有效的解决方案。与以往的古典经济学家和以后的新古典经济学家相比,在凯恩斯的方案中，政府在经济中明显要发挥更为重要的作用。罗斯福政府推行的新政、二战期间军事凯恩斯主义政策以及战后带有明显计划色彩的"马歇尔计划"，似乎都证明凯恩斯已经为资本主义经济的稳定提供了一套行之有效的方案。但是，20世纪70年代兴起的新自由主义思潮不仅将两次石油危机期间的滞胀归咎于20世纪50年代以来的凯恩斯主义政策，甚至认为大萧条也不意味着市场失灵，而是政府或者央行不当干预的结果。凯恩斯主义由此走下神坛，但是，在此后的每一次经济危机爆发之后，人们最先想起的几乎总是凯恩斯的名字。无论效果如何，凯恩斯主义的逆周期政策仍是应对经济危机的利器，至少暂时如此。

无论是赞同还是反对，凯恩斯作为20世纪最伟大的经济学家，其思想是任何严肃的宏观经济学家和务实的政策制定者都无法忽视的，在经济遭遇逆风时更是如此。在《通论》出版八十多年、凯恩斯逝世七十多年之后，世界经济已经发生巨变，各种经济思潮风起云涌，宏观经济政策工具也有诸多创新，当然，无论发展中国家还是发达国家，也都遭遇了新的问题和挑战。有时人们不仅会想，如果身处如今这个时代，凯恩斯那天才的头脑中又会产生何种奇思妙想？

也许回答这个问题的最佳人选就是英国华威大学的政治经济学教授罗伯特·斯基德尔斯基，他曾经花费二十多年的时间撰写了三卷本的皇皇巨著，为凯恩斯著书立传，深入细致地向世人展示凯恩斯辉煌灿烂的人生经历和复杂深邃的学术思想，以至于加州大学伯克利分校的布拉德福德·德龙教授半开玩笑地说，他"对凯恩斯的了解甚至超过了凯恩斯本人"。在某种程度上，对于上述问题的答案就包含在斯基德尔斯基的《货币与政府》一书中。

正如本书标题所揭示的，对于货币与政府的认识是凯恩斯理论区别于正统观点的关键,而凯恩斯对两者的理解均源自不确定性这一重要概念。人类的社会活动,包括经济活动,是在一个由现在指向未来的历史时间中完成的。对于任何个人或者组织,未来都是无法确知的,或者说对于未来,存在很多"未知的未知",并由此产生了不确定性。作为一名资深的股票和期货投资者,凯恩斯能够深刻地理解这一点,因而特别强调预期、情绪和"动物精神",而不是理性的计算,对经济活动的影响。由此,一个直接的推论就是,古典经济学或者新古典经济学通过抽象掉历史时间和不确定性所得到的"均衡状态",并不是经济活动的常态,对于均衡的偏离,特别是有效需求不足以及由此导致的经济衰退甚至经济危机,才是资本主义经济内在的趋势。

货币与政府都是人类发明的应对不确定性的手段。与其他任何资产不同,货币的名义价值在历史时间中可以保持不变,因而可以作为联系现在和未来的、在一定程度上提供确定性的工具。因此,货币不仅仅是一层便利交易的面纱,经济学也不能仅仅凭借区分由货币表示的名义值与由实物表示的实际值,将一个货币经济还原成实物经济。在经济下行和不确定性增强时,人们会将收入以货币的形式"窖藏"起来,因而会出现有效需求不足的现象,这就是所谓的流动性偏好陷阱。经济学家们曾经以为,流动性偏好陷阱仅是凯恩斯理论中一种假设的情形,在现实中很难出现,但是20世纪90年代日本泡沫经济破灭和2008年全球金融危机中各国的经历表明,情况并非如此。

政府是应对不确定性的另外一种重要手段。由于资本主义经济总有出现有效需求不足的倾向,而经济个体的应对总会出现"节俭悖论",即在经济下行时家庭减少消费、企业减少投资并降低工资,从宏观角度来看,尽管这对每个个体都是一种理性的选择，但是总体上会使有效需求不足的问题变得更为严重。政府的稳定化政策通过直接或间接的方式促进总需求，有助于减少经济波动的不确定性，改变个体对未来的预期，推动经济恢复或者保持在充分就业均衡状态。此外，由于此时可能存在流动性偏好陷阱，人们对于货币这种更具安全性的资产需求是无限大的，扩张性的货币政策效力下降乃至完全失效，直接作用于总需求的财政政策将在宏观调控中扮演更重要的角色。

20世纪70年代凯恩斯主义在经济学中的统治地位被终结，其直接原因在于凯恩斯主义政策对新出现的滞胀现象束手无策，但是根本原因在于新自由主义思潮动摇了凯恩斯理论的基础。这一方面体现在对有效需求不足之成因的分析，即如果产生有效需求不足的根源并不在于当期收入水平的提高，而在于消费和投资的结构出现了失衡，那么刺激总需求的凯恩斯主义政策只能暂时推迟危机的爆发，却会使结构性问题变得更为严重，从而未来爆发危机时产生的破坏性更强。另一方面，以政府之手应对市场失灵，也要面临政府失灵的制约。在政府失灵的情况下，政府干预不仅不会弥补市场失灵，反而会使市场运行的效率变得更低。因此，"政府不是解决问题的方法，而是产生问题的原因"。但是，凯恩斯对长期和短期的区分仍是为凯恩斯主义政策辩护的一个重要理由。尽管稳定化政策只具有短期意义，但是由此产生的有益社会影响仍是不可忽略的，毕竟"在长期，我们都死了"。在20世纪30年代的大萧条中，英美国家持续数年高达20%以上的失业率并未动摇其基本社会制度，但是，在德国，连续4年25%左右的失业率直接推动了纳粹党的上台，造成了严重的恶果。也正是由于这个原因，从20世纪70年代至今，在危机时期指导各国宏观政策的仍是凯恩斯的理论。

在本书中，斯基德尔斯基教授从原汁原味的凯恩斯理论出发，以货币与政府为核心概念，结合漫长的理论争论和长期的政策实践，特别是2008年的全球金融危机，深入探讨了凯恩斯的思想和观点对于当代理论发展和政策制定的意义。当然，凯恩斯理论是以资本主义发达国家为制度背景的，忽略了在不同发展阶段，国家和政府恰当地发挥自身的作用可能会存在明显的差异，这是我们在讨论和借鉴凯恩斯理论时应当注意的一点。

本书由我和我的学生共同翻译。包彤（前言、导论和第1章）、安明瑜（第2—4章）、任康宁（第5章）、黄锦宏（第6章和第10章）、丰祺（第7章）、雷彦菁（第8—9章）、徐芊骅（第11—12章）、郑皓天（第13章）完成了各自章节的初译，我对全书译稿做了修改，部分内容进行了重译。中信出版集团孟凡玲和安明瑜两位女士作为本书的编辑，为书稿的翻译提供了诸多帮助，付出了很多心血，特此致谢。译文难免有欠妥之处，敬请诸位读者批评指正。

郭金兴

2025年2月于南开园

比较译丛

《货币与政府》
《税的荒唐与智慧》
《利益共同体》
《人的经济学》
《长期危机》
《蹒跚前行》
《战争中的经济学家》
《增长的烦恼》
《事业还是家庭?》
《韧性社会》
《人类之旅》
《绿色经济学》
《皮凯蒂之后》
《创造性破坏的力量》
《人口大逆转》
《不公正的胜利》
《历史动力学》
《价格的发现》
《信念共同体》

《叙事经济学》
《人类网络》
《贸易的冲突》
《全球不平等》
《断裂的阶梯》
《无霸主的世界经济》
《贸易的真相》
《国家、经济与大分流》
《希特勒的影子帝国》
《暴力的阴影》
《美国增长的起落》
《欧元的思想之争》
《欧洲何以征服世界》
《经济学规则》
《政策制定的艺术》
《不平等,我们能做什么》
《一种经济学,多种药方》
《历史上的企业家精神》
《人为制造的脆弱性》

《繁荣的真谛》
《债居时代》
《落后之源》
《21 世纪资本论》
《债务和魔鬼》
《身份经济学》
《全球贸易和国家利益冲突》
《动物精神》
《思考，快与慢》
《强权与富足》
《探索经济繁荣》
《西方现代社会的经济变迁》
《萧条经济学的回归》

《白人的负担》
《大裂变》
《最底层的 10 亿人》
《绑在一起》
《下一轮伟大的全球化》
《市场演进的故事》
《在增长的迷雾中求索》
《美国 90 年代的经济政策》
《掠夺之手》
《从资本家手中拯救资本主义》
《资本主义的增长奇迹》
《现代自由贸易》
《转轨中的福利、选择和一致性》